예스 민즈 예스

Yes Means Yes

YES MEANS YES

강간 없는 세상
여성의 성 권력 찾기

예스 민즈 예스

재클린 프리드먼 · 제시카 발렌티 엮음
송예슬 옮김

arte

— 마거릿 조

『예스 민즈 예스』는 모든 여성이 읽어야 할 책이다. 너무 오랫동안 우리는 성적인 존재로서 수치를 당했고 경험을 표현할 언어를 부정당했다.

나는 성적인 인간이다. 섹스를 아주, 아주 많이 좋아하며 독특한 섹스도 꽤 많이 해 보았다. 그리고 죽는 날까지 이렇게 살고 싶다. (물론 떡칠 놈은 생각도 없는데 혼자 그러겠다는 건 아니다!)

내 첫 경험은 그리 근사하지 않았다. 열네 살에 처음 섹스를 했는데, 그때 순결을 잃었다고 하는 것이 맞는지 잘 모르겠다. '예스'라고 말한 적이 없기 때문이다. 상대는 20대 남성으로 나보다 나이가 훨씬 많고 말도 안 되게 잘생겼으며 내가 다니던 고등학교의 치어리더였던 쾌활하고 예쁜 금발 선배와 사귀었다. 다 큰 어른이던 그는 아파트에 혼자 살았다. 나는 술에 취해 뻗은 친구와 파티장에서 쫓겨난 신세였다. 그날 나와 친구는 서로의 집에서 잔다고 부모님에게 거짓말을 해 둔 터라 갈 곳이 마땅치 않았다. 그런데 그가 자기 집에서 친구가 술이 깰 때까지 있어도 괜찮다며 말을 걸어왔다. 제대로 말을 섞기가 부담스러울 정도로 잘생긴 얼굴이었다. 더구나 그의 여자 친구는 학교에서 유명 인사였다. 그의 곁에서 나는 연예인을 만난 팬의 심정을 느꼈다.

정신을 차려 보니 그가 내 몸에 올라타 있었다. 그리고 그것을 삽입했다. 어떤 절차도, 전희도, 경고도, 동의도 없었다. 아무것도. 그는 상대의 '예스'를 무조건 얻을 수 있다고 생각하는 부류였다. 멋진 외모에 잘나가는 또래와 어울렸으니 동의를 구하지 않아도 괜찮다고 생각했을 것이다. 나처럼 별 볼 일 없는 애한테 동의를 구하지 않은 것은 당연했다. 내가 뭐라고 그를 거부한단 말인가? 나는 아프고 또 아팠다. 그때 겁에 질려 아무 말도 못 한 것을 생각하면 지금도 마음이 아프다.

나는 '노'라고 말하지 못했다. 그는 잘생긴 데다 인기 많은 어른이었지만 나는 아무것도 아니었으니까. 나는 '노'라고 말하지 못했다. 내게 그럴 권리가 있는 줄 몰랐으니까. 그는 파티에서 쫓겨난 나와 친구를 구해 주었다. 잘나가는 치어리더와 사귀었다. 매력적인 그와 달리 나는 고스 룩에 빠진 뚱뚱한 덕후일 뿐이었다. 그래서 오히려 그에게 고마워해야 한다고 생각했다. 볼일을 다 본 그는 날 침대 밖으로 밀친 다음 곯아떨어졌다. 나는 발목까지 내려온 줄무늬 스타킹을 올릴 생각도 못 한 채 바닥에 주저앉아 애써 구역질을 참았다. 두려워서 몸을 움직일 수 없었다. 다음 날 전교에 소문이 퍼졌다. 애들이 말했다. "네가 섹스하려면 강간당하는 수밖에 없지. 뚱뚱하고 못생겼으니까."

첫 경험의 기억은 평생 가는 법이다. 한동안 나는 끔찍한 첫 경험으로부터 온전히 회복했다고 생각했다. 연하였던 첫 번째 남자 친구는 머리가 길고 여자애처럼 예쁘장했다. (말 그대로) 허벅지까지 축축해지도록 흥분시킬 줄도 알았다. 그가 아껴 준 덕분에 나도 차츰 내 안의 아름다움을 보게 되었다. 그와 만나면서 섹스를, 나 자신을 좋아하게 되었으며 바라던 모습으로 성장했다. 고등학교 동창회에는 나가지 않는다. 무슨 일이 있어도.

하지만 과거는 조금 이상한 방식으로 계속 날 쫓아다녔다. 지금껏 원치 않는 섹스를 얼마나 많이 했는지 생각하면 놀라울 정도다. 내 첫 경험과 같은 '진짜' 강간이나 '데이트' 강간과는 엄연히 다르지만, 상대를 달래려고 내 욕망을 거짓되게 표현하고 왜곡했다는 점에서 내 영혼이 강간을 당했다. 총으로 위협받아서가 아니라 왜 섹스를 원치 않는지 설득하기를 포기한 대가로 내 영혼이 강간을 당한 것이다. 때로 당신은 누군가를 사랑해서 그 사람의 기분을 상하게 하지 않으려고 섹스를 한다. 때로는 누군가가 싫어서 섹스를 한다. 불평하는 목소리를 도저히 들어 줄 수 없어서, 대화하지 않아도 되는 상황이 차라리 낫겠다고 생각했을 것이다. 그럴 때 나도 굳이 그럴 필요가 없는데 '예스'라고 말했고 먼저 섹스를 제안하기까지 했다. 얼른 해치워 버리고 싶었기 때문이다. 그때 느끼는 감정은 최악이다. 공짜로 몸이나 감정을 파는 여자가 된 기분이 든다. 돈을 벌기 위해서가 아니라 말싸움을 회피하거나 솔직한 대화를 미루려고 우리는 그런 대가를 치른다. 숨을 참은 채, 별다른 감흥이 없는 몸을 내준다. 몸은 마치 우리가 정말 느끼고 있으며 이 관계를 원하고 진짜 섹스를 즐기는 것처럼 보이도록 어느 정도 반응한다. 하지만 아니다. 이렇게 비인간적이고 비도덕적인 관계를 나는 혐오한다. 이미 겪어 보았으며 다시는 되풀이하고 싶지 않다.

내가 '예스'라고 말한 것은 '노'를 말하기가 어렵게 느껴졌기 때문이다. 왜 '노'인지 스스로 변호하고, 주장하고, 정당화하고, 인정받아야 한다는 사실이 부담스러웠다. 못생기고 뚱뚱하니까, 언제 기회가 다시 올지 모르니까, 누군가 나와 섹스하겠다고 하면 무조건 응해야 한다고만 생각했다. 내가 '예스'라고 말한 것은 학교 애들이 하던 말, 내가 누군가와 섹스할 방법은 강간당하는 수밖에 없다는 말을 정말 믿었기 때문이다. 애초에 원치 않던 상대에게도 늘 '예스'라고 말한 것은 계속 '예스'라고 하다 '노'라고 거절하는 순간 거짓 관계가 되어 버릴 것 같았기 때문이다. 그렇게 마음속에 숨겨 놓은 '노'를 감추려고 자꾸만 '예스'라고 말해야 했다. 이런 삶은 너무나 형편없고 이런 사랑은 정말이지 끔찍하다.

요즘 나는 정말 '예스'일 때만 '예스'라고 말한다. 섹스에 무조건 응하는 사람이 아니며 함부로 다룰 수 없는 존재임을 확실히 해 두기 위해 스스로 신중하게 행동한다. 이로써 나 자신과 다른 사람들에게 정말로 솔직해질 수 있다. 스스로 보호하고 선을 지키는 것은 나를 사랑하는 방법이기도 하다. 나는 내게 '예스'라고 말한다.

이 책은 바로 이런 이야기를 한다. 자신에게 '예스', 자기 욕망에 '예스', 폭력과 수치심에서 해방되어 즐거운 섹스를 누릴 권리에도 '예스'일 수 있도록 이 책이 당신에게 용기를 줄 것이다. 여기 실린 글을 하나하나 읽으며 **예스**라고 말하기를.

깊은 밤의 대화와 변화를 향한 믿음에서 출발한 이 책을 처음 세상에 내놓았을 때, 우리는 대화의 물꼬를 트고 싶었다. 문화적으로 이렇게 큰 변화를 일으키리라고는 감히 상상하지 못했다. 이 책은 '예스 민즈 예스Yes Means Yes'라는 표현을 만들고 섹스·권력·동의에 관해 새로운 시각을 제시함으로써, 온·오프라인에서 일어나는 놀라운 페미니즘 운동과 더불어 성폭행에 맞서는 대담한 움직임을 시작했다.

10여 년이 흘러 '예스 민즈 예스'는 성적 동의의 기준이 되었으며 곳곳에서 정책화되고 법제화되었다. 이 글을 쓰는 지금, 미국 세 개 주가 '예스 민즈 예스' 법안을 시행해 대학이 성폭행 사건을 처리할 때 기준으로 삼게 했다. 이와 별개로 1000개에 이르는 대학이 자체적으로 이 기준을 도입했다. 문화 전반으로 시야를 넓혀도 성적 동의가 반드시 적극적이어야 하며 여성이 성에 관한 과거사sexual history와 무관하게 폭력에서 자유로워야 한다는 인식이 예전보다 훨씬 보편화했다.

이 책의 초판이 나오고 미국에서는 '슬럿워크slutwalk'(피해자를 비난하는 강간 문화에 반대하는 시위로, 2011년 1월 캐나다 토론토에서

"성폭행당하지 않으려면 잡년^slut처럼 입고 다니지 말라"는 경찰관의 발언을 비판하며 시작되었다. 미국, 프랑스, 인도, 싱가포르, 영국 등으로 퍼졌고 한국에서도 같은 해 7월에 일어났다. —옮긴이)가 시작되었다. 어떤 옷을 입고 누구와 자건 여성들에 대한 범죄를 그들 탓으로 돌릴 수 없음을 알리려고 사람들이 거리로 나섰다. 이 책의 몇몇 필자를 비롯해 온라인 커뮤니티 주변부에 머물던 사람들의 목소리가 유명 매체를 통해 퍼져 나가는 모습을 우리는 자랑스럽게 지켜봤다. 이들을 구심점으로 SNS에서 모인 젊은 세대는 유례없는 변화를 만들었다. 캠퍼스 내 성폭행에 침묵하는 대학과 싸웠고, 이 과정에서 버락 오바마 정부와 교육부의 지지를 얻었다. 미투#MeToo 운동이 여성에 대한 학대의 보편성을 폭로하고 가해 남성에게 해명을 요구할 때 동력이 되어 주었다.

물론 지난 10여 년 동안 성폭행 논의가 발전했다고만 볼 수는 없다. 피해자 탓하기가 어느 때보다 비판받고 있기는 하나 여전히 만연하다. 피해 여성을 걱정하기보다 가해 남성을 동정하고 그의 '망가진 삶'을 보며 두려움을 느끼는 정서가 지배적인 것도 사실이다. 성폭행과 성희롱은 여전히 비일비재하다. 심지어 2016년에 미국은 성적 학대자이자 소시오패스 수준의 여성 혐오를 보이는 사람을 대통령으로 뽑았다. 도널드 트럼프의 당선은 여성에 대한 폭력이 단순히 묵인되는 것이 아니라 기념되고 있음을 알린 사건으로 성적 학대자들에게 자신감과 위안을 주었다.

따라서 해결해야 할 문제가 아직 남아 있다.

이 책에 실린 글들은 더 올바르고 나은 미래를 향한 지침으로서 여전히 유효하다. 이제는 너무나 유명해진, 적극적 동의에 관한 토머스 매콜리 밀러의 글은 단순히 '예스를 얻어 내는' 차원을 뛰어넘어 성적 소통을 위한 도덕적 시각을 제시한다. 이 글을 통해 우리는 동의를 이야기하고 실천하는 방식을 다시금 고민하게 된다.

이민 여성 성폭력 문제를 다룬 미리엄 조일라 페레스의 글은 미래를 예견한 데다 안타깝게도 오늘날 아주 시의적절하다. 트럼프가 이민자에 대한 전쟁을 선포하면서 이민 여성과 그들의 가족은 ICE(이민세관집행국) 그리고 이민자의 불안정한 지위를 착취하려고 하는 자들에게 공격당하기 쉬운 자리로 계속 내몰리고 있다. 따라서 트럼프의 이민정책이 방조한 성적 학대가 어느 정도로 벌어지고 있는지는 확실히 가늠할 수도 없다. 그럼에도 이 글은 여성의 주체성과 쾌락에 집중하는 것만으로는 부족한 이유를 일깨워 준다는 점에서 값지다. 성폭력은 소외 집단의 비인간화와 그로부터 만들어지는 폭행에 취약한 환경을 바꿔야 비로소 멈출 수 있다.

부통령 마이크 펜스가 백악관 권력을 등에 업고 LGBT(레즈비언·게이·양성애자·트렌스젠더의 머리글자를 모은 말로, 퀴어처럼 성 소수자를 가리킨다. ─옮긴이)를 배척하는 섬뜩한 주장을 펼치기 훨씬 전부터, 토니 아마토는 퀴어에게 수치심과 침묵을 강요하는 데서 오는 실질적이고 위험한 영향을 이야기했다. 역시 놀라울 만큼 시대를 앞서간 라토야 피터슨의 글 「유사강간이란 전염병」은 '진짜 강간'과 구분되는 성적 학대에 관한 논의를 열어 오늘날 미투 담론에 이바지했다.

이 책을 다시 읽으면서 우리도 얻은 게 있다. 재클린 프리드먼의 글은 처음 나왔을 때만 해도 매우 급진적인 주장으로 받아들여졌지만, 이제는 성적 쾌락을 추구하는 여성이 수치심을 느끼거나 폭력을 당하면 안 된다는 주장이 보편적 공감을 얻고 있다. 반가운 변화다. 반면, 제시카 발렌티의 글이 다룬 순결 문화는 트럼프 정부가 출범한 뒤 힘을 얻은 종교적 우파를 통해 다시 강력해졌다. 일격으로 문제를 완전히 타파할 수는 없었던 것이다.

그럼에도 우리는 이 글들이 미래 지향적 시각을 제시했다는 것에 자부심을 느낀다. 우리가 **반대**하는 방향이 아니라 **지지**하는 방향으로 나아가는 미래, 자기 몸에 스스로 주권을 행사하고 어떠한 수치심·비난·폭력도 없이 떳떳하게 '예스'와 '노'를 말할 수 있는 미래, 이 책은 그런 미래를 꿈꿨다.

10여 년이 흐른 지금, 우리는 여전히 같은 미래를 지지하며 꿈꾸고 있다. 그리고 어느 때보다 그 미래에 가까워지고 있다. 이 책은 당신에게 건네는 초대장이다. 이 책이 길을 안내하고 영감을 불어넣어 주길. 오랜 시간이 흘러도 이 책은 그런 길잡이가 되어 줄 것이다.

책을 처음 엮으면서 고민이 많았다. 어떤 기준으로 글을 나눠야 할까? 주제가 겹치고 생각이 교차하고 사고의 결이 닮은 글들을 어떻게 다른 범주로 묶을까? 선집을 엮는 기존 방식은 고리타분하게 느껴졌다. 글의 주제가 모두 이어지고 다양하게 결합할 수 있다는 것을 보여 주고 싶었다.

그래서 디지털 방식을 빌려 책을 구성했다. 초판에는 '하이퍼링크'와 '태그'의 뜻을 하나하나 설명하는 주석을 달기도 했는데, 요약하자면 이렇다. 특정 주제에 속한 글들을 태그해 독자가 원하는 대로 정보를 해부하고 논의를 따라갈 수 있도록 한다.

일반 선집은 대부분 앞부터 차례대로 읽도록 구성되지만, 이 책은 읽으면서 계속 새롭게 구성된다. 각 글은 이 글 바로 뒤에 정리해 둔 여러 주제에 따라 중복 분류되며 각 글의 끝부분에 같은 주제에 속한 글의 제목이 소개된다. 예를 들어, 피터슨의 「유사강간이란 전염병」을 읽고 나서 청소년 섹슈얼리티에 관한 글을 더 읽고 싶으면 헤더 코리나(「발칙한 제안」)와 한느 블랭크(「과정 지향적 처녀」)의 글로 넘어가면 된다.

또한 피터슨의 글이 다룬 다른 주제, 예컨대 여성 섹슈얼리티를 감시하고 강간 문화를 지탱하는 정부의 기능이 궁금하면 해당 주제의 글을 찾아 읽으면 된다.

말하자면, 이 책은 '스스로 선택하는 모험'이다! 『예스 민즈 예스』의 서사를 만들어 가는 주체는 바로 **당신**이다. 주도권이 당신에게 있다. 새로운 강간 담론 패러다임을 이야기하는 데 새로운 책 구조를 활용하는 것보다 더 좋은 방법이 있을까?

여성이 원하는 대로 섹스를 즐기고 거기에서 수치심을 느끼지 않는 세상을 상상해 보라. 남성이 섹스 상대를 획득물이 아닌 협력자로 대하는 세상, 강간이 거의 일어나지 않으며 피해자를 위한 정의가 온전히 구현되는 세상을 그려 보라.

『예스 민즈 예스』의 세상에 온 것을 환영한다.

주제

짜릿한 청소년기

자신의 섹슈얼리티를 처음
발견하고 탐험하는 것만큼
흥미진진한 일이 있을까?
섹슈얼리티를 왜곡하지 않는
세상에서 그런 모험을
시작한다면 어떨까?

권력에 맞서 싸우기

미국 정부, 특히 군대와 사법
제도는 현상 유지를 위해 여성의
성적 자율성을 통제하고 침범한다.
우리가 맞선 제도의 문제가
무엇인지, 변화를 위해 무엇을
해야 하는지 알고 싶다면 이
주제에 관한 글들을 읽어 보라.

여기 그리고 퀴어

수치심을 거부하고 여성의 성
권력을 주장하는 것은 우리를
자유롭게 하는 동시에 위험한
존재로 만든다. 성 규범 바깥에서
욕망을 표현하는 것도 마찬가지다.
이 두 가지를 모두 실천하는
글들이다.

동의가 복잡하다는 편견

'노 민즈 노No Means No'의 세계 밖에
존재하는 동의란 과연 무엇일까?
이 주제를 다룬 글들은 동의 개념을
둘러싼 혼동을 바로잡으면서 무엇에
언제 동의해야 하는지, 동의가 어떤
방식으로 이뤄지는지, 왜 중요한지를
현실적으로 이야기한다.

남자다움

강간을 멈추려면 여성만 성
권력관계를 조정해야 하는 것이
아니다. 남성 섹슈얼리티에 대한
점검도 시급하다. 그 과정에 도움을
주는 글들이다.

미디어의 중요성

미디어가 섹스와 강간에 대한 문화적
신념을 좌우할까? 물론이다.
그 신념이 어떻게, 왜 만들어지는지
그리고 우리가 무엇을 해야 하는지에
대해 이야기하는 글들이다.

시시한 것에 대한 수많은 금기

여성, 섹스, 강간 문제에서
우리에게는 하지 말아야 하는 것은
물론이고 생각해서도 안 되는 것이
참 많다. 바로 이런 금기를 다루며
권력, 쾌락, 안전을 둘러싼 미신과
오해를 바로잡는 글들이다.

인종

미국에서 유색인종 여성의 몸보다
삼엄하게 감시받는 몸은 없을
것이다. 그런 감시를 직접 겪은
필자들이 우리에게 더 나은 길을
제시한다.

성적 치유

우리 대부분은 미국 성 문화의 문제점을
알고 있다. 그 문제점을 바로잡으면
어떨까? 그런 사회를 상상하며 변화를
만들어 보자.

살아남아 예스라고 말하기

원하는 세상이 오도록 이상적인
미래를 상상하는 것은 중요하다.
그러나 성폭력 과거를 안고
사는 여성들이 많이, 아주 많이
존재한다는 것도 잊지 말아야 한다.
이 여성들은 맞서 싸우기, 성 권력
되찾기, 강간 문화 해체하기에 관해
당신에게 들려줄 말이 아주 많다.

우파의 오류

한마디로 (신앙이 있는 개개인과 엄연히
다른) 종교적 우파는 여성의 몸을
철저히 통제하려고 하며 끊임없이
폭력을 부추긴다. 이 주제의
글들은 종교적 우파가 곳곳에 파
놓은 함정을 폭로하고 그것에서
벗어나는 방법을 제시한다.

차례

추천사   4

마거릿 조

들어가며   8

1장 공격적 페미니즘: 강간 문화를   20
지탱하는 보수적 젠더 규범에 맞서는
페미니스트

질 필리포빅

> 미디어의 중요성,
> 우파의 오류

2장 행위로서 섹스 모델을 향하여   38

토머스 매콜리 밀러

> 동의가 복잡하다는 편견,
> 남자다움, 성적 치유,
> 우파의 오류

3장 '예스'와 '노'를 넘어: 55
성적 과정으로서 동의

레이철 크레이머 버셸

> 동의가 복잡하다는 편견,
> 성적 치유

4장 여성의 가치   67

자베이샤 N. 해리스

> 미디어의 중요성,
> 인종, 성적 치유

5장 뚱뚱한 여자를 어떻게 따먹느냐고?   83

케이트 하딩

> 미디어의 중요성,
> 시시한 것에 대한
> 수많은 금기, 성적 치유

여기 그리고 퀴어,
시시한 것에 대한
수많은 금기, 인종

6장 흑인 이성애자 여성을 퀴어링하다 95

킴벌리 스프링어

여기 그리고 퀴어,
인종,
살아남아 에스라고 말하기

7장 마침내 그 순간이 온다면:
근친 성폭력 피해자의 진짜 생존기 114

레아 락슈미 피엡즈나 사마라시나

시시한 것에 대한
수많은 금기,
성적 치유,
살아남아 에스라고 말하기

8장 강간반대운동가가 페미니스트 섹스
토이숍에 보내는 연애편지 133

리 제이콥스 리그스

미디어의 중요성,
시시한 것에 대한
수많은 금기

9장 허용된 '비동의' 판타지: 우리가
서브미시브 여성을 두려워하는 이유
(그리고 그래서는 안 되는 이유) 144

스테이시 메이 파울즈

권력에 맞서 싸우기,
미디어의 중요성,
인종

10장 공간을 침범하는 여성 155

코코 푸스코

권력에 맞서 싸우기,
인종

11장 성적 자율성만으로 부족할 때:
미국 이민 여성에 대한 성폭력 169

미리엄 조일라 페레스

12장 대중매체의 재판: 흑인 여성의
음란성과 동의의 문제
삼히타 무코파디아이

180

> 권력에 맞서 싸우기,
> 미디어의 중요성,
> 인종

13장 새 옷을 입은 오래된 적: 데이트
강간은 어떻게 회색 강간이 되었으며 왜
문제인가
리사 저비스

193

> 동의가 복잡하다는 편견,
> 미디어의 중요성

14장 스킨십 되찾기: 강간 문화,
명시적으로 구술된 동의, 신체 주권
헤이즐/시더 트루스트

203

> 동의가 복잡하다는 편견,
> 성적 치유

15장 발칙한 제안
헤더 코리나

212

> 짜릿한 청소년기,
> 동의가 복잡하다는 편견,
> 성적 치유

16장 건강한 섹슈얼리티와 관계 맺기:
남자아이가 배워야 할 (또는 배우지
말아야 할) 섹슈얼리티, 섹스를 긍정하는
강간 예방 패러다임이 유익한 이유
브래드 페리

228

> 짜릿한 청소년기,
> 남자다움

짜릿한 청소년기,
권력에 맞서 싸우기,
살아남아 에스라고 말하기

17장 유사강간이란 전염병   245
라토야 피터슨

여기 그리고 퀴어,
시시한 것에 대한
수많은 금기, 살아남아
에스라고 말하기

18장 수치심이 우리를 가장 먼저 배신하지   258
않도록
토니 아마토

여기 그리고 퀴어,
남자다움, 시시한 것에 대한
수많은 금기

19장 왜 착한 남자만 손해를 볼까   265
줄리아 세라노

시시한 것에 대한
수많은 금기, 성적 치유,
살아남아 에스라고 말하기

20장 싸워서라도 지킬 만큼 소중한 섹스   280
아나스타샤 히긴보텀

인종,
살아남아 에스라고 말하기

21장 여성 혐오 죽이기: 사랑, 폭력, 생존   291
전략에 관한 사적인 이야기
크리스티나 메슬리 친춘

권력에 맞서 싸우기,
인종

22장 임신이 위법이라면 오직 위법자만이   306
임신부가 되리라
틸로마 자야싱헤

23장 당신이 창녀라 부르는 사람들은 315
누구인가: 섹슈얼리티, 권한 강화, 성
산업에 관한 성노동자들의 대화
수전 로페즈, 마리코 패션, 선드라

권력에 맞서 싸우기,
시시한 것에 대한
수많은 금기,
살아남아 예스라고 말하기

24장 과정 지향적 처녀 330
한느 블랭크

짜릿한 청소년기,
시시한 것에 대한
수많은 금기

25장 순결한 강간: 순결 미신이 어떻게 342
강간 문화를 강화하는가
제시카 발렌티

짜릿한 청소년기,
미디어의 중요성,
우파의 오류

26장 진짜 성교육 349
카라 쿨위키

짜릿한 청소년기,
시시한 것에 대한
수많은 금기, 성적 치유

27장 막 나가는 자의 변론: 나는 어떻게 358
걱정을 집어치우고 쾌락을 사랑하게
되었는가 (그리고 어떻게 하면 당신도
그럴 수 있을까)
재클린 프리드먼

미디어의 중요성,
성적 치유

주 367
찾아보기 376
감사의 말 · 참여한 사람들 382

1장 공격적 페미니즘:

강간 문화를 지탱하는 보수적 젠더 규범에 맞서는 페미니스트

질 필리포빅

여러분, 오늘날 강간은 과거의 강간과 다릅니다. 내가 젊었을 때만 해도 강간은 배우자가 아닌 남성이 정숙한 여성을 강제로 범하는 것이었습니다. 이제는 '이러지 말자'는 말을 무시하는 것만으로 강간이 됩니다.

— 2008년 2월, 테네시주 상원의원
더그 헨리Doug Henry

헨리 의원의 말은 사실이다. 오늘날 강간은 옛날 강간과 다르다. 아내를 강간한 남편은 형사 처분 대상이 된다. 강간 피해자의 성생활은 법정에서 불리한 증거가 되지 못한다. 아는 사람이 저지른 강간(또는 데이트 강간)은 눈에 띄게 공론화되었다. 덤불에서 튀어나온 낯선 사람이 저지른 성폭행만 수면 위로 드러나던 때는 지났다. 페미니즘 운동은 성폭행에 맞서며 경이로운 성과를 냈다. 강간 위기 센터가 세워지고, 법이 개정되었으며, 자신이 여성보다 우월하다고 생각하던 남성들의 믿음에 균열이 갔다. 그 결과, 성폭행 발생률은 꾸준히 감소하고 있으며 피해자들이 예전보다 많이 지원받는다.

그런데 이 얼마 안 되는 강간반대운동의 성과가 벌써 은근한 저항을 받고 있다. 잘 드러나지는 않지만, 적어도 강간 문제에서 가장 위협적인 저항은 여성의 자율성을 겨냥한 우파의 공격으로 나타난다. 종교적 보수주의자들이 이른바 섹스 전쟁에 나서고 임신중지와 피임을 반대하는 운동에 앞장서고 있다는 것은 익히 알려졌으나, 강간 문화를 유지하고 부추기기까지 한다는 사실은 간과되었다. 신앙이 있거나 보수 성향인 개인과 엄연히 구분되는 종교적 우파는 조직적으로 문화전쟁을 일으켰다. 이 전쟁은 어느 신에게 기도를 올릴지 또는 여성의 재생산권보다 태아의 생명이 귀한지 같은 문제에만 국한되지 않는다.

가장 기본적인 가치, 예컨대 신체 자율성과 자기결정권 및 여성의 사회적 역할과 가족 구성 등을 놓고 벌어지는 싸움이다. 임신중지와 동성결혼이 정치권에서 쟁점이 되는 동안 강간 문제도 싸움터 한복판에 내던져졌다. 보수주의자들이 유지하고 싶어 하는 강간 현상은 반강간법으로 이미 위협받고 있지만 더 결정적으로는 남성에게 강간하지 **않을** 의무를 지우고 페미니즘이 주장하는 적극적 동의 모델을 따라 여성에게 자율적 행위자로서 섹스를 **요구하거나 거부할** 권한을 부여하는 것, 즉 '노'가 존중받고 '예스'도 똑같이 인정받는 모델을 세움으로써 치명상을 입게 될 것이다.

좋았던 옛날

우리는 한때 데이트 강간과 데이트 사기를 흥미진진한 것으로 불렀다는 사실을 잊고 산다.

— 워런 패럴Warren Farrell, 남성 권력 활동기,
『남성 권력의 신화The Myth of Male Power』 저자

옛 영미법에 따르면 "남편과 아내는 하나이며 그 하나는 곧 남편이다".[1] 이른바 유부녀법은 여성의 법적 권리를 남편의 권리에 귀속된 것으로 규정했다. 이 법은 오래전 폐지되었으나 아직도 여성은 결혼 문제에서 동등한 권리를 보장받지 못한다. 아내는 남편이 원하면 성관계를 할 준비가 되어 있어야 하고, 남편은 법적으로 처벌받을 걱정 없이 아내에게 성관계를 요구(또는 강요)할 수 있었다. 법은 아내가 경제적 안정을 보장받는 대가로 남편의 하인 자리에 있어야 한다고 명시했다. 가족사학

자 스테파니 쿤츠Stephanie Coontz는 이렇게 말한다.

> 유부녀법이 법적 효력을 잃은 뒤에도 법원과 의회와 대중은 남편과 아내가 결혼 생활에서 수행하는 역할이 전혀 다르다고 굳게 믿었다. 1958년, 원하는 서비스를 받지 못한다는 이유로 (남편과 달리) 아내가 배우자에게 소송을 걸 수 없다는 종래 판례를 뒤집으려는 시도가 있었을 때 뉴욕주 대법원은 이를 기각했다. 여기서 말하는 서비스에는 집안일 하기와 성생활에 충실하기 등이 포함되었는데, 대법원은 이런 서비스를 제공하는 주체가 반드시 아내여야 한다고 판단했다.
> 1970년대까지만 해도 미국 내 여러 주에서 "가부장head and master"법을 고수했다. 이 법에 따르면 거주지를 비롯해 가정 문제에 관한 최종 결정권이 남편에게 있었다. 법이 정의한 결혼 제도에 따라 남성은 가족을 부양해야 했다. 여성은 살림과 양육을 도맡고 성관계 요구에 응해야 했다. 대다수 주가 부부강간을 범죄로 규정한 것은 1980년대에 이르러서다. 당시 사람들이 생각하기에 결혼식 때 신부가 '예'라고 답하는 것은 결혼 생활 내내 '예'라고 답하며 법적 의무에 충실하겠다는 뜻이었다.[2]

이 사고방식은 지금도 유효하다. 물론 요즘 미국인 부부 중 대다수는 꽤 평등하고 진보적으로 결혼 생활을 하며 보수 성향이거나 종교가 있는 부부라도 이런 면에서 예외가 아니다. 그러나 극단적인 보수주의자들은 그들이 소수인 것이 놀라울 만큼 강력하게 젠더 평등에 불만을 쏟아 내며 여성이 결혼 후에도 자기 몸에 관해 포괄적 권리를 갖는다는 생각을 마땅찮게 여긴다. '전통적 결혼' 옹호론은 이성끼리 서로 보완하는 구실을 한다는 생각을 전제로 한다. 이때 '보완하는' 구실이란 남성이 책임지고 여성이 보필하는 관계를 뜻한다. 이렇게 퇴행적인 성 역할(그리고 보완적 관계의 필요성)을 옹호하는 것은 평등 결혼 반대를 대표하는 논리이기도 하다.[3] 성관계에 응할 준비가 되어 있어야 한다고 여성에게 요구하는 구시대적 사고도 여전히 활개를 치고 있다. 여성들에게 집안에만 있으라고 주장해서 유명해진 반페미니스트 활동가 필리스 슐래플리Phyllis Schlafly는 베이츠칼리지 연설에서 이렇게 말했다. "여성은 결혼으로 남편과 섹스하는 데 동의했다. 그걸 강간이라고 우겨서는 안 된다."[4]

몇몇 유별난 보수주의자들만 이런 이데올로기를 지지하는 것이 아니다. 미국에서는 공립학교가 이런 이데올로기를 가르친다. 하원의원 헨리 왁스먼Henry Waxman이 미국 학교에서 가장 널리 실시되는 금욕 중심 성교육 과정을 조사한 결과, 여성은 대체로 의존적이고 순종적이며 심지어 사들이고 획득하는 대상으로까지 묘사되고 있었다.

한 커리큘럼은 결혼 전통에 관한 수업에서 이렇게 가르치라고 제안한다. "신붓값을 치르는 것이 실은 신부를 존중하는 행위라고 가르치라. 신붓값은 신랑이 신부를 귀중한 존재로 여기며 그녀를 위해 귀중한 것을 내놓을 생각이 있다는 뜻이다."[5]

순결 무도회 같은 종교 행사에서는 딸이 "결혼 선물로 남편에게 자신을 허락하는" 날이 올 때까지 순결을 지키겠노라고 아버지 앞에서 서약한다. 그러면 아버지가

"나는 순결의 권위자이자 보호자로서 딸을 감싸겠다고 신 앞에 약속"[6]한다고 말한다. 이날 아버지가 건네는 '약속 반지'가 훗날 남편이 건네는 결혼반지로 대체되는 것은 처녀막을 놓고 벌어지는 거래를 상징한다. 순결 무도회를 기획하는 단체들은 대개 종교적 색채를 띠고 금욕주의를 옹호하며 연방 정부의 재정 지원을 받는다. 조지 부시 정부가 이런 금욕주의적 계획에 연 2억 달러에 이르는 거금을 지원한다.[7]

우파가 그리는 이상적 가족상에는 자율적 행위자나 독자적 권리가 있는 개인으로서의 여성이 아니라 하인이자 내조자로서의 여성만 존재한다. 개성을 드러내는 여성은 위협적인 존재가 된다. 이른바 '친가족pro-family' 진영은 여성의 개성과 신체 자율성을 전면 부정한다. 이들이 그토록 해체하려고 하는 가치와 결실을 이미 미국 가정이 대부분 받아들이고 있는데도 말이다.

여성이란 골칫거리

무엇이 보수주의의 전통적 이상을 가장 심각하게 위협하고 있을까? 바로 여성이다. 여성은 가족계획을 스스로 세울 수 있게 되었을 때 그렇게 한다. 자기 앞으로 예금계좌를 만들거나, 직접 돈을 벌거나, 학교에 가거나, 임신 걱정 없이 섹스하거나, 자기 명의로 재산을 소유하거나, 원할 때 아이를 가지거나, 원하는 사람과 결혼할 수 있게 되었을 때도 **그렇게 한다.** 인권의 테두리가 여성에게까지 확대되면서 여성은 남성처럼 자신의 필요와 야망과 욕망에 충실한 인간으로 행동한다.

'남성처럼' 여성도 쾌락을 느끼려고 섹스를 한다. 미국인의 97퍼센트는 결혼 전에 섹스를 경험하며 미국 여성의 95퍼센트는 피임 경험이 있다. 이들은 평균적으로 약 30년 동안 피임한다. 여성도 섹스를 좋아하는 것은 분명한 사실이다. 스스로 원해서 섹스를 즐기며 임신만이 아닌 쾌락을 위해 섹스를 한다.

바로 이 지점에서 문제가 발생한다. 보수주의 관점에서 섹스란 기본적으로 교환 도구이자 목적을 실현하는 수단이다. 여성은 순결을 잘 지키다가 결혼반지와 맞바꿔야 한다. 그 뒤 작동하는 가정의 질서는 단순하다. 여성은 경제적 안정과 사회적 지위를 보장받는 대가로 섹스를 제공하고 집안일을 하고 아이를 낳는다. 섹스는 순전히 재생산 수단으로 전락한다. 여성이 아홉 달 동안 아이를 배고 있다 잘 키울 생각은 안 하고 쾌락을 좇아 섹스한다는 것은 보수주의 가치와 정면으로 충돌한다. 아내가 남편의 섹스 요구에 '노'라고 말할 권리가 있다는 생각도 마찬가지다. 여성의 신체 자율성도 보수주의 결혼 개념에 들어맞지 않는다. 보수 단체인 포커스온더패밀리Focus on the Family가 홈페이지에 버섯이 길어 놓은 표어It's Not My Body처럼 여성의 몸은 여성의 것이 아니기 때문이다.

보수주의자들이 강간을 **옹호**한다고까지 말할 수는 없겠으나, 그들이 주장하는 극단적 이데올로기는 강간을 **방조**하고 성폭행을 묵인하는 문화를 조성하고 있다. '친가족' 중심 결혼 구조에서 섹스는 부양을 위한 교환 수단이 되고 여성의 정체성은 남편의 정체성에 흡수되고 만다. 결국 이 구조는 여성을 소유물로, 자아를 실현한 남성의 장신구쯤으로 여기는 관점을 강화한다. 보수주의자들이 떠받드는 전통적 성 역할은 여성과 남성을 각각 수동적 수용자와 공격적 일탈자로 나눠 여성에 대한 성폭행을 정당화하고 지지한다.

남자다운 남자와 수동적인 여자

> 강간에 맞서기 위해 여성에게 필요한 것은 호신용 무
> 술과 경찰만이 아니다. 원치 않는 접근을 불쾌하게 여
> 길 줄 아는 숙녀다운 조신함도 있어야 한다.
>
> — 하비 맨스필드*Harvey Mansfield*, 하버드대
>   교수, 『남자다움에 관하여』의 저자

성폭행 문제는 주류 문화가 섹스와 섹슈얼리티를 구성하는 성차별적 방식과 떼어 놓을 수 없다. 주류 문화는 여성의 섹슈얼리티를 수동적으로, 남성의 섹슈얼리티를 공격적으로 묘사한다. 철저히 페니스와 쾌락의 관점에서 성을 이야기한다. 남녀의 성관계는 페니스가 여성의 질에 침입해 사정하는 것으로 끝난다. 섹스의 핵심 요소랄 수 있는 침입은 남성을 '활동적'인 존재로, 여성을 수동적이고 수용적인 존재로 형상화한다. 이 맥락에서 섹스란 힘을 똑같이 나눠 가진 두 주체가 함께 하는 행위라기보다 남성이 여성에게 가하는 일방적 행위에 가깝다.

여성의 섹슈얼리티가 수동적이라는 통념은 문화가 만들어 낸 서사의 일부일 뿐이다. 여성은 유혹하는 신체를 타고나 남성을 타락시키는 존재로도 여겨진다.[8] 수동적 여성과 유혹적 여성이란 통념은 지난 수 세기 동안 인구 절반에 이르는 존재들에 대한 사회적 통제를 정당화했다. 성경에 기록된 인류의 타락은 여성으로부터 시작되었고, 그 벌로 여성은 고통스러운 섹슈얼리티와 무거운 재생산의 의무를 떠안았다.[9] 그 짐은 시간이 흘러도 좀체 가벼워지지 않았다. 여성은 격리되었고 "불감증" 아니면 "히스테리" 환자로 여겨졌다.[10] 소녀들은 자위 버릇을 "치료"한다는 명목으로 음핵 절제술을 받아야 했다.[11] 피

임을 금지당하고 임신 예방법을 교육받지 못했다.[12] 남성의 법적 소유물이었으며 강제로 불임 시술을 당했고[13] 원치 않아도 임신해야 한다는 법적 의무를 감내했다.[14] 임신중지와 피임이 여전히 논란거리가 되고 세상에 나오지도 않은 태아에게 인권을 부여해 여성의 임신중지 권리를 반대하는 데서 알 수 있듯이, 여성의 신체를 (구체적으로 여성의 생식기와 재생산 능력을) 공공재이자 국가의 통제 대상으로 보는 경향은 변함없이 이어지고 있다.[15] 메시지는 간단하다. 여성들은 '본래' 수동적인 존재지만 그들에게 약간의 힘이라도 쥐어 주면 대혼란이 벌어질 수 있으므로 어떤 방법을 써서라도 그들을 통제해야 한다는 것이다. 이런 관점에서 여성 신체에 가해지는 강간과 모든 형태의 폭행, 특히 여성의 생식기를 범하고 공격하는 행위는 선을 넘은 여성에 대한 독특한 형벌로 기능한다.

이와 달리 남성의 섹슈얼리티, 넓게 말해, 남자다움은 사회가 남성에게 여성이 아닌 모습을 강요함으로써 견고해진다. 남성이 전통적으로 여자다움과 관련된 특징, 예컨대 수동적이거나 온순한 태도와 성적 침입을 받아들이려는 태도를 드러내면 사회가 그의 남성성을 의심한다. 대표적으로 게이 남성은 성행위와 성별로 부여된 규범을 넘어선다는 이유에서 언제나 '남자답지 못한' 남자로 그려진다.

공격성은 남자다움에 깊이 뿌리내린 특징으로 자연과 생물 진화론을 통해 정당화된다. 이 공격성은 성의 영역으로까지 나아간다. 그 안에서 남성은 공격적인 행위자가 되며, 성을 소중히 간직하고 그 자체로 체현하는 수동적 여성에게서 성을 '쟁취'하려고 한다.

남녀 역할을 대립적으로 묘사하려다 보니 남성은 성적 침략자, 여성은 성적 도피자가 된다. 혼전 순결을 지키지 않는 여성이 훨씬 더 많은데도 여전히 여성은 높은 수준의 정조를 요구받는다. 섹스에 '예스'라고 답하거나 욕망을 표출하는 방법을 배우지도 못한다. 남성이 밀어붙이면 여성이 그를 달래는 것이 성관계의 규칙이라는 말이나 들을 뿐이다.

이런 역할 분담은 여성의 성적 주체성을 손상하는 동시에 남성에게도 악영향을 미쳐 욕망을 제대로 실현하지 못하게 방해한다. 여성처럼 남성도 상대의 움직임에 섬세하게 반응할 수 있다. 하지만 여성이 '예스'일 때도 으레 '노'라고 한다는 걸 너무 잘 알기 때문에 여성의 '노'를 있는 그대로 받아들이지 못하게 된다. 더구나 끊임없는 성욕을 남자다움과 동일시하는 사회에서 자라다 보면 진정한 성적 의사 결정을 경험하지 못하며, 원치 않을 때 어떻게 '노'를 말하며 섹스를 거부할 수 있는지에 대해 배우지 못한다. '사내애들은 다 그래' 식으로 성적 고정관념이 존재하기 때문에 데이트 강간범들이 여성을 범하고도 강간인 줄 **몰랐다**며 속 편하게 둘러댈 수 있다. 피해 여성이 '노'라고 했다고 해도, 강간범이 그 '노'는 놀이의 일부였다고 주장하는 순간 다른 남자들(그리고 많은 여자들)이 어이없을 만큼 쉽게 강간범에게 설득당한다.

페미니스트의 과제

페미니즘과 강간반대운동은 여성의 몸이 여성의 것이 아니라는 지배 서사에 저항한다. 섹스가 상대에게 폭력을 휘두르고 상처를 입히는 행위가 아니라 동의하에 즐기는 행위여야 한다고 주장한다. 여성을 피식자, 남성을 포식자로 가르는 권력 구조를 공격한다. 페미니스트는 남성을 짐승 취급하지 않는다.

오히려 남성도 이성적 인간이므로 상대의 말을 들을 수 있고, 원치 않는 섹스를 강요해서는 안 된다는 사실을 이해할 수 있다고 믿는다. 섹스는 모두가 기분 좋고 적극적으로 동의한 상태에서 출발해야 하며 '노'의 생략이 아닌 '예스'의 발화를 기본 전제로 삼아야 한다. 남성이 이를 이해하지 못할 이유가 없다. 여성은 따먹히거나 안 따먹히는 대상이 아니다. 여성도 남성과 똑같은 성적 행위자이며 원하면 언제든 '예스'라고 말할 수 있다. 아니면 '노'라고 거부할 수도 있다. 술에 취했거나, 상대와 잔 적이 있거나, 딱 달라붙는 옷을 입고 있거나, 이미 알몸으로 상대와 침대에 누워 있더라도 말이다. 더 나아가, 강간 반대 활동가들은 남성도 '노'라고 말할 수 있어야 한다고 주장한다. 여성들이 정말 자유롭게 '예스'라고 말할 수 있다면 그리고 '노 민즈 노'를 뛰어넘어 적극적 동의 모델을 세울 수 있다면, 남성이 강간 책임을 회피하기가 무척 어려워질 것이다. '애매한 회색 지대'가 있다는 주장도 설득력을 잃을 것이다. '진짜' 강간에 비해 '데이트 강간'은 별거 아니라고 말하거나, 아는 사람에게 성폭행을 당한 여성이 먼저 집적댔을 수도 있다고 의심하거나, '데이트 강간'을 '유혹'으로 단정하기도 훨씬 힘들어질 것이다.

적극적 동의 모델을 세우려면 여성의 섹슈얼리티와 여성다움에 관한 오랜 고정관념부터 허물어야 한다. 그래야 남성 권력과 그것이 만든 여성의 예속 상태를 직접적으로 위협할 수 있다.

공포 문화

그런데 왜 극단적 보수주의자들은, 심지어 몇몇 평범한 사람들마저, 강간을 방조하고 조장하는 문화를 **지키려고** 할까? 간단히 답하자면, 여성이 단단한 권력 구조를 위협하고 있으니 강간이라는 공포를 끊임없이 조성해서 기존의 남녀 구도를 지켜야 한다고 믿기 때문이다.

사회적으로 구성된 강간은 현실과 동떨어져 있다. 성폭행은 주로 낯선 사람이 저지르는 범죄로 묘사되지만, 실제로는 73퍼센트가 아는 사람의 짓이다.[16] 강간 피해자는 거의 어김없이 여성으로 묘사되지만, 실제로는 남성도 서른세 명 중 한 명 꼴로 성폭행을 당한다.[17] 교도소에 갇힌 사람들이 특히 고위험 군이다. 통계가 정확히 잡히지 않아 피해가 잘 드러나지는 않지만, 보수적으로 계산해도 해마다 성폭행을 당하는 남성 재소자는 30만 명이 넘는다.[18] 그런데 남성 재소자에 대한 성폭행은 여성에 대한 낯선 사람의 강간보다 손가락질을 덜 받는다. (마약 사범을 엄벌하는 법 때문에 재소자 중 상당수가 폭력 성향과 거리가 있는데도) 일단 사람들이 범죄자를 쉽게 동정하지 않으며 재소자 가운데 유색인종 비율이 유달리 높기 때문일 것이다. 감옥에서 비백인 남성이 어떤 일을 겪는지는 대체로 대수롭지 않게 여겨진다. 요점은 남성, 심지어 성폭행 위험에 노출된 남성도 여성이 느끼는 강간 서사의 공포에서 자유롭다는 사실이다. 이 강간 서사에서 실제 현실과 닮은 부분이 있다면, 강간의 99퍼센트를 남성이 저지른다는 점뿐이다.[19]

살인 같은 여타 폭력과 달리 강간은 범죄인 동시에 사회통제 수단이다. 낯선 사람이 저지르는 강간 서사는 성폭행 위협을 이용해 여성을 움츠러들게 하고, 줄곧 머물러 온 사적 영역을 넘어 남성이 지배하는 공적 영역에 들어선 여성을 벌한다. 밖을 싸돌아다니면 강간처럼 위험한 일을 당할 수 있다고 겁을 줘, 자고로 여성은 집을 지켜야 하고 밖에 나가면 위험해진다는 생각을 퍼뜨린다.

집 밖에 나온 여성은 성적으로 헤프다고 보는 역사는 오래되었다. 공공장소에 나온 여성을 뜻하는 '퍼블릭 우먼public woman'은 예부터 매춘부를 가리키는 말로 쓰였다. 성노동자를 '공동 여성'으로 규정짓는 결정적 특징은 "돈을 받는 대가로 성을 팔고 여러 명과 성관계를 맺는 것이 아니라, 그녀의 몸을 세상 사람 누구나 이용할 수 있다는 것"[20]이었다. 사람들 앞에 나가 거리낌 없이 할 말을 하는 여성은 지금도 흔히 '창녀'라고 불리는 모욕을 당한다. 길거리 성희롱은 공공장소를 마음대로 돌아다닐 권리가 남성에 비해 여성에게 턱없이 부족한 현실을 보여 준다. 그리고 강간은 가부장의 보호막 없이 공공장소를 돌아다닌 여성에 대한 최후 엄벌이 된다.

강간의 위협은 여성을 집안에 묶어 두지는 못했어도 끊임없이 두려움을 느끼게 하는 데는 성공했다. 낯선 사람에게 강간당한 여성은 곧장 의심받는다. 그러게 왜 혼자 돌아다녔을까? 왜 그 동네에 갔을까? 왜 그렇게 술을 많이 마셨을까? 아는 사람에게 강간당해도 이와 비슷한 잣대로 평소 행동을 평가받으며 '진짜' 강간일까 하는 의심을 끝내 피하지 못한다. 섹스 생각이 없는데 왜 그 남자와 데이트했을까? 왜 집에 남자를 들였을까? 왜 술자리에 갔을까? 왜 저녁을 먹으면서 와인을 마셨을까? 애초에 섹스에 동의하지 않았으면 왜 다른 스킨십에는 동의했을까?

폭력 범죄 피해자가 될 확률은 남성이 여성보다 1.5배 높다.[21] 즉 남성은 여성보다 범죄 피해자나 가해자가 될 확률이 모두 높다. 술이 얽인 상황에서 폭행을 당하거나 다치거나 죽는 확률도 여성보다 남성이 높다. 남성은 주로 낯선 사람에게 해를 당하는 반면(폭력 범죄 피해 중 63퍼센트), 여성은 주로 아는 사람에게 해를 당한다(폭력 범죄 피해 중 62퍼센트). 남성의 피해 장소는 대개 공공장소지만, 여성은 자기 집이나 아는 사람의 집에서 더 많이 해를 당한다.[22]

그런데도 공공장소에서 낯선 사람의 폭력으로부터 스스로 보호하라고 '충고'받는 쪽은 여성이다. 친구와 함께 다니고, 과음하지 말고, 혼자 돌아다니지 말고, 호신술을 배워야 하는 쪽은 언제나 여성이다. 선의에서 나온 조언이겠지만, 여성이 알아서 강간을 막을 수 있다는 잘못된 메시지를 줘서 문제다. 물론 여성 개개인이 호신술을 배우고 자기 몸을 지키도록 훈련받는 것은 유익하다. 그러나 이런 방법은 모든 책임을 여성 개인에게 전가하기 때문에 강간 문화를 허물 정답이 될 수 없다.

가해자가 아닌 피해자의 행동에 집중하는 것은 잠깐의 방심으로 성폭행을 자초할 수 있으니 한순간도 경계를 늦추지 말라는 메시지를 여성에게 준다. 이런 메시지는 여성을 겁주며, 가부장적이고 성차별적인 법과 관습을 정당화해, 여성을 더욱 약한 존재로 보게 만든다. 미디어 평론가 로라 키프니스Laura Kipnis는 이렇게 말한다.

> 남성 재소자의 강간 피해가 빈번하고 여성 비재소자의 강간 피해가 감소하고 있으니, 성적 취약성을 둘러싼 사회적 담론도 바뀌어야 하지 않을까? 젠더 정체성의 상당 부분을 이루는 이 담론은 여성으로 산다는 것을 위태로운 상태로 느끼게 한다.[23]

강간이 벌어졌을 때 '그 여자가 이렇게 행동했다면……' 하고 반응하는 것은 심리적 안정 효과를 일으켜 잠시나마 나머지 여성들을 위태로움에서 벗어나게 한다. 우리는 절대 그렇게 행동하지 않을 테니까, 그 여자는 피해를 자초했으니까, 우리는 그 여자와 다르게 처신할 테니까, 안전하다고 느낀다.

하지만 이런 전략은 실패할 수밖에 없다. 강간 위협 앞에서 여성, 말 그대로 모든 여성은 인질과 다를 바 없다. 해를 당하지 않게 기본적인 예방 조치를 해야 하는 것은 남녀 모두 마찬가지인데 강간을 때와 장소를 불문하는 위협으로 부풀리는 것은, 여성의 성적 취약성과 남성의 권력을 유지하는 데 큰 몫을 한다. 이 서사는 여성의 힘을 빼앗는 데 그치지 않고 남성에게 특권을 부여하기까지 한다. **공포를 느끼지 않고** 사는 이점은 실로 어마어마할 것이다. 물론 대다수 남성은 여성을 겁주겠다는 생각이 없다. 하지만 몇몇은 겁에 질려 고분고분 순종하는 여성을 원한다. 그렇지 않고서야 '보호'란 미명 아래 여성을 지배하는 자신들의 행위를 어떻게 정당화하겠는가?

보수적인 '친가족' 활동가들은 공적 영역에서나 집안에서나 남성이 지배하는 세상을 꿈꾼다. 그러나 자유롭고 자율적이고 싶은 본능은 남성뿐 아니라 여성에게도 있으며 (결혼, 가정, 보금자리 등) 어떠한 미끼로도 쉽게 가라앉힐 수 없을 만큼 언제나 강력했다. 따라서 이 본능을 억누르려면 강간 (또는 '순결' 상실) 위협이라는 채찍을 함께 휘둘러야 했다. 사회통제 수단이 된 강간 위협을 반페미니즘 보수주의자들이 만들었다고 할 수는 없겠으나, 평등에 반대해 문화전쟁을 일으킨 이들에게 강간 위협이 요긴한 무기로 쓰인다는 것만큼은 분명하다.

성폭행에 대응하는 페미니스트

강간 문제는 포괄적으로 접근해야 제대로 대응할 수 있는데, 그러려면 섹스·여성의 몸·저소득층·유색인종 등을 공격하는 우파의 논리를 통째로 문제 삼아야 한다. 사회적 맥락을 떠나서는 성폭력을 근절할 수 없다. 힘 있는 자들이 여성을 2등 시민 취급하는 세계관을 계속 지지하고, 여성의 몸을 예속하는 정부 정책과 여성과 남성을 각각 수동적인 존재와 공격적인 존재로 가르는 사회규범이 그 세계관을 계속 떠받드는 한 여성은 결코 안전할 수 없다.

두 번째로 강간반대운동이 나아가야 할 길은 남성에게 강간하지 말라고 가르치는 것이다. 언뜻 들어서는 터무니없고 1차원적인 해법 같다. 어쨌거나 범죄자는 죄를 저지른다. '살인하지 말라는 교육'이 살인율을 낮출 수 있다고 믿는 사람이 있을까? 하지만 강간은 다른 범죄보다 성 고정관념이 크게 작용하며 가까운 사이에서 빈번히 일어난다는 특징이 있다. '강간하지 말라는 교육'은 낯선 이가 저지르는 강간을 막지 못하며 아는 사람이나 연인이 저지르는 강간을 완전히 없애지도 못할 것이다. 그러나 강간 발생률을 낮추는 데는 확실히 효과를 거둘 수 있다.

강간하지 말라는 교육에는 강간을 저지른 남성이 스스로 강간범임을 인지하게 하는 과정이 따른다. 이 과정이 성공하려면 사회적·제도적으로 성폭행의 현실을 정확히 드러내며 (낯선 사람이 저지르는 강간 서사와 여자가 알아서 몸조심하라는 서사를 허물어) 건강한 남성성을 개발하고, 섹스를 강요하는 행위 자체가 **강간**임을 (성교육이나 법적 기준 제시를 통해) 남자아이들에게 가르쳐야 한다. 몇몇 남성들은 강간을 성적 행위라기보다 남자다움을 과시하는 평범한 행동 정도로 인식하는데, 이는 여성이 체감하는 강간과 거리가 멀다. 이 간극을 좁히려면 심각한 폭력이 있어야만 강간이 성립한다는 생각을 버려야 한다. 강간은 자연스럽고 즐거워야 마땅한 행위를 폭력으로 바꿔 버린다는 점에서 특수하다. 우리는 강간만큼이나 그 행위가 일어나게 된 맥락에 주목해야 한다.

젠더 평등을 위해서도 포괄적으로 힘써야 한다. 페미니즘이 큰 성공을 거두면서 성폭행 발생률은 줄었다. 하지만 성폭행은 폭력과 권력뿐 아니라 남성의 권리 의식이 빚은 범죄다. 남성이 여성의 몸을 지배하고 통제할 권리가 있다고 느끼는 한 끝나지 않을 문제다. 재생산 정의reproductive justice 같은 문제는 언뜻 성폭행과 무관해 보이지만, 여성의 신체 자율성과 온전함 측면에서 아주 긴밀하게 얽혀 있다. 여성이 원치 않고 동의하지 않는데도 아홉 달 동안 아이를 품다 출산할 것을 법적으로 강요하거나 '부적합' 여성의 재생산권을 강제로 빼앗는 것은 타인의 필요, 이데올로기, 욕망을 위해 여성의 몸을 이용한다는 점에서 매우 문제적이다. 여성에게 재생산 자유가 전면적으로 주어져 여성의 몸이 여성의 것임을 인정받아야 비로소 성관계나 재생산에 관한 선택이 결코 강요될 수 없음을 보장받을 수 있다.

여성들의 연대도 필요하다. 다만 위기감을 조성해 공공장소에 함부로 돌아다니지 못하게 하거나 술집과 파티에 가는 것처럼 지극히 평범한 사회생활까지 막는 옛 방식과는 달라야 한다. 우리는 여성의 섹슈얼리티를 즐거운 것으로 바라보는 시각을 길러야 한다. 어떠한 성적 맥락에서든 '예스'와 '노'는 도덕적 결정으로서 동등하게 유효해야 한다. 여성은 질문에 답하는 자리에만 있는 것이 아니라, 원하면 먼저 섹스를 요구하고 상대가 동의하면 섹스를 주도할 수 있어야 한다.

크게 보아 성폭행 문제는 여성의 몸을 놓고 벌어지는 문화 전쟁의 맥락에 놓여야 한다. 강간반대운동은 재생산 자유, 반인종차별, LGBT 권리 증진, 폭넓은 젠더 평등을 옹호하는 움직임과 분리할 수 없다. 강간 문화를 지속시키고 있는 세력이 바로 이런 움직임에 반대하는 사람들이기 때문이다.

강간을 뿌리 뽑기란 불가능할지 모른다. 사회적 맥락을 전혀 고려하지 않은 채 강간을 개인이 다른 개인에게 저지르는 범죄로만 본다면 결코 그것을 막을 수 없다. 여성은 공적 영역에 참여할 권리와 합의에 따라 섹스할 권리를 또렷이 자각해야 한다. 그리고 여성이 멋대로 집 밖을 돌아다니니 성폭행을 당하는 것이라고 말하는 보수적 반페미니스트 남성이 있다면, 집 밖에 나오지 말아야 할 존재는 이제 그가 되어야 하지 않을까?

:::::: **미디어의 중요성**

4장   여성의 가치

5장   뚱뚱한 여자를 어떻게 따먹느냐고?

9장   허용된 '비동의' 판타지: 우리가 서브미시브 여성을
두려워하는 이유 (그리고 그래서는 안 되는 이유)

:::::: **우파의 오류**

2장   행위로서 섹스 모델을 향하여

25장   순결한 강간: 순결 미신이 어떻게 강간 문화를 강화하는가

2장 행위로서

섹스 모델을 향하여

토머스 매콜리 밀러

샐리에게는 문제가 있다. 이른바 딴따라 잡년이기 때문이다. 샐리는 아무하고나 음악을 연주한다. 정식 밴드 두 곳에 소속되었고, 즉흥연주를 하며 노는 연주자들도 알고 있다. 밤늦게 시끌벅적한 파티가 무르익으면 샐리가 악기를 꺼내 들어 그 자리에서 만난 사람들과 음악을 연주한다. 잘 모르는 사람들, 이름도 기억할 수 없는, 아니, 어쩌면 이름을 안 적도 없는 사람들과! 샐리는 돈을 벌려고, 맥주를 얻어 마시려고 음악을 연주한다. 때로는 관심을 받으려고 연주한다. 워낙 관심 받기를 좋아하니까.

이 이야기를 문자 그대로 받아들이면 어딘가 어색하게 느껴질 것이다. '잡년'이라는 단어에서 짐작할 수 있듯이 이 이야기는 꽤 노골적으로 섹스를 암시한다. 어색하다고 느껴지는 것은 우리 문화가 섹스를 표현하는 방식이 음악 연주와는 아주 이질적이기 때문이다.

강간은 여성을 향한 전쟁 행위다. 이 행위는 문화 전반이 강간을 묵인하는 분위기에서만 가능하다. 강간을 지지하는 구조가 반드시 성 문화에서만 비롯하지는 않는다. 인종차별, 계급차별, 감옥산업복합체(민간 자본과 손잡은 교도소를 가리킨다. 정부와 위탁계약해 운영하는 이 교도소들이 재소자를 최대한 많이 오래 확보하려고 하면서 재소자 처우에는 소홀해 성폭력을 비롯한 여러 인권 문제를 낳고 있다. ─옮긴이) 같은 여러 사회현상이 강간범이 처벌받지 않는 상황을 만든다. 따라서 섹스를 규정하는 문화 모델을 바꾸는 것만으로 강간을 지지하는 사회구조를 바꾸기란 어렵다. 하지만 상품으로서 섹스 모델('부정의 침묵'을 동의로 보는 모델)과 그 결과로 만들어진 '잡년'이란 사회적 구성물이 많은 강간범에게 이른바 "사회적 허가"[1]를 주고 있는 것은 사실이다.

잡년이란 개념이 사라진다면 강간범에게 주어지던 사회적 허가도 효력을 잃을 것이다. 이 개념은 섹스를 소유물, 더 정확히는 상품으로 인식하는 모델 안에서만 작동한다. 이제 이 '상품 모델'은 행위로서 섹스 모델, 즉 페미니스트들이 주장하는 능동적 참여 (또는 '부정의 침묵'과 구분되는 '긍정의 발화') 개념과 더 잘 어우러지는 모델로 바뀌어야 한다.[2]

우리가 속한 문화에서 섹스란 행위보다 사물에 더 가깝다. 주어지는 것, 사거나 팔 수 있는 것, 빼앗는 것이며, 수요와 공급에 맞춰 가격을 매길 수 있는 물건이다. 이 '상품 모델'에서 섹스는 여성이 손에 쥐고 있는 티켓과 같으며 남성은 이것을 얻으려고 노력한다. 여성은 남성에게 공짜로 또는 귀중한 것을 대가로 티켓을 준다. 어떤 경우든 둘 사이에 거래가 이뤄지는 셈이다. 이때 여성은 티켓 판매자인 동시에, 페미니즘 블로그 '셰이크스빌Shakesville'에 글을 올리는 주주Zuzu가 "보지 정령"이라고 표현한 것을 지키는 수호자 또는 문지기가 된다.[3] 여성들은 티켓을 시키려 하고 남성들은 그것을 가지려 한다. 이 구도는 일상 속 성적 대화에까지 영향을 미쳐 흔히 여성은 '내주고' 남성은 '취하는' 사람이 된다.

가부장제 사회에서는 성적으로 문란한 난봉꾼과 인색한 순결론자가 모두 이 상품 모델을 따른다. 전자는 티켓을 최대한 많이 얻고 싶어 하고, 후자는 여성들이 배우자·부양자·보호자 같이 진짜 '중요한' 것을 얻으려면 티켓을 잘 간수해야 한다고 생각한다.

금욕 운동: 재산 지키기

순결 무도회나 순결 지키기 운동은 페미니스트들의 비웃음과 공분을 사고 있다. 복음주의 개신교도 사이에서 주로 유행하던 이 운동은 몇 년에 걸쳐 연방 정부의 재정 지원을 받는 '금욕 중심 성교육'으로 공립학교 교과과정에까지 등장했다. 이 움직임에 깔린 메시지는 공짜로 우유를 얻을 수 있으면 젖소를 살 필요가 없다는 말로 압축된다. 여기에는 여성이 어떤 재화를 생산하느냐에 따라 값이 매겨지는 가축일 뿐 남성과 동등한 짝은 아니라는 뜻이 담겨 있다. 젖소한테 짜낸 우유는 병에 담아 내다 판다. 언제든 다른 우유로 바꿀 수도 있다. 사람들이 우유를 마실 때 신경 쓰는 것은 우유의 맛이지 어느 젖소한테서 나왔느냐가 아니기 때문이다. 맛있는 우유의 가치는 높게 쳐줄지 몰라도 그걸 만든 젖소의 가치까지 인정하지는 않는다.[4]

순결 지키기 운동은 상품 가치를 극대화하는 실행 원칙이자 투자 지침이다. 금욕 중심 성교육 프로그램들은 이런 의도를 노골적으로 드러낸다. 2007년에 한 성교육 기관이 사슬로 감아 자물쇠를 채운 다이아몬드 사진을 행사 홍보용으로 공개했는데, 사진 옆에 이런 문구를 넣었다. "당신의 다이아몬드를 보호하세요. 밝은 미래를 위해 혼전 순결을 지켜요!"[5] 여기서 다이아몬드는 처녀막 또는 (결혼이 직접 언급되었으니) 약혼반지를 상징한다. 이 기관은 여성들에게 최상의 거래를 하고 싶으면 상품 가치를 보전하라고 말하는 것이다.

이런 관점은 여성의 순결이라는 재산은 재생할 수 없다는 전제하에만 성립한다. 젖소는 우유를 계속 생산한다. 그러나 금욕주의자들의 논리에 따르면, 여성이 가진 상품은 한번 팔리면 처음의 가치를 다시는 인정받지 못한다. 올리브 열매에서 처음 짜낸 '엑스트라 버진' 기름이 가장 비싸게 팔리고, 압착 횟수가 늘어날수록 기름의 등급이 떨어지는 것과 같은 이치라고 할 수 있다. 일리노이주 피오리아시에서 열린 순결 무도회 관계자는 이렇게 말했다. "여자아이들은 누군가에게 대단한 선물을 줄 수 있는 존재다. 우리는 그들이 자신을 쉽게 내주기를 바라지 않는다. 훗날 흠집 하나 없는 장미꽃 같은 모습으로 남편에게 자신을 선물해야 하기 때문이다."[6]

금욕주의자들은 이런 생각을 대놓고 드러낸다. 이들이 믿는 잡년 모델에서, 잡년이 가진 상품은 많이 쓰여 닳고 닳았으며 헐값이 아니면 아무도 원치 않는 싸구려다. 이 모델은 최대한 역겨움을 강조하는 방식으로 학생들에게 주입된다. 한 성교육 수업은 학생들의 팔뚝에 여러 차례 붙였다가 떼어 내 잔털이 덕지덕지 붙은 테이프를 쓰레기통에 버리는 것으로 이 모델의 메시지를 전한다.[7] 다른 수업에서는 포장을 벗긴 초콜릿을 학생들에게 돌아가며 만지게 한다. 네바다주에서는 섹스 상대와 헤어진 여자는 "더럽고 값싼" 존재가 된다고 경고하는 공익 광고가 방송되기도 했다.[8]

젊은 여성에게 순결을 소중한 재산으로 여기라고 말하는 사람들은 자신이 여성을 차별한다고 생각하지 않는다. 하지만 페미니스트가 보기에 이들은 대부분 여성 차별주의자다. 섹스를 상품으로 보는 관점에 너무 깊이 빠진 나머지, 여성이 살면서 느낄 수 있는 최고 보람이 순결을 가장 비싸게 파는 것이라고 믿는다. 이런 논리대로라면 섹스가 거래일 수밖에 없다. 그리고 이 거래에서 여성이 재미를 보는 방법은 가장 비싸게 쳐주는 첫 상품을 팔아 이익을 극대화하는 것, 가장 좋은 조건으로 결혼해 평생 경제적 지원을 받고 덤으로 매력적이고 신사다운 섹스 상대를 얻는 것이다. 정말로 여성의 몸이 판매를 거듭할수록 가치가 떨어지는 상품이라면 여성에게 주어진 기회는 딱 이 정도일 것이다. 이런 논리를 진심으로 믿는 금욕주의자들은 자신이 여성들에게 최선의 방법을 알려 준다고 확신한다. 여성들이 스스로 더 나은 세상을 만들 수는 없기 때문이다.

난봉꾼: 상품 사들이기

가부장제 한쪽 끝에 금욕 운동을 외치는 종교적 보수주의자들이 있다면, 다른 쪽 끝에는 포르노 제작자 조 프랜시스Joe Francis와 그가 제작한 시리즈물 〈걸스 곤 와일드Girls Gone Wild〉의 세상이 있다. 그리고 그 주변에는 섹스를 재산으로 보되, 오직 여성의 섹스만이 남성에게 착취되도록 강요하는 문화적 세력이 존재한다.[9]

'게임' 기술을 써서 섹스 상대를 구한다는 자칭 "픽업 아티스트"들의 대화를 들여다보면, 그 세상의 모습이 여실히 드러난다.[10] 이들이 활동하는 온라인 포럼에 어느 이용자가 올린 글을 보자. "게임의 수준과 앞으로 여자들이 내게 해 줄 일을 한 단계 끌어올렸다. 지금까지는 전날 만난 여자가 내 빨래를 다 개어 주는 정도였다면, 나랑 하면서 15분 동안 쉬지 않고 오르가슴을 느낀 여자가 내게 해 줄 일은 어느 정도일지 생각해 보라."[11] 이 사람의 목표는 여성에게서 섹스건 노동이건 어떤 형태로든 무언가를 최대한 '취하는' 데 맞춰져 있다.[12] (이 사람은 집안일과 섹스를 당연하다는 듯 연결 지어 이야기한다. 노동력과 상품은 엄연히 다르지만 분명 유사 범주로 묶인다.)

상품 모델을 따른다는 것은 그 안에 작동하는 가치 평가 기준, 즉 상품의 가치는 희소성에서 나오기 때문에 여성은 여러 명과 섹스하며 섹슈얼리티를 표현할수록 가치가 떨어진다는 생각을 따른다는 뜻이기도 하다. 포럼에는 이런 글도 올라왔다.

> 얼마 전 어떤 여자애랑 자고 나서 문득 그 애가 시시하게 넘어왔다는 사실에 열받았다. 내 기술이 이제 꽤 괜찮아져서 지난주에만 두 명을 꼬시는 데 성공했지만, 꼬시고 나니 그 애들이 하나도 매력적이지 않았다. 침대로 데려오기가 이렇게 쉬우니, 비싼 여자라고 할 수 있겠나?[13]

이 글에 다른 이가 댓글을 달았다. "그 여자는 앞으로도 계속 가치가 떨어져 하자 있는 상품이 될 테니 안타깝다."[14]

이들은 남성 특권에 유리하다고 생각해서 상품 모델을 기꺼이 받아들인다. 남성이 사리사욕을 채우기에 이보다 더 좋은 세상이 없기 때문이다.

착한 남자™: 보지 정령에게 접근하기

페미니스트들의 온라인 커뮤니티에서 생긴 표현 중에 "착한 남자™ Nice Guys™"라는 말이 있다. 여성과 섹스할 자격이 있다고 스스로 생각하지만 다른 남성에게 밀려 기회를 못 잡는다며 불만을 수동공격적으로 드러내는 이성애자 남성을 가리킨다. 대체로 이들은 착한 남자™보다 나쁜 남자가 여성에게 훨씬 더 먹힌다고 믿는다. 그래서 자기처럼 여성을 함부로 대하지 않고 정직하게 행동하는 남성들이 섹스 시장에서 불이익을 받는다고 불평한다. 이들은 철저히 상품 모델에 기초해 섹스를 바라보기 때문에 자기에게도 당연히 권리가 있다고 본다. 섹스를 '취할' '적절한' 방법이 틀림없이 존재하니까 '제대로' 행동하면 자물쇠를 열어 섹스할 수 있다고 확신한다. 그러나 한번 곰곰이 따져 보자. 어떤 음악가가 연주를 제대로 한다고 해서 다른 사람이 꼭 그 음악가와 밴드를 만들 의무가 있을까?

수동공격성과 권리 의식 그리고 섹스가 상품이라는 확신으로 똘똘 뭉친 착한 남자TM는 그리하여 아주 진지하게 강간을 정당화한다. 강간이 일어나는 것은 착한 남자TM가 섹스를 원했으나 거부당했기 때문이고, 강간은 부당하게 거부당한 남자의 반응이라는 것이다. 이런 사고방식을 단적으로 보여 주는 사례가 있다. 2005년 6월 15일, 페미니즘 블로그 '알라스! 어 블로그Alas! A Blog'에서 「어떤 놈들은 정말 개새끼지만 강간당하는 건 네 탓Some Guys Are Assholes But It's Still Your Fault If You Get Raped」이라는 글을 놓고 큰 논쟁이 벌어졌다. 그중 이지스Aegis라는 별명을 쓴 사용자가 착한 남자TM의 생각을 일목요연하게 정리했다.

> 강간. 내 생각에 남성이 여성을 강간하는 경우는 여성이 진도를 나가자는 남자의 제안에 퇴짜를 놓은 뒤에 벌어진다. 그가 퇴짜를 맞은 건 어떻게 섹스를 얻어 내야 하는지 몰라 혼란스러웠기 때문일 것이다. 이 혼란 때문에 강간이 일어나기 쉬운 상황이 만들어진다. 그러니까 잠재적 강간범이 진짜 데이트 강간범이 되는 건 어떻게 여성을 자신과 섹스하도록 할지를 모르기 때문이다. 그가 제대로 행동했더라면 그녀는 섹스에 동의했을 테고, 그가 그녀를 강간하는 일은 절대 벌어지지 않았을 것이다.[15]

이지스는 강간을 남성이 느낀 혼란의 결과로 인식하고 있다. 그 혼란은 적절하게 접근하기만 하면 얻을 수 있는 어떤 것(상품)을 얻지 못했을 때 생긴다. 적절히 요청하면 무언가를 얻을 수 있다는 생각을 한마디로 표현하면 권리 의식이 된다. 착한 남자™의 사고방식대로라면, 섹스란 상품은 그에게 주어진 권리다. 여성은 보지 정령에게 나아가는 길목에 선 문지기로서 누군가 적절히 요청하기만 하면 통행을 허락한다. 더 상스러운 말로, 여성은 보지 자판기가 된다.[16]

이 권리 의식이 착한 남자™의 전유물이라면 그나마 다행일 텐데! 하지만 이 의식은 문화 전반에 흐르는 남성들의 심리를 그대로 반영한다. 일반적으로 남성들은 섹스를 추구하는 존재로 구성되며 추구하는 만큼 보상받는다고 배운다. 그러나 이성애자 남성들이 진짜 깨쳐야 할 진실은 여성도 남성과 똑같이 인간이라는 것, 섹스를 할지 말지 또 누구와 할지를 스스로 결정할 수 있는 존재라는 것, 어느 누구도 섹스를 강요받을 수 없다는 것이다.

이지스는 남성의 권리 의식이 강간으로 이어진다고 주장한다. 하지만 거부당해서 느낀 좌절감이 강간으로 이어지는 것은 그의 말처럼 남성이 방법을 잘 몰라서가 아니다. 진짜 이유는, 섹스를 상품으로 여기고 그것을 갖지 못하면 부당하다고 느끼는 남성이 강간을 재소유 행위로 오인한다는 데 있다. 이런 남성은 자기 소유물을 되찾겠다는 일념으로 수단을 가리지 않는다. 도난당한 자동차를 낯선 차고에서 발견한 사람과 자기 처지가 같다고 이해한다. 누군가 자기 자동차를 훔쳤는지 또는 우연히 발견해 차고에 보관 중인지 몰라도, 자동차 주인은 자신이므로 그것을 되찾을 권리가 있다고 생각한다. 차고 주인에게 제대로 요청했는데도 자동차를 돌려받지 못한다면 거짓말을 하거나, 속임수를 쓰거나, 위협을 가해서라도 자동차를 되찾으려고 할 것이다. 자동차 담보 대출을 받은 다음 일부러 대출금을 갚지 않아 자동차를 압류시킬 수도, 무작정 자동차를 타고 도망쳐 버릴 수도 있다. 자동차의 진짜 주인이니까 그럴 권리가 있다고 생각하는 것이다. 이런 생각을 섹스에도 적용하는 남자에게 여성은 자기 소유물인 보지를 되찾으려고 들어선 길목에 버티고 선 아무 상관없는 방해물일 뿐이다.

상품 모델의 문제

상품 모델은 여러 문제를 안고 있다. 일단 가부장적 성 역할과 사고를 강화하고, 강간을 지지하는 논리에서 핵심적인 잡년 개념을 형성하는 데 일조한다.

상품 모델의 중심에는 본질적으로 이성애와 페니스가 있다. 그럼 남성끼리 섹스할 때는 누가 공급자고 누가 수요자일까? 상품 모델은 한 사람이 '내주면' 다른 사람이 그것을 '취해야' 한다고 말한다. 이때 상품이 되어 주고받는 '그것'은 노골적으로 여성의 보지를 가리킨다. 어느 쪽도 질을 갖지 않은 경우, 이 모델은 그것을 대체할 개념을 만들거나 무한 소비를 상정한다. 이 모델의 논리를 열심히 따라가다 보면, '누가 여자인지'를 따지면서 섹스는 언제나 삽입 형태로 일어나야 하고 여성성은 반드시 자신을 감싸는 남성 파트너에게 귀속되어야 한다고 생각하게 된다. 게이 남성끼리는 상품 공급을 제한하는 문지기가 없으니 본능적으로 또는 불가피하게 문란한 성생활을 즐기게 된다는 끈질긴 오해도 이런 생각과 아예 무관하다고 볼수 없다. 상품 모델은 여성 간 섹스도 제대로 설명하지 못한다.

게이 남성에게 적용한 논리를 뒤집어 문지기 두 명이 마지못해 상대에게 자기 것을 '내주는' 식으로 섹스가 이뤄진다고 막연히 상상할 뿐이다.

상품 모델은 강간을 옹호하는 만능 논리로 작용한다. 이 논리에 따르면, 결국 강간의 정의는 축소되고 동의는 당연시된다. 여기서 동의는 능동적 참여나 적극적 행동이 꼭 필요한 것이 아니다. 소유자가 반대 의사를 밝히지만 않으면 대가 없이 상품을 가져도 된다. 즉 '부정의 침묵'이 동의와 같아진다. 섹스를 상품으로 인식하는 사람에게는 섹스를 취하는 것이 경제적으로 타당하다. 이 관점에서 강간은 재산 범죄가 된다. 실제로 과거에는 강간이 여성을 소유한 남성에게 해를 끼친 범죄로 인식되었다. (애써 포장하지 말자. 얼마 전까지만 해도 여성은 법적으로 남성의 소유물이었다. 그리고 지금까지도 여러 곳에서 다양한 형태로 이와 같은 일이 벌어진다.) 아무리 배운 사람들이라도 섹스를 상품으로 인식한다면, 그들에게 강간은 피해자에게 재산상 해를 입힌 범죄일 뿐이다.

상산을 옹호하는 일부 주장들은 상품 모델에 기초한다. 강간 옹호론자들은 케이티 로이프Katie Roiphe가 1994년에 펴낸 『다음 날 아침The Morning After』의 내용을 인용해, "따분한" 섹스를 한 여성들이 그것을 후회하며 나중에 강간으로 해석한다고 말한다. 경제 용어를 빌려다 여성들이 "구매자의 후회"를 겪는다고도 이야기한다. 이런 사고방식에 따르면, 여성들이 무를 수 없는 거래를 해 놓고 그것에 동의한 적이 없다고 주장하며 환불 방법을 찾는 셈이다. 하지만 능동적 참여가 순식간에 후회도 아닌 동의 자체에 대한 부정으로 바뀔 수 있다는 주장은 현실성이 떨어진다. 이 주장은 동의가 묵인일 때, 그것도 영 내키지 않는 묵인일 때만 성립할 수 있다. 강간 옹호론자들은 섹스를 상품으로 여기기 때문에, 중고차 거래처럼 섹스에도 매수자 위험부담 원칙이 적용된다고 쉽게 생각한다. 한쪽이 마지못해, 영 안 내키지만, 포기하는 심정으로 거래에 응했어도 그 거래가 유효하다는 것이다.

상품 모델의 핵심은 그것이 상정한 대결 구도에 있다. (공공연한 여성 혐오자가 아니고서는 차마 제로섬게임이라고 말하지 못할) 이 구도에서 참여자가 벌이는 협상이란 무언가를 함께 만드는 생산적 과정이라기보다 흥정에 가깝다. 양쪽 모두 상대가 내주려 하지 않는 것을 취하려고 한다.

상품 모델은 자연스레 재산 거래 양상을 띠게 된다. 양쪽이 똑같이 이익을 나눠 갖는 경우는 흔치 않으며 대부분 협상 능력에 따라 이익의 크기가 결정된다. 거래를 성사시키려고 협박하거나 강압하는 것은 치사한 수법이므로, 그 대신 협상한 내용을 충실히 이행해야 한다는 원칙을 세워 따라야 한다. 거래를 후회하거나 처음부터 원치 않은 참여자라도 말이다. 강간 옹호론자들은 항상 이런 주장을 펼친다. 만족하지 못한 참여자에게 책임을 지우고, 그녀의 역할을 강조하고, 강압적인 부분을 축소하고, 협상의 비가역성을 고집한다.

이 주장이 섹스에 적용되면 어떤 일이 벌어지는지 페미니스트들은 아주 잘 알고 있다. 강간 옹호론자들은 한번 동의하면 무를 수 없고, 억압에서 비롯한 묵인도 동의이며, 확실히 '노'라고 거절하지 않은 여성은 스스로 알아서 위험을 부담해야 한다고 주장한다.[17]

행위로서 섹스 모델

음악가 샐리 이야기로 돌아가 보자. 섹스를 상품으로 인식하는 모델로는 그녀를 온전히 이해할 수 없다. 섹스를 협업 행위로 인식하는 모델이라면 샐리를 이해하고 섹스까지 이해하는 데 더 적합할 것이다. 여기서 음악은 당연히 의도적으로 쓰인 은유다. (대부분 둘이 추지만 가끔은 여럿이 함께 추는 춤, 또는 조금 문제가 될 수 있지만 경쟁 요소가 담긴 스포츠 같은 은유도 떠올릴 수 있다.)

상품 모델에서 여성은 섹스를 경험하는 순간 귀중한 무언가를 잃어버린다. 그리고 섹스를 너무 많이 하면 무가치한 존재가 된다. 경험이 적은 상태에서 하는 섹스일수록 값어치가 높아진다. 일찍부터 섹스를 많이 경험한 여성은 높은 가치를 인정받지 못한다. 반면, 음악가가 열세 살이라는 어린 나이에 지하 연습실에서 처음 악기를 연주해 만든 습작은 가치가 별로 높지 않다. 당시 그녀는 스스로 뭘 하는지 몰랐고, 명성을 얻기 시작한 건 사람들 앞에서 꽤 만족스러운 공연을 여러 번 마친 이후다. 그녀의 습작을 구하려는 사람은 음악가에 관한 자료를 모조리 모아야 직성이 풀리는 수집광 정도일 것이다. 음악가는 배움을 거듭하고, 여러 번 연주하고, 자기보다 실력이 나은 사람들과 협주하면서 실력을 쌓는다. 마침내 자기만의 스타일을 확실히 구축하고 자신이 다루는 것을 정확히 아는 숙련된 예술가로 거듭나서야 최고의 전성기를 누리게 된다. 풍부한 경험과 검증된 재능이야말로 그녀가 가치를 인정받는 이유다.

협업에 중점을 두는 행위 모델은 오래전부터 페미니스트들이 주장해 온 동의 형태, 즉 부정의 침묵이 아닌 적극적 참여가 진정한 동의라는 주장과 호응한다. 베이시스트가 한쪽에 앉아만 있으면 어떤 기타리스트가 그 사람과 즉흥연주를 하겠는가?

가만히 서 있기만 하는 구경꾼과 어떻게 춤을 출 수 있겠는가? 적극적 참여가 없으면 협업은 일어날 수 없다.

상품 모델과 마찬가지로 행위 모델도 협상을 포함하지만, 그 과정이 불평등하거나 적대적이지 않다. 행위 모델에서 협상은 주어진 요소들로 무언가를 만들어 내는 생산적 과정이다. 음악가들은 무엇을 어떻게 연주할지, 즉 장르·곡·조·연주 스타일 등을 직간접적으로 선택한다. 어떤 악기를 다룰 수 있는지, 어떤 레퍼토리가 있는지, 곡을 어떻게 해석할 수 있는지, 어떤 기법을 쓸 수 있는지 등 저마다 역량을 발휘할 수 있다. 결과물은 이들의 손에 달렸다. 델타 블루스에 빠진 음악가 두 명이 만난다면, 소울과 펑크를 좋아하는 사람과 힙합이나 1980년대 하드코어록을 좋아하는 사람이 함께 만들 음악과 판이한 결과물이 나올 것이다. 이 과정에 참여하는 사람들은 일방적인 제안을 받아들이거나 거부하는 차원을 넘어 각자 호불호와 취향을 이야기하며 의견을 맞춰 나간다.

행위 모델은 망설임 없이 이성애 패러다임 밖으로 확장할 수 있는 여지를 준다. 행위 모델에서는 남성끼리, 여성끼리 또는 두 명 이상이 섹스를 해도 이론상 모순이 생기지 않는다. 이들은 다들 그렇듯 저마다 다른 과거와 취향이 있기 때문에 누구와 협업하느냐에 따라 매번 다른 결과를 만들어 낼 것이다. 이들의 신체적 특성은 결과에 (제약이 아니라) 영향을 줄 뿐이다. 행위 모델은 상품 모델보다 훨씬 더 효과적으로 퀴어 남성과 여성의 섹스를 설명해 준다. 상품 모델은 퀴어를 이성애와 구분해서 생각하지 않지만, 행위 모델은 퀴어의 관계가 이성애와 다르다는 것을 인지한다. 음악이라는 은유를 다시 꺼내 말하자면, 똑같은 악기로 연주하는 곡이라도 연주자가 선택한 장르에 따라 다르게 연주될 수 있는 것이다.

행위 모델은 친밀하고 상호적인 섹스의 본성을 회복한다. 상품 모델은 거래로 얻을 수 있는 이익을 따져 섹스를 좋고 나쁜 것으로 단순히 이분화하며 기독교의 보수적 성 관습에 가까워진다. 그 반면 행위 모델에서는 얼마나 진지한 사이인지, 참여자가 무엇을 얻으려 하는지와 무관하게 섹스가 언제나 생산적이고 긍정적이며 참여자를 존중하는 행위가 된다.

행위 모델은 잡년이라는 사회적 구성물에 한방 먹인다. 첫머리에 있는 '딴따라 잡년' 비유가 성적 의미를 담고 있는 것은 바로 이 잡년이라는 말 때문이다. 세상에 딴따라 잡년이란 존재는 없다. 이 개념은 잡년의 성적 함의를 갖다 붙여야만 말이 된다. 우리가 잡년의 함의에 익숙하다는 것은 그만큼 일상의 대화와 사고방식이 상품 모델에 물들어 있다는 뜻이다.

행위 모델은 협업을 중심에 놓고 동의를 적극적 행위로 규정한다는 점에서 강간 모델을 변화시킬 수도 있다. 상품 모델에서 상대에게 참여를 강요하는 것은 재산 범죄에 불과하지만, 행위 모델에서는 납치만큼 심각하고 침략적인 폭력 범죄가 된다. 누군가 상대에게 총구를 겨누며 함께 음악을 연주하자고 협박하는 장면을 상상해 보라. (일부 강간범이 강간에 성적 요소가 있다는 사실을 중요하게 생각하듯) 그걸 합주로 볼 수도 있겠지만, 강압적이라는 인상을 지울 수 없을 것이다. 합주했다고 해서 그 행위가 강요된 것을 간과할 수는 없다. 분별력 있는 사람이라면 왜 내키지 않는 상대와 합주하려고 하는지가 의아할 것이다. 그 사람이 과거에도 합주한 경험이 있어서 그렇다는 설명은, 합주를 섹스로 바꾸기만 하면 강간 옹호론자들의 논리와 똑같아진다. 총으로 위협받아 연주하는 음악가가 과거에 합주한 적이 있고 심지어 가해자와도 합주 경험이 있다는 사실은, 당장 그 음악가에게 가해지는 강압을 정당화하지 못한다. 전설적인 기타리스트 비비 킹이 많은 사람과 합주했다고 해서 누가 그를 납치해 처음 보는 아마추어 밴드와 데모 테이프를 녹음하라고 강요할 때, 그가 이런 상황을 자초했다고 말할 수 없는 것이다.

행위로서 섹스 모델에서는 적극적인 참여가 당연해진다. 아이들의 성 관념은 처음에는 부모, 다음에는 문화의 영향을 받아 형성된다. 만약 남자아이들이 사춘기에 이르기 전부터 적극적 참여를 전제하는 섹스가 정상이며 강요된 섹스는 비정상이라고 배운다면, 부정의 부재가 아닌 적극적 긍정이 동의임을 자연스레 깨칠 것이다. 그렇게 되면, 지금껏 인정받고 용인되고 일상적으로 보호받은 온갖 형태의 강간이 사회적 효력을 잃고 말 것이다.

:⋰⋱: **동의가 복잡하다는 편견**

3장   '예스'와 '노'를 넘어: 성적 과정으로서 동의

14장   스킨십 되찾기: 강간 문화, 명시적으로 구술된 동의, 신체 주권

:⋰⋱: **남자다움**

16장   건강한 섹슈얼리티와 관계 맺기: 남자아이가 배워야 할 (또는 배우지 말아야 할) 섹슈얼리티, 섹스를 긍정하는 강간 예방 패러다임이 유익한 이유

19장   왜 착한 남자만 손해를 볼까

:⋰⋱: **성적 치유**

4장   여성의 가치

8장   강간반대운동가가 페미니스트 섹스 토이숍에 보내는 연애편지

우파의 오류

1장   공격적 페미니즘: 강간 문화를 지탱하는 보수적 젠더
규범에 맞서는 페미니스트

25장   순결한 강간: 순결 미신이 어떻게 강간 문화를 강화하는가

3장 '예스'와 '노'를 넘어:

성적 과정으로서 동의

레이철 크레이머 버셀

누군가에게 "날 따먹어 볼래?" 하고 말하면 어떨까? 또는 조금 고상하게 "날 만져 볼래?"라고 하면? 이러저러하게 키스하며 혀를 움직이고 애무해 달라고 구체적으로 이야기한다면? 당신이 뭘 하고 싶은지 숨김없이 말한다면? 그럼 당신은 문제에 정면으로 맞서고 있는 것이다. 당신의 욕망을 상상에 맡기는 게 아니라 상대와 자신에게 분명히 드러내고 있으니 말이다. 원하는 걸 확실하게 요구하고 크게 '예스'라고 말하면 상대도 그 말을 들을 수밖에 없다.

섹스를 요구하거나 거절하는 방식은 모두 '동의' 문제와 관계있다. 성을 둘러싼 문제가 대개 그렇듯 동의 문제도 단순히 정해진 규칙을 따르는 차원을 넘어 상대와 소통하는 것이 중요하다. 원하는 걸 솔직히 털어놓고 상대에게도 솔직해질 것을 요청하지 않는 이상, 상대가 무슨 생각을 하는지 절대 알 수 없다. 이런 상태에서 하는 섹스는 우리가 바라던 모습과 거리가 멀다. 과거 미국의 안티오크칼리지가 성적 동의에 관한 규칙을 정했을 때 엄청난 조롱이 쏟아졌다. 한동안 안티오크라는 이름에는 지절로 이 규칙 얘기가 따라붙었다.[1] 기본적으로 이 규칙의 목표는 "캠퍼스에 긍정적이고 동의에 기초한 성 문화를 정착시켜 성폭력을" 끝내자는 것이었다.

이에 반대한 사람들은 섹스 상대에게 동의를 구해야 한다는 주장 자체에는 반대하지 않았으나 "새로운 성적 행위를 할 때마다 동의를 구해야 한다"는 주장에 쉽게 수긍하지 못했다. 흔히 이 규칙은 왼쪽 가슴을 허락받고 만졌으면 오른쪽 가슴을 만질 때도 허락을 구해야 한다는 식으로 해석되었다. 그러니 진한 애무까지 진도를 뺄 수 있을지는 몰라도 삽입은 어려울 것이라는 (또는 삽입까지 허락할 생각으로 스킨십을 시작했으나 삽입 직전에 마음을 바꿀 수 있다는) 뜻으로 받아들여졌고, 급기야 〈새터데이

나이트라이브Saturday Night Live〉에까지 등장하며 전국적 조롱거리가 되어 버렸다.

하지만 동의가 단순한 법적 개념이 아니며 '예스'나 '노'로 간단히 정리할 수 있는 문제도 아님을 인식하는 것은 모두에게 유익하다. 한 여성이 남자 친구와 섹스하는 데 동의했다고 생각해 보자. 그녀의 동의는 법적으로 유효하다. 하지만 그녀는 친구들과 놀거나 집에서 텔레비전을 보면서 쉬고 싶은 마음이 더 크다. 그런데도 섹스에 동의한 건 지금껏 늘 그랬기 때문이다. 섹스할 때 그녀는 지루하다. 남자도 혼자 섹스하는 것 같다는 느낌을 받는다. 어쩌면 그녀는 조금 다른 시도를 하고 싶은지도 모른다. 그러나 자신의 성적 판타지를 어떻게 입 밖으로 꺼내야 하는지 모른다.

이때 동의 구하기란, 상대에게 섹스를 하고 싶은지 묻는 차원을 넘어 어떤 섹스를 왜 하고 싶은지 대화하는 데까지 확대된다. 상대의 몸에 올라타고 싶은가? 벽에 기댄 자세는? 뒤에서? 마주 보고? 사이좋은 연인은 이런 질문을 주고받는다. 질문에 소극적으로 답하거나 상대의 생각을 안다고 섣불리 단정하면 십중팔구 실수하게 된다. 섹스에 관한 대화를 피하면, 상대방이 성적 욕망을 다 털어놓을 때까지 기다리지 않으면, 우리는 계속 어림짐작할 수밖에 없다. 물론 예외는 있다. 어떤 사람들은 섹스의 분위기, 속도, 체위 등을 모두 상대방이 주도할 때 흥분을 느낀다. 이 경우에도 **상대가 어림짐작하도록 내버려 두지 말고 미리 상의해야 한다.** 상대의 속내를 꼬치꼬치 캐물어야 한다는 뜻이 아니다. 상대방이 어떤 자극에 흥분하는지 알아야 둘 사이의 성적 화학반응이 더욱 달아오를 수 있다는 얘기다.

호불호를 ○, ×와 △로 나타내는 표를 만들어 보라고 권하고 싶다. (양식은 인터넷에서 내려받을 수 있다.)[2] 이 표는 (특이 성향인) BDSM(결박, 구속, 사디즘, 마조히즘. — 옮긴이) 커뮤니티에서 처음 만들어졌지만 어떤 관계에나 적용할 수 있다. 먼저 자신이 아는 성적 행위를 빠짐없이 적은 다음 즐기는 것, 시도해 보고 싶은 것, 절대 하고 싶지 않은 것, 잘 모르는 것, 상황에 따라 해 볼 만한 것으로 분류한다. 상대도 같은 방식으로 목록을 작성하고 나면 서로 목록을 비교하며 공통점을 찾는다. 둘 다 엉덩이 때리기에 끌린다고? 거참 잘됐다! 랩 댄스(스트립 댄서가 손님 무릎에 앉아 추는 춤. — 옮긴이)를 하거나 받아 보고 싶다고? 한번 해 보라. 둘 다 버트 플러그(항문에 삽입하는 섹스 토이. — 옮긴이)에는 관심이 없다고? 목록에서 지워 버리면 된다. 한 사람은 섹스 파티에 가고 싶지만 다른 사람은 원치 않는다? 목록에서 지우거나, 파티에 가고 싶은 쪽이 어떻게 호기심을 채울 수 있을지 함께 이야기해 보라. 아마 온라인에 떠돌아다니는 표를 훑어보기만 해도 새로운 아이디어가 샘솟을 것이다. 양쪽 모두에게 낯설고 헷갈릴 수 있는 BDSM 행위를 할 때는 특히 더 유용할 것이다. 뜨거운 밀랍을 몸에 붓는 건 좋아할지 아닐지를 겪어 보지 않고 어떻게 알겠는가? 혼자 생각하던 판타지가 과연 실제로도 좋을지 어떻게 확신할 수 있겠는가? 그래서 '△' 목록을 만들어야 하는 것이다.

상대의 취향을 아는 것은 연인 (또는 그냥 섹스 상대) 양쪽 모두에게 유익하다. 좋다는 쪽으로 분류한 행위는 영구적으로 좋다기보다는 그저 해 볼 생각이 있거나 해 본 적이 있다는 뜻이다. 이런 정보를 바탕으로 대화하면서 저마다 품은 성적 욕망을 자세히 알아 갈 수 있다. 만일 어느 한쪽이 특정 행위에 호기심이 생겼지만 실제로 어떨지 모르겠으면 이 기회를 통해 함께 이야기할 수도 있다. 목록을 비교하며 대화하다 보면 상대방에 대해 틀림없이 더 알게 된다. 오래 만난 사이라도 미처 몰랐던 모습을 볼 수 있다. 도미나트릭스(가학적이고 지배적인 성행위를 즐기는 여자. ─옮긴이)이자 섹스 칼럼니스트인 미스트리스 마티스Mistress Matisse는 《스트레인저The Stranger》에 실린 글에서 이렇게 밝혔다. "변태적 성행위를 할 때 나는 상대를 유혹하고 동의를 얻어내는 데서 쾌락을 느낀다. 그들이 생각해 본 적도 없는 행위를 내가 그들에게 할 수 있다는 사실이 마음에 든다. 게다가 그들이 그 행위를 좋아하도록 만들 수도 있다. 이 점이 날 흥분시킨다."3

이런 생각이 뭐가 문제일까? 안티오크 행동 규범은 "침묵은 동의가 아니다"라고 과감히 선언했다. 상대에게 적극적 동의를 얻지 못하면 그가 진짜 원하는 걸 알 수 없다는 얘기다. 그러므로 잠자리에서 원하는 것을 떳떳이 요구하고 원치 않는 것을 밝히는 것은 우리 여성들의 의무다. 어느 쪽이든 수동적인 자세로 있으면서 상대가 어디까지 진도를 나갈지 마냥 기다려서는 안 된다. 그러면 양쪽 모두 곤란해지고 만다. 전통적인 남녀 커플을 예로 들면, 남성은 '어디까지 진도를 나가도 괜찮을지' 계속 시험해야 하고 여성은 섹스를 즐기되 그 과정에서 자기 의견을 낼 수 없는 불편한 자리에 놓인다. (게다가 여성들은 '헤프게 논다'는 인상을 주지 않으면서 어디까지 해야 할지 걱정하는 처지다.)

원하는 걸 말했거나 말하려고 하는데 상대가 듣지 않는다면? 그건 문제가 된다. 그러니 이 부분을 확실히 해 둬야 한다. 물론 말이 쉽지, 실천은 어렵다는 걸 잘 안다. 그래도 시도할 가치는 충분하다. 믿어도 좋다. 벌거벗은 채 다른 사람 앞에 섰을 때 긴장된다면 결코 만족스러운 섹스를 할 수 없다. 섹스에 관해 대화해야 할 상대에게 편하게 말을 꺼낼 수 없다는 것은 심각한 경고신호다. 중요한 말을 입 밖으로 꺼낼 수 없다면 왜 그런지 스스로 돌아보아야 한다. 과연 당신은 섹스에 관해 허심탄회하게 대화할 수 있는 관계를 맺고 있는가? 혹시 그 대화를 상대만 일방적으로 하고 있지는 않은가?

안티오크는 조금 서툰 방식으로나마 바로 이런 문제들을 다루려고 했다. 《로스앤젤레스 타임스*Los Angeles Times*》에 「누가 안티오크를 죽였는가? 바로 여자들Who killed Antioch? Womyn」이라는 칼럼을 실은 메건 다움Meghan Daum은, 안티오크 행동 규범이 만들어진 1990년대 초반을 가리켜 "인문대 캠퍼스가 정치적 올바름에 병적으로 빠진 나머지 가로등 기둥도 데이트 강간을 저지를 수 있다고 믿던 시절"[4]이라고 뻔뻔하게 주장했다. 하지만 상대의 동의를 얻는 것은 강간이냐 아니냐를 가르는 데만 필요하지는 않다. 섹스 과정에는 단순히 '예스'나 '노'로 정리할 수 없는 일들이 있다. 그런 것들에 침묵하면 무언의 의심, 공포, 불신, 혼란이 생겨난다.

하룻밤 상대나 가볍게 만나는 사람과 섹스하는 경우 상대방이 어떤 사람인지 아는 것이 특히 중요하다. 이런 상황에서 보디랭귀지를 읽는다거나 말없이 서로 뭘 원하는지 '그냥 알아챌' 여유는 없다. 이때야말로 뭘 원하는지 말하고 상대에게 물어야 한다.

남녀의 성관계에선 흔히 남성이 질문을 도맡아야 한다고 생각한다. 하지만 여성도 질문하는 데 익숙해져야 한다. 비록 우리 문화가 남성들은 모두 온종일 섹스를 원한다는 메시지를 퍼뜨리고 있으나 꼭 그렇지만은 않기 때문이다. 때로 남성도 몇몇 행위만 원하고 섹스 과정을 처음부터 끝까지 하는 건 원치 않을 수 있다. 그러니 여성도 남성과 마찬가지로 상대방에게 질문해 남녀 모두에게 평등한 섹스의 장을 만들고 남성은 곧 발정 난 짐승이라는 고정관념을 깨부숴야 한다.

당신이 바라는 성적 행위에 상대방이 진심으로 동참하고

싫어 하게끔 만드는 데 성공했다면, 당신은 법의 테두리 안에 당당히 머무는 동시에 침대에서 더 뜨거운 시간을 보낼 수 있다. 상대방이 원하는 것을 그 사람의 목소리로 직접 들을 수 있다. 질문에 답하는 상대방의 (눈이 감기거나) 눈꺼풀이 떨리고, 숨이 가빠지고, 몸이 비틀릴 때 당신은 그 사람이 얼마나 만족하는지 알 수 있다. 이와 반대로 질문을 받는 쪽이 되어도 (얼굴을 붉히겠지만!) 대단한 흥분을 느낄 수 있다. 아마 다들 누군가와 데이트하다 섹스하려고 옷을 홀딱 벗은 상황에서 서로 뭘 원하는지 말하지 못해 무척 어색하게 시간을 흘려보낸 적이 있을 것이다. 또는 "뭘 하고 싶어?" "아니, 나 말고 당신은 뭘 하고 싶은데?" 하는 식으로 서로 답을 미뤘을지도. 물론 괜찮다. 정말 모르겠으면 모른다고 솔직하게 말하면 된다. 하지만 몸이 달아오른 순간에나 그렇지 않은 순간에 솔직하게 섹스에 관해 이야기하다 보면, 어색하게 침묵을 견디는 일 그리고 한 사람은 인생 최고의 섹스를 했다고 생각하는데 다른 사람은 없던 일이길 바라며 후회하는 불상사가 점차 줄어들 것이다.

나는 침대에서 상대방에게 성적 판타지를 자주 묻는 편이다. 판타지를 이야기하는 것이 지금 뭘 원하는지 말하는 것보다 덜 부담스럽기 때문이다. 상대방은 별 부담 없이 결박이나 스리섬에 대한 판타지를 털어놓을 것이다. 당신이 당장 밧줄을 가져오거나 친한 친구를 방에 들이리라는 걱정 없이 말이다. 판타지 질문은 섹스에 관한 대화의 물꼬를 트는 출발점이다. 이렇게 시작하는 대화야말로 동의의 폭넓은 정의에 해당한다.

나는 성폭행과 가정폭력에 맞서 시위하던 워싱턴대 학생들이 "동의는 섹시하다consent is sexy"는 문구를 배지에 넣은 것이 과연 적절한지 의문이 든다. 사실 누구든 제정신이라면 동의 구하기를 대놓고 반대하지 못한다. 그래서 여자가 술에 잔뜩 취했다는 둥 제 발로 남자 집에 들어갔다는 둥 스스로 옷을 벗었다는 둥 이러저러하게 주장한다. 언제나 핑곗거리를 만들고 그 뒤에 숨는 것이다. 동의가 정말 섹시할 수 있으려면 우리 스스로 파트너에게 왜, 어떻게 동의가 섹시한지 보여 주어야 한다. 사실 동의는 성적 행위의 기본을 이루는 기준선일 뿐, 굳이 '섹시'하다고까지 수식하며 그 중요성을 강조할 필요는 없다. 물론 동의는 섹시할 수 있다. 그러나 굳이 동의에 '섹시'라는 꼬리표를 붙이는 것은 지나치다고 본다. 너무나도 당연한 일을 개념화해서 '판매'까지 해야 하나?

동의는 성적인 상황에 반드시 포함되는 기본 요소다. 불확실한 게 조금이라도 느껴진다면 또는 별로 안 내킨다는 상대를 구슬리려고 어떤 식이로든 강요하고 있다면, 스스로 어떤 행동을 왜 하는지 돌아보아야 한다. 상대가 지금 무슨 생각을 하며 나중에 당신을 어떻게 생각하게 될지는 무시하고 섹스를 꼭 해야 할 이유가 있는가? "만져도 돼?" 하고 계속 묻는 게 로봇 같을까 봐 꺼려진다면, 질문을 바꿔 보라. "해도 될까?" 대신 "뭘 해 줄까?" 하고 물을 수도 있다. 또는 상대가 당신 몸을 마음껏 쓰다듬도록 허락해 보자. 주로 당신이 앞장서는 쪽이라면 한번 물러서서 스스로 질문해 보라. "내가 먼저 분위기를 잡지 않으면 그녀 또는 그가 내 역할을 할까?" 하고 말이다. 상대가 주도하기 시작한다면, 당신은 아주 매력적인 존재가 된 느낌을 받을 것이다. 상대가 주도하지 않는다면, 그 사람이 당신의 주도에 동의한다는 신호로 받아들일 수 있다. (나는 사람들이 '착하게 보이려고' 또는 '상대가 먼저 시작했으니까' 섹스하는 것을 지지하지 않는다. 하지만 그렇게 섹스하는 사람들이 분명 존재한다. 법적으로는 그들의 행동이 동의지만, 나는 그것만으로는 충분하지 않다고 본다. 또 매번 상황을 주도하는 데 익숙한 사람이라면, 물러서서 "마음대로 해 봐"라고 말하는 경험이 대단한 흥분을 불러일으킬 수 있다. 모든 억압이 사라질 것이며 안전하고 개방적인 분위기에서 상대가 자기 속도에 맞춰 당신 몸을 마음껏 탐험할 때 아마당신은 상대가 무엇에 흥분하는지 한두 가지 정도를 새롭게 깨달을 것이다.)

동의가 섹시할 수 있는 것은 단순히 상대가 당신과 섹스하고 싶어 하기 때문이 아니다. 상대가 '노'라고 말하지 않는다고해서 섹스를 원한다고 단정할 수는 없다. 몇몇 남성이 방패로쓰는 이런 사고방식("그 여자가 싫다고 말하지 않았어")은 여러모로문제가 있다. 수고를 들이는 쪽은 '노'라고 말해야 하는 여성이아니라, 섹스를 하고 싶어 상대에게 확실한 '예스'를 받아 내려는 사람이어야 한다. 물론 여성들도 성적 욕망에 대해 솔직하게 말해야 하지만, 남성들도 침대 위에서 여성에게 무엇을 원하는지 묻고 그녀가 그걸 단숨에 털어놓기가 쉽지 않을 수 있다는 점을 이해해야 한다. 그동안 우리 여성들은 섹시하게 보이고 행동해야 한다고만 배웠다. 어떻게 섹시할 수 있는지 알려 주는 건 포르노밖에 없었다. 누군가에게는 자연스러운 일일지 몰라도 대다수에게는 어디를 만져 달라고 하거나 새로운 체위를 요청하는 것 자체가 도전 과제다.

그러니까 결론은, 상대의 마음을 안다고 섣불리 확신할 수없다는 것이다. 상대의 신호를 읽을 수 있다고 생각해도 그건당신의 생각일 뿐, 상대의 진짜 속내는 직접 물어봐야 알 수 있다. 몇몇 남성은 '앞장서 본' 경험을 바탕으로 여자를 꽤 안다고 생각한다. 그러나 여성(그리고 남성)은 저마다 다 다르다. 옛애인이 좋아하던 것을 지금 당신 침대에 누워 있는 새 애인도좋아하리라고 장담할 수 없다. 당신이 시간을 들여 상대의 마음을 알려고 할 때 상대는 당신의 배려에 편안함을 느낄 것이다. 당신이 자기 욕망만 채우려고 하지 않고 두 사람 모두에게만족스러운 경험을 만들려고 한다는 걸 알아줄 것이다.

숙맥처럼 보일까 걱정하지 않아도 된다. 열 명 넘는 사람들과 관계를 맺었어도 그 과거는 새로운 사람과 관계를 맺는 것과 별개다. 섹스 경험이 없다면 "뭘 좋아해? 내가 뭘 해 줄까?" 하고 간단히 물어보는 것이 큰 도움이 된다. 만일 그녀가 '할 수 있는 데까지 한번' 해 보라는 태도가 아니라 말끝을 흐린다거나 반응하지 않는다면 속도를 늦추라. 그녀의 등을 어루만지면서 어떤 걸 좋아하는지, 뭘 받고 싶은지 물어보라. 그다음부터는 그녀가 선택할 차례다. 그녀가 정말로 당신과 하고 싶은 마음이 있다면, 당신의 마음을 알아채 입을 열 것이다.

강압적이지 않은 섹스는 서로 원하는 걸 주고받고 욕망을 채워 주며 진정한 동반 관계를 이룬다. 입도 뻥긋하지 않고 섹스만 하는 사람과 침대에서 야한 대화를 하려고 해 봤다면, 이 관계의 가치를 잘 알 것이다. 그 사람과 섹스할 때 아마 당신은 한 방에서 각자 자위하는 듯한 느낌이었을 것이다. 누군가의 섹스 놀이에서 도구가 되고 싶어 하는 사람은 없다. 혼자서도 할 수 있는 일을 하려고 누군가와 몸을 섞기보다는 (몇 시간만이라도) 진정한 유대를 느끼는 편이 더 낫지 않은가? 동의를 섹시하게 만든다는 것은 모험한다는 뜻이다. 그녀 또는 그가 어떨 때 흥분하는지 직접 털어놓게 할 방법을 찾아 나선다는 뜻일 수도 있다. 그 보상으로 당신은 그들의 마음속 은밀한 곳으로 들어가 그들의 성적 욕망을 온전히 채울 열쇠를 발견하게 된다. 당신의 어떤 부분이 그들에게 매력적으로 느껴졌는지, 공공장소에서 섹스하자거나 당신 무릎에 올라와 엉덩이를 때려 달라고 말하는 그들이 무슨 생각을 하는지 짐작해 볼 수는 있다. 그러나 그들의 목소리로 직접 듣기 전까지는 말 그대로 짐작일 뿐이다. 상대의 생각을 모른다는 것, 적어도 물어보지 않는다는 것은, 그 사람에게 가장 중요한 무언가를 발견하지 못하고 놓쳐 버리는 것과 같다.

(나는 섹스하면서 한마디도 안 하는 남자와 잔 적이 있다. 그는 자기 이름도, '예스'란 말도, 희미한 신음도 입 밖에 내지 않았다. 나는 도무지 기분이 안 났다. 자세를 바꿔도 되는지 물을 수 없었고, 그의 귓가에 의미 없는 야릇한 말을 속삭이는 것도 안 될 듯한 분위기였다. 정말이지 불편한 침묵이었다. 물론 나도 그에게 받은 만큼만 주었다.)

침대에서 자기 욕구를 받아들이고 주장하기란 그리 쉬운 일이 아니다. 상대에게 뭘 원하는지 묻기도 어렵다. 하지만 시도할 가치는 충분하다. 왜? 그가 당신을, 자신을 그리고 당신의 성생활을 어떻게 생각하는지 확실히 알 수 있기 때문이다. 만일 당신이 영화 〈바운드Bound〉를 보고 자극받아 침대에서 파트너를 결박하고 싶어졌다고 해 보자. 밧줄을 들고 대뜸 달려들어 무작정 상대의 동의를 기대하면 곤란하다. (상대가 동의한다고 해도 이 행위에 앞서 논의가 필요하다.) 상대에게 '예스'나 '노'를 말할 기회를 주기 위해서만이 아니라, 특정 행동에 흥분하는 당신의 사정을 이해시켜야 하기 때문이다. 단순히 "널 묶고 싶어졌어. 해 볼래?" 하는 것으로는 충분하지 않다. 왜 그 행동이 섹시하게 느껴지는지 상대에게 설명해야 한다. "당신을 완전히 내 것으로 만들고 싶어." "통제권을 갖고 싶어." "당신이 몸을 꼬는 모습이 보고 싶어." "당신이 자위하는 걸 보고 싶어." 이런 식으로 말이다. 또는 당신의 판타지 시나리오를 들려준다. 당신은 그렇게 앞서 말한 판타지를 바로 실행에 옮기게 될 수도 있다. 그러면서 서로 질문을 주고받는 과정을 통해 '예스'가 아니면 '침대에서 나가'라는 식의 차원을 넘어서는 관계를 이룰 수 있다.

동의 개념의 범위를 확장해 받아들임으로써 우리는 '섹스'가 페니스와 질이 만나는 관계 이상이듯 '동의'도 '예스'나 '노'

를 뛰어넘는 개념임을 깨닫게 된다. 이는 '예스'를 당연하게 여기지 않고 그 이면에 있는 동기를 함께 알아 간다는 뜻이다. 나는 이런 과정이야말로 섹시하게 느껴진다.

동의가 복잡하다는 편견

2장   행위로서 섹스 모델을 향하여
13장   새 옷을 입은 오래된 적: 데이트 강간은 어떻게 회색
       강간이 되었으며 왜 문제인가
14장   스킨십 되찾기: 강간 문화, 명시적으로 구술된 동의,
       신체 주권

성적 치유

4장   여성의 가치
15장   발칙한 제안
27장   막 나가는 자의 변론: 나는 어떻게 걱정을 집어치우고
       쾌락을 사랑하게 되었는가 (그리고 어떻게 하면 당신도
       그럴 수 있을까)

4장 여성의 가치

자베이샤 N. 해리스

나는 여성 착취가 문제라고 열심히 떠들던 사람이다. 그런데 언제부턴가 어떤 여자들이 자기만족을 위해 카메라 앞에서 누드로 자세를 잡고 몸매를 드러낸다는 말이 들렸다. 여성의 몸을 이용해 상품이나 브랜드를 홍보하는 기업과 연예계 사람들은 자신이 여성을 착취하는 게 아니라 권한을 키워 준다empower고 주장한다. 여성의 가치를 떨어트리기는커녕 높인다는 것이다. 이들 밑에서 일하는 여성도 정말 그렇게 느낀다면, 나는 이제 입을 다물어야 하지 않을까 싶었다.

하지만 마음이 영 편치 않았다. 당사자가 만족한다고 해서 그 사람이 착취당하지 않는다고 말할 수 있을까? 이제는 권한 강화 대 착취라는 구도를 넘어 더 큰 그림을 봐야 하지 않을까? 갈수록 더 많은 산업이 여성을 상품화하고 "여성의 권한 강화"를 마케팅 전략으로 써먹는 현상은 젠더로서 여성과 사회운동으로서 페미니즘에 어떤 의미일까?

나는 레슬링 팬이다. 올림픽 종목인 레슬링을 말하는 게 아니다. WWE(미국의 프로레슬링 단체. —옮긴이)가 운영하는 로RAW, 익스트림 챔피언십 레슬링, 스맥다운 쇼처럼 과격한 안무 같으면서 연속극처럼 재미있는 프로레슬링을 좋아한다.

이 은밀한 취미를 털어놓으면 사람들은 대부분 놀랍다는 반응을 보인다. 이해한다. 나처럼 노골적인 페미니스트가 (업계에서 WWE 디바라고 불리는) 여성 레슬러들을 비키니 콘테스트나 섹시 댄스 대회처럼 레슬링과는 쥐꼬리만큼도 상관없는 행사에 동원하는 프로레슬링을 즐겨 본다니, 당연히 예상하지 못했을 것이다. 나는 여성 레슬러가 다뤄지는 방식에 대해 남편에게 자주 구시렁대면서도 프로레슬링을 챙겨 본다. 정말로 연속극 같아서 다음에 어떤 일이 일어날지 궁금하기 때문이다.

그런데 요즘 이 업계에서 자주 등장하는 "권한 강화"란 말이 심히 거슬린다.

WWE 프로그램 중에 가장 인기 높은 로가, 프로레슬링 팬인 유명인들을 인터뷰하고 프로레슬링을 좋아하는 이유를 주제로 광고를 만들었다. 그중 가장 많이 방영된 것이 NBC의 인기 게임 쇼 〈딜 오어 노 딜Deal or No Deal〉에 나온 모델 레일라 밀라니Leyla Milani 편인데, 그녀는 이렇게 말한다.

> 디바들이 요즘 최고거든요. 그녀들은 손톱이 부러지거나 머리가 망가질까 봐 겁내지 않아요. 엉덩이로 상대를 내려찍기도 하고 남자들이 하는 걸 그대로 해요. 가끔은 더 잘하기까지 해요. 같은 여자로서 그런 걸 보면 속으로 '와, 나도 할 수 있겠는걸.' 하죠. 강해졌다고 느낀달까요? 나도 밖에 나가서 세상과 당당히 맞설 수 있을 것 같아요. 여성이 그렇게 주도할 수 있다는 게 멋져요. 최고죠.

고백하건대 나도 베스 피닉스Beth Phoenix 같은 WWE 디바 때문에 로를 보기 시작했다. 글래머존Glamazon('글래머'와 '아마존'의 합성어로 미모와 힘을 다 갖춘 여성을 가리킨다. ― 옮긴이)이란 별명답게 피닉스는 말도 안 되게 힘이 세다. 한번은 여성 레슬러 두 명을 동시에 번쩍 들어서 쌀자루같이 양어깨에 한 명씩 둘러메기도 했다. 그녀는 여성 프로 레슬러 가운데 진짜 레슬링을 할 줄 아는 몇 안 되는 선수다. 보통 WWE 디바는 해마다 'WWE 디바 서치'라는 행사를 통해 뽑히는데, 사실 이건 두 단계쯤 급이 떨어지는 미인 대회라고 보면 된다. 하지만 피닉스는 전문 레슬러로 훈련받아 기술과 체력을 두루 갖췄다.

안타깝지만, 피닉스가 링 위에서 특유의 백 플립을 선보이는 모습이 아무리 멋져도 나는 WWE가 여성의 권한 강화에 보탬이 된다고 말할 수 없다. 피닉스처럼 강하고 유능한 여성 레슬러들은 대개 쇼에서 악당 역을 맡는다. 관중이 응원하는 착한 여주인공 역은 싸움 기술이 떨어지지만 성적 매력으로 무장한 쪽에 주어진다.

가장 거슬리는 점은, 여성 레슬러가 어느 정도 유명해지면 꼭 《플레이보이Playboy》 화보를 찍도록 권유받는다는 사실이다. 《플레이보이》 화보를 찍은 디바는 프로레슬링 쇼에서 가장 인기 있는 여성 선수로 자리매김한다. (이때 선수가 누리는 인기는 잡지 판매 부수나 올려 줄 뿐 나 같은 여성 팬들의 "권한 강화"와는 무관하다.)

WWE 디바인 마리아 카넬리스Maria Kanellis는 《플레이보이》 화보 촬영 뒤에 이런 말을 했다고 한다. "누드 사진을 찍으면서 강해지는 걸 경험했어요. WWE 디바들은 링에서 강한 모습을 보여야 하죠. 이런 촬영장에서는 우리의 성적 매력과 사랑스러운 면을 보여 줄 수 있어요. 진짜 내 모습을 있는 그대로 보여 주니 아주 편해요. 모든 여성이 이래야 한다고 생각해요."

물론 우리 여성들은 있는 모습 그대로 보여 주고도 편안해야 마땅하다. 하지만 그걸 입증하려고 꼭 《플레이보이》 화보를 찍어야 할까? 누군가에게 성적 즐거움을 주려고 (그리고 《플레이보이》를 창간한 휴 헤프너Hugh Hefner 집안에 더 많은 부를 가져다주려고) 우리 몸을 전시해야만 우리의 사랑스러움과 성적 매력을 받아들일 수 있나? (그런 게 정말 있기는 할까?)

내 말을 오해하지 말길. 어떤 여성이건 원한다면 옷을 벗고 카메라 앞에 설 권리가 있다. 다만 현실을 모른 척하지는 말자는 얘기다. 당신이 자기 몸을 정말 긍정하면서 아주 편하고 재밌게 누드 촬영을 마쳤다고 해도, 당신이 나온 《플레이보이》

화보는 새로운 페미니즘 활동이 아니라 케케묵은 방식으로 여성을 대상화한 결과물일 뿐이다. 벗은 몸으로 카메라 앞에 설 때, 자신이 무엇을 왜 하고 있는지 제대로 아는 게 중요하다.

카넬리스가 화보 촬영을 하면서 정말 강해진다고 느꼈을 수 있다. 남자들이 자신을 성적으로 갈망할 때 권력을 느낀다고 말하는 여성들도 많다. 하지만 그게 정말 권력일까? 게다가 한 여성이 누드 사진 찍기를 좋아한다고 해서 그것이 젠더로서 여성 집단 전체를 강화하는 페미니즘 행동이 되지는 않는다. 《플레이보이》 화보는 여성이 자신의 섹슈얼리티를 받아들이고 즐기는 사례가 아니다. 화보 속 여성들은 '독자' 남성들에게 성적 즐거움을 안기는 눈요깃거리일 뿐이다. 즉 여성들은 참여자가 아니라 도구 구실만 한다. 나는 그런 게 권한 강화로 느껴지지 않는다.

2007년에 데니스 리스Dennis Riese는 여성의 권한 강화에 힘쓰는 기업인으로 언론의 주목을 받았다. 그가 회장이자 최고경영자로 있는 리스사는 주로 뉴욕에서 여러 음식점과 부동산을 소유하고 운영한다. 뉴욕 타임스퀘어와 라스베이거스에 분점을 둔 음식점 체인 하와이안 트로픽 존도 그의 소유다.

리스는 자칭 페미니스트다. 《뉴요커 The New Yorker》 기사를 보니, 그가 이렇게 선언했다고 한다. "나는 페미니스트다. 여성을 사랑하고 믿는다."

리스가 운영하는 음식점에 가 본 적은 없지만, 하와이안 트로픽 존 홈페이지에 있는 사진을 둘러보니 비키니 상의에 사롱(치마처럼 허리에 둘러 입는 옷. ─옮긴이)을 입은 여종업원들이 있었다. 《뉴요커》 기사에 따르면, 음식점의 천장 조명과 양념통이 여자 가슴 모양이고 여기에서 열리는 미인 대회 우승자에게 현금 50달러와 티아라가 주어진다.

"여성들도 섹시한 걸 좋아합니다. 권한 강화나 페미니즘이 다 이런 거 아니겠습니까? 세상에 여기처럼 여성들이 좋아하는 방식으로, 그러니까 아주 세련된 방식으로 섹시함을 제공하는 곳은 없습니다!"

지금 이 글을 읽고 있는 점잖은 페미니스트들에게는 버거를 브라에 넣은 채 서빙하는 것과 권한 강화는 전혀 무관하게 느껴질 것이다. 손님들이 매일같이 당신의 몸매와 얼굴에 점수를 매겨도 가만히 있어야 한다면 모욕적일 것이다. 하지만 비키니 차림의 여종업원을 두고 돈을 버는 리스는 당신 생각이 틀렸다고 말한다.

"아름다운 여성들은 외모를 경쟁력으로 이용합니다. 이런 여성들은 착취당한다고 느끼지 않을 겁니다. 남자들이 몰려와서 그녀에게 추파를 던지는 건 그들이 남자이고 그녀는 여자이기 때문이에요! 생물학적 본성이랄까요?"

어쩌면 리스는 정말로 자신이 여성의 권한 강화에 얼마간 도움이 된다고 믿는지도 모른다. (물론 나는 그렇지 않다고 본다.) 그리고 하와이안 트로픽 존에서 일하는 여성들이 정말로 자기 일에 만족할 수도 있다. 그럼에도 이 업계가 여성의 몸을 양념통 같은 상품으로 다룬다는 사실은 자명하다. "나는 페미니스트다" 하고 선언해도 이 사실이 가려지지는 않는다.

더 심각한 문제는 리스가 쓴 권한 강화라는 수사가 젊은 페미니스트들의 움직임을 하찮게 만들 뿐만 아니라 방해한다는 것이다. 누군가가 믿는 페미니즘을 놓고 왈가왈부할 권리가 없다는 것을 안다. 하지만 리스의 말은 "아름다운 여성"이 성공하려면 (머리보다) 몸을 써야 한다고 암시하는 데 그치지 않고, 오늘날의 페미니즘 운동을 자기 가슴을 내보일 권리를 위한 여성들의 투쟁으로 왜곡한다는 점에서 문제가 있다.

물론 페미니스트들은 여성이 자기 몸을 사랑하고, 섹슈얼리티를 받아들이고, 원하는 사람과 섹스하고, 그걸 즐길 수 있는 세상을 만들어야 한다. 그러나 헐벗은 차림으로 치킨을 서빙한다고 그런 세상이 만들어지지는 않는다. 여성에게는 자기가 원하는 일을 할 권리가 있으며 폭력과 성폭행에서 자유로운 삶을 누릴 권리도 있다. 엉덩이, 허벅지, 가슴 크기가 기준에 못 미치면 사람도 아니라는 식의 이야기를 듣지 않아도 되는 세상에서 살 권리 말이다.

여성들이 자기 섹슈얼리티를 받아들이도록 그들의 권한을 강화하려면, 처녀막 순결로 여성의 가치가 좌우되지 않는다고 가르쳐야 한다. 그러면서 자기가 내린 선택을 책임지고 재생산 건강을 스스로 지켜야 한다고 말해 줘야 한다. 리스가 여성의 힘을 키우겠다며 여종업원에게 비키니를 입히고 미인 대회를 여는 동안, 나와 동료 페미니스트들은 이런 메시지를 알리려고 바삐 움직이고 있다.

이제 두 번째 고백을 하려 한다. 나는 푸시캣돌스를 좋아한다. 팬클럽 회장이라도 맡고 있는 건 아니고, 아이팟에 이 그룹의 음악을 몇 곡 받아 놓았다. 청소하거나 운동할 때 들으면 딱 좋다.

그러나 푸시캣돌스 제작자들이 새 리얼리티 쇼를 내놓으면서 푸시캣돌스의 행보를 페미니스트와 연결할 때는 꽤 크게 충격받았다. 나만 그런 게 아니다. 《데저렛 모닝 뉴스*Deseret Morning News*》의 기자 스콧 D. 피어스*Scott D. Pierce*가 2007년 3월에 이런 기사를 내보냈다.

표면상으로 〈푸시캣돌스 프레젠트: 더 서치 포 더 넥스트 돌Pussycat Dolls Present: The Search for the Next Doll〉은 한심하고 뻔하고 천박한 저급 리얼리티 쇼일 뿐이다. 그러나 제작진의 기획 의도와 방송사 CW의 홍보 방식을 보고 있노라면 역겹기 그지없다……

제작진은 이 프로그램이 여성들을 "권한 강화"한다고 알리기 위해 심혈을 기울였다. 오늘 공개된 첫 방송은 "푸시캣돌스의 목표는 여성의 권한 강화"라는 내레이션으로 시작한다.

나는 나중에 '걸리셔스Girlicious'로 이름이 바뀐 이 쇼를 한 번도 시청하지 않았다. 그러나 푸시캣돌스의 히트곡 〈돈차Don't Cha〉는 가사를 거의 다 외울 만큼 꿰고 있다. 한때 이 곡을 휴대전화에 전 남자 친구 전용 벨 소리로 설정하기도 했다. (지금은 부끄럽게 생각한다.) 푸시캣돌스의 리더 니콜 셰르징거를 인터뷰한 적도 있다. 그녀는 똑똑하고 겸손한 사람이었다. 집에서 혼자 청소할 때 푸시캣돌스 노래에 맞춰 춤을 추기도 하지만, 이런 게 대단한 페미니즘 행동은 아니다. "네 여자 친구가 나처럼 별나면 좋겠지?" 같은 가사는 페미니즘 작가 벨 훅스bell hooks 책에 쓰인 내용과 사뭇 다르다.

오해는 말라. 나는 섹시한 것을 무조건 반대하지는 않는다. 이래 봬도 스트립 댄스가 접목된 에어로빅 수업을 꽤 오래 들은 사람이다. 하지만 푸시캣돌스의 '행보'에서 눈에 띄는 건 그들의 재능보다 헐벗은 옷차림과 선정적 춤이라는 사실을 지적하지 않을 수 없다. 이런 행보가 이들의 팬 중 대부분인 젊은 여성들에게 진정한 '페미니즘'의 메시지를 준다고 생각하지 않는다.

남자에게 당신의 단추를 풀어 달라고 말하고 싶거나 그의 여자 친구보다 당신이 더 잘해 줄 수 있다고 말하고 싶으면 그렇게 하라. 하지만 이 세상 모든 여자를 그런 식으로 해방하려고 할 필요는 없다.

한편 훨씬 걱정스러운 현상이 음악계에서 벌어지고 있다.

힙합 음악계에 만연한 여성 혐오는 새삼스럽지 않다. 랩 가사에서 '개년bitch'과 '창녀ho'는 '여자'나 '여자 친구'와 같은 말로 쓰인다. 뮤직비디오나 앨범 재킷에 등장하는 여성들은 남성 래퍼와 몸을 밀착한 채, 그가 자랑하는 현금·자동차·보석 같이 장식품 노릇을 한다. 유명 힙합 노래와 뮤직비디오에서 여성은 대부분 스트리퍼고, 그게 아니라면 스트리퍼처럼 엉덩이를 흔드는 사람으로 그려진다.

그런데도 일부 '비디오 여우(video vixens. 뮤직비디오에 성적 대상으로 등장하는 여성을 가리킨다. ─옮긴이)'들은 이 업계가 자신을 키웠다고 주장한다.

배우, 방송인, 비디오 모델이던 멜리사 포드Melyssa Ford는 『벌거숭이: 피부, 머리, 엉덩이, 입술과 그 밖의 모든 것을 드러낸 흑인 여성들Naked: Black Women Bare All About Their Skin, Hair, Hips, Lips, and Other Parts』에 실린 글 「캘린더 걸Calendar Girl」에서 이렇게 밝혔다.

> 나는 업계에서 몸값이 가장 비싼 비디오 모델이다. 텔레비전이나 잡지에서 봤다는 이유로 나를 잘 안다고 생각하는 사람들에게 지금껏 숱한 욕설과 무례한 말을 들었다. 하지만 나는 흔히 오해받는 것처럼 생각 없이 더럽게 노는 여자가 아니다. 나는 방송 경력을 쌓기 위해 비디오라는 매체를 이용하는 사업가다. 내가 곧 상품이다.

나는 힙합과 R&B 뮤직비디오에 자주 출연하는 모델이
자 남성지의 섹스 칼럼니스트다. 내가 주인공인 DVD
도 있다. 텔레비전 쇼를 진행했고, 나를 모델로 한 달
력을 만들어 온라인에서 팔기도 했다. 판타지와 완벽
함을 파는 것이 내 일이다. 카메라가 움직이기 시작하
면 나는 원래 모습을 잠시 내려놓고 남자를 유혹하는
섹시한 여우가 된다.

"내가 곧 상품이다." 이 말을 곰곰이 따져 봐야 한다. 어찌
보면 여성이 자기 몸과 섹슈얼리티에 대한 소유권을 스스로 주
장하기 때문에 고무적인 선언처럼 들린다. 그러나 사실 이 말
은 여성의 몸을 상품과 동일시하고 있다. 여성의 섹슈얼리티가
판매 대상이 된 것이다. 내게는 이 말이 고무적이기는커녕 공
포스럽게 느껴진다.

포드는 자신이 몸담은 업계에 대한 생각을 꽤 솔직하게 털
어놓았다. 영상 감독들이 그녀를 선호하는 건 큰 엉덩이와 가
슴과 탄탄한 허벅지 때문이지만, 정작 그녀 자신은 외모에 대
한 확신이 없어 불안해했다. "만일 외부 의견에 의지하지 않은
채 오래 유지할 수 있고 스스로 긍정할 수 있는 이미지대로 내
몸을 만든다면, 나는 모델 일을 그만둬야 하고 뮤직비디오에도
출연하지 못할 것이다." 포드는 잡지 《더 소스 *The Source*》가 사진에
서 그녀의 얼굴을 자르고 엉덩이만 지면에 실었을 때 화가 났
다고도 말했다.

글의 끝부분에 포드는 이제 자신이 하는 일과 사람들에게
보이는 자기 이미지를 더 주도적으로 통제할 수 있게 되었다고
밝혔다. "얼마 전부터 나는 금전적 보상이 괜찮거나 인지도를
끌어올리는 데 도움이 되는 경우가 아니라면 내 엉덩이를 못

찍게 하고 있다." 그리고 이제 "너무 노골적"이거나 "섹스를 직접적으로 연상시키는" 사진보다 감각적인 사진을 찍는 게 좋다고 덧붙였다. 그런데 그녀는 사람들에게 보이는 자기 이미지가 여성들에게 고무적인 메시지를 준다고도 주장했다.

> 나처럼 생긴 여성이 잡지에 계속 등장하는 것만으로도 내가 하는 일이 정당화된다. 내가 하는 일은 나처럼 커다란 흑인 여성, 마르지 않고 하얗지 않은 사람도 아름다움의 기준이 될 수 있다는 메시지를 준다.

포드가 자기 주장처럼 정말 자기 이미지를 스스로 통제하고 있다면 그녀에게 당연히 좋은 일이다. 하지만 한 여성이 괜찮은 경력을 쌓고 있다고 해서, 여기에 드러나는 더 큰 문제를 그냥 덮고 넘어갈 수는 없다.

뮤직비디오와 잡지에 담긴 지나치게 선정적인 이미지들이 젊은 여성과 사회 전반에 어떤 메시지를 준다는 걸까? 몸과 섹슈얼리티를 이용하는 것이 출세하는 데 가장 좋은 방법이라고 여자아이들에게 알려 주기라도 하나? 똑똑한 여자보다 몸매 좋은 여자를 칭찬해야 한다고 남자아이들을 가르치는 걸까? 지나치게 성적인 이미지들이 남자아이들에게 과연 어떤 메시지를 줄까? 뮤직비디오 속 여성이 남성 래퍼에게 하듯, 여성은 자기 몸을 언제 어디서든 남성에게 내줘야 한다?

이런 질문에 명확하게 답하기는 어렵다. 내 남동생은 힙합음악과 뮤직비디오를 좋아하고 여성의 엉덩이가 대문짝만하게 실린 잡지를 즐겨 읽는다. 그러나 현실에서는 내가 아는 어떤 남자애보다 배려심이 많고 나와 엄마와 주변 여자애들을 왕비처럼 대한다.

그래도 여성 비하를 조장하는 업계가 존재한다는 사실이 여전히 공포스럽다. 카메라가 꺼진 뒤까지 여성에 대한 차별이 이어질 가능성을 무시할 수 없기 때문이다. "상품"을 잘 판 덕에 돈을 많이 번 포드도 끔찍한 일을 당할 뻔했다. 그녀가 파는 상품을 누구나 차지할 수 있다고 여긴 남성들이 무리 지어 그녀를 위협한 것이다.

포드가 책에서 밝힌 내용은 이렇다.

> (뮤직비디오) 촬영장에서 나는 몸에 딱 붙는 짧은 드레스를 입어야 했다. 잠시 쉴 틈이 생겨 음식이 준비된 방에 앉아 있었다. 그때 한 남자가 방에 들어왔고 곧이어 다른 남자가 들어왔다. 몇 분 지나지 않아 열다섯 명이나 되는 남자들이 날 에워쌌다. 나는 꼼짝없이 갇히고 말았다. 박물관에 전시된 동물 표본이 된 것 같았다. 차마 자리에서 일어날 수 없었는데, 만약 일어나면 그들이 내 엉덩이를 보고 난리 피우리라는 걸 너무 잘 알았기 때문이다. '나는 지금 나한테 수작을 걸어 어떻게든 내 팔다리를 만지려고 하는 남자들, 내가 어떤 여자인지 알아보려고 하는 남자들, 집단 섹스 기회를 엿보는 남자들 사이에 앉아 있어.' 너무 무서워서 자리에서 일어날 수 없었다. 드레스는 너무 짧고, 구두 굽은 너무 높았다. 꼬고 있던 다리를 풀 수도 없었다. 다행히 현장 스태프가 방에 들어와서 상황을 정리했다. 그는 내가 겁에 질려 꽁꽁 얼어붙었다는 사실을 알아챘을 것이다.

고작 뮤직비디오, 음식점, 텔레비전 쇼, 잡지 가지고 너무 호들갑을 떤다고 생각할지 모르겠다. 정치인이나 공인이 아니고 그냥 연예인, 사업가일 뿐인데 왜 난리냐고 말이다.

하지만 후터스(여직원들이 선정적 옷차림으로 서빙해서 유명한 음식점 체인. ─옮긴이)나 하와이안 트로픽 존의 여종업원들이 받는 추파와 휘파람 소리는 평소 내가 경험하는 것들과 별반 차이가 없었다. 내가 붐비는 도심을 걸어갈 때면 거의 어김없이 그런 것들을 보고 듣는다. 그것들은 결코 나를 고무하지 않는다.

나는 일주일에 두 번꼴로 내 손에 있는 결혼반지도 아랑곳하지 않고 접근해서는 시답잖고 무례하기까지 한 랩 가사를 대사처럼 중얼대며 연락처를 묻는 남자를 본다. 또 아무리 내가 클럽에서 춤추는 걸 좋아할지언정, 내 등에 대고 "한번 보여 줘 봐" 같은 소리를 지껄이는 남자를 보는 것 그리고 당신한테 눈요깃거리가 되려고 온 게 아니라 친구들과 놀러 왔다고 대꾸하면 개년이라고 욕하는 남자를 대하는 것이 썩 유쾌하지는 않다.

지금 나는 힙합 음악을 듣고, 프로레슬링을 보고, 하와이안 트로픽 존에서 식사하면 여성 혐오주의자가 된다고 말하려는 게 아니다. 세상은 그렇게 흑백으로 나눌 수 없다. 게다가 나는, 페미니스트들이 대부분 그렇듯 회색 지대에 살고 있다. 가끔은 나도 푸시캣돌스 노래에 열광하고, 남편을 흥분시키기 위해 남사스러운 속옷을 입는다는 얘기다.

하지만 강간 문제만큼은 회색 지대가 있을 수 없다. 여성의 몸과 섹슈얼리티를 상품으로, 오락으로 묘사하는 것은 무례함을 넘어 위험하기까지 하다. 여성을 인간이 아닌 재산으로 바라보는 순간, 여성에게 그녀의 몸을 내놓으라고 요구하고 심지어 강요하기가 아주 쉬워지기 때문이다.

그렇다면 여성은 뭘 해야 할까?

우선 나는 (장담할 수는 없지만) 프로레슬링 시청을 그만둬야 할지도. 그리고 하와이안 트로픽 존이 아무리 잘나가는 젊은이들의 모임 장소로 유명해도 다음에 뉴욕에 가면 그 식당에 가지 않을 것이다. 여성을 비하하는 힙합 음악은 이미 한참 전부터 소비하지 않는다. 그 대신 루페 피아스코나 커먼처럼 조금 더 성숙하고 긍정적인 힙합 음악을 소비한다.

대중문화가 여성들에게 주는 부정적 메시지에 맞서려는 단체들도 있다. '블랙걸스록Black Girls Rock Inc.'은 젊은 흑인 여성들을 대상으로 예술 멘토링과 지원 프로그램을 운영하면서 힙합 음악과 문화가 여성을 묘사하는 방식을 놓고 함께 고민한다. 그리고 대중 참여형 미디어 프로젝트인 '더리얼핫100The Real Hot 100'은 단순히 예뻐서가 아니라 세상을 바꾸기 위해 노력하기 때문에 주목받는 젊은 여성들을 조명한다.

나는 우리 여성들이 지금보다 더 노력해야 한다고 생각한다. 이 사회가 진정으로 여성의 권한을 강화하는 텔레비전 쇼·잡지·기업·음악으로 채워질 수 있게 노력하는 것도 중요하지만, 개개인이 어떻게 하면 그런 힘을 기를 수 있는지도 고민해야 한다.

이쯤에서 불량 페미니스트로서 나의 세 번째 고백을 할까 한다. 대학생 때 나는 후터스에서 일하고 싶어 했다. 페미니즘 도서 목록을 짜고 내 걸 파워에 '페미니즘'이란 수식어를 붙이기 전이었다.

다시 말하는데, 후터스 같은 곳에서 일하는 건 개인의 자유다. 하지만 그 전에 왜 그러고 싶은지 자신을 점검해 봐야 한다. 내 이유는 별로 멋지지 않았다. 난 엉덩이와 가슴이 풍만하지 않은 편이었고, 마침 남자 친구가 내게 소홀해졌다고 느끼던 터였다. 섹시함과 가장 거리가 먼 존재가 된 기분이 들었고, 후터스에서 일하면 섹시해질 것만 같았다. 웃긴 얘기다. 그러나 욕망의 대상이 되고 싶다는 본능은 남녀 모두에게 있다. 그리고 유감스럽게도, 다이어트 보조제 판매사부터 헐벗은 여종업원을 내세운 식당에 이르기까지 각종 업체가 이 본능을 이용해 돈을 번다.

다행히 나는 후터스에서 일하지 않았다. 그 대신 에어로빅 강사로 취직했는데, 그러면서 놀라운 일이 생겼다. 마침내 나의 섹시함을 발견한 것이다. 내 가슴이 커져서가 아니었다. (당연히 커지지도 않았다.) 남자 친구가 머저리 짓을 그만둬서도 아니었다. (그는 끝까지 머저리였다.) 진짜 이유는 내 몸이 건강해지고 강해지는 걸 느꼈다는 데 있었다. 어느 순간 내 초점은 내 몸이 어떻게 보일지가 아니라 내 몸으로 뭘 할 수 있을지에 맞춰졌다. 그제야 나는 대단한 즐거움을 맛보았다.

특히 춤을 접목한 펑크 에어로빅을 가르치면서 그 어느 때보다도 섹시한 내 모습을 만끽했다. 수업에서 마음껏 몸을 흔들며 재미를 느꼈다. 지금은 에어로빅을 가르치지 않고 시간이 날 때마다 춤을 접목한 피트니스 수업을 들으러 간다. 내가 이 수업을 좋아하는 이유는 남자들 앞에서 매력적인 모습을 과시하는 게 아니라는 점이다. 수업에 가면 춤추고 싶어 하는 온갖 연령대의 여성들로 가득하다. 이들과 춤추면서 나는 누군가의 쾌락을 위해 전시되지 않는 내 몸을 즐긴다.

여성이 자기 몸을 외면하거나 가려야 한다고 말하려는 게 아니다. 오히려 여성이 자기 몸을 긍정하고 즐길 수 있어야 비로소 건강하고 만족스러운 성생활을 할 수 있다고 말하려는 것이다. 그러니 몸에 대한 주도권과 섹시함을 되찾을 방법을 고민하고 실천해 보라. 그러는 동안 나는 프로레슬링 소비를 끊기 위해 열심히 노력해 보겠다.

⋮⋰⋮ **미디어의 중요성**

10장   공간을 침범하는 여성

12장   대중매체의 재판: 흑인 여성의 음란성과 동의의 문제

⋮⋰⋮ **인종**

6장   흑인 이성애자 여성을 퀴어링하다

11장   성적 자율성만으로 부족할 때: 미국 이민 여성에 대한
       성폭력

⋮⋰⋮ **성적 치유**

15장   발칙한 제안

20장   싸워서라도 지킬 만큼 소중한 섹스

5장 뚱뚱한 여자를

어떻게 따먹느냐고?

케이트 하딩

너처럼 역겨운 괴물을 강간할 남자가 있다니 운 좋은 줄 알아라.

내 친구가 강간당한 후 죽을 뻔한 경험을 블로그에 올렸을 때 실제로 달린 댓글의 내용이다. 구독자 수가 한 손에 꼽을 정도라도 있는 페미니스트 블로거라면 이런 댓글이 남의 일은 아닐 것이다. 어떤 사람들은 **강간은 칭찬**이라는 말(더 정확히는 "강간은 칭찬이야. 이 멍청한 창녀야.")을 우리에게 끊임없이 들려주는 게 자신의 신성한 의무라고 생각하는 듯하다.

들어 봐, 강간은 피해자를 통제하고 비인간적으로 다루는 폭력 범죄가 아니라고. 지극히 멀쩡한 남자가 볼 때 네가 씹할 매력녀라는 증거라니까. 네 의지가 어떻든 그 남자는 널 따먹지 않곤 못 배겼을 거야. 네가 그만큼 예쁘니까! 이런 걸로 왜 그렇게 난리야?

슬프게도 이런 말들은 페미니스트 블로거에게 일상과 같다. **뚱뚱한** 페미니스트 블로거에게는, 강간범 **아니면** 누가 너 같은 걸 원하겠냐는 특별 메시지가 덤으로 따라온다. "강간은 칭찬"이라는 논리를 계속 따라가다 보면, 우리가 상정하는 강간범은 멀쩡한 남자가 아니다. 멀쩡한 남자라면 애초에 뚱뚱한 여자에게 성적 충동을 느끼지 않을 테니까. 이게 도대체 **뭔 소리**인가 싶지만 말이다.

정말 그렇다니까, 뚱뚱한 여자를 강간하는 남자는 그 여자를 칭찬하는 정도가 아니라 그 여자한테 엄청난 **호의**를 베푸는 거야. 질이 쪼그라들 판인 뚱뚱한 여자를 구원하려고 자기 아랫도리를 열심히 움직일 만큼 겁나 위대한 자선가라고.

뚱뚱한 년들은 강간당하는 걸 운 좋게 여겨야 한다. 징징거리는 네년들에게도 조만간 그런 일이 있기를.

널 강간한 남자는 육지로 떠밀려 온 고래처럼 '버둥'댔을 네가 아니라도 새벽 3시에 술집 입구를 어슬렁거리다 다른 여자랑 눈 맞아서 섹스할 수 있었어.

네 그 육중한 엉덩이에 박고 싶어 하는 남자가 있다면 좀 충격인걸.

페미니스트의 블로그에 찾아와 이런 댓글을 남기는 한심한 놈들은 무시해 버리면 그만이다. 왜냐면…… 원래 그런 놈들이니까. 굳이 경멸하고 신경 쓸 가치도 없는 사람들이니까. 하지만 문제는, 이런 댓글이 꽤 자주 보인다는 점에서 알 수 있듯, 몇몇 못되고 비뚤어진 망상 분자만 이렇게 생각하는 게 아니라는 사실이다. 이런 생각은 여성의 매력과 뚱뚱한 여성의 섹슈얼리티에 관한 사회적 서사를 투영한다.

이 서사는 이렇게 시작된다. 여성의 최우선 임무는 남성에게 매력적인 존재가 되는 것이다. 다른 목표를 앞세우는 이성애자 여성이나 남성을 원치 않는 퀴어 여성이야 어떻든 중요하지 않다. 질을 달고 태어났으면 청소년기부터 성인기를 지나는 동안 이성애자 남성의 쾌락을 위해 예쁘게 꾸미고 다니는 것이 의무다. 섹스하고 싶은 남성이나 그냥 말을 섞고 싶은 남성만이 아니라, **모든** 남성을 위해서.

그러니 질을 달고 태어난 동시에 쉽게 살찌는 유전자를 타고난 여자라면 문제가 복잡해진다. 뚱뚱함은 혐오 대상이니 시작부터 글러 먹지 않았나? 물론 뚱뚱한 여성을 선호하는 남성도 존재하며 **적당히** 살집 있는 여성을 보고 흥분하는 남성도 꽤 있다. 하지만 우리 문화는 이런 남성들을 열외로 친다. 괴짜들. 이 부류는 아주 드물어서 평생 못 만나도 이상하지 않지만, 설령 만난다 한들 뚱뚱한 여성에게 매력을 느낄 만큼 망가진 사람과 누가 함께 있으려고 하겠는가? 그리고 앞에서 이야기했듯, 여성의 임무는 자신을 사랑하고 존중하는 남성에게 매력적으로 보이는 게 아니라, **모든 이성애자 남성에게 매력적으로 보이는 게 아니던가?** 그런데 뚱뚱하다고? 그럼 당신은 쫄딱 망한 셈이다.

난 강간에 반대하지만 비만 여성은 예외로 둔다. 그러지 않으면 그 여자들이 어떻게 남자 맛을 알겠는가?

정말로 이런 헛소리를 하는 사람들이 있다.

이들이 정말로 이렇게 생각하는지는 중요하지 않다. 이런 댓글의 목적은 강간이 뚱뚱한 여성에게 호의를 베푸는 행위인지 논하는 것이 아니라, 댓글을 읽는 뚱뚱한 여성들에게 가능한 한 깊숙이 비수를 꽂는 것이다. 그리고 (읽는 사람과 시기에 따라 다르겠으나) 정말 어느 정도 효과를 거두고 있다. 이토록 비틀린 논리의 비약 이면에 깔린 전제, 즉 **뚱보를 따먹고 싶어 하는 사람은 없다**는 생각을 진심으로 믿는 여성들이 아주 많으니 말이다.

뚱뚱한 몸 받아들이기fat acceptance 운동에 동참하기는커녕 그런 게 있는지도 모르던 대학 시절, 나는 한 남자애와 몇 달간 애매한 관계로 지냈다. 그 애 여자 친구는 1년 동안 해외 유학을 떠난 터였다. 처음에 우리는 그냥 친구였다가 서로 몸을 조몰락댔고, 나중에는 많은 대학생들처럼 하루 세 번 반벌거숭이 상태로 그러는 사이가 됐다.

어느 날 오후, 내가 기숙사 침대에 배를 깔고 엎드려 있었다. 셔츠와 브라는 벗어서 바닥에 뒀고, 남자애가 내 엉덩이에 올라탄 상태였다. 그는 여느 때처럼 내 등을 조몰락대기 시작했다. 골반 쪽으로 손가락을 가져가는가 하면 두툼한 등살을 가슴으로 착각했는지 열심히 만져 댔다. 방에선 (때마침) 세라 매클라클런의 노래 〈환희를 찾아 더듬는 손길Fumbling Towards

Ecstasy〉이 흐르고, 바닐라 향이 나는 싸구려 초가 타들어 가고 있었다. 나는 신음이 새나지 않게 숨을 꾹 참았다. 왜냐면 우리는 **그냥 친구** 사이니까. 그 애에게는 지구 반대편이기는 해도 여자 친구가 있으니까. 그러니까 이 마사지는 그냥…… 취미랄까?

그때 그 애가 불쑥 말했다. "있잖아, 나 진짜 하고 싶어."

그 순간 나도 그 애와 하고 싶다는 생각뿐이었다. 그 전 **몇 달** 동안 그 애와 자고 싶다는 생각이 간절했다. 드디어 그가 문을 열어 주었다! 드디어!

그런데 내가 애써 태연한 척 대꾸했다. "**뭐라고?**"

내가 이 정도로 내숭쟁이다.

그러자 그 애가 답했다. "아, 아냐. 아무것도. 별 말 아니었어. 그냥 넘어가."

나는 그 애가 빈말하지 않았다는 걸 눈치로 알았다. 그 말을 듣자마자 그 애를 눕혀 키스를 퍼붓는 대신 다시 확인하려고 한 이유도 바로 여기에 있었다. **나는 우리가 그걸 할 수 없다고 생각했다.**

정리해 보자. 그 애는 매일 한 번 이상 내 방에 들러 옷을 훌훌 벗어 던지고 내 몸을 구석구석 만져 댔다. 게다가 그때 우리는 둘 다 열아홉 살이었다. **그런데도 나는 그가 내게 매력을 느끼리라고 생각하지 못했다.**

지금 돌이켜 보면 참 어리석었다. 하지만 그때는 지극히 당연한 생각이었다. 왜냐면 나는 뚱뚱한 여자애니까! 뚱뚱한 여자애와 자고 싶어 하는 사람은 없으니까! 심지어 당시 내 몸은 조금 **통통한** 정도였는데도 이렇게 어리석은 생각에 사로잡혔다. 물론 자기 몸에 대한 이미지가 꼭 객관적 현실을 반영한다는 법은 없지만 말이다. 나와 가깝던 여자애들은 원래 마른 데다 발육이 덜 돼 다 빼빼였다. 그 애를 비롯해 내가 호감을 느낀 남자애들은 그런 여자애들하고만 사귀었다. 적어도 공식적으로는 말이다. 그리고 그 애는 내 엉덩이와 등살을 조몰락대면서 내가 운동을 하면 더 보기 좋겠다는 말을 여러 번 했다. 날 만지면서도 나한테 딱히 끌리지 **않는다**는 사실, 내가 자기 여자 친구의 발끝도 못 따라간다는 사실을 분명하게 한 셈이다.

그때 나는 그가 '인지 부조화'를 겪고 있다는 사실을 몰랐다. 아는 것이라고는 내가 뚱뚱하다는 사실뿐이었다. 그러니 그 애가 날 원한다는 건 **말이 되지 않았다**. 내게 섹스란 있을 수 없었다. 어떻게 느끼고 생각하고 행동하건 간에, 난 섹스와 무관한 존재였으니까. 내 **진짜 섹슈얼리티**나 나에 대한 그 애의 마음이 아니라, 이 세상 **모든** 이성애자 남성이 날 어떻게 보는지가 더 중요했으니까. 다들 앞에서 한 말을 기억하겠지?

그리고 내가 속한 문화는 사람들 눈에 내가 어떻게 보이는지를 매 순간 일깨워 주었다. 새로운 다이어트 방법과 "발가벗었을 때 매력적으로 보이기" 방법 따위를 다달이 알려 주는 여성지, "출렁거리는 뱃살"을 없애 준다는 피트니스 센터의 쾌활한 라디오 광고 노래, 드라마 〈프렌즈Friends〉에서 뚱보 분장을 한 코트니 콕스가 우스꽝스럽게 춤추는 장면이 끝나고 흘러나오는 체중 감량 프로그램 광고, "죄책감 없는 구이 요리"같이 깜찍한 이름으로 팔리는 저칼로리·저지방 식단, 식당 옆자리에서 오는 은근한 곁눈질, 다이어트를 한다는 55사이즈 친구들. 그리고 이런 것들을 무색하게 할 만큼 노골적인 "뚱뚱한 여자 금지" 스티커를 붙인 자동차, '뚱뚱한 여자를 어떻게 따먹는가'에 관한 농담, 거리에서 흔한 '팻콜fatcall(거리에서 여성을 함부로 야유하는 캣콜링catcalling에 더해, 뚱뚱한 여성의 살진[fat] 몸을 모욕하는 것이다. ─옮긴이)'까지. 나와 같은 몸을 가진 여성들은 아무도 원치 않고 사랑하지 않으니 **당연히** 따먹힐 수 없는 존재였다. 나는 조금도 반발하지 않고 이런 생각을 받아들였다.

그래서 나는 그 애가 정말 마사지 친구라고 굳게 믿었다. 철저히 '정신적' 관계라고 생각했다. 그 뒤 서른세 살이 된 지금껏, 만나기만 하면 옷을 훌러덩 벗고 함께 침대로 가는 정신적 관계는 없었지만 말이다.

이런 일이 여러 번 있었다. 친구들의 사연까지 더하면 책한 권이 나올 분량이다. 제목은 '놓친 인연: 뚱뚱녀들의 빌어먹을 백전백패 연애사' 정도가 적당하겠다. 30대가 되어 대부분짝이 생긴 우리는 이제 옛일을 웃어넘길 수 있다. 그러나 10대와 20대 때는 거절당하는 아픔이 너무 가혹하게 느껴졌다. 그거절이 외부에서만 오는 게 아니라는 사실도 그때는 대부분 깨닫지 못했다. 우리는 **우리 자신을** 거부했다. 누군가의 데이트상대나 연인이나 잠자리 상대가 될 수 없다고 스스로를 부정하면서 아무도 다가오지 못하게 했다.

더 큰 문제가 있다. 우리 중 일부는, 따먹힐 수 없는 존재인 우리한테 관심을 보이는 남자에게 무조건 고마워해야 한다고 생각한다. 나는 여태껏 '강간 칭찬론'에 설득당한 여성을 만난 적은 없는데, "넌 날 떠나지 못해. 왜냐면 나 말고는 아무도 네 뚱뚱한 엉덩이를 원하지 않을 테니까" 하고 지껄이는 폭력적인 남자 친구의 말을 철석같이 믿는 여성들은 만났다. 어떤 여성들은 스스로 원해서가 아니라 남성이 자기 몸에 호감을보였다는 사실이 기뻐서 그의 이름도 모르는 채 하룻밤 섹스를한다. 너무 많은 TV 쇼와 영화와 무례한 농담 속에서, 뚱뚱한여성이 비굴하리만치 섹스에 만족하는 모습으로 그려지는 데는다 이유가 있다. 우리 중 (전부는 아니라도) 일부는 남성의 호감을 얻기에는 혐오스러운 몸을 가졌다는 말을 너무 오래 들으며 자란 나머지 누군가 관심을 보이면 진심으로 감동하기 때문이다. 이 지점에서 '강간당하는 걸 운 좋게 여겨야 한다'는 생각으로 놀라울 만큼 빠르게 비약한다. 아무도 이런 비약에 빠지지 않기를 간절히 바라지만, 비약에 빠지지 않는다 해도, 뚱뚱한 여성은 성적 경험에 관한 한 자신에게는 권리가 없다고 믿게 된다. "네가 뭘 바라든 어차피 네 욕망은 채워질 수 없으니까 하찮은 거야." "넌 주도권을 가질 만큼 예쁘지 않아." 이런 말을 되새기면서. 결국 뚱뚱한 여성은 언제 어디선가 성욕에 사로잡힌 남성이 찾아오기를 바라는 수밖에 없다.

문화적으로 통용되는 편협한 미의 기준은 갖가지 불쾌한 부작용을 낳는데, 그중에서도 최악은 매력에 대한 우리 자신의 이해를 왜곡한다는 점이다. 매력은 예측하기 어렵고 지극히 주관적이다. 주로 통용되는 미의 기준에 부합하는 사람이라고 반드시 '객관적으로 매력적'인 것은 아니다. 나는 이 세상 수많은 이성애자 여성과 마찬가지로 조지 클루니에 대한 환상이 있지만 브래드 피트에게는 별 감흥이 없다. 또 케이트 윈슬렛이 압도적인 미인이라고 생각하는 나와 달리 내 남자 친구는 그녀가 **영 별로**라고 말한다. 아무 이견 없이 매력적이라고 할 수 있는 사람은 없다.

그런데도 우리는 그렇게 믿도록 훈련받는다. 쉽게 드러나는 겉모습을 바탕으로 상대의 매력을 평가한다. 마른 몸매가 좋다. 하얀 피부가 깨끗하다. 장애 없이 탄탄한 몸이 건강하다. 금발이 멋지다. 잡티 없는 피부가 예쁘다. (엉덩이가 펑퍼짐하지 않을 때만) 큰 가슴이 육감적이다. 잘록한 허리가 끌린다. 짧은 치마에 하이힐, 스모키 화장이 섹시하다. 매력적이고 싶다면 이미 검증된 공식을 따라 하기만 하면 된다.

하지만 이 공식을 완벽하게 따를 수 있는 사람은 거의 없다. 뚱뚱한 여성, 백인이 아닌 여성, 장애가 있는 여성, 가슴이 작거나 배가 불룩하거나 여드름이 난 여성은 가망이 없다. 그런데도 획일적인 미의 기준을 강요하는 분위기는 자꾸만 노력하라고 압박한다. 그나마 열심히 노력하고 투자해야 이상적 외모에 가까워질 수 있다는 것이다. 물론 백인이 아닌 여성이 인종이라는 한계를 뛰어넘어 백인의 외모를 가질 수는 없다. (유감스럽다. 자매들이여, 다음 생에는 부디 행운이 있기를!) 그러나 정말로 열심히 노력하는 사람은 머리에 화학물질을 잔뜩 바르고 성형수술까지 해 가며 지긋지긋한 비유럽인의 특징을 없애려고 자신을 괴롭힌다. 결국 이 공식은 모두를 노력하게 만들고 있다!

뚱뚱한 여성은 해법이 꽤 간단하다. 살을 빼면 된다. 패스트푸드를 즐겨 먹고 운동이라면 질색하는 마른 애들과 비슷해 보일 때까지 미친 듯이 운동하고 굶으면 된다. 다이어트에 성공한 사람의 90퍼센트 이상이 5년 안에 다이어트 전 몸무게로 돌아간다는 연구 결과 따위는 무시하면 그만이다.[1] 쌍둥이를 대상으로 연구한 결과, 체중과 체형은 키처럼 대부분 유전이라는 사실도 무시한다.[2] 누군가는 채소를 입에 대지도 않고 헬스클럽에도 안 다니는데 날씬한 몸매를 유지하고, 누군가는 양껏 먹고 일주일에 세 번씩 반 시간 정도 운동하면서 몸매를 관리한다. 그 반면 당신은 먹는 양을 대폭 줄여 세계보건기구WHO 기준으로 기아에 해당하는 칼로리만 섭취해야 하고, 주위 사람들과 어울리기보다 운동에 더 많은 시간을 투자해야만 겨우 몸매를 유지할 수 있다. 그러나 이런 불평등도 무시하라. 당신은 그저 독하게 살을 빼겠다고 **마음먹기만** 하면 된다.

당신은 정말 독하게 마음먹어야 한다. 뚱뚱한 건 매력이 없으니까. 어떤 이의 눈에도 결코 섹시하게 보이지 않으니까.

그러지 않으면 어떻게 남자 맛을 알겠는가?

차라리 뚱뚱한 여성이 스스로 억누르고 업신여기고 연애 가능성을 차단해야 한다고, 그냥 다 포기하는 것이 상책이라고 말하면 속 편하겠다는 생각도 든다. 실제 현실도 다르지 않으니 이런 말에 혹하기란 참 쉽다. 하지만 이건 역효과를 낳는 데다 비겁한 피해자 탓하기일 뿐이다. 이런 문화 속에서 뚱뚱한 여자로 살아간다는 것은 얼굴도 모르는 기자부터 엄마, 자매, 친한 친구까지 **모든 사람**에게서 넌 사랑받기는커녕 따먹힐 수 없는 존재라는 말을 귀에 못이 박히도록 들어야 한다는 뜻이다. **살만 빼면 예쁜 얼굴인데. 살만 빼면 기분이 훨씬 나아질 거야. 살만 빼면 남자들이 줄을 서겠다.**

이 뚱뚱한 년, 강간당하는 걸 운 좋은 줄 알라고.

이게 현실이다. 뚱뚱한 여자는 혐오 대상이다. 인정하자.

저항은 아주 고통스럽다. 우리가 이 고통을 감내해야 한다는 것은 뚱뚱하게 태어난 몸을 '지나치게' 줄이라는 요구만큼이나 불공평하다. **우리 자신을 혐오하지 않도록** 애쓰느라 힘이 빠지는 것은 부당하다. 우리도 매력적인 존재가 될 수 있고, 사랑받을 자격이 있으며, 우리에게 추파를 보내는 남자가 정말 **있다**고 믿는 것이 고된 투쟁이어서는 안 된다. 산꼭대기로 바위를 굴려 올리는 것처럼 힘겹게 느껴져서는 안 된다.

하지만 현실에서 우리는 바위를 피할 수 없다. 그럼 어떤 바위를 고르겠는가? '꼭 살을 빼고 말겠어' 바위인가, '다 꺼져. 난 떳떳하게 지금 내 몸을 있는 **그대로** 받아들이겠어' 바위인가? 어느 쪽을 골라도 힘들고 의기소침해질 수 있다. 그러나 진정한 성 권력, 자기 몸에 대한 소유권, 진정한 힘과 자신감을 주는 것은 둘 중 하나뿐임을 명심하라.

뚱뚱한 여성들이 데이트 게임에서 자동 탈락하지 않는 세상을 머릿속에 그려 보자. 존재 자체가 비호감인 몸을 가졌다고 믿지 않아도 되는 세상. 남자는 날씬한 여자만 원한다는 말을 듣고 그렇지 않다며 웃어넘길 수 있는 세상. 커다란 몸으로 마음껏 사랑하고, 섹스하고, 넓은 세상을 향해 우아하고 긍정적이고 힘차게 나아갈 수 있는 세상.

이번에는 강간당하는 걸 호의로 여기라는 등 헛소리를 지껄이는 덜떨어진 놈을 상상해 보자. 관계 뒤에 당신의 뱃살을 쿡쿡 찌르며 운동 좀 하라고 지적하는 놈, 결혼하고 13킬로그램이나 살찐 아내와 이혼할 생각이라고 TV 방송에서 말하는 놈, 역겹고 뚱뚱한 엉덩이를 원하는 사람은 없으니 결국 자기 옆에 있어야 한다고 으름장을 놓는 놈.

우리가 꿈꾸는 세상에 이런 놈이 발붙일 자리는 없다.

지금 우리가 사는 세상에서도 그래야 한다.

더 많은 사람이 이렇게 믿을 수 있는 세상은 어떨지 상상해 보라.

∴⫶⫶ **미디어의 중요성**

1장 공격적 페미니즘: 강간 문화를 지탱하는 보수적 젠더
    규범에 맞서는 페미니스트

27장 막 나가는 자의 변론: 나는 어떻게 걱정을 집어치우고
    쾌락을 사랑하게 되었는가 (그리고 어떻게 하면 당신도
    그럴 수 있을까)

∴⫶⫶ **시시한 것에 대한 수많은 금기**

9장 허용된 '비동의' 판타지: 우리가 서브미시브 여성을
    두려워하는 이유 (그리고 그래서는 안 되는 이유)

18장 수치심이 우리를 가장 먼저 배신하지 않도록

성적 치유

20장 싸워서라도 지킬 만큼 소중한 섹스

26장 진짜 성교육

6장 흑인 이성애자 여성을

퀴어링*하다

킴벌리 스프링어

* 이성애자 중심 사회에서 동성애를 '퀴어queer', 즉 '이상한' '별난' 것으로 보면서 퀴어는 성 소수자를 가리키는 말이 되었다. 그런데 지난 세기 말부터는 획일성과 이분법에 대한 거부로부터 모두가 퀴어한 존재라는 인식이 널리 퍼졌다. 그리고 '퀴어 리딩queer reading'의 준말인 퀴어링은 이런 인식을 바탕으로 세상 모든 것을 해석하는 방법이다. ─ 옮긴이

종교, 공공 정책, 가정, 언론, 대중음악, 학교에 부모까지 모두가 흑인 여성의 섹슈얼리티를 부정적으로만 이야기하는 세상에서 흑인 여성은 어떻게 섹스 앞에 '예스'라고 말할 수 있을까? 내 기억에 '너무 급하다too fast'는 말만큼 흑인 여성의 섹슈얼리티와 밀접한 표현은 없다. "아휴, 쟤는 뭐가 저리 급하다니!" 이모는 이웃집의 '발라당 까진 여자애'가 들뜬 모습을 볼 때 혀를 차곤 했다. 남자를 조금 오래 쳐다보기만 해도 우리 같은 애들은 "애, 그렇게 급하게 굴지 마" 하고 꾸지람을 듣는다. 그런데 '급하다'는 딱지가 붙는 건 언제나 우리 같은 애들뿐이다. 미용실에 들러 한껏 꾸민 뒤 날라리들의 차에 타는 교회 여자애들은 그런 푸대접을 받지 않고 자리를 뜬다. '존중할 만한' 여자가 지나간 자리에 '요부'만 남아 감시받는다. 미묘한 듯 미묘하지 않은 이 평가 문화 속에서 나는 섹스 앞에 '예스'라 말할 권리를 위협받는다. '예스'라고 하는 순간, 몇 백 년 동안 굳어진 음탕한 흑인 여성의 범주에 들어갈 것만 같기 때문이다.

흑인 여성의 섹슈얼리티에 관한 사회의 시각은 일상에서 늘 마주하는 모순을 고스란히 반영한다. 흑인 여성은 과잉 성애자 또는 무성애자라는 것. 안 좋은 말을 듣지 않으려고 우리가 택하는 전략은 침묵이다. 우리 스스로 흑인 여성과 섹스에 대해 입을 다물면 이 문제도 사라지지 않을까? 미국 백인 사회에서 흑인 여성들은 그렇게 수백 년 동안 아이를 돌보는 유모로 눈에 띄지 않게 살며 성적 감시에서 벗어나려 애썼다. 흑인 여성들에게 오명을 씌운 게 바로 위험한 요부인데, 그렇게 막나가는 여자들을 단속할 책임은 유모가 져야 했다. 요부와 유모 캐릭터는 남북전쟁 뒤 복잡하고 비뚤어진 인종 문제가 전개되던 남부 사회에서 만들어졌다. 요부와 유모 상징의 기본 텍스트로 백인 우월주의 영화 〈국가의 탄생Birth of a Nation〉(1915)이 있다. 인종분리주의자 토머스 딕슨Thomas Dixson의 소설 『가문의 사람The Clansman』이 원작인 이 영화에 유모가 등장하는데, 그녀는 백인 가족을 보호하고 그들의 집을 자기 집처럼 지킨다.

영화에는 유모와 정반대 범주에 있는 여성도 나온다. 흑인과 백인 사이에서 태어난 리디아 브라운으로, 성적 매력을 이용해 음모를 꾸미며 백인 남성을 몰락시킨다. 미국으로 건너온 유럽 탐험가와 개척민 들은 흑인 여성에게 성적으로 난잡하다는 혐의를 씌우고 이세벨, 즉 요부란 딱지를 붙였다. 구약성서에 등장하는 이세벨은 아합 왕의 아내였다. 그녀가 유명해진 것은 남을 조종하는 능력 때문이지만, 그녀의 이름은 성적으로 부정하고 난잡한 여자들을 대표하게 되었다. 노예제가 있던 시절, 노예 소유주인 백인들은 흑인 여성을 마구잡이로 강간했다. 백인 남성과 그의 백인 아내, 교회, 사회 전체가 흑인 여성은 도덕적으로 해이하다고 보았다. 백인 남성이 자기 잘못을 변명할 때, 악마 같은 흑인 여성의 유혹에 넘어갈 수밖에 없었다며 자신의 성적 약점을 내세우는 것만큼 효과적인 방법이 있을까?

노예제가 철폐된 뒤 흑인 여성들은 더는 자녀를 노예시장에 내놓지 않아도 되었지만 인종적·경제적 차별이 끈질기게 이어지면서 요부 이미지를 계속 강요받았다. 흑인 여성은 성을 밝힌다는 근거 없는 믿음 덕분에, 백인 여성은 상대적으로 고결한 지위를 인정받았으며 백인 남성은 흑인 여성을 강간해도 면죄부를 받았다. 정말 흑인 여성이 언제나 섹스에 응한다면 그녀의 의지에 반한 섹스란 성립할 수 없으니 말이다. 러트거스대학의 역사학자 데버라 그레이 화이트Deborah Gray White가 흑인 여성 노예사에 대해 쓴 논문 「나는 여성이 아니란 말인가: 남부 대농장의 여성 노예"Ar'n't I a Woman": Female Slaves in the Plantation

South」(흑인 노예제 폐지론자이자 여성운동가였던 소저너 트루스Sojourner Truth 가 1851년 오하이오주 여성 인권 대회에서 한 연설의 제목이기도 하다. 소저 너 트루스는 1797년에 노예로 태어났지만 1827년 뉴욕주 법에 따라 자유인이 되었고, 본명 대신 '진실에 머무르는 자'를 뜻하는 이름을 스스로 부여해 노 예제 철폐와 흑인 여성의 권리를 위해 싸웠다. ― 옮긴이)에 따르면, 남북 전쟁 이후 1960년대 중반까지 남부 사회에서 백인 남성이 흑인 여성을 강간하거나 강간을 시도한 사건이 광범하게 일어났지만 백인 남성이 유죄를 선고받진 않았다.

대중문화 속 흑인 여성의 섹슈얼리티는 예나 지금이나 크 게 다르지 않다. 흑인 여성을 무성애적 유모로 바라보는 역사 를 영화배우 퀸 라티파만큼 잘 확인시켜 주는 인물이 또 있을 까? 영화 〈브링 다운 더 하우스Bringin' Down the House〉나 〈라스트 홀리데이Last Holiday〉에서 그녀는 정숙함과 거리가 먼 태도와 엘 엘 쿨 제이처럼 멋진 남자와 로맨스를 암시한다는 점을 빼면 섹슈얼리티를 일절 드러내지 않은 채 백인들에게 인간답게 사 는 법을 깨우치는 여주인공으로 등장한다.

핼리 베리는 영화 〈몬스터 볼Monster's Ball〉에서 아들을 키우는 가난한 노동계급 여성 레티샤를 연기해 2002년 아카데미 여우 주연상을 받았다. 살짝 변형된 요부 캐릭터에 지나지 않는 레 티샤는 늘 결핍되어 뭔가를 계속 갈망하는 흑인 여성의 섹슈얼 리티를 전형적으로 체현한다. 그녀가 옷자락을 움켜쥐며 백인 연인 행크를 향해 "날 만족시켜 줄 수 있나요?"하고 묻는 장면 이 대표적이다. 레티샤는 경제적으로나 정서적으로나 성적인 면에서 스스로 만족할 수 없는 존재다. 물론 행크도 그녀를 만 족시키지 못한다. 요부의 욕망은 끝이 없으니 말이다. 유모건 요부건 간에 대중문화 속 흑인 여성의 섹슈얼리티는 백인 남성 성과 관계하는 형태로 규정되어 끝을 모르는 흑인 여성의 섹슈얼리티를 조심하라는 교훈을 만들어 낸다. '예스'라고 말할 수 없게 우리를 가로막는 이 장애물이 극복할 수 없는 것은 아니지만 거대한 것은 분명하다.

사회학자 퍼트리샤 힐 콜린스*Patricia Hill Collins*가 『흑인의 성정치학*Black Sexual Politics*』에서 지적한 대로, 많은 게 변했지만 많은 게 변하지 않았다. 콜린스는 흑인 유모와 오늘날 '흑인 숙녀' 이미지 사이에 연속성이 있다고 본다. 흑인 지위 향상과 자결권을 바라던 19세기 흑인 중산층은 흑인 여성의 섹슈얼리티를 둘러싼 고정관념을 극복하려고 했다. 이들은 좋은 시민이 될 수 있다는 걸 입증하려고 섹슈얼리티와 성적 쾌락에 관해 침묵하는 길을 택했다. 체면을 지키려고 침묵해야 하는 상황에서 성적 존재로서 자신을 정의할 여유는 흑인 여성들에게 주어지지 않았다. 사실 흑인 여성이 일하지 않고 가정과 양육에만 충실할 수 있는 '진짜 숙녀'가 되기란 불가능하다고 할 수 있다. 임금과 고용의 인종차별과 성차별 탓에 흑인 가정은 백인 가정이 맞벌이의 필요성을 느끼기 훨씬 전부터 맞벌이로 생계를 이어 가야 했다. 그런데 일하는 흑인 여성 중 대다수는 존중할 만하며 무성애적인 존재로 보이도록 노력해야 했다. 존중할 만한 흑인 여성은 일을 잘하면서 좋은 엄마여야 하고 착한 딸이자 성실한 아내여야 했다. 그리고 이런 역할을 수행하기 위해 전통적인 결혼과 핵가족 제도 안에 머물러야 했다. 어떤 역할을 수행하건 간에 결코 흐트러진 모습을 보여서는 안 되었다.

19세기 흑인 지도자들이 체면을 강조해 흑인 여성의 섹슈얼리티를 억압했다면, 오늘날에는 공공 정책이 흑인 여성을 업신여겨 "복지 여왕" "바람난 마마" "검은 암캐"로 부르며 섹슈얼리티를 통제한다. 흑인 여성의 섹슈얼리티, 특히 가난한 노동 계급에 속한 흑인 여성의 섹슈얼리티가 사회악의 근원으로 묘사되는 한 미국 내 흑인 여성들은 학교와 직장과 교회에서 아무리 존중받고 싶어도 스스로 무언가를 할 수 없는 처지에 놓이고 만다. 콜린스가 지적한 대로 오늘날 흑인 여성들은 '암캐' '문란한 여자' '애를 너무 많이 낳는 여자' 등 불명예스러운 꼬리표를 달지 않기 위해 '흑인 숙녀'라는 이상을 좇아야만 한다.

드라마와 영화에는 무성적인 흑인 숙녀상이 단골로 등장한다. (TV 쇼 〈이혼법정Divorce Court〉에 나오는 판사 마블린 에프리엄과 린 톨러처럼) 검은 법복을 입고 있거나, (드라마 〈앨리 맥빌Ally McBeal〉의 지방 검사 러네이 래딕처럼) 근엄한 표정으로 법정에 앉아 있거나, (〈코스비 가족 만세The Cosby Show〉의 클레어 헉스터블처럼) 바쁘지 않은 듯 보이면서도 완벽한 슈퍼맘 노릇을 하거나, (〈로 앤 오더Law and Order〉의 애니타 밴뷰런 경위처럼) 냉철하게 살인 사건을 수사하거나, (오프라 윈프리처럼) 중산층 백인 여성이 대부분인 방청객을 살뜰하게 돌본다. 이렇게 헤프지 **않은** 이미지를 거부한다는 생각은 일면 모순되게 느껴진다. 이런 이미지는 흑인 여성을 다른 시각에서 보라는 시민 단체의 지적을 방송 제작자들이 수용한 결과이기도 하다. 흑인 여성은 품위 있고 침착한 존재, 안정적 수입과 번듯한 직장이 있는 존재로 그려진다. 미국의 직장 문화, 정치, 연예 산업이 진일보한 덕에 이런 흑인 여성상이 등장할 수 있었던 것도 사실이다. 그럼에도 이런 흑인 숙녀상은 퇴행적이다.

창녀로 매도당하지 않은 흑인 숙녀는 예외 없이 커밍아웃하지 않은 레즈비언으로 의심받는다. 성공한 흑인 여성일수록 의심은 커진다. 유명 흑인 여성을 둘러싼 추문은 언제나 유년기 교우 관계에 대한 의심에서 불거진다. 오프라 윈프리, 퀸 라티파, 휘트니 휴스턴, 콘돌리자 라이스, 얼리샤 키스 등은 이성애자와 동성애자 모두에게서 레즈비언이라는 의심을 받고 직접 해명해야 했다. 이들의 해명 전략은 "그녀와는 친구 사이"일 뿐이라고 점잖게 '아웃팅'하거나, 동성애 혐오에 가깝게 부인하는 것으로 나뉘었다. 어떤 전략이건 간에 '나 남자에 환장한다' 식의 유치한 반응을 뛰어넘어 흑인 여성의 섹슈얼리티를 긍정적으로 보여 주는 데는 실패한다.

오늘날 흑인 커뮤니티, 여성 커뮤니티, 힙합 커뮤니티, 대중문화는 흑인 여성의 섹슈얼리티를 피해자의 것으로 만들거나 일탈한 것으로 규정한다. 흑인들의 영향력이 점점 커지고 있는 대중매체의 시대에 흑인 창녀란 이미지가 이토록 공고해지리라고는 아무도 예상하지 못했을 것이다. 힙합 음악을 좋아하건 싫어하건 간에 사람들은 힙합 뮤직비디오에 등장하는 여성들을 너무나 당연하게 창녀라고 부른다. 매춘부든 내놓은 여자든 표현이 조금씩 달라도 목적은 똑같다. 자기 몸을 성적으로 드러내는 흑인 여성을 손가락질하는 것이다. 기회균등을 내세우는 성차별주의자라면 아마 이렇게 주장할 것이다. "비디오에 나오는 창녀가 다 흑인은 아니지 않은가? 아시아인 창녀, 백인 창녀, 라틴계 창녀 등 온갖 창녀가 있다!" 인종을 불문하고 모든 여성이 창녀라고 불리는 평등 시대가 도래하다니, 얼마나 신나고 고마운지.

비디오에 나오는 여자들은 옷을 겨우겨우 걸치고 있다. (가죽끈도 너그러이 '옷'으로 쳐준다면 말이다.) 카메라는 (실리콘을 넣은 큰 가슴이 가장 잘 보이도록) 여자 몸을 위에서 아래로 훑고, (정확히 엉덩이를) 클로즈업한다. 마구 출렁이는 엉덩이! 그리고 선정적인 비트를 더한다. 『비디오 여우의 고백Confessions of a Video Vixen』에서 커린 스테판스Karrine Steffans는 자기 같은 흑인 여성들이 불만 없이 고분고분하게 뮤직비디오의 소품 역을 맡는다고 주장한다. 그렇게 뮤직비디오 촬영 현장과 래퍼의 고급 리무진에서 뭐든 고분고분하게 한 대가로 스테판스가 얻은 것은 고작 '슈퍼헤드 Superhead'(구강성교를 쉽게 해 주는 여성을 뜻한다. — 옮긴이)란 별명이다. 지난날 요부였던 여자들은 이제 남성이 어떻게 소비하느냐에 따라 비디오 창녀, 비디오 애인, 비디오 여우가 되고 있다.

여성 래퍼들은 이 판에서 출세하려고 기꺼이 요부 역을 맡는다. 콜린스를 비롯한 학자들은 이 여성들을 사파이어 유형으로 분류한다. 사파이어는 시끄럽고 성질이 더럽다. 흑인 남성과 권위 있는 존재, 특히 자신을 고용한 사람을 막 대한다. 릴 킴, 트리나, 폭시 브라운처럼 선정적인 여성 래퍼들이 요부 사파이어의 전형을 보여 준다. 섹시하고 화끈하지만…… 성교 중에 남자의 성기를 물어뜯을지도 모르는 존재. 이런 걸 두고 여성의 권한이 강해졌다고 봐야 할까?

한쪽에서는 뮤직비디오에 등장하는 흑인 여성들의 선정성을 두고 논란이 벌어지고 다른 한쪽에서는 영화와 드라마 속 흑인 여성들이 하나같이 무성애자로 그려지는 상황에서, 흑인 여성은 도대체 어떻게 반응해야 할까? 요즘 여자아이들은 돈을 잘 번다는 이유로 폴 댄서가 되고 싶어 한다. 성인 여성들은 CW에서 방영한 시트콤 〈더 게임The Game〉 속 멜라니처럼, 남자의 관심을 끌고 마음을 잡아 두려면 '스트리퍼처럼 행동하기'가 유일한 방법이라고 믿는다. 이런 생각이 거실에 긴 봉을 설치하고 어색하게 거기 매달리게 하는 것이다. 흑인 이성애자 여성들은 자기만족이 아닌 **남성의 만족**을 위해 건강하지 않은 영역으로 자꾸만 내몰리고 있다.

흑인 여성의 침묵은 미국 전역에서 흑인에게 적용되는 "묻지도 말하지도 말라don't ask/don't tell" 정책(군인에게 성적 지향을 물을 수 없고 군인도 성적 지향을 밝힐 수 없다는 내용이다. 군대 내 성 소수자를 보호한다는 것이 본 취지였으나 정체성을 숨기도록 종용한다는 점에서 오히려 비판받았다. — 옮긴이)과 같은 맥락에 있다. 다큐멘터리영화 〈침묵: 미국 흑인 여성의 섹슈얼리티를 찾아서Silence: In Search of Black Female Sexuality in America〉를 보면, 미야 베이커Mya B. 감독이 젊은 흑인 여성들에게 섹스를 어떻게 배웠냐고 묻는다. 돌아오는 답변은 대부분 비슷하고 익숙하다. 집이 **아닌** 데서 배웠다는 것. 침묵하는 부모 밑에서도 그녀들은 섹스를 궁금해하고, 경험하고, 즐긴다. 그러나 여동생과 자녀에게는 섹스에 관해 무엇을 말해야 할지 (또는 무엇을 말하지 말아야 할지) 고민한다. 이 다큐멘터리에서 특히 눈에 띄는 부분은 섹슈얼리티에 관해 이야기를 털어놓는 여성들의 이름이 철저히 가려졌다는 점이다. 이름이 자막으로 뜨는 사람들은 의료계나 종교계에 종사하는 전문가들뿐이다. 다양한 성적 경험을 고백하는 여성들은 나이를 불문하고 모두 이름을 숨긴다. 커밍아웃을 꺼리는 것이다.

물론 섹슈얼리티를 둘러싼 침묵은 인종과 민족을 막론하고 부모와 자녀 사이에 흔한 일이다. 섹슈얼리티를 금욕주의적으로 보는 경향이 특정 인종에게만 있는 것도 아니다. 하지만 흑인 사회의 침묵은 인종과 섹슈얼리티, 나아가 폭력이 버무려진 과거의 아픔 때문에 더욱 단단해진다. 다시 말해, 흑인 사회의 침묵에는 미묘한 점이 있어서 엄마와 딸이 터놓고 대화해 보라 권하는 것만으로는 부족하다. 이 침묵을 끝내려면 아이들에게 피임법과 성병 예방법을 가르치는 것 이상의 행동이 필요하다. 흑인 여성의 섹슈얼리티를 이야기하는 것은 우리를 깎아내리는 것들에 대한 저항인 동시에 쾌락에 대한 담론이어야 한다.

'뭘 해도 네 잘못, 안 해도 네 잘못'이라는 식으로 흑인 여성의 섹슈얼리티에 접근하는 것은 우리를 **위기**에 **빠**트린다. 비욘세의 노래처럼 "경보를 울릴" 필요까지는 없겠으나 우리 흑인 여성들이 사적인 성 경험에 관해 공개적으로 진술하게 말하지 않는다면, 흑인 여성의 섹슈얼리티는 계속 다른 누군가가 결정할 것이다. 힙합 뮤직비디오 속 여성들은 비뚤어진 메시지를 전달하고 있을 뿐이다.

흑인 여성들이 부정적으로 표현되는 섹슈얼리티를 순순히 받아들이는 태도도 점검할 필요가 있다. 비디오 창녀와 나는 다르다고 부정하는 것이 과연 침묵보다 낫다고 할 수 있을까? '비디오 창녀'라는 단어를 받아들이는 것 자체가 모욕에 대한 체념이 아닐까? 포스트모더니즘 성 담론을 연구한 미셸 푸코는 사람들이 자신의 생각과 행동을 검열하며 스스로를 감시한다고 했다. 우리는 섹슈얼리티에 관해 침묵함으로써, 흑인 숙녀 역을 맡기 위해 넘어서는 안 될 경계선을 스스로 만든다. 인종차별, 성차별, 계급차별, 동성애 차별은 그 경계선에 서 있는 감시병이다. 침묵한 채 정해진 구역에만 머무는 우리는 구역을 넘어서는 다른 여성들을 비난함으로써 이 감시병이 할 일까지 도맡고 있다. 어떤 여성들, 특히 요즘 젊은 여성들은 성적으로 문란하게 행동하지만 않으면 비난을 면할 수 있다고 생각한다. 그러나 유감스럽게도 현실은 그렇지 않다. 우리는 오프라 윈프리의 업적에 자부심을 느끼지만, 이와 동시에 재닛 잭슨에게 쏟아진 것과 같은 조롱과 모욕(재닛 잭슨은 2004년 슈퍼볼 공연 도중 가슴 노출 사고가 나면서 엄청난 비판에 시달렸고 한동안 방송계에서 퇴출당했다. —옮긴이)에서 자유롭지 못하다. 노예제 철폐 이후 흑인 여성들이 사용한 전략은 분명 제대로 작동하지 않고 있다. 우리는 지금껏 뭘 한 걸까? 왜곡된 흑인 여성의 섹슈얼리티를 정상화하려 하지 않고 입을 다문 것은 실패한 전략이 되었다.

우리는 왜 분노하지 않는가? 성욕이 과하다는 소리를 수백 년 동안 지겹도록 들은 나머지 모욕당하고 있음을 인정할 기력마저 잃었을까? 그러나 우리가 외면한다고 문제가 해결되지는 않는다. 모든 것이 상품의 관점에서 명명되는 시대인 만큼, 우리의 섹슈얼리티도 시장의 필요에 따라 계속 다시 명명될 것이다. 우리는 여성지, 인터넷, 일상 대화, 문학작품을 통해 부당한 대우에 진절머리를 내는 흑인 여성들의 목소리를 듣는다. 하지만 행동하자고 말하는 목소리는 과연 어디에 있나?

1982년 바너드칼리지에서 '성 정치학을 향하여'라는 주제로 학회가 열렸다. 당시 논란을 낳은 이 학회는 섹슈얼리티를 다룰 때 겪는 갈등과 불안을 그대로 노출했다. 학회 내용을 엮어 『쾌락과 위험: 여성의 섹슈얼리티를 탐구하다Pleasure and Danger: Exploring Female Sexuality』를 펴낸 캐럴 밴스Carol Vance가 서문에서 제기한 질문은, 내가 볼 때 여전히 답을 찾지 못했다. "여성도 성적 행위자가 될 수 있는가? 자기 의지에 따라 행동할 수 있는가? 그저 피해자일 뿐인가?" 유색인종 여성에게 이 물음은 한층 더 무겁게 다가온다. 흑인 여성의 섹슈얼리티가 백인 여성에게 경각심을 주는 무서운 존재로 이용되고 있기 때문이다. 흑인 여성도 자신이 주인공인 상황에서 성적 행위자가 될 수 있을까? 인종차별적이고 성차별적인 판타지를 포함한다 쳐도…… 과연 흑인 여성이 자기 의지에 따라 행동할 수 있을까? 흑인 여성은 변혁과 해방의 꿈을 좌절시키는 인종차별적이고 성차별적인 역사의 피해자가 될 수밖에 없는 운명일까?

(주류 페미니즘, 백인 또는 흑인 중심 페미니즘 등) 오늘날 페미니즘은 흑인 여성의 섹슈얼리티를 성관계와 그에 따른 결과하고만 연결 지어 이야기하려고 한다. 성교육은 10대 임신, 원치 않는 임신, 성병, HIV, 성폭력, 근친 성폭력, 성적 착취 등에만 초점을 맞춘다. 그러나 우리에게 시급한 것은 흑인 여성의 섹슈얼리티를 이야기하는 새로운 시각과 방식이다.

백인 여성들은 참정권 투쟁에서 과거 노예제 폐지를 위해 흑인들과 연대한 경험에 의존했다. 1970년대 초반 미국에서 펼쳐진 사회 변혁 운동은 대부분 블랙 파워 운동(1960년대 미국에서 일어난 흑인 민권 운동. ─옮긴이)의 언어를 따랐다. 왜 그랬을까? 그 언어에 담긴 힘이 어마어마했으며 굳이 표현하자면 **남성적**이었기 때문이다. 스스로 부끄러워하지 말고 자긍심을 갖자는 블랙 파워의 목소리는 치카노(멕시코계 미국인. ─옮긴이) · 여성해방운동가 · 아시아인 · 아메리카 인디언 · 게이 진영에 날카로운 무기가 되어, 부패한 체제로 통합하는 게 아니라 각자 원하는 대로 새로운 세상을 만들자는 주장을 가능하게 했다.

LGBT 운동가들은 이 주장을 발전시켜 성 소수자의 자긍심gay pride을 선언했으며 흑인 민권 운동의 언어를 빌려 말하기 시작했다. 이제 동성결혼 합법화 요구는 시민의 권리로 인식된다. 일부 흑인들에게는 LGBT가 흑인 민권 언어를 쓰는 것이 불편하게 느껴질 수 있다. 하지만 나는 이제 흑인, 특히 흑인 여성들이 변화를 받아들여야 한다고 말하고 싶다. 이제는 흑인 이성애자 여성들이 유모 앞치마를 내려놓기 위해 퀴어의 언어를 받아들여야 할 때가 아닐까? 벽장에서 나와coming out of the closet 원하는 대로 섹스를 즐기자고 말한다면, 이세벨도 하던 일을 멈추고 남자가 아닌 **자신의** 쾌락을 생각하게 되지 않을까? 이제는 흑인 여성의 **이성애**가 퀴어할 차례다. 흑인 여성들은 자신들의 섹슈얼리티가 표현되는 방식을 묵인하고 있다. 마치 그것을 심각하지 않은 성적 억압으로 여기는 듯하다. 우리의 엉덩이는 유행 대상이 되고, 침대에서 우리는 백인 여성보다 화끈하고 아시아 여성보다 거친 존재가 된다. 이런 고정관념은 '정글' 포르노와 섹스 상대 구인 광고로 이뤄진 남성들의 판타지에서 나왔다. 퀴어한 흑인 이성애자 여성의 섹슈얼리티라는 말은, 침대에서 별나게 군다는 뜻이 아니다. 자기 욕망과 필요를 스스로 규정하는 성적 주체가 된다는 뜻이다. 물론 누군가의 욕망이 우리의 필요라고 믿게 하는 문화 속에서 이를 실천에 옮기기란 말만큼 쉽지 않겠지만.

흑인 여성의 섹슈얼리티는 질병이 아니다. 1973년까지 동성애는 미국정신의학회의 진단 편람에 질병으로 기재되었고, 이에 반대하는 연구와 정치적 저항이 있고 나서야 편람에서 이름을 지울 수 있었다. 흑인 여성의 섹슈얼리티가 동성애처럼 질병으로 분류된 적은 없지만 미국 대중문화에서 이를 그리는 방식은 분명 병적이고 뒤틀려 있다. 우리가 싫어하는 것을 말하기는 쉬운데 **좋아하는** 것을 들어주는 이는 거의 없다.

퀴어는 정체성이 아니라 우리의 자리이며 태도다. 퀴어는 명사 대신 동사로도 쓸 수 있다. 즉 퀴어란 다뤄야 할 어떤 존재가 아니라 우리의 행동을 의미한다. 그동안 흑인 여성은 백인 여성의 섹슈얼리티를 규정하는 타자의 자리를 지켜 왔다. 그러니 이미 퀴어가 아닌가? 흑인 여성의 섹슈얼리티를 퀴어링한다는 것은 반대되고, 특이하고, 이상하고, 예상치 못한 행동을 한다는 뜻이다. 물론 흑인 여성을 시끄럽고 지나치게 성적인 존재로 바라보는 세상에선 침묵한다는 것도 예상치 못한 행동일 수 있다. 하지만 그 침묵은 **우리**를 억누를 뿐 현실을 바꾸지 못한다.

여기 흑인 여성의 섹슈얼리티를 퀴어링하자는 주장이 흑인 이성애자 여성에게 요구하는 행동이 있다.

1. 섹스를 즐기고 쾌락을 아는 흑인 여성임을 커밍아웃하라.
2. 흑인 여성의 섹슈얼리티에 관한 비현실적 고정관념에 저항하라.
3. 계급, 성적 지향, 신체적 능력을 막론하고 모든 흑인 여

성이 즐거움을 표현할 수 있도록 하라.

4. 사랑을 나누는 것과 떡치는 것의 차이를 인지하라. 뉴스, 뮤직비디오, 관습 등이 무엇을 강요하든 당신 자신의 욕망을 당당히 표현하라.

5. 섹슈얼리티를 즐기는 행위가 무엇인지 제대로 알라. 무엇이 당신을 흥분시키는가? 혹시 그것이 금기시되고 있는가? 당신은 정말 자발적으로 즐기고 있는가?

6. 우리 몸은 우리의 것임을 기억하라. 우리 몸은 종교, 국가, 부모, 연인, 남편의 것이 아니다. BET(미국 흑인을 주 시청자로 삼은 유선방송 채널인 블랙엔터테인먼트텔레비전이다. — 옮긴이)의 것은 더더욱 아니다.

흑인 이성애자 여성의 섹슈얼리티를 퀴어링하는 것은 언어를 초월한다. 흑인 커뮤니티는 서로를 향해 '검둥이nigger'라는 말을 서슴없이 쓴다. 자신들을 억압하던 말을 스스로 쓰는 것이 정말 변혁적인 행동일까? 흑인 분장을 한 백인의 쇼를 그대로 따라 하는 건 아닐까? 몇몇 페미니스트는 '개년bitch'이나 '다이크dyke(레즈비언 중에서 소위 남성적인 사람을 가리키는 속어. — 옮긴이)' 같은 꼬리표를 받아들이는 것이 이 말들에 서린 악의를 흐리는 데 도움이 된다고 주장한다. 흑인 여성 중에서도 "그래, 난 '검은 개년'이다" "그래, 난 '창녀'야" 하고 말하는 사람들이 있다. 그러나 이런 발언으로 다른 사람의 태도를 바꿀 수는 없다. 오히려 적들에게 우리를 공격할 무기를 쥐어 주거나, 우리 엉덩이가 뮤직비디오에 더 많이 나오게 할 뿐이다. 이런 걸 뭐라고 하나? 제 꾀에 제가 넘어간다고 한다. 퀴어함을 주장하려면 그것을 말할 언어가 필요하다. 그러나 고정관념이 더 굳어 버리지 않게 하는 데 필요한 것은 결국 행동이다.

지금 나는 1970년대 일부 페미니스트들이 남성 지배에 맞서기 위해 일으킨 정치적 레즈비어니즘을 주장하는 것이 아니다. 흑인 여성의 섹슈얼리티에 대한 퀴어링은 정치적 태도를 보이는 것이기도 하지만, 이미 말해진 것들에 귀를 기울이는 것이기도 하다. 흑인 이성애자 여성들은 들으려는 마음만 있다면 흑인 레즈비언과 게이가 하는 말에서 무언가를 얻을 수 있다. 오드리 로드Audre Lorde 같은 시인, 키스 보이킨Keith Boykin 같은 작가 겸 운동가, 캐시 코언Cathy Cohen과 드와이트 맥브라이드 Dwight McBride 같은 문화이론가는 성적 지향의 경계를 초월해 우리가 모두 주목해야 하는 유의미한 통찰을 제공한다. 예를 들어, 코언은 교차분석이 부족한 퀴어 정치학의 한계를 비판한다. 퀴어 이론이 소외를 규정하고 구성하고 유지하는 데 효용 가치가 없을 경우에는 인종이나 계급 문제를 너무 쉽게 간과한다는 것이다.

이제 퀴어 이론은 퀴어만을 위한 것이 아니다. 그런데도 우리가 흑인 퀴어 자매형제들의 지혜에 기대는 것은 이들의 존재를 단순히 섹슈얼리티 차원으로 축소할 위험이 있다. 따라서 흑인 이성애자 여성의 섹슈얼리티를 퀴어링하기 위해 교차적 관점을 적용하려는 내게 남은 과제는, 이성애자의 특권을 기억하는 것 그리고 퀴어함을 정치적 태도가 아닌 정체성으로 전용하는 함정에 빠지지 않는 것이다.

또한 나는 섹시하거나 야릇하다고 생각하는 별난 취향을 마음껏 선언하고 요구하고 싶다. 중고 거래 사이트의 "가벼운 만남"을 통해 연락이 닿은 사람과 섹스하기, 그 만남에서 흑인 여성의 섹슈얼리티를 둘러싼 고정관념을 깨트리거나 놀려 먹기. 동성애자·이성애자·양성애자·트랜스젠더·남성·여성 중 아무하고나 섹스에 관해 솔직하게 대화하기. 질 스콧Jill Scott 같은 흑인 여성, 즉 성욕을 거리낌 없이 드러내고 일부일처가 아닌 비전통적 관계 정의의 복잡성도 당당히 밝히는 여성들의 음악과 글을 향유하기. 이 모든 성적 참여, 모험을 통해 나는 존중받을 만한 중산층 숙녀로 길들여져 무성애적인 흑인 숙녀가 되어야 했던 내 삶에 정면으로 맞선다. 그런 삶은 내 운명이 아니다.

흑인 이성애 여성들이 퀴어함을 받아들인다고 해서 흑인 여성의 섹슈얼리티를 바라보는 주류 문화가 바뀔 것이라고 장담할 수는 없다. 흑인 여성이 자신의 섹슈얼리티를 긍정하고 목소리를 낸다고 해서, 1980년대와 1990년대에 정치인들이 흑인을 "복지 여왕"으로 매도한 것과 같은 방식으로 흑인 여성의 섹슈얼리티를 사회악으로 규정해 희생시키려는 정치적 시도가 사라질 것이라고 생각하지도 않는다. 하지만 흑인 여성의 섹슈얼리티를 퀴어링하려는 노력에 더 많은 사람이 참여한다면, 인종적 고정관념에 사로잡힌 성차별에 얽매이지 않고 조금 더 깨친 성적 주체로 우리가 나아갈 수 있다고 믿는다. (과거에는 무성애적 유모 아니면 몸이 달아오른 요부였으나 이제 숙녀 대접을 받으니) 그래도 점점 발전하지 않았느냐고 말할 게 아니라 계속 퀴어함을 주장한다면, 우리의 바람과 모순되지 않는 우리 자신의 모습을 자유로이 탐구할 수 있을 것이다. 집단으로서 흑인 여성과 개인으로서 흑인 여성이 모두 이와 같은 선택을 해야 한다.

어떤 흑인 여성들은 위험을 무릅쓰고 자신의 섹슈얼리티를 표현했다. 1999년에 퍼포먼스 시인 세라 존스Sarah Jones가 발표한 「당신의 혁명(은 이 허벅지 사이에서 일어나지 않을 거야)Your Revolution (Will Not Happen Between These Thighs)」은 미국 연방통신위원회FCC의 검열을 통과하지 못했다. 작품을 통해 자신의 성적 결정권을 이야기할 수 있게 되기까지 존스는 3년 동안 투쟁해야 했다. 이 작품에서 존스는 라디오에서 가장 많이 나온 남성 래퍼 40인의 노랫말을 인용해 질 스콧 헤론Gil Scott Heron의 시 「혁명은 방송되지 않는다The Revolution Will Not Be Televised」를 재해석했다. 존스의 시도를 통해 우리는, 남성의 요구에 고분고분 따르는 섹스광이자 창녀이기를 거부하고 섹스에 능동적으로 '예스'라고 말하는 흑인 여성의 모습에 조금 더 가까워졌다. 그러나 이 작품에 담긴 페미니즘을 인정하지 않은 FCC가 이 작품을 내보낸 지역 라디오방송국과 개인 방송을 처벌한 데서 알 수 있듯이, 주류 사회는 흑인 여성을 성적으로 일탈한 존재 이외의 것으로는 받아들이려고 하지 않는다. 2004년에 팝 스타 재닛 잭슨은 흑인 여성의 섹슈얼리티를 엉뚱한 방향으로 표현하려다 그 유명한 "의상 불량" 사고를 내고 함께 무대에 있던 저스틴 팀버레이크로부터 차갑게 외면받았다. 하지만 기꺼이 검열에 맞선 존스의 시도는 흑인 여성이 자기 의지에 따라 섹슈얼리티를 드러낼 수 있음을 보여 주었다.

2001년 2월, 흑인 사진작가 르네 콕스Renee Cox도 흑인 여성의 섹슈얼리티를 향한 검열에 정면으로 맞섰다. 이번에는 도시 차원의 검열이었다. 콕스가 자화상이자 오마주 작품인 〈네 엄마의 최후의 만찬Yo Mama's Last Supper〉을 전시하자 당시 뉴욕 시장이던 루돌프 줄리아니가 브루클린미술관을 폐쇄하고 이 사태에 관한 '품위심의위원회'를 결성하려고 했다. 이 작품은, 정중앙에 알몸으로 서 있는 콕스가 제자들 앞에 당당히 선 예수를 상징했다. 제자들은 모두 남성이었으며 백인이 맡은 유다 역을 빼면 다 유색인종이었다. 줄리아니와 뉴욕 가톨릭 지도자들은 콕스의 누드 사진이 "반가톨릭적"이며 "역겹다"고 비난했다. 그러나 콕스는 물러서지 않았다. 오히려 흑인 여성의 몸도 아름다울 수 있고 가톨릭 세력이 자신을 비난하는 것은 인종차별이자 성차별이라며 자신의 예술관을 옹호했다.

이 여성들의 성적 표현은 미국 대중문화에서 위험한 것으로 받아들여진다. 익숙하지 않기 때문이다. 별것 아닌 것 같아도, 지난 수 세기 동안 이어진 역사적 침묵을 깨트리려 한 이들의 시도는 흑인 여성과 성에 대한 관점에 변화를 일으켜 우리의 문화·사회·공공 정책을 바꿀 것이다. 나는 흑인 이성애자 여성의 섹슈얼리티를 퀴어링하자고 말하는 사람으로서, 우리가 존스와 콕스 같은 여성의 길을 따른다면 흑인 여성의 섹슈얼리티를 바라보는 방식을 급진적으로 바꿀 수 있다고 확신한다. 무엇보다 흑인 소녀와 여성들이 섹슈얼리티를 **소유**하고 **경험**하는 방식을 바꿀 수 있다고 믿는다. 그들은 착취의 과거에서 벗어나 자기 의지에 따라 섹슈얼리티를 소유하고 경험하게 될 것이다. 역사가들은 흑인에게 노예제라는 '긴 그림자'가 드리워 있다는 점을 자주 말한다. 물론 그 잔혹했던 행위가 흑인 가족 구조와 경제적 불평등, 무엇보다 흑인 섹슈얼리티에 계속 영향을 미치고 있음을 기억하는 것은 중요하다. 그러나 우리가 자초했으며 지금도 일부에서 무비판적으로 받아들이는 성적 착취를 되살리지 않는 방향으로 흑인 섹슈얼리티의 담론을 바꿔 나가는 것도 똑같이 중요하다.

흑인 여성들이 진정으로 해방된 섹슈얼리티를 누릴 날이 올까? 물론이다. 우리를 부정적으로 규정하는 이미지에 '노'라고 말하면 된다. 하지만 그것만으로는 실질적 효과를 기대할 수 없다. 우리는 흑인 여성의 섹슈얼리티를 퀴어하게 만들어야 한다. 그래야만, 우리가 우리 의지에 따라 '예스'와 '노'를 말할 수 있고, 사회도 그 말에 귀를 기울일 것이다.

∙:▪::∙ **여기 그리고 퀴어**

18장 수치심이 우리를 가장 먼저 배신하지 않도록

19장 왜 착한 남자만 손해를 볼까

∙:▪::∙ **시시한 것에 대한 수많은 금기**

8장   강간반대운동가가 페미니스트 섹스 토이숍에 보내는
      연애편지

23장 당신이 창녀라 부르는 사람들은 누구인가: 섹슈얼리티,
      권한 강화, 성 산업에 관한 성노동자들의 대화

∙:▪::∙ **인종**

10장 공간을 침범하는 여성

11장 성적 자율성만으로 부족할 때: 미국 이민 여성에 대한
      성폭력

7장 마침내 그 순간이 온다면:

(퀴어 성폭력 피해자의 진짜 생존기)

레아 락슈미 피엡즈나 사마라시나

〈오프라 윈프리 쇼〉에서 듣던 이야기

근친 성폭력 생존자의 삶은 흔히 이렇게 묘사된다. 평생을 도망치다 마침내 현실을 마주하게 된다. 그리고 치료를 받기로 마음먹는다. 치료 모임에 나가 곰 인형을 껴안은 채 펑펑 운다. 삶은 한동안 정신없이 흘러간다. 과거 기억이 떠올라 분노에 사로잡히고 눈물을 흘리고 속을 게운다. 엉망이 됐다. 누가 봐도 망가진 사람.

여기서 이야기를 신파로 끌고 가고 싶으면 곰 인형과 치료 이야기를 더 자세히 풀어내자. 퀴어 페미니스트 결말을 원한다면 레즈비언 문화를 가미하고 부모에게 편지를 보낸 뒤 그들과 연을 끊게 되었다는 이야기를 덧붙이자. 어떤 경우건 체제 안으로 돌아가게 될 텐데, 아마 다른 피해자들을 보살피느라 하루하루가 고달픈 사회복지사가 될 것이다. (신파 버전이라면 꽤 괜찮은 병원에 몸담을 것이고 퀴어 페미니스트 버전이라면 자금난에 시달리는 페미니스트 단체에 들어갈 것이다.)

서 멀리 바셀린을 바른 듯 뿌옇게, 새로워진 당신의 모습이 보인다. 끔찍한 기억은 서서히 옅어진다. 삶은 건강하고 행복하고 단순하게 흘러간다. 다시 태어나기라도 했나? 그게 아니면 나쁜 기억들이 저절로 사라졌나? 정상적으로 섹스할 수 있을까? 멀쩡히 살 수 있을까? 남아 있는 끔찍한 기억에는 어떻게 반응할까? 그것이 당신만의 이야기가 아니라는 사실을 알았을 때는 기분이 어떨까? 이런 질문에 답해 주는 사람은 없다. 근친 성폭력 생존자의 바이블로 불리는 『아주 특별한 용기』도 '앞으로 나아가기'라는 장의 분량이 가장 적다. "언젠가 모든 것이 안정을 찾을 것이다. 근친 성폭력에 관한 생각이 더는 당신의 삶을 지배하지 않는 날이 올 것이다. 즐거움을 느끼고 평범히 일상을 보낼 수 있는 여유가 생길 것이다……."

나의 진짜, 근친 성폭력 이야기

나는 당신이 동네에서 또는 버스에서 한 번쯤 만나 봤을 여자와 별반 다르지 않다. 나는 어린 시절, 아주 어린 시절의 기억에 늘 사로잡혀 지냈다. 네 살, '배냇느낌'이라고 부른 그것을 경험했다. 갑자기 아기가 되어 버린 것 같은 느낌. 작고 여린 그곳을 무언가가 이상하게 헤집고 자극한다는 느낌. 나는 우울한 아이, 변덕스럽고 불안해하고 겁에 질린 아이로 자랐다. 여덟 살, '해리되다'란 단어를 알기도 전에 내 몸을 떠나는 느낌이 뭔지 알았다. 눈앞이 흐려지다 다른 곳으로 떠나는 건 정말 쉬웠다. 이걸 나만 알고 다른 아이들은 모른다는 게 신기할 따름이었다. 삽입 섹스를 할 때는 피를 흘렸다. 어릴 때부터 20대 후반까지 질경련을 달고 살았다.

보통 사람이 보기에 내 부모님은 지극히 평범한 분들이다. 그렇게 평범할 수 없다. 어떤 가해자는 영화에 나오는 것처럼 정말 괴물 같다던데, 아이들 몸에 손을 대는 사람들은 대부분 멀쩡하게 행동한다. 내 엄마는 성격 좋아 보이는 백인 아주머니다. 중학교에서 오랫동안 영어를 가르쳤으며 정원 가꾸기, 도서관 가기, 코드곶으로 놀러 가기를 좋아한다. 한편으로는 딸들, 아니 어쩌면 유달리 엄마를 싫어한 할머니와 알코올의존자 할아버지 손에 자란 학대 생존자이기도 하다. 그리고 험한 일이 자주 벌어지던 질 나쁜 폴란드계 가톨릭 학교에 다녔다. 그곳에서는 싸움이 자주 일어났다고 했다. 다른 일도 있었다는데 그게 뭔지는 엄마가 끝내 말해 주지 않았다. 늦은 밤 계단에 앉아 두런거리다 이 얘기가 나오면 엄마는 말끝을 흐리며 의미심장한 표정으로 날 쳐다보곤 했다. 엄마는 가족과 고향, 그곳의 삶으로부터 멀어졌지만 거기서 어떤 일을 겪었는지 털어놓을 만큼 멀리 도망친 것은 아니었다. 아빠와 불행한 결혼 생활을 하는 동안 엄마는 내게 애정을 쏟았고 도서관에 날 자주 데리고 다녔다. 엄마의 우울 증세는 심각했다. 내가 친구들과 동네를 돌아다니거나 쇼핑몰에 가기만 해도 병적으로 내게 집착했고, 내가 집을 떠난 후에도 하루에 한 번 이상 전화를 걸어왔다. 엄마는 내가 딸보다는 친구 같다고 했다. 그러면서 가볍게 내 엉덩이를, 허리를 불쾌한 방식으로 주물렀다. 집에서 나는 내 방문을 닫고 지낼 수 없었다. 이 부분에는 타협의 여지가 없었다. 다시 말해, 내게는 '평범한 세계'와 '은밀한 세계'가 있었고 아무에게도 이 사실을 털어놓지 못했다.

청소년기에 날 버티게 한 것은 1990년대 펑크 아나키스트 페미니즘 운동인 '라이엇 걸Riot Grrl'이다. 1990년대 초반 페미니즘을 이끈 힘은 언더그라운드에서부터 끓어오른, 성폭력에 반대하는 여성들의 분노였다. 이 무렵 『핫헤드 파이잔Hothead Paisan』 (1991년에 처음 출간된 다이앤 디마사Diane DiMassa의 작품으로, 살인 테러리스트인 레즈비언 주인공이 남성들을 향해 통렬한 복수극을 펼치는 것이 주 내용이다. — 옮긴이) 만화가 나왔고, 로레나 보빗Lorena Bobbitt 사건 (1993년 버지니아주에서 남편의 폭행과 강간에 시달리던 로레나 보빗이 잠든 남편의 성기를 칼로 잘라 길에 버렸다. 세계적 관심과 논란 끝에 그녀는 일시적 정신이상을 이유로 무죄 평결과 함께 최고 45일의 정신감정을 위한 보호관찰 처분을 받았다. — 옮긴이)이 일어났고, WAC와 WHAM 같은 여성 단체들이 활동하기 시작했고, 사파이어Sapphire와 도로시 앨리슨Dorothy Allison 같은 작가들의 책이 대형 서점에 전시되었다. 속삭임에 불과하던 분노가 드디어 제 모습을 드러내고 있었다.

잡지 《스핀Spin》에서 라이엇 걸에 대한 기사를 처음 읽었을 때, 나는 쓸데없는 내용은 건너뛰고 곧장 브라운대학 "강간의 벽"에 관한 부분을 읽기 시작했다. "강간의 벽"은 1990년 브라운대학 여학생들이 화장실 벽 한쪽에 자신을 강간한 남학생과 조심해야 할 남학생 들의 이름을 적어 놓으면서 생겼다.

어릴 적 나는 모든 게 멀쩡한 세상이 어딘가에 있다고 믿었다. 우리가 아는 세상은 그렇지 않았다. 그곳에서는 정신이 팔린 것 같은 여자애들이 멍한 표정으로 학교 복도를 돌아다녔다. 딱 달라붙는 옷에 짙게 화장하고 다니던 애, 펑퍼짐한 후드티와 바지를 입고 다니던 애도 있었다. 그 애들을 강간한 남자애들은 운동장 구석에 모여 온갖 비밀을 쑥덕댔다. 그 여자애들은 도망칠 수도 없이 그냥 그렇게 살다 어른이 되어 빨리 그곳을 빠져나가기만 기다렸다. 부모에게 말했다가는 꾸지람을 들었을 것이다. 다른 사람에게 말하면 무시당하거나, 혼나거나, 위탁 시설에 맡겨졌을 것이다. 시설에 간다 한들 형편은 달라지지 않을 것이다. 아니, 오히려 더 나쁠 것이다.

라이엇 걸은 우리가 모두 알고 있던 문제에 대한 답이었다. 라이엇 걸 운동이 시작되고 《베이비돌Babydoll》《판타스틱 팬진Fantastic Fanzine》《업슬럿UpSlut》《컨스트럭션 페이퍼Construction Paper》《스마일 포 미Smile for Me》 같은 페미니즘 잡지들이 쏟아져 나왔다. 이 잡지들보다 조금 앞서 샌프란시스코에서 개간된 《몸의 기억: 유년기 성적 학대에 관한 급진적 시각Body Memories: Radical Perspectives on Childhood Sexual Abuse》은 생존자들의 이야기를 담아냈다. 해리 현상을 겪거나, 자해하거나, 어른이 되기만을 기다리거나, 엘리 네슬러Ellie Nessler처럼 자기 아들을 강간한 남자를 총으로 쏘거나 하는 이야기들 말이다. 복사해서 보거나 펜팔끼리 돌려본 이 잡지들은 근친 성폭력을 이겨 내고 어른이 된 사람들의 이야기가 아니라, 바로 지금 그것과 맞서고 있는 생존자들의 이야기를 들려주었다. 나 같은 여자애들이 정신분열과 해리 증상에 시달리고, 섹스에 어려움을 겪고, 아빠가 엄마를 때리는 집에 있어야 하는 끔찍한 감정을 글로 고백했다. 정기적으로 상담받는 '클라이언트'도 아니고 1980년대 레즈비언 커피하우스의 공개 모임에 참석하다 2세대 페미니스트로 성장한 여성도 아니었지만, 이들의 이야기는 진짜였고 날것 그대로였으며 혼란을 숨기지 않은 데다 무엇보다 지금 일어나고 있었다. 우리보다 우리의 삶을 잘 아는 사람은 없었기에 우리는 글을 쓰면서 서로를 구원했다.

라이엇 걸과 펑크록 세계에서도 나는 주류와 거리가 멀었다. 부모 집을 떠난 뒤에도 사람들과 어울리지 못했고 언제나 풀이 죽어 있었으며 괴짜들만 모인 곳에서조차 주목받는 걸 두려워했다. 그 대신 혼자 거리를 거닐었다. 방에 틀어박혀 책을 읽었다. 담배를 피우면서 생각에 잠겼고 우울증을 떨쳐 내려고 애썼다. 평범한 백인 여자애들과 있는 것이 왠지 모르게 불편했다. 내가 다니던 이상한 대학에 전액 장학금을 받고 유학 온 갈색 피부의 여자애들과 어울리면서 1990년대 중반 뉴욕시의 예산 삭감에 맞서 학생 시위를 조직하는 편이 차라리 편했다. 그래도 라이엇 걸 잡지와 책 들은 늘 끼고 살았다. 뉴욕 로어이스트사이드의 월 300달러짜리 허름한 방에 살면서 싱글 매트리스에 누워 책 귀퉁이를 접어 가며 탐독했다. 근친 성폭력 생존자의 목소리를 대변하는 것 같은 록 음악에도 심취했다. 분노를 토해 내며 "절대 안 말해" 하고 어린애처럼 쌜쭉거리는 베이브스인토이랜드의 노래, "아빠가 밤에 그녀 방으로 들어왔네 그의 마음에는 말로 다 할 수 없는 게 있었네에에에~" 하고 경멸하는 비키니킬의 노래에 깊이 빠져들었다.

이 모든 잡지와 7인치 음반 들이 내게 건네는 말은 이것이었다. 그 은밀한 재앙이 얼마나 흔하게 벌어지는지 소리 내어 말한다면, 강간당한 여자애들을 우리 모두 알지 않느냐고 묻는다면, '내가 아는 모두가 빌어먹을 생존자' 아니냐고 폭로한다면, 세상이 어떻게 될까? 모든 분노와 기억과 경험 들을 모조리 소리 내어 말한다면, 세상이 터져 버리지 않을까? 여성 네 명 중 한 명, 남성 여섯 명 중 한 명이 어릴 때 성적 학대를 당했을 수 있으며 이 사회가 사실은 근친 성폭력 위에 세워졌음을 알게 된다면, 세상은 뭐라 말할까?

어쩌면 혁명이 일어나 물리적 폭력이나 근친 폭력이 없는 세상이 도래할지도. 그러면 나는 진정한 자유를 느끼며 비로소 치유될 것이다. 또는 『다섯 번째 성물The Fifth Sacred Thing』(페미니즘에 기초해 교육, 문학, 사회운동 등 여러 방면에서 활동한 스타호크Starhawk가 1993년에 발표한 소설. ─옮긴이)의 세계처럼, 모든 게 무너져 내려 살아 있는 것만으로 다행이라고 생각해야 할지도. 그게 아니라 세상이 아주 조금만 바뀌어서, 사실 모든 게 그대로라면? 젊은 사람들이 일으킨 움직임은 세월이 흐른 뒤 어떤 모습이 될까?

뒤풀이

10년이 흘러 서른두 살이 된 나는 1인 공연을 하며 돈을 번다. 근친 성폭력에서 회복되기까지의 기나긴 과정을 세라로런 스칼리지에서, 보석처럼 반짝이지만 잔뜩 겁에 질린 열여덟 살 유색인종 여자애들에게 별로 무겁지 않게 풀어낸다. 나는 예민하고 지쳐 있으며 여자 친구를 그리워한다. 술을 팔지 않는 카페에서 그 애들이 던지는 질문은 날카롭다. "어떻게 회복하셨

어요? 자세히 말해 주세요." 마침내 어른이 된다는 것의 이면은 이렇다. 아이들 앞에서 서른두 살의 나는 모르는 척 연기할 수 없다. 아는 것을 나눌 책임이 있다. 그러나 그것을 간단히 전하기란 여전히 어렵다.

나는 이렇게 회복하기 시작했다.

스물한 살, 대학을 졸업하고 장거리 버스에 몸을 실어 토론토로 향한다. 그렇게 국경을 넘어 가족에게서 벗어난다. 토론토에서 나는 전직 펑크록 가수이자 재소자 인권 운동가인 퀴어 라티노와 맹렬히 사랑에 빠진다. 그 사람은 열네 살 때 폭력을 휘두르는 아빠에게서 도망친 뒤 밴쿠버를 거쳐 토론토에 정착했다. 뉴욕과 달리 토론토에서는 외롭지 않게 살았다. 재소자 인권 단체에서 낮에는 알코올로 소인을 지우는 우표 재사용 작업으로 새 우편물 발송을 준비하고, 저녁에는 사무실에서 열리는 포틀럭 파티(사람들이 저마다 음식을 가져와 나눠 먹으며 어울리는 자리. ─옮긴이)에 참석한다. 친구들하고 오토바이와 싸구려 음식 가판대가 널린 좁고 구불구불한 거리를 돌아다니다가 입장료 3달러를 내고 DJ가 있는 클럽에 들어간다. 유색인종 퀴어를 위한 서점에 몇 시간이든 실컷 머무르면서 비싼 값 때문에 못 사는 책들을 바로 읽는다.

이제 내 삶은 사랑과 안전과 추억으로 충만하다. 근친 성폭력 생존자들의 익명 모임에 나가기도 했는데, 늙고 망가진 사람들을 본 뒤로 다시는 가지 않는다. 그 대신 처음으로 사귄 진짜 친구들과 어울린다. 함께 앉아 수다를 떨고, 차를 마시고, 흑설탕과 계피를 넣은 옥수수죽을 나눠 먹는다. 아무런 비밀도 없이, 학대당한 과거까지 모조리 털어놓는다. 생존 방법을 공유한다. 친구의 말을 따라 해리를 극복하는 방법으로 삼나무 향을 맡아 보니 정말로 효과가 있다! 다른 친구가 알려 준, 독특한 히피 스타일 상담소에 간다. 그곳에서는 10달러만 내면 작은 방을 빌려 테니스 라켓으로 베개를 치며 원하는 만큼 소리 지를 수 있다. 다른 친구들은 몇 안 되는 생존자 자기 계발서를 읽고 얻은 지식을 나눈다. 호흡법을 훈련하고, 해리가 느껴지면 주변에 보이는 것 다섯 가지를 소리 내어 말하기도 배운다. 적은 돈을 받고도 괜찮은 상담을 해 준다는 치료사의 연락처도 얻는다.

섬유근육통과 만성피로가 심해져서 수전 위드Susan Weed의 약초학책을 읽기 시작한다. 살짝 정신 나간 백인 아주머니 같지만, 그녀 말대로 쐐기풀 차를 달여 마시면서 우리 몸은 자생력이 있다는 말을 위안으로 삼는다. 자고 싶은 만큼 푹 잔다. 보통 아주 오랫동안 자야 한다. 나랑 잘 맞고 현금 대신 물건을 받기도 하는 치료사와 상담을 시작한다. 소란스러워질 때도 있지만, 그 상담실에서 1년에 걸쳐 내면의 모든 찌꺼기를 말로 뱉어 내고 또 뱉어 낸다. 이제 나는 내면의 목소리가 시키는 대로만 행동한다. 정원을 가꾸든, 클럽에서 춤을 추든, 섹스를 많이하든 상관없다. 생존자인 연인과 함께하는 삶은 조금 정신이 없다. 내가 겁에 질릴 때면 그는 몇 시간이라도 날 안아 준다. 때로는 나 때문에 그까지 겁에 질리고 만다. 그러면 모든 게 엉망진창이 된다.

부모님에게 편지를 쓴다. 요즘 내가 이렇게 살고 있으며 다시는 당신들을 보지 않겠다고, 어쨌거나 정신 차리길 바란다고. 그들은 나더러 제정신이 아니니 도움을 받아야 한다고 말하지만 나는 돌아가지 않는다. 유색인종에게 요가를 가르치는 혼혈 퀴어 인도 여성에게서 요가를 배운다. 요가가 우리를 치유하고 해방하는 힘이 있다고 그녀는 믿는다. 나는 몸을 쭉 뻗어 아무 감각이 없는 곳으로 호흡을 내려보낸다. 엉덩이가 자꾸만 움츠러들지만 계속 시도한다. 바닥에서 아주 조금 떼려고 만 해도 다리가 부들부들 떨리지만 계속 그곳으로 호흡을 내려 보낸다. 삽입 섹스는 하지 않는다. 계속 피를 흘리기 때문이다. 내 몸속엔 아직 너무 많은 기억이 남아 있다.

그 뒤 인사이트INCITE!란 단체를 통해 유색인종 여성들이 겪는 다양한 폭력과 식민주의와 근친 성폭력과 정신건강의 상관관계, 그리고 이 모든 것이 어떻게 우리 몸속에 흔적으로 남는지 이야기하는 글과 활동에 눈뜬다. 크리스토스Chrystos와 사파이어의 책을 읽는다. 내 경험과 비슷한 이야기를 접하면서, 인종차별과 폭력과 학대가 모두 엉켜 있음을 깨치면서, 유년기 성적 학대를 부정하는 것이 체제 억압을 부정하는 것과 같음을 알게 되면서, 조금씩 내 몸으로 돌아온다.

잡년으로 생존하는 법

오랫동안 아무하고도 섹스하지 않는다. 한동안은 몸을 제대로 돌보지도 않는다. 난생처음이자 마지막으로, 내 몸의 여성성을 펑퍼짐한 티셔츠 속에 숨긴 채 남자처럼 지낸다. 토론토의 예쁜 거리에서도 머리에 모자를 뒤집어쓰고 두 손을 주머니에 찔러 넣은 채 다닌다. 내 여성성을 받아들일 힘, 한때 내게 있었으며 훗날 속살을 훤히 드러낸 차림으로 거리를 활보할 때도 끄떡없을 그 힘을 이때는 잃었다. 아파트 문을 닫고 혼자만의 시간에 빠져들던 것처럼 섹스로 향하는 문을 꽁꽁 걸어 잠근다. 그렇게 은밀하고 신속하게 내 몸을 재생한다.

다시 욕망이 생겨난다. 놀랄 일이 아니다. 난 언제나 섹스를 바라는, 거대한 몸뚱이를 가진 잡년이었으니까. 여섯 살 때부터 자위를 했고 언제나 나 자신을 성적인 존재로 생각했으니까. 생존자의 세계와 보통의 세계가 내 안에 나란히 존재하듯, 근친 성폭력과 섹스를 향한 열망도 나란히 내 몸에 흘렀다. 내가 유달리 성적인 것이 성폭력 피해 경험 때문인지 타고난 기질 때문인지는 알 수 없으며 알 방법도 없다고 생각한다. 무엇을 믿기로 선택하느냐가 문제일 것이다. 어느새 나는 매일 자위를 하기 시작한다. 바이브레이터를 사려고 돈을 모은다. 도서관에서 『베스트 레즈비언 에로티카*Best Lesbian Eroticas*』를 빌린다. 마음에 드는 상대에게 수작을 건다. 건강을 되찾고 경제적으로 조금 여유가 생기면서부터 립스틱을 조금씩 사 모은다. 어설픈 수작으로 데이트를 하다 마침내, 욕망이 불타오르기도 전인 1997년부터 관심 있던 귀여운 유색인종 퀴어 남자애와 섹스한다. 그 애는 퀴어 애들과 성폭력 피해 여자애들을 많이 겪어봐서 나를 어떻게 대해야 하는지 안다. 그와 하는 섹스는 정말 흥분된다. 보조 바퀴가 달린 자전거를 타는 것처럼 절대 실패하지 않는다. 나중에 나는 여자 친구와 기찻길에 누워서 섹스한다. 그녀가 대형 퀴어 클럽의 버트 플러그 물기 대회 2연승을 거둔 날, 변태 퀴어 수백 명이 만나는 클럽의 화장실에서 우리도 함께 섹스를 한다.

나는 헤프고 난잡하고 특이한 걸 즐기지만 매번 주저한다. 요가 자세를 바로잡으려고 엉덩이를 왼쪽으로 살짝 움직이는 게 말도 안 되게 어렵다고 느끼듯, 여자 친구에게 내 이름을 불러 달라거나 손가락을 정확히 어디에 넣어 달라거나 섹스 생각이 없는 날 그걸 인정하기가 끔찍이도 어렵게 느껴진다. 혼자서는 절정에 이를 수 있지만 누군가와 함께일 때는 뭔가 어긋난 느낌, 고장 난 느낌을 받는다. 이런 말은 절대 입 밖으로 꺼내지 않는다. 그냥 좋아졌다고 말하기가 훨씬 쉽다. 날 흥분시키는 것을 얻어 내기보다 상대를 흥분시키는 편이 훨씬 쉽다.

어쨌든 나는 계속 나아간다. 햇수가 쌓일수록 요가의 아기 자세가 몸에 익숙해진다. 다리를 벌린 채 이마가 바닥에 닿을 때까지 상체를 깊게 숙여도 편안하고, 몸 구석구석에 침착하게 호흡을 내려보낼 수 있다. 트라우마 트리거(트라우마 때문에 생기는 여러 가지 신체적·심리적 증상을 가리킨다. 원래 방아쇠를 뜻하는 트리거는 방아쇠를 당기면 총알이 발사되는 것처럼 자동적으로 트라우마의 고통을 다시 불러일으킨다. ─옮긴이)를 만나도 이제는 덜 무섭다. 연인과 벌거벗고 있어도 질경련 때문에 그곳이 단단히 수축하는 일은 없다. 그곳은 상처 입고 무감각한 곳이 아니라, 연인이 날 기분 좋게 해 주는 곳이자 옛 상처가 아문 곳이다. 내가 늘 바라던 대로 섹스하며 씩씩하고 용감한 여성으로 성장할 때마다 나는 뻔하지 않은 방식, 몸속에서 보라색과 빨간색 세포들이 새로 만들어지고 부러졌던 뼈가 다시 붙는 것을 두 눈으로 보는 것과 같은 방식으로 회복한다.

『성폭력 생존자를 위한 섹스 가이드』The Survivor's Guide to Sex』를 여러 차례 읽으면서 『아주 특별한 용기』가 '앞으로 나아가기'라는 짧은 장에서 다루지 않은, 진짜 문제를 해결하고 나아가는 것의 의미를 깨닫는다. 원하는 상대와 섹스하며 쾌락을 느끼는 게 다가 아니다. 전자를 쓴 스테이시 헤인스Staci Haines가 이야기하듯, 자기 몸을 알고 그 안에 새겨진 역사를 기억해야 한다. 우리는 우리 몸 되찾기를 선택할 수 있다. 그렇게 쭉 자기 몸에서 사는 것, 그것이 진정한 목표여야 한다.

커다란 고요 그리고 비영리 산업의 세계

『아주 특별한 용기』가 말한 것처럼 모든 게 안정을 찾는 때가 정말 오기도 했다. 그럭저럭 괜찮은 돈벌이, 9·11 테러 사건, 안정적인 일자리, 처음으로 오래 사귄 여자 친구까지, 모든 게 한꺼번에 찾아왔다. 나는 여자 친구와 침대에서 더 많은 시간을 보내고 싶었고, 그다음에는 이케아에 가서 이불·수건·가구를 사고 싶어졌다. 그녀는 한때 자신이 보살핌을 받던 청소년 쉼터에서 일했다. 나는 페미니즘 단체에서 위기관리 상담원으로 일했다. 실질적으로 처음 얻은 번듯한 일자리다. 우리는 함께 아침을 먹고 친구들과 놀다가 밤늦게 잠들었다. 매일 일에만 매여 살지도 않았다. 때로는 같이 휴가를 떠났다. 크리스마스에는 내 지긋지긋한 부모 대신 여자 친구의 멋진 아나키스트 엄마 그리고 그녀의 남자 친구와 시간을 보냈다. 이불, 수건, 텔레비전만 있으면 충분하다고 느끼던 시절이다.

처음 얻은 번듯한 일자리는 이 시절 내 삶에서 큰 비중을 차지했다. 원래 맡은 일은 전화를 걸어 온 여성, 남성, 트랜스젠더에게 그들의 소득수준에 맞춰 페미니스트 심리치료사를 배정하는 것이었다. 하지만 그들의 소득수준으로는, 내가 심리치료사 명단을 아무리 뒤져 봐도 음성 메일 서비스보다 나은 상담을 받게 하기가 어려웠다. 그래서 나는 상담료를 감당할 수 없지만 대화 상대가 절실히 필요한 학대 생존자, 폭력을 쓰는 연인과 사는 집에서 아이들과 나오고 싶어 하는 여성, 비건 카페에서 설거지를 하며 엄마와의 갈등을 털어놓고 싶어 하는 트랜스젠더 청소년 들의 말동무가 되어 주었다.

나는 이 일을 꽤 잘 해냈다. 원래 좀 신통한 구석이 있기도 하고 생존자로서 체득한 지식이 있기 때문이었다. 생존자를 대할 때 절대 비밀을 파헤치려고 해서는 안 된다는 것, "무슨 일이 있었는데?" 하고 먼저 묻기보다는 상대가 말을 꺼낼 때까지 기다려야 한다는 것, 열세 살의 나처럼 수화기 너머 누군가 "음, 그러니까 가족…… 그런 얘기를 좀……" 하고 망설여도 호들갑 떨지 말아야 한다는 것, "어릴 때 있었던 학대 피해에 관해 말하고 싶은 게 있어요? 말하지 않아도 괜찮아요. 하지만 제가 이렇게 물어보는 건, 그런 일이 아주 흔하게 일어나고 그 문제를 털어놓기까지 어려워하는 분들이 많기 때문이에요"라고 말해야 한다는 것을 알았다. 많은 이들이 속으로 비명을 내지르며 이런 질문을 기다린다. **물어봐, 제발 계속 물어봐 줘. 염병할, 지금 어떤 상황인지 정말 모르겠어?**

나는 이들에게 횟수가 정해진 무료 상담 프로그램 다섯 가지를 추천하고, 최저 상담료인 25달러를 감당할 수 있다면 괜찮은 치료사 중에서 상담해 줄 사람을 알아봐 주었다. 과거 내가 그들의 처지일 때 운영된 집단 상담 프로그램 세 가지를 알려 주기도 했다. 300만 명이 사는 도시에 집단 상담 프로그램이 고작 세 개라니 말도 안 되지만 열 시간, 스무 시간 무료로 운영되니 그나마 나은 편이라고 할 수 있었다.

나는 사람들에게 치료사와 상담 프로그램과 책 들을 권했다. 모두 훌륭한 것들이었다. 하지만 이 동네에서 가장 멋지고 페미니즘에 부합하는 상담의 최전선에 있으면서도 뭔가 부족하다는 느낌을 지울 수 없었다. 6주짜리 상담 모임과 주간 상담 치료를 권하는 것뿐만 아니라 약초를, 비명 지르기를, 정의를, 음악과 잡지를, 분노로 거리에 뛰쳐나온 동지를, 20년 전 강간에 맞선 페미니스트들의 생생한 매력을 알려 주고 싶었다. 크리스토스는 2002년에 폐간된 보스턴 지역 페미니스트지 《소저너Sojourner》의 마지막 호에 실은 글, 「진실은Truth Is」에서 이렇게 말했다. "나는 며칠씩 분노하고 울부짖고 외치는 여성들을 원한다. (…) 그들과 함께 나는 비로소 '치유'되리라. 그럼에도 근친 성폭력의 기억은 봉합될 수 없는 상처로 남겠지만."

　　한때 강간 위기 센터와 근친 성폭력 피해 지원 센터는 개인 돈으로 운영되었으며 모두가 피해자이자 생존자라는 생각에서 상담사와 내담자를 우리와 그들로 나누지 않았다. 그러나 비영리사업의 규모가 커지면서 하나둘 탈정치적인 기관으로 변모했다. 인사이트를 비롯한 유색인종 페미니스트들이 지적한 것처럼, 이 기관들이 자금을 계속 후원받으려면 정치색을 말끔히 지운 채 피해자의 회복에만 집중해야 했다. 과거 라이엇 걸 운동은, 여러 문제를 안고나마(걸 파워 슬로건을 대중화한 스파이스 걸스 때문에 라이엇 걸 운동이 변질되었다고는 말하지 않겠다. 그들이 데뷔하기 전부터 이미 인종차별과 계급차별을 둘러싼 내분이 심각했다.) 비용 부담 없이 누구나 참여할 수 있었다. 우표와 잉크만 있으면 잡지를 돌려보고, 편지를 보내고, 자기 이야기를 쓸 수 있었다. 트라우마를 이겨 내는 방법도 민감한 부분까지 숨김없이 다 공유했다. 물론 비영리단체의 프로그램으로 누군가의 목숨을 살릴 수 있다. 하지만 때로 나는 그것이 생존자들의 분노를 억누르는 통제 수단이라는 느낌을 받는다. 상담하면서 누군가를 기관과 연결해 줄 때마다 나는 보람을 느끼고 상대는 나한테 고마워한다. 그러나 한편으로는 이런 생각이 든다. **이 여성들을 단체에 맡기고 끝나는 게 아니라, 우리를 흡수하려고 하는 이 체제를 다 함께 뒤흔들면 어떨까?**

마침내 그 순간이 온다면

이야기는 계속된다. 지금까지 쓰인 내 이야기의 결말은, 내가 10여 년 가까이 살던 사랑하는 토론토를 떠나 미국으로 돌아왔다는 것이다. 나는 캘리포니아주 오클랜드 북부에 아담한 집을 얻어 살면서 대학원에 다니고, 학생들을 가르치고, 글을 쓰고, 두 번째 책 작업을 마무리하고 있다.

오클랜드는 많은 사람들에게 그렇듯 내게 무척 매력적인 곳이다. 여기에서 나는 어느 때보다 운이 좋고 성숙한 사람이 되었다고 느낀다. 집 근처 언덕을 지나면 야생 샐비어와 키 큰 용설란과 삐죽삐죽한 야자나무로 둘러싸인 우체국이 나온다. 2월에도 짧은 치마에 높은 통굽 구두를 신고 다닐 수 있다. 어엿한 어른이 되어 이곳에 살고 있다는 게 믿기지 않는다. 근친 성폭력의 기억이 몸속에서 깨끗이 사라졌다는 얘기가 아니다. 그 망할 기억을 조금씩 이겨 내고 있다는 뜻이다. 나는 어떻게 말하고 스스로 다독여야 하는지 알게 되었다. 내 의지대로 누군가와 섹스하고 사랑하는 방법을 터득했다. 재앙 같기만 하던 날은 지나갔고, 이제 그런 순간이 다시 와도 제법 잘 대처할 수 있다. 내가 겪은 위태로운 세계를 이제는 덤덤하게 받아들이고, 모른 척 넘어가고, 가끔은 거의 잊은 채 살아간다.

하지만 생존자의 세계여, 내가 그대를 영영 잊고 산다면, 스타벅스 커피를 홀짝이며 태연하게 먹고 자고 일하고 돈을 쓰는 저 비정한 공범들과 다르지 않으리라. 물론 그런 삶을 살게 된 생존자에게 일상의 행복이란 새로운 경험일 테니 계속 그 자리에 머물고 싶을 것이다. 게다가 분노로 시작한 움직임은 언젠가 지쳐 사그라들 수밖에 없다. 하지만 우리는 다른 방식으로 움직임을 시작할 수도 있다. 마음껏 사랑하고 섹스하고 회복하고 기도하고 서로에게 귀를 기울이는 것. 거창하지 않아도 좋다. 더는 손댈 필요 없이 완벽하게 회복해야 하는 것도 아니다. 단체의 프로그램에 직접 참여하거나 트라우마를 잊으려고 자기를 열심히 돌보는 사람이 아니어도 괜찮다. 생존자의 세계를 알고 기억하는 사람, 삶을 살아가면서 회복하고 있으며 함께 싸우기 위해 작은 힘을 보탤 수 있는 사람이면 누구나 함께할 수 있다.

미국 노스캐롤라이나주 더럼에서 결성된 단체 우분투UBUNTU는 놀라운 일을 하고 있다. 2006년 3월 13일에 듀크대의 라크로스 팀원들이 저지른 흑인 여성 강간 사건을 비판하며 만들어진 이 단체는 유색인종과 성폭력 생존 여성들이 주도하고 있다. 이들은 '진실을 말하는 날' 행사를 기획해 성폭력 생존자들과 함께 더럼 시내를 행진하며 성폭력과 성적 학대 문제를 공론화했다.

연대 성명서에서 이들은 이렇게 말한다.

> 우리는 성폭력이 없는 세상을 꿈꾼다. 그 꿈을 이루도록 계속 노력한다. 성폭력의 뿌리는 깊고 넓게 뻗어 있기에, 그 뿌리를 우리 사회와 마음속에서 다 뽑아낼 때까지 꾸준히 장기적으로 노력한다. (…) 생존자들은 스스로 길을 개척할 것이다. 폭력·동성애 혐오·트랜스젠더 혐오·인종차별·성차별·자본주의에 저항함으로써, 억압받던 생존자들은 모두를 위한 꿈을 만들 힘을 얻는다. 이들은 성폭력 행위에 대한 책임을 제3자가 명시할 수 없다는 데 합의한 이 단체에서 자기를 어떻게 지킬지 스스로 결정할 권리를 갖는다. 우리는 성폭력 생존자, 유색인종, 청소년, 레즈비언, 게이, 양성애

자, 퀴어, 트랜스젠더의 목소리가 중심에 오도록 계속 노력한다. 우리는 지도자를 기다리지 않는다. 우리 개개인이 모두 지도자이기 때문이다. 그렇게 성폭력 없는 세상을 위해 함께 전진한다.

나는 이런 움직임에 동참하고 싶다. 틀에 박힌 6주짜리 상담이 아니라 섹스·요가·자전거 타기 등 멋진 모험으로 가득 찬, 진짜 우리가 될 수 있는 움직임을 원한다. 장거리 자동차 여행에서 일어날 법한 흥미진진한 모험을 하며 살아남고 싶다. 개성과 매력을 잃지 않으며 마음껏 분노하고, 지혜를 나누고, 있는 모습 그대로 난잡하게 놀면서 살아남고 싶다.

페미니스트이자 퀴어인 우리는 레즈비언 하위문화인 부치-펨butch-femme(레즈비언 가운데 남성성이 강한 쪽을 부치, 여성성이 강한 쪽을 펨이라고 한다. ―옮긴이), 페미니즘 출판사인 키친테이블프레스Kitchen Table Press, 흑인 퀴어 클럽, 트랜스젠더를 위한 언더그라운드 문화를 만들었다. 이제 우리는 또다시 전통에 도전하며 생존자들에게 절실히 필요한 움직임을 일으킬 수도 있다. SNS에 접속하듯, 도서관에서 책을 빌리듯, 우편으로 편지를 받아보듯 쉽게 그 움직임에 동참하게 할 수도 있다. 내게 회복의 순간은 그렇게 모습을 드러냈다. 나는 그렇게 회복했다. 우리는 세상을 그렇게 바꿔야 한다.

::::: **여기 그리고 퀴어**

18장   수치심이 우리를 가장 먼저 배신하지 않도록

19장   왜 착한 남자만 손해를 볼까

:::::· **인종**

12장   대중매체의 재판: 흑인 여성의 음란성과 동의의 문제
21장   여성 혐오 죽이기: 사랑, 폭력, 생존 전략에 관한 사적인
       이야기

:::::· **살아남아 예스라고 말하기**

8장   강간반대운동가가 페미니스트 섹스 토이숍에 보내는
       연애편지
23장   당신이 창녀라 부르는 사람들은 누구인가: 섹슈얼리티,
       권한 강화, 성 산업에 관한 성노동자들의 대화

8장 강간반대운동가가

페미니스트 섹스 토이숍에

보내는 연애편지

리 제이콥스 리그스

"딜도랑 바이브레이터를 팔아요." 부모님 친구 부부가 웃으면서 안부를 묻자 내가 쾌활한 목소리로 답한다. 엄마 배 안에 있을 때부터 날 본 분들이지만 요즘은 1년에 한 번 볼까 말까 한 사이다. 우리는 암 완치 판정을 받은 엄마를 축하하러 펜실베이니아 서부 외곽에 있는 부모님 집 근처 식당에 모였다. 이날 내내 나는 중산층 백인인 친척과 지인을 만나 이런 대화를 반복한다. 나와 이들은 비슷하지만, 어떻게 보면 아주 다르다. 이날 파티에서 퀴어는 나뿐이다.

나한테 안부를 물은 아주머니는 내 벌이를 궁금해하며 본격적으로 그 사업에 뛰어들 생각이냐고 묻는다. 대화가 이렇게 흐르길 원치 않았으나, 그리 놀랄 일도 아니다. 어차피 이런 잡담은 오래가지 않는다.

나와 언니는 따로 두 번째 진토닉 잔을 거의 다 비우고 화장실에 들렀다가 우연히 마주친다. 그리고 파티에서 무슨 일이 벌어지고 있는지 잠시 수다를 떤다. 나는 교회에 다니는 점잖은 사람들에게 내가 하는 일을 솔직히 말했다는 사실에 웃음이 난다. 꼬마 때 우리는 아빠와 친한 그 아저씨에게 설렘을 느꼈다. 언니는 말한다. "늘 재밌고 좋은 분이셨지." 나는 속으로 생각한다. **처음으로 자고 싶다고 생각한 남자 앞에서 '딜도'라는 말을 꺼낼 기회가 왔는데 안 하고 배기겠어?** 그리고 언젠가 이날 일을 음담패설로 써 보리라 다짐한다.

아저씨와 아주머니를 비롯해 사람들 대부분은 내가 딜도와 바이브레이터를 파는 진짜 이유를 들으려고 하지 않는다. (어쩌다 보니 버트 플러그와 페미니스트 포르노도 팔고 있으나, 이 얘기까지는 차마 가족 모임에서 꺼낼 수 없었다.) 내가 하는 일이 가치 있다고 생각하는 진짜 이유가 뭐냐고? 사람들 질문에 깔린 생각, 그러니까 내가 중산층다운 길로 들어서기 전에 잠깐 이 일을 하고 있으며 바지나 신발을 파는 것처럼 어쩌다 성인용품을 판다는 생각을 거부하는 이유가 뭐냐고?

왜 이런 일을 하니?
재밌어서요.

왜 이런 일을 하니?
고통스러워서요.

바로 이 부분, 내가 어떻게 시간을 보내고 돈을 버는지 사람들이 들으려 하지 않는 것은 바로 이 고통스러운 부분에 속한다. 얼리투베드Early to Bed라는 작은 페미니스트 섹스 토이숍에서 일하기 전 나는 시카고에서 규모가 가장 큰 강간 위기 센터에서 성폭행 피해자를 돕는 의료·법률·봉사자로 몇 년간 일했다. 이런 이야기를 크리스마스 파티나 클럽에서 듣고 싶어 하는 사람은 없다.

동료들은 직업을 말해야 할 때면 그냥 상담가나 사회복지사라고 둘러댔다. 나는 단 한 번도 그러지 않았다. 무슨 일을 하는지 사람들에게 알리는 것도 내 일의 일부라고 생각했기 때문이다. 비영리 산업단지[1](비영리단체들이 정부의 지원을 받기 위해 정치색을 흐리려고 영리단체처럼 경제 논리를 따른다는 점에서 붙은 이름이다. —옮긴이) 밖에 있을 때도 나는 내 일을 단순히 일로 여기지 않았다. 사무실이나 응급실에 벗어 놓고 나갈 수 있는 모자 같은 것이 아니었다. 성폭력이 얼마나 만연하며 대응 과정에서 피해자들이 어떤 식으로 2차 가해를 당하는가에 대해 쉬쉬하지 않는 것은, 피해자 비난하기를 지속시키는 침묵에 대한 저항이었다.

한번은 신용카드를 만들려고 은행에 갔는데, 상담원이 직업을 묻길래 성교육자라고 답했다. 그가 잠시 뜸을 들이다 말했다. "교사라고 적겠습니다. 그렇게 적는 게 나을 겁니다." 예상치 못한, 조금은 충격적이기까지 한 이 검열을 나는 그냥 넘어가고 말았다. 하지만 나는 내가 하는 일을 사람들이 알기를 **원한다.** 나는 내 일이 자랑스럽고 중요하다고 믿는다.

섹스는 중요하다. 이와 마찬가지로 성적 쾌락도 중요하다.

강간이 성욕이 아니라 억압 체제를 지탱하는 권력욕과 통제욕에서 비롯된다는 것은 강간반대운동가들에게 잘 알려진 사실이다. 그러나 섹스와 강간이 무관하다고 말하는 것은 강간으로 성적 자아에 깊은 상처를 입은 피해자를 무시하는 행위이자, 섹스를 부정하는 문화와 동의 없는 섹스를 지지하는 문화의 공생을 묵인하는 행위이다.

확실히 해 둘 필요가 있다. 여기서 '강간'이란 동의하지 않은 성관계를 말한다. 동의란 '예스'라고 말하는 것이다. 그렇다, '예스'라고 말하는 것! 내 경험에 비춰 말하자면, 오늘날 대부분의 강간 위기 센터가 이 정의를 따르고 있다. 그런데 이 단체들이 하는 예방 교육은 '예스'보다 '노'를 말하고 받아들이는 것에 더 초점을 맞추고 있다. '노'라는 말은 물론 유용하지만 불완전하다. 긍정적 섹슈얼리티를 실현할 도구를 쥐어 주지 않으면서 어떻게 강간을 끝내자고 말할 수 있겠는가?

성폭력이 섹슈얼리티를 긍정하지 못하게 방해하는 방식은 복잡다단하다. 성폭력이 언제 어떻게 벌어졌는지 정확히 말할 수 있는 사람만이 성적 자아와 복잡하고도 고통스럽게 얽힌 관계 때문에 힘들어하는 것은 아니다. 내 경우에는 강간 위기 센터에서 만난 피해자들의 트라우마를 간접적으로 체험하고 성관계와 쾌락에 관해 사람들과 일상적으로 대화하는 과정에서 내 과거를 돌아보게 되었고, 섹스를 부정하는 문화에서 자란 경험의 여파가 여태껏 날 힘들게 하고 있음을 깨달았다.

여기서 '섹스를 부정하는 문화'란 여성과 트랜스젠더보다 (백인, 중산층, 신체장애가 없는 이성애자) 남성의 삶, 신체, 쾌락을 더 가치 있게 생각하는 문화를 가리킨다. 또 성적 욕망, 그중에서도 여성이나 퀴어의 욕망을 수치스러운 것으로 규정하는 문화를 의미한다. 이 문화는 성적 쾌락을 죄라고 가르치고, 적절한 성관계를 어떻게 맺어야 하는지 알려 주지 않는다. 이와 반대로 섹스를 긍정하는 문화는 동의가 있어야만 성관계가 성립한다고 말하며, 권력과 통제 질서에 끊임없이 이의를 제기하고 그것들을 갖고 놀라고 권한다. 섹스를 부정하는 문화는 섹스에 관해 함구하라고 가르치는데, 이는 성폭력 이후 상황에까지 고스란히 영향을 미쳐 피해자들에게 수치심을 주고 피해 사실을 드러내지 못하게 입막음한다. 사람들이 강간을 쉬쉬하는 이유는 단순히 그것이 폭력이라서가 아니라, 섹스를 무기로 삼은 폭력이기 때문이다.

미국에서는 정치력과 경제력을 모두 거머쥔 금욕 중심 성교육 진영이 섹스를 부정하는 문화를 앞장서서 지지한다. 그러나 이들만이 이 문화를 만들지는 않는다. 포르노, 성매매, 아동 섹슈얼리티 문제 등을 1차원적으로 해석하거나 아예 외면하는 비영리 강간 위기 센터들도 이 문화에 일조하고 있다. 섹스를 긍정한다고 말하는 퀴어와 '급진적'이라는 진영이 오르가슴을 최고 경지로 표현하고 성행위의 위계를 세우는 것도, 섹스를 부정하는 문화의 단면이다. 우리 페미니즘 진영도 과연 우리의 활동이 성폭력과 성적 경험의 다양성과 깊이를 제대로 다루고 있는지 돌아봐야 한다.

결국 나는 강간 위기 센터를 그만두었는데, 형사사법제도를 성폭력의 기본 해결책으로 보는 체제에서 피해자를 돌봐야 한다는 사실에 피로와 회의가 (그리고 더러운 기분이) 느껴졌기 때문이다. 대형 강간 위기 센터들과 노골적으로 긴밀하게 연계된 감옥산업복합체는 그 자체가 비동의하에 인종차별과 계급차별을 고착화하고 있다. 이들은 사람들의 권리, 특히 가난한 유색인종이 자기 인생과 신체를 스스로 통제할 권리를 박탈한다. 법정에 앉아 인종, 계급, 권력이 어떻게 맞물려 작동하는지 관찰하다 보면 이 점을 확신하게 된다. 동의를 기본 원칙으로 생각하는 우리에게 어떻게 지금의 제도가 적절한 해법일 수 있겠는가? 제대로 된 강간반대운동은, 강간이 어떻게 남성 우위 구조를 지탱하는지에 초점을 맞추는 동시에 그것이 백인 우위 구조와 무수한 억압 체제를 지탱하는 수단으로 기능하는 방식에도 주목해야 한다. 그래야만 성폭력을 해결하기 위해 지금과는 다른 대안이 필요하다는 사실이 분명해질 수 있고, 불평등을 재생산하는 국가 주도 체제로는 진정한 변화를 만들기 어렵다는 주장이 설득력을 얻을 수 있다.

우리는 '○○이(가) 없는 세상에 살고 싶다'고, '여성들이 ○○을(를) 두려워하지 않는 세상을 바란다'고 말해 왔다. 그러나 이런 언어가 긍정적인 세상을 그린다고 볼 수는 없다. 강간 위기 센터에서 일할 때 나는 바라는 세상을 위해서가 아니라, 바라지 않는 세상에 맞서 싸우기 위해 모든 힘과 자원을 끌어모아야 했다. 하지만 얼리투베드에서는 자기 욕망을 실현하려는 사람들을 매일 만나고, 나도 그렇게 행동한다. 나는 여성이 (남자와 상관하지 않고는) 성적 존재가 될 수 없다는 생각을 거부하는 여성들을 지지한다. 얼리투베드의 책장에는 말할 수 없는 것을 말하는 책들이 가득 꽂혀 있다. 이 책들은 동의만 있으면 뭐든 말할 수 있고 행동할 수 있다는 믿음에서 이야기를 시작한다.

또 얼리투베드는, 여성을 비하하는 건 에로틱한 이미지가 아니라 포르노 산업이라는 신념에 따라 제작된 포르노 컬렉션도 조금씩 늘려 가고 있다. 분명 누군가에게는 에로틱한 이미지가 이롭다. 예를 들어, 성폭행 피해자가 누군가와 다시 성관계를 맺기 전에 섹슈얼리티를 회복하는 기회를 조금 더 안전하게 제공한다. 상상력을 자극하며, 무엇에 성적 흥미를 느끼는지 상대에게 알릴 수 있는 수단이 되기도 한다. 판타지를 굳이 직접 실험하지 않고 안전하게 탐험할 수도 있다.

얼리투베드뿐 아니라 S.I.R.프로덕션, 굿바이브레이션 등이 제작한 페미니스트 포르노에서는 다양한 체형과 유형의 배우들이 안전하게 섹스하는 모습을 연출한다. 포르노 감독 샤인 루이즈 휴스턴Shine Louise Houston은 틀에 박힌 배역에서 벗어난 유색인종 배우들과 함께 현실적인 오르가슴 장면을 담은 작품들을 꾸준히 만들고 있다. 이런 작품은 쾌락을 다양한 방식으로 느끼는 것이 정상이라는 사고를 심어 주기 때문에, 그것을 보는 사람이 자신만의 표현 방식을 떳떳하게 받아들일 수 있도록 돕는다. 강간 위기 센터를 이끌어 온 2세대 페미니스트들이 여성 스스로 섹슈얼리티를 행사하는 세상을 정말로 지지한다면, 페미니스트 포르노에 주목해 현재 그들이 머무르고 있는 '포르노 반대!' 세상 밖으로 나와 논의를 발전시켜 보길 바란다.

페미니스트 포르노나 섹스 토이숍이 혁명의 중심에 있어야 한다거나 강간 위기 대응보다 가치 있다고 주장할 생각은 없다. 강간 문화를 확실히 뿌리 뽑으려면 먼저 섹스에 관해 이야기해야 한다고 주장하려는 것이다. 상대가 동의하지 않았으면 성적 행위를 그만둬야 한다고 소리 내어 말해야 한다. 동의를 표현할 언어를 사람들에게 알려 주어야 한다.

강간 문화를 뿌리 뽑으려면 특이 성향인 BDSM에 대해서도 이야기해야 한다. 특이 성향이라고 해서 동의하에 이뤄지는 다른 성행위보다 대단한 건 없다. (섹스를 긍정한다는 것은 동의하에 이뤄지는 행위의 등급을 나누지 않는다는 뜻이기도 하다.) 그러나 BDSM 커뮤니티가 준수하는 원칙들은 주류 성 문화에 보탬이 될 수 있다. 어떻게 보면, 특이 성향인 사람들이 가장 책임감 있게 섹스를 한다. 특이 행위를 하려면 **반드시** 그것에 대해 상대방과 의논해야 하기 때문이다. 행위를 시작하기 전에 뭘 원하고 뭘 원하지 않는지 정확히 말로 표현해야 한다. (성폭력 피해자를 비롯한) 대다수 사람에게 동의하에 힘과 통제권을 갖고 노는 행위는, 왜곡과 폭력과 차별이 난무하는 사회에 안전히 맞서는 방법이자 그 사회와 교차하는 우리 삶과 경험을 그럭저럭 견디게 하는 방법이 된다. 섹스를 긍정하는 문화와 마찬가지로 특이 성향자들도 우리에게 일방적으로 주어진 섹스 모델을 거부한다. 이 모델은 섹스란 억누를 수 없는 충동의 결과이며 기본적으로 언어의 영역 바깥에서 일어난다고 우리를 가르친다. 또한 이 모델은 안전한 섹스를 위한 협상과 행위가 오히려 성 경험을 방해한다고 여겨 침묵을 동의로 받아들이는 문화에 일조한다. LGBT 커뮤니티를 지지하는 일부 진보적인 강간 위기 센터들은 BDSM을 학대 행위로 규정하지 않는다. 그러나 대다수 센터들은 여전히 BDSM을 쉬쉬하거나 죄악시하고, BDSM 커뮤니티가 중시하는 동의 문제를 쉽게 간과한다.

나는 얼리투베드처럼 섹스를 긍정하는 환경에 개인의 삶과 정치적 변화를 만들어 낼 개방성과 대담성과 창조성이 깃들어 있다고 믿는다. 결국 이 섹스 토이숍은 여느 장난감 가게와 마찬가지로 놀 궁리를 하는 공간이다. 얼마 전 특이 성향에 대해 나와 이야기를 나눈 친구의 말처럼, 어른이건 아이건 인간은 놀이를 통해 자신과 주변 환경에 대해 배우고 가상의 현실을 상상한다. 우리 가게는 고객층이 다양한 편인데, 상품 가격대를 다양하게 하려고 늘 노력한 덕이다. 값싼 물건 중에는 9달러짜리도 있다. 하지만 이 공간이 정말 전위적인 이유는 판매하는 물건 때문이 아니다. 물론 바이브레이터는 좋은 물건이다. 피로와 스트레스에 시달릴 때 쓰면 결코 후회하지 않을 것이다. 그러나 결국 그것도 플라스틱 덩이에 지나지 않는다. 자본주의사회의 상품에 있는 문제가 바이브레이터에도 똑같이 있다. 그럼에도 이런 공간을 만드는 것은 사람들에게 정보를 제공하고, 그들의 성 경험을 정상화하고, 쾌락을 둘러싼 침묵과 수치심을 깨부순다는 점에서 전위적이다.

초기 성 경험에 대한 내 기억은 무거운 침묵과 툭툭 끊긴 장면들로 뒤엉켜 있다. 분명 나는 '노'라고 말했다. 그때까지 남자 성기를 빨아 본 적이 없고 그렇게 하고 싶은 마음도 없었으니까. 그러다 삐 하고 영화 장면이 바뀌듯 기억이 툭 끊긴다. 어느새 내 입에 그의 성기가 들어 있다. 그는 손으로 내 머리를 부여잡고 있다. 이때부터 한두 해가 흐르는 동안 나는 계속 그에게 내 몸을 허락했다. '노'라고 말하지도 않고 '예스'라고 말하지도 않았다. 그가 만났다 헤어지곤 하던 여자 친구가 이 상황을 아는지, 안다면 어떻게 생각할지 알려고 하지도 않았다. 나는 '잡년'이란 말을 서슴없이 쓰기 시작했다. 친구들에게는 그와 내 관계에 만족하며 내가 원해서 그를 만나는 것이라고 말했다. 뭔가를 누구보다 잘하고 싶었던 나는 그렇게 구강성교를 아주 잘하는 사람이 되었다.

내가 뭘 원했는가는 전혀 중요하지 않았다. 지금 생각해 보면, 나는 세상이 지워 버리려고 하지만 내 안에서 계속 꿈틀대던 성적 존재로서 내 모습을 드러내야 했다. 나는 그 사람이 아닌 다른 무엇을 원했다. '노'의 부재가 아니라 '예스'를 말하고 듣는 것을 성 경험의 기준으로 삼았다면, 상황은 분명 다르게 전개되었을 것이다. 성적 존재로서 내 모습을 깨닫고, 다른 방식으로 내 성 경험을 규정했을 것이다. 실패를 겪느라 시간을 허비하지도 않았을 것이다. 동의하는 법을 가르치고 퀴어와 금기에 대한 끌림을 인정하는 공동체에서 자랐다면, 제한된 지식 안에서 일탈적인 섹슈얼리티의 모습에 나를 끼워 맞추기보다는 그런 내 모습을 조금 더 건강하게 알아 갈 수 있었을 것이다.

모든 사람이 강간 피해 생존자는 아니다. 강간 트라우마는 성 경험을 아예 자기 것으로 주장하지 못할 지경에 이르도록 사람을 망가뜨린다. 그 정도는 아니라도 어떤 사람들, 특히 여성으로 길러진 사람들은 공동체가 저지른 집단 폭력 때문에, 또는 자기 성생활을 오롯이 누릴 수 있는 긍정적이고 즐거운 대안이 없기 때문에 상처를 입은 채로 어른이 된다.

그러면 이제 우리는 뭘 해야 할까?

나는 우리 몸에 대한 폭력부터 공공 예산 배정을 둘러싼 갈등, 부모와 자녀의 관계에 이르기까지 아주 많은 영역에서 동의와 비동의를 인정하는 강간 위기 운동에 참여하고 싶다. 이 운동을 시작하려면, 광범위한 연대를 구축하고, 오류를 내재한 징벌적 '정의'의 기준과 결탁하지 않는 새로운 책임 모델을 세워야 한다. 이를 위해 우리는 창의적으로 고민해야 한다. 가치를 위배하는 일에 침묵해서도 안 된다.

나는 앞으로도 재미와 고통을 주는 이 공간에서 계속 놀고 일할 것이다. 성폭력을 끝내려면 창조적인 생각과 상상력을 발휘하는 사람들이 필요하기 때문이다. 누군가는 기꺼이 위험을 감수해야 하기 때문이다. 나는 이런 경험이 생존을 위해서도 필요하다고 믿는다. 『윤리적인 잡년*The Ethical Slut*』을 쓴 도시 이스턴Dossie Eston과 캐서린 리스트Catherine Liszt는 "섹스는 멋지고 쾌락은 유익하다"[2]고 말했다. 나는 앞으로도 쾌락과 성적 소통을 가르치는 성교육이 성폭력 반대 교육이라고 주장할 것이다. 언젠가 이 모든 것이 이턴과 리스트가 한 말처럼 간단명료해지길 바란다.

∴ 시시한 것에 대한 수많은 금기

5장   뚱뚱한 여자를 어떻게 따먹느냐고?
24장   과정 지향적 처녀

∴ 성적 치유

20장   싸워서라도 지킬 만큼 소중한 섹스
27장   막 나가는 자의 변론: 나는 어떻게 걱정을 집어치우고
       쾌락을 사랑하게 되었는가 (그리고 어떻게 하면 당신도
       그럴 수 있을까)

∴ 살아남아 예스라고 말하기

7장   마침내 그 순간이 온다면: 근친 성폭력 피해자의 진짜
      생존기
23장   당신이 창녀라 부르는 사람들은 누구인가: 섹슈얼리티,
       권한 강화, 성 산업에 관한 성노동자들의 대화

9장 허용된 '비동의' 판타지:

우리가 서브미시브 여성을 두려워하는 이유 (그리고 그래서는 안 되는 이유)

스테이시 메이 파울즈

나는 침대에서 결박과 구속, 피학적 놀이를 즐기는 페미니스트다. 이렇다 보니 내 성적 취향을 드러내지 않는 편이다. '평범한' 쾌락을 추구하는 것이 여성에게 얼마나 중요한지 열변을 토하면서 성욕 일반에 관해 공개적이고 직접적인 방식으로 말하기란 식은 죽 먹기지만, 내 은밀한 성적 취향을 털어놓기란 쉽지 않다. 오랜 시간 노력한 끝에 내가 서브미시브(성관계에서 복종하는 역에 끌리는 사람. ─옮긴이)라는 데 긍지를 갖고 내 성향을 공개하게 되었으나 매번 따스하게 환영받지는 못한다.

BDSM은 사람들을 불편하게 한다. 특히 서브미시브 여성은 페미니스트들을 **아주 많이** 불편하게 한다. 그 이유를 충분히 이해하나, 나는 안전하고 분별력 있게 동의하에 이뤄지는 BDSM이 여성을 성폭력 위협에 끊임없이 노출시키는 현실과는 정반대라고 믿는다.

페미니스트 매체에 종사하고, 여성에 대한 폭력에 반대하고, 강간 피해자의 권리를 옹호하는 사람으로서 나는 내 안에 있는 폭력 판타지를 실행에 옮겨도 된다고 느낀 적이 단 한 번도 없다. '비동의' 상황을 동의하에 연출하려는 욕망을 선택하고 실행한다는 것 자체가 사치로 느껴지며 죄책감과 수치심을 불러일으킨다. 또는 성폭력의 진실을 모르거나 그것이 얼마나 심각한 트라우마로 남을 수 있는지 이해하지 못해서 가상의 폭력 행위를 침대 위 '놀이'로 만들려 한다는 따가운 시선을 받는다. 하지만 이는 사실과 다르다. 2007년 호주에서 실시된 연구에 따르면, 성적 학대와 강요가 발생한 비율은 BDSM 성향자나 일반인이나 비슷했다. 이 연구는 BDSM이 과거의 학대 피해에서 비롯한 병리적 증상이 아니라, 소수가 선택하는 성적 취향 또는 하위문화라고 결론 내렸다.

하지만 강간, 결박, 치욕 같은 성적 판타지를 공론화하는 순간 이념적 문제들이 마구 터져 나온다. 여성이 폭력 피해자가 되기로 동의한다는 개념은 정치적으로 쉽게 받아들일 수 있는 사안이 아닐뿐더러 BDSM 성향자 말고는 논의하려고 하지도 않는 문제다. 서브미시브 페미니스트들은 논의 과정에 목소리를 내는 것에서부터 이미 어려움을 겪기 때문에, 모욕당하고 싶다는 이들의 욕망은 거의 공론화되지 않는다. 강간 판타지의 정치적 영향을 규명할 기회가 좀처럼 만들어지지 않는 것이다.

BDSM이 형편없게, 많은 경우 과장되게 그려지는 현실이 이런 침묵을 지속시키고 있다. 영상 매체는 BDSM을 대부분 피상적으로 경솔하게 묘사하며 자꾸 주변으로 몰아내고, 이들이 개인적으로나 직업적으로 내린 선택에 오명을 씌운다. 도미넌트(서브미시브와 반대로 지배하는 역에 끌리는 사람. — 옮긴이)는 이따금 주류 영화와 드라마에서 주도적이고 입체적이며 조금은 호감 가는 전문직 여성으로 그려지기도 한다. (〈CSI〉에 나오는 레이디 헤더가 대표적이다.) 그러나 서브미시브 여성은 많이 다뤄지지 않는 듯하다. 이들이 소외되고 있다는 주장은 과장이 아니다. **사람들은 서브미시브 여성의 존재를 정말로 두려워한다.** 페미니스트 포르노에서 서브미시브 여성은 대부분 다른 여성과 하는 플레이를 보인다. 남성과의 플레이보다 훨씬 안전해 보이기 때문이다. 사람들은 아무리 동의된 상황이라도 남성이 여성에게 고통 주는 모습을 견디지 못한다. 현실과 너무 닮았기 때문이다. 서브미시브 여성이 도미넌트에게 결정권을 (잠시 또는 오래) 내주는 데 동의한다는 생각은 페미니스트 커뮤니티와 영 어울리지 않는다.

분명히 짚고 넘어갈 부분이 있다. 아무리 좋게 포장해도 페미니스트들이 BDSM을 받아들이지 못하는 것은, 권력 교환형 섹스를 즐기는 사람들에 관해 널리 퍼져 있는 편견인 특이 성향 공포증kinkophobia을 드러내는 것과 같다. BDSM 포르노와 그 행위를 지지하며 글을 쓰는 패트릭 컬리피어Patrick Califia는 "내면화된 특이 성향 공포증이란, 꽤 많은 가학피학성애자가 일탈적인 사회에 참여하며 느끼는 독특한 수치심"이라고 설명한다. 이 자기혐오는 서브미시브 페미니스트에게 유독 심하게 나타난다. 소속된 공동체가 자신의 성적 욕망을 아예 부인하거나 자신을 피해자로 단정 지어 버리니 말이다.

대다수가 믿는 편견에서 벗어나 허구적이고 페티시즘에 기운 내 욕망을 이해하고 받아들이기까지는 오랜 세월이 걸렸다. 나는 진짜 내 모습을 찾아 나섰고 그 과정에서 자연스럽게 (어떻게 보면 모순적이게) 온전히 주도권을 갖게 되었다고 느꼈다. 그러나 여전히 페미니즘 진영은 나처럼 맞고, 목 졸리고, 결박당하고, 모욕당하는 것을 즐기는 여성도 권한 강화를 경험할 수 있음을 인정하지 못한다. 내 경험으로는 성적 복종을 경험할수록 바깥세상에서 더 자립적으로 살 수 있었고, 평등한 연애와 성관계를 형성할 수 있었고, 진짜 인간답게 산다고 느낄 수 있었다. 그러나 이런 경험과 무관하게, 서브미시브가 되고 싶을 때마다 모든 여성을 범하자고 말하는 사회질서의 일부가 된 것 같다는 느낌을 지울 수 없었다. 슬프지만, 사람들이 말하는 성적 해방은 서브미시브를 수용하자는 주장으로 이어지지 않는다. 기껏해야 서브미시브는 과거의 트라우마와 학대를 극복하거나 처리하는 방법으로 복종하는 역을 선택한, 망가진 피해자를 자처하는 수밖에 없다.

모욕당하고 싶은 욕망이 여성을 대상화하는 사회적 산물이 아님을 받아들이기 힘들다고 하더라도, 나는 BDSM의 본질이 보기와 달리 언제나 동의에 있음을 주장하고 싶다. 물론 BDSM의 언어와 규칙은 아주 이질적이라서 평범한 성관계에 적용하기에는 한계가 있다. 그러나 BDSM 관계에서 쓰이는 안전 신호safe word는 폭력을 막는 최고의 방법이 될 수 있다. 안전 신호를 내뱉는 순간 상대방의 생각이나 상황과 무관하게 곧바로 **행위를 종료할 수 있으며 반드시 그래야 한다.** 상대방의 안전 신호를 무시하는 것은 논란의 여지 없이 폭력 행위로 본다. 이런 점 때문에, 온갖 폭력을 함축한 BDSM 섹스가 안전 신호 없는 섹스보다 훨씬 더 '안전'해진다. 그리 로맨틱하지 않을지 몰라도, 이 규칙은 예외 없이 지켜진다. 어떤 각본을 따르건 간에 그것에 참여하는 여성(또는 남성)은 언제든 '아니'라고 말할 수 있다.

안전하고 분별력 있게 동의하에 이뤄지는 BDSM은 엄격한 규칙과 안전한 행위로 구성된다. 이는 **모든 참여자**의 감정을 보호하며 **지속적이고 적극적인 동의**를 보장한다. 만일 권력 교환형 섹스에 참여하는 서브미시브에게 심리적으로 안전하다고 느낄 공간이 주어지지 않는다면 BDSM 문화는 아예 존재하지 못할 것이다. 그 공간에서 서브미시브는 상대방에게 주도권을 넘긴 채 자신의 인내력을 드러내고 애정과 안전함을 느낀다. 어떤 '장면'을 연출하건 간에 규칙과 한계에 대한 동의는 확실히 이행된다.

믿을 수 있는 상대(도미넌트)를 만나는 것은 대단한 성과이며, 쾌락을 느끼기 위해 누군가에게 나 자신을 해칠 권력을 주는 것은 강렬한 해방감을 준다. 서브미시브 섹슈얼리티를 받아들이는 과정에서 나는 동의와 존중이 전제된 가학피학성애 관계가 보기와 달리, 강간 문화 바탕에 깔린 서사를 허문다는 것을 깨달았다. 지배-복종 역학은 평등과 거리가 멀어 **보인다.** 하지만 신중하게 지배-복종 플레이를 하는 사람들이 권력을 교환하며 주고받는 신뢰와 존중은 '여성은 물건'이라고 보거나 강간을 합리화하는 주류 문화보다 훨씬 평등하다. 주류 문화의 섹슈얼리티가 적극적 동의를 야금야금 해체하는 반면, BDSM 세계는 안전하게 존재하기 위한 조건으로 적극적 동의를 끊임없이 요구한다.

그렇다고 해서 BDSM 문화에 아무 잘못이나 책임이 없다는 뜻은 아니다. 지배-복종 플레이가 (그리고 그 뒤에 따라오는 모든 것이) 정교하게 만들어진 판타지 영역에 있다는 것은 분명하지만, 주류 문화와 대항문화가 이를 받아들이고 묘사하는 방식이 여성을 모욕하고 기죽이는 강간 문화에 미치는 영향을 유심히 살펴볼 필요가 있다. 정보를 충분히 이해한 뒤 동의하에 이뤄지는 BDSM은 강간 문화의 대척점에 있다. 반면에, ("한번 맛 좀 봐라, 개 같은 년아" "너도 이런 거 좋아하잖아" 같은 대사가 있는 영상물로) 은근히 강간을 모방하기까지 하는 주류 (또는 비페티시즘) 포르노 산업은 강간 문화와 아주 밀접한 관계에 있다. 이렇게 BDSM 욕망이 전용되고 희석되고 변질되다 보면 BDSM 문화를 지탱하는 복잡한 규칙들은 아예 효력을 잃어버린다.

그런데 여기서 문제가 발생한다. 인터넷 포르노 문화가 증식하면서 강간, 고문, 결박 판타지에 접근하기가 너무 쉬워졌기 때문이다. 이제 BDSM 포르노는 페티시즘을 책으로 먼저 배운 뒤 신중하게 행동에 옮기려고 하는 사람들만의 것이 아니다. 어느 인터넷 포르노 사이트에서든 볼 수 있게 되었다. 인터넷을 이용할 줄만 알면 가벼운 엉덩이 때리기부터 심한 고문까지 온갖 BDSM 행위를 종류별로 구경할 수 있다. BDSM 문화에 대한 관심, 애정, 지식이 없는 사람이 아무런 제약 없이 이런 것들을 접하게 될 경우를 생각해 보자. 그들은 여성들이 지배당하고 싶어 한다는 믿음, 어떤 경우에는 원치 않는 것을 강요해도 된다는 그릇된 믿음을 가질 수 있다. 지난 몇 년 동안 BDSM 장르는 연출되었다는 느낌이 말끔히 지워진 채로 이성애 포르노 안에서 다양하게 변주되었다. 목줄이나 수갑을 차고, 재갈을 물고, 밧줄에 묶인 채 "좋아요"라고 말하는 여성들의 이미지가 요즘 포르노에서 아주 일반적으로 소비되고 있다. 이런 연출은 과격한 BDSM 성향자에게는 즐길 거리를 주지만, 일반 포르노를 소비하는 젊은 이성애자 남성에게는 섹스를 강요하는 것이 별일 아니라는 믿음을 심어 준다. 어떠한 제약도 없이 곧바로 이런 것들을 접함으로써 강간과 섹스가 동일하다고 믿는 평범한 사람들이 생겨나는 것이다. 게다가 범죄 장면을 생생하게 재연하는 범죄 프로그램이 안방에 방영되고, '심리 스릴러'로 포장된 고문 포르노가 극장에 걸리고, 문화 전반이 '여성을 성적 피해자'로 그려 내는 것이 오늘날 현실에서 용인되고 있다. 이런 환경에서 자라 어른이 되면, 여성에게 섹스를 강요하는 행위가 논리적으로는 '틀린 것'이라도 일상에서는 지극히 평범하며 섹시하기까지 한 일이라고 생각할 것이다.

전용되는 BDSM 이미지가 문제인 이유는, 실제 행위자들이 BDSM 장면을 즐겁게 제대로 연출하려고 욕구와 경계와 규칙을 민감하게 고려하는 것과 달리 주류 포르노 산업은 BDSM 이미지를 이용해 사람들을 최대한 빨리 흥분시키는 데만 초점을 둔다는 점이다. 사회적으로 (안전과 쾌락에 관한) 성교육이 턱없이 부족하고 여성을 성적 소비 대상으로 보는 시각이 미디어를 통해 끊임없이 재생산되는 상황에서, BDSM 원칙을 고려하지 않고 차용된 BDSM 이미지들은 강간 문화를 조성하고 있다.

이런 현실은 안전하고 분별력 있게 동의하에 BDSM을 행하는 사람들에게 흥미로운 질문을 던진다. 서브미시브로서 강간당하는 판타지를 가진 당신은 현실에 만연한 강간 문화의 공조자인가? 당신의 욕망이 얼마나 사적이고 은밀하건 간에, 당신은 폭력을 용인하는 문화의 공조자를 넘어 주동자가 아닐까?

관점을 바꿔 말하자면, 과연 당신이 피해자일까? 혹시 당신의 판타지가 성폭력을 용인하고 매력적인 것으로 믿게 만드는 문화의 산물에 불과하지는 않을까?

당신의 욕망이 (얼마나 조악하든 전용되었든) 정말로 당신의 것인가? 당신은 '비동의' 판타지를 스스로 선택해 동의된 환경에서 실현하는가? 선택권을 중시하는 페미니즘 이데올로기에 비춰 보았을 때, 당신의 판타지는 정말 스스로 내린 선택인가?

마지막으로, 어쩌면 가장 중요한 질문이 있다. 동의하에 행동 범위와 안전 신호와 제한 시간을 정하고 허용할 수 있는 것들을 표면적으로 합의하는 지배-복종 관계가 과연 가장 믿을 수 있고 협력적인 '행위'일까? 이 관계의 규칙과 전략이 정말 강간의 안티테제라고 할 수 있을까?

역설적이게도, 성적 복종과 강간 판타지는 폭력 행위를 용납하지 **않는** 문화에서만 용인될 수 있다. 즉 현실에서는 받아들여지지 않는 것에 대한 욕망이다. 앞에서 지적했듯 일부 페미니스트들이 연출된 BDSM 장면을 두려워하거나 혐오하는 이유는 그것이 현실과 너무 많이 닮았다는 데 있다. 어떤 여성이 고문과 수치와 고통을 당하는 (보거나 참여하는 이의 관점에 따라 즐기는 것일 수 있는) 모습을 볼 때, 많은 페미니스트들은 그게 어떤 맥락이건 간에 즐거운 판타지라기보다 저녁 뉴스에 나올 법한 장면으로 인식한다. 나 같은 서브미시브도, 그런 장면을 객관적으로 볼 수 없는 이유를 충분히 이해한다. 많은 판타지가 금기시되는 것은 바로 이런 이유에서다. 지배하는 역을 수행하는 남성은 강간범이고 복종하는 역을 수행하는 여성은 무력한 강간 피해자라는 생각을 도무지 떨쳐 낼 수 없는 것이다. 그러나 동의하에 이런 행위를 하는 BDSM 성향자들은 자신들이 여성의 욕망을 긍정하고 (그녀의) 쾌락을 중심에 두는 (따라서 강간 문화를 허무는 데 도움이 되는) 방식으로, 무해하고 책임감 있게 자신들의 판타지를 실행에 옮기고 있다고 반박할 것이다.

페미니즘 진영은 강간 판타지를 선택한 여성을 모욕·수치심·폭력 문화의 피해자라고 하는 것이 혹시 그 여성을 무시하는 처사는 아닌지, 그 여성이 잘못된 판단과 생각에 빠졌다거나 제정신이 아니라고 비판하는 것이 과연 온당한지를 진지하게 되돌아볼 필요가 있다. 에로틱한 성생활을 은밀히 즐기는 두 사람이 강압적 장면을 연출하기로 동의한다고 해서, 그들이 온 세상 여성에 대한 폭력에 동의한다고 말할 수는 없다. 진짜 문제는 주류 포르노 산업이 특이 성애 성향을 전용하는 방식이다. BDSM 성향자들은 자신의 선택 이면에 깔린 생각을 대부분 진지하게 받아들이고 고민한다. 그 반면 주류 포르노를 소비하는 사람들은 지배와 복종 성애에 관한 (또는 동의와 안전에 관한) 미묘함을 이해하는 시간을 투자하지 않은 채로 영화나 사진 속 폭력 장면에 노출된다. 과거 흑백영화로 제작된 판타지물에서 배우 베티 페이지가 납치되어 탐욕스러운 여성들에게 결박당하는 장면은 가볍고 무해한 성인 오락물 정도로 여겨졌다. 하지만 이런 이미지가 주류 포르노 산업에 (그리고 할리우드에까지) 덧입혀질 경우에는 문화적으로 엄청난 파장이 일어날 것이다. 유감스럽게도, 여성에 대한 폭력이 극장의 커다란 화면에서 불필요하게 자세히 묘사되는 순간 원래 특이 성애를 표현하는 장면에 내포된 놀이 요소를 찾아보기란 힘들다. 여성을 피해자로 그리는 폭력적 이미지가 정신없이 쏟아지는 화면 앞에서 사람들은 판타지, 특이 성애 대상과 현실을 구분하지 못하게 된다.

BDSM 포르노는 당하고 싶어 하는 여성상을 고착시킬 수 있는 위력을 자각하기에 오히려 그런 오해에 맞서 싸운다. BDSM 사진집을 보면 맨 끝에 거의 예외 없이 환히 웃는 모델들의 사진이 실려 있다. 앞에서 본 사진들은 성인들이 동의하에 연출한 가상극에 불과하다는 사실을 알리기 위해서다. 이렇게 스스로 환기하는 방식을 통해 특이 성애 포르노는 신중하고 의식적인 작품임을 드러낸다.

BDSM 문화와 포르노 이미지를 문제적으로 만드는 유일한 원인은, 여성의 욕망이 모욕당하고 무시당하는 현실에 있다. 여성의 쾌락이 존중받는 세상이라면 이런 문제 제기(그리고 성적 복종에 대한 페미니즘 진영의 공포)는 애초에 존재하지 않을 것이다. 여성이 폭력과 문화의 피해자로 거듭 묘사되는 상황에서는 다른 가능성을 상상할 수 없다. 페미니스트들에게는 BDSM 이미지를 전용하는 주류 문화에 맞서 싸우고 목소리를 낼 책임과 더불어 안전하고 분별력 있게 동의하에 BDSM을 실천하는 사람들을 지지할 책임이 있다.

BDSM 모델을 전용하는 주류 문화가 제대로 비판받고 해체되고 고쳐진다면, 모욕당하고 결박당하고 재갈을 물고 연인에게 섹스 '강요당하기'를 갈망하는 여성들이 안전하다고 느낄 것이다. 그때는 페미니스트들도 그런 욕망을 안심하고 받아들일 것이다. 여성이 동의하에 복종을 선택한 게 분명하기 때문이다.

'그 여자가 그걸 원했다'는 말이 진실이 될 것이기 때문이다.

⋰⋰⋰ 미디어의 중요성

1장 공격적 페미니즘: 강간 문화를 지탱하는 보수적 젠더
규범에 맞서는 페미니스트

13장 새 옷을 입은 오래된 적: 데이트 강간은 어떻게 회색
강간이 되었으며 왜 문제인가

25장 순결한 강간: 순결 미신이 어떻게 강간 문화를 강화하는가

허용된 '비동의' 판타지:
우리가 서브미시브 여성을
두려워하는 이유 (그리고
그래서는 안 되는 이유)

:⋯: **시시한 것에 대한 수많은 금기**

8장   강간반대운동가가 페미니스트 섹스 토이숍에 보내는
       연애편지
24장   과정 지향적 처녀
26장   진짜 성교육

10장 공간을 침범하는 여성

코코 푸스코

* 이 글은 코코 푸스코의 퍼포먼스 프로젝트와 『여성 심문관을 위한 현장 가이드*A Field Guide for Female Interrogators*』에서 발췌했다. 그동안 강간을 전쟁의 무기 또는 여군을 복종시키는 수단으로 분석한 글은 많았으나, 정부가 연예계와 같이 개인의 권력이라는 환상을 대가로 여성에게 섹슈얼리티의 자율성을 포기하도록 강요하는 일에 대해서는 거의 논의되지 않았기 때문에 이 글을 싣기로 했다. ― 엮은이

아마 이 글을 다 읽을 때쯤에는 당신이 불쾌할지도 모르겠다. 나는 지나치게 남성적이고 여성 혐오적인 환경에서 지저분한 일을 떠맡고 있는 여군들의 고충을 하나하나 살필 생각이 없기 때문이다. 어려움의 무게를 재는 일은 페미니즘에 기초해 보면 물론 의미 있겠으나, 신보수주의 국가에서 여성과 권력의 관계를 이해하는 수단으로는 부족하다. 여성이 겪는 어려움만 문제 삼다 보면 군대가 자신의 행위를 교묘하게 은폐하는 데 빌미가 될 수 있다. 나는 고문이라는 형식으로 일어나는 성적 공격만이 전쟁에서 걱정해야 할 문제라고 주장하지 않는다. 그렇다고 그 문제를 간과할 수도 없다. 전쟁을 둘러싼 여러 문제 중에서도 고문은 미군의 평판을 깎아내리는 주범으로, 법학자들의 화려한 언변을 통해 합리화되는 관행으로, 적군의 인권을 명시하고 우리가 사용한 무력의 정당성을 평가하는 패러다임으로 존재감을 드러내고 있다. 대중에게 알려진 학대 행위가 대부분 젠더와 관련되고 성적인 것이다 보니, 고문 문제는 유독 선정적이라는 인상이 있다. 나는 민주주의국가의 정부 요원이 자행하는 고문 행위가 이렇게 드러난 적이 있는지, 어쩌면 이런 현상이 고문에 연루된 여성성을 드러내기 때문은 아닌지 논하고자 한다.

포로 학대를 승인하고 실행한 군인들 가운데 "고문에 가담한 여자 영계들torture chicks"을 골라내 책임을 묻는 것은 구금자와 포로가 받는 부당한 대우를 왜곡하는 꼼수다. 실제 미군은 아부그라이브 스캔들(2004년 이라크의 정치범 수용소인 아부그라이브 교도소에서 미군이 포로들을 잔혹하게 학대한 사건. ─옮긴이)이 터졌을 때 이 사건을 군 조직의 잘못이 아닌 몇몇 하급 군인의 개인적 일탈로 규정했다. 이로써 진짜 문제인, 군대 내의 성적 수치심을 주는 문화는 관심의 초점에서 벗어날 수 있었다. 군사법원에 출석한 여군들은 단독으로 고문을 저지르지도 않았고 고위 간부도 아니었다. 언론의 관심이 이 여군들에게 쏠린 결과, 미군이 자행한 고문은 실상보다 훨씬 덜 무섭게 알려졌다. 사진에서 린디 잉글랜드Lynndie England는 포로의 목에 두른 가죽끈을 손에 들고 있는데, 그것을 잡아당겨 목을 조르지는 않는다. 또 사브리나 하먼Sabrina Harman이 시체 옆에서 웃고 있지만, 그녀가 그 시체를 만든 장본인이라고 볼 증거는 없다. 그녀는 그저 죽은 포로 옆에서 부적절하게 행동했을 뿐이다.

사람들은 자연스럽게 이런 의문을 품게 된다. '약한 성性'이 저지르는 고문이 얼마나 악독할 수 있을까? 모욕과 수치를 주는 것보다 더 공격적이어야 고문이라고 할 수 있지 않을까? 남성 중심적인 군대에서 원치 않는 성적 접근을 당하기가 일쑤인 여군이 살아남고 출세하려면 악착같이 노력해야 하지 않나? 가난하고 교육받지 못했으며 남자 친구에게 학대당한 여성들, 군대처럼 권위적인 사회에서 도구로 이용되는 이 여성들이 업무의 일환으로 인권을 침해했다고 해서 꼭 비난받아야 할까? 관타나모 수용소, 이라크, 아프가니스탄 등에서 벌어진 일들처럼 여성이 남성의 성적 본능을 자극하는 행위가 과연 고문일까?

군 조사관들은 몇몇 여성 심문관이 포로에게 자행한 성적 조롱 행위가 "무용"이라고도 불리며 승인된 고문 작전에 해당한다고 결론 내렸다. "무용" 작전은, 아무리 저항해도 소용없음無用을 포로에게 인지시키는 행위다. 군 조사관들은 여성 심문관들의 다른 행위도 "가볍고 무해한 신체 접촉"으로서 용인할 만한 수준이라고 판단했다. 가짜 생리혈을 얼굴에 문지르는 행위는 분명 선을 넘었다고 할 수 있었으나, 조사관들은 이것이 군 조직과 무관하다고 변호했다.[1] 이런 행위는 개인의 보복성 행위로 여겨졌다. 군 조직은 이렇게 사전 승인을 구하지 않고 행동한 개인에게 책임을 돌렸다. 고문 행위를 한 여성 심문관은 결국 공식 징계를 받지 않았고 인터뷰에도 응하지 않았다. 그녀가 징계를 면한 표면적인 이유는 이미 너무 오래된 일인 데다 그녀가 더는 군대에 몸담고 있지 않다는 것이었다. 이렇게 아무런 조치도 취하지 않음으로써, 군은 잘 은폐하기만 하면 고문 행위를 계속 해도 된다는 사실을 조직원들에게 암묵적으로 전달했다.

어쩌면 정부와 언론이 여성에 대한 문화적 관념을 이용해 고문하는 미군의 이미지를 누그러뜨리려는 것인지 모른다. 이는 오늘날 우파가 보수의 대의명분을 위해 정체성 정치(성별. 인종 등 특정 정체성을 기준으로 나뉜 집단이 세력화를 통해 권리를 주장하는 정치. ─옮긴이) 담론을 끌어오는 방식과도 연결된다. 미군 내 여군이 늘어나면서 여군의 특정 자산을 무기로 이용하는 사례도 늘고 있다. 여성에 대한 문화적 관념은 이라크에 주둔 중인 미군에게 인도적인 이미지를 줄 수 있다. 그곳 사람들은 여성을 남성보다 덜 위협적인 존재로 인식하기 때문이다. 게다가 여군의 존재는 미국 통치기관이 젠더 평등을 실현하며 정말로 민주적이라는 인상을 줄 수도 있다. 한편 여군을 심문관으로 투입해 남성 포로의 불안을 자극하는 것은 일명 "여성의 침범Invasion of Space by a Female"으로 불리는 승인된 군사작전인데, 이 이름 자체가 국가에서 여성성의 착취를 스스로 합리화하고 있음을 방증한다. 아부그라이브 교도소의 군 교도관들이 왜 그토록 포로들을 잔혹하게 다뤘는지를 놓고 언론이 들끓은 것과 대조적으로, 여성의 섹슈얼리티 노출을 무기로 이용하는 군 전략에 담긴 의미는 거의 주목받지 못하고 있다.

군 교도소 내 여성은 여러 방식으로 긴장을 누그러뜨리는 동시에 벌을 주는 존재로 기능한다. 증언에 따르면, 남성 포로들은 군 교도소에 여군이 있는 것에 혼란을 느끼는 경우가 많다. 포로들은 여군을 미군을 위해 투입된 성노동자 또는 자신을 성고문하는 주체로 인식한다. 몇몇 포로는 여성이 하는 성적 조롱과 모욕에 유독 민감하게 반응해 약점을 보인다.[2] 여군이 군 교도관으로서 일과를 수행하는 것도 여러 방식으로 포로에게 수치심을 준다. 여군은 남성 포로들의 움직임을 통제하고, 옷을 벗기고, 수색하고, 수염과 머리털을 깎는다. 목욕하거나 용변하는 모습을 감시하기도 한다. 교도관 감시하에 있는 것은 통제를 처벌로 감내하는 행위인데, 교도관이 다른 성별이라면 굳이 처벌이라고 알릴 필요도 없이 고통의 강도를 높일수 있다. 한 심문관에 따르면, 때로 여성 군 교도관들은 청소년 포로들의 긴장을 누그러뜨리는 기능도 한다. 그 반면 남성 포로를 자극하기 위해 교도소에 머무르며 존엄성이 짓밟히는 것 같은 굴욕감을 주기도 한다.[3] 물론 언제나 그러지는 않는다. 포로였던 모아잠 베그Moazzam Begg는 회고록에서 자신을 감시하던 여성 군 교도관과 꽤 우호적인 관계를 형성했다고 밝혔다.[4]

남성 포로를 압박하고 현혹하는 여성 심문관이 다분히 성적인 느낌을 풍기며 문화적 고정관념에 충실한 여성성을 드러낼 때 자극의 수위는 높아진다. 이는 여성을 미끼로 쓰는 것과 같다. 한 남성 심문관은 젊은 포로를 정보원으로 포섭하기 위해 그에게 편히 앉아서 영화를 볼 수 있는 공간을 마련해 준 다음 금발 여군이 나오는 미국 영화를 보여 주었다고 했다.[5] 2002년 아프가니스탄에서 첩보 팀을 관리한 이 심문관은, 여군은 기껏해야 "맹한 심문관"이거나 동정심 많은 위안자라고 주장했다. 다시 말해, 여군은 맡은 일을 제대로 못 하는 백치미가 있거나 맘씨 좋게 눈물을 닦아 주는 엄마 같은 존재라는 것이다.[6] 이 심문관은 아프가니스탄에서 체포된 남성의 여성 가족을 취조할 때 여성 심문관을 투입했는데, 여성이 상대적으로 안전한 존재로 여겨져서 포로 가족과 가까워질 수 있다고 생각했기 때문이다.[7] 심문관 수업에서 내가 만난 강사들은 여성 심문관의 경우 여성성을 이용하고 심문관보다는 보모, 때로는 애인인 척하며 자백을 이끌어 내는 게 가장 좋다고 조언했다.

이런 식으로 여성 심문관과 포로가 대면하는 상황은 성적 공격의 시발점이 될 수 있다. 그런데 많은 경우 이들의 대면은 비교적 통제된 상태에서 이뤄지는 듯 보인다. 여군을 이렇게 활용해야 한다고 주장하는 사람들은 이슬람문화 특성상 여성 심문관을 대한다는 사실만으로도 무슬림 포로에게 큰 부담이 될 수 있다고 말한다. 하지만 나는 여군을 이런 식으로 이용하게 된 배경에 미국 사회가 여성을 보는 관점이 작용하고 있다고 주장한다. 앞에 말한 여성 심문관의 유형은 분명 미국의 문화적 맥락에서 나왔다. 미국 군대 환경은 대체로 여성에게 적대적인 편이다. 남성이 여성을 성적 대상화하는 경향이 그만큼 만연하기 때문이다. 포로를 희롱하라고 여군이 강요받는 역할은, 남성 군인이 여군에게 모멸감을 주며 뒤집어씌운 성차별적 특성과 일치한다.[8]

여군과 남성 포로의 대면은, 포로를 모욕해 심리적으로 불안하게 만드는 것이 목표가 되는 순간 변질되기 시작한다. 여러 포로의 증언에 따르면, 여군들은 벌거벗은 남성 포로에게 성기 크기에 관해 모욕적인 말을 쏟아 내며 수치심을 안겼다. "남자 잡아먹을 년"처럼 구는 여군의 행위는 미군 병장 케일러 윌리엄스Kayla Williams가 이라크에서 심문관들과 일했을 때 겪은 일화를 밝힌 대목에 드러난다. 이라크 모술에 주둔하던 시절, 윌리엄스는 심문관이 아니었지만 아랍어를 할 줄 알고 여성이라는 이유로 그들을 돕게 되었다. 남성 심문관들이 포로

한 명을 끌고 와서 옷을 벗겼다. 그리고 통역을 맡은 그녀에게 "이자의 몸을 조롱하고" "성기 크기를 비웃고" "금발의 미국 여성 앞에서 수치당하고 있음을 그에게 알리라고" 지시했다.[9] 그녀는 마음이 불편했고 자신이 이런 임무를 수행하는 게 부적절하다고 느꼈다. 그러나 자신의 행동보다 남성 심문관들이 포로를 때리고 불고문하는 게 더 큰 잘못이라고 판단했다. 그녀가 보기에 그들의 행위는 제네바협약을 위반한 것이었으나, 자신이 포로에게 전한 모욕적 발언은 그렇지 않았다. 그녀는 당시 느낀 불편함을 언급하면서 어떤 훈련을 받아야 그런 임무를 잘 수행할 수 있을지 고민했다. 이는 그녀가 그런 행위의 정당성을 어느 정도 받아들였음을 보여 준다.[10] 그 뒤 그녀는 자신이 수행한 임무를 원래 맡아야 했던 여성 심문관과 만났는데, 그 심문관은 포로를 성적으로 모욕하는 작전의 정당성을 두둔했다. 그녀의 상관들도 대부분 같은 생각이었다.

지금까지 포로에게 부적절한 작전을 수행해서 처벌받은 여성 심문관은 단 한 명으로 알려졌다. 2003년 아부그라이브 교도소에서 근무한 그녀는 남성 포로에게 나체로 교도소 복도를 걸어 다니도록 강요하는 수치심 주기 작전으로 협조를 구하려 했다.[11] 여러 증언에 따르면, 남성 포로를 대상으로 한 여군들의 성적 도발 수준은 훨씬 더 심각했다. 여군들은 야한 차림과 화장을 한 채 도발적 말과 행동을 했다. 몸에 딱 달라붙고 단추가 풀린 셔츠, 하이힐, 야한 란제리, 헝클어진 머리, 짙은 화장. 포로와 관계자들이 묘사한 여성 심문관들의 모습이다. 성적 언어도 단순히 모욕에 그치지 않았다. 몇몇 포로는 실제로 강간 위협을 당했다. 어느 포로는 미군이 자신을 겁주려고 '스무 번째 납치범'(9·11 테러 사건 때 여객기를 납치한 것으로 알려진 열아홉 명의 명단에 없으며 생존했다는 범인. ―옮긴이)으로 추정되는 자의 잘린

목 주위에 반쯤 벌거벗은 여성의 사진들을 붙여 놓았다고 말했다.[12] 그런가 하면 포로들은 여성 심문관들로부터 성기를 애무당하고 그녀들이 보는 앞에서 자위하도록 강요받았다. 이 밖에도 여성 심문관들이 옷을 벗고 자기 몸이나 포로의 몸을 만지는 등 다양하게 성적 공격 행위를 했다고 전한다. 어떤 경우에는 두세 명이 팀을 이뤄 포로를 도발했다. 이들은 도발 행위에 성적인 언어를 곁들여 효과를 높였다. 어떤 때는 포로를 비난하고 모욕하다가 어떤 때는 흥분시키려고 자극적인 말을 건넸다. 한 예멘인 포로는 자백을 거부했더니 여성 심문관이 딱 달라붙는 티셔츠를 입고 취조실에 들어와 그에게 뭘 원하느냐고 묻고 자기 가슴을 보이면서 "말할래, 아니면 나랑 여섯 시간 동안 이러고 있을래?" 하고 협박한 사실을 밝혔다.[13] 관타나모에 수감되었던 포로는 자신을 취조한 여성 심문관이 도발적 행동과 함께 정치적으로 민감한 말을 했다고 회고했다. 가슴을 훤히 드러낸 그녀가 그의 변호인단이 다 유대인임을 상기시키면서 "유대인은 언제나 아랍인을 배신한다"고 말했다는 것이다.[14]

여성의 섹슈얼리티가 무기로 쓰인 데서 핵심은 이런 작전이 '계획'되었다는 사실이다. 이는 젠더, 섹슈얼리티, 문화 차이에 관해 국가가 견지하는 도구주의적 태도를 보여 준다. 군대가 여성을 구성원으로 받아들인다는 것은, 여성의 특정 자산을 취해 성적 노출에 관대한 사회의 태도를 유리하게 이용하겠다는 뜻이다. 다른 문화권에 대한 정보를 수집하기 위해 젠더와 섹스를 처벌 수단으로 이용하는 것이다. 이른바 미국 여성의 성적 자유분방함이 성에 덜 관대한 문화에서 자란 수감자를 협박하는 수단으로 쓰인다. 이런 행위가 여러 군 교도소에서 보고되었다는 사실로 미루어 보면, 앞에서 본 포로들이 겪은 일을 예외적 사건이나 일탈자의 비행으로 치부하기란 불가능하다. 왜 이런 작전이 실행되었는지 설명하는 가설 중 가장 널리 알려진 것은, 최대한 빨리 의미 있는 정보를 구하느라 혈안이 된 첩보원들이 '아랍 남성은 성적 유혹에 약하다'는 구시대적 오리엔탈리즘에 사로잡혀 있었다는 것이다. 실제로 심문관들은 이라크 반란이 일어나자 곧 훈련의 일환으로 "아랍인의 정신세계"라는 강의를 들었다고 한다.[15] 포로 학대 진상을 조사한 군 조직은 심문관들이 승인된 심문 계획을 따랐을 경우 그들의 행위를 정당화했고, 상부의 승인 없이 진행되었을 경우에는 당사자에게 책임을 돌렸다. 이로써 인권 침해 혐의를 받은 미군의 '강압 작전'이 모두 그랬듯, 포로에 대한 여군의 성폭력도 군 내부의 법적 규율에 따르면 그리 비난받을 만한 일이 아닌 게 된다.

　여성 첩보원들이 섹슈얼리티를 무기로 쓰는 작전을 받아들인 것은 아마 이와 관련 있을 것이다. 이 작전은 군인의 임무를 침해한다고 인식되지 않고, 적법한 국익이 걸려 있을 경우 인권 침해로 여겨지지도 않는다. 국가에 복무하는 여성이 테러리즘을 근절하기 위해 포로에게 성적으로 접근하는 것은 정상적인 행동이 된다. 신체 자율성을 어느 정도 인지하는 민간인에게 성적 행동을 강요한다면 지나친 요구로 보이겠지만, 군인이라면 사정이 달라진다. 군인은 이미 국가에 목숨을 바치겠다고 서약했기 때문에 대의를 위한 성적 공격은 그리 부담스러운 일이 아니다. 이론상 군인은 부당하다고 생각하는 명령에 이의를 제기하고 거부권을 행사할 수 있다. 문제는 군인이 부당함을 어떻게 정의하느냐에 있다. 케일러 윌리엄스는 자신에게 내려진 지시가 부당하다고 생각하지 않았으며 오히려 지시를 제대로 수행하지 못하는 자신의 무능을 반성했다. 즉 그녀는 윤리적이며 법률적인 문제를 철저히 개인의 문제로 돌려 그 행위의 정당성에 대한 고민을 회피한 셈이다. 지금껏 내가 조사한 바로는 군 조직에서 이런 위치에 머무르는 여성이 적지 않다. 군 복무 경험이 있는 몇몇 젊은 여성에게 국가를 위해 섹슈얼리티를 이용하도록 요구받았을 때 어떤 기분이 들었냐고 묻자, 질문을 쉽사리 이해하지 못하는 듯했다. 아니, 어쩌면 대답하기에는 너무 민감한 질문이라고 생각했을지도 모르겠다. 단 한 명만이 〈지옥의 묵시록Apocalypse Now〉의 유명한 장면처럼 군인위문 공연에서 춤을 추는 《플레이보이》 바니걸이 된 것 같다고 답했다.

여기서 문제는 단순히 전시 행동 지침을 근거로 비양심적 행위를 합리화한 데서 그치지 않는다. 내가 보기에 우리 문화는 성폭력에 가담하는 여성 가해자를 의식적으로 이해하는 정치적 언어를 갖지 못했다. 우리는 여성의 정절, 사생활, 감정적 유약함을 도덕적으로 정죄하는 언어를 통해 여성의 섹슈얼리티를 규정하거나 역사적으로 여성을 피해자 자리에 놓는 사고의 틀에서 벗어나지 못하고 있다. 1970년대 이후 페미니스트들은 성적 자기주장을 표현의 자유로 받아들였으며 여성을 도덕적으로 정죄하는 언어를 깨부수려고 노력해 왔다. 이런 운동 방향을 반대하지는 않지만, 지금껏 다룬 성고문의 딜레마가 이런 노력의 한계를 여실히 보여 준다고 지적하지 않을 수 없다. 섹슈얼리티를 과시하는 것은 분명 자아를 실현하는 행동일 수 있다. 그러나 이 행동은 맥락 없이 일어나지 않으며 그 맥락이 반드시 민주적이라는 보장이 없다. 당하는 쪽이 동의하지 않았는데 섹슈얼리티를 과시하는 것은 폭력이다. 게다가 심문 전략의 일부로 합리화하는 순간 이 강압적 행동은 개인의 책임을 뛰어넘는 문제가 된다. 우리는 이 점을 인정하고 싶어 하지 않는다. 대중문화에서 여성이 일으키는 폭력은 대부분 비이성의 결과로 그려진다. 가해자 여성은 버림받은 연인, 화가 난 엄마, 정신착란에 빠진 학대 피해자다. 그래서 전쟁 중에 여성이 의식적으로 폭력을 행사하는 모습은 머릿속에 쉽게 떠오르지 않는다.

아부그라이브 교도소에서 학대당한 포로의 사진들은 실로 충격적이다. 그 흐릿한 사진들은 국가와 시민들이 거리를 두고 싶어 하지만 분명 우리 이름으로 벌인, 지극히 미국적인 정치 행위의 기록이다. 스페인 프랑코 정권과 베트남전 참가 미군이 저지른 부당 행위가 학살당한 민간인들의 사진으로 폭로되었다면, 이라크 침공의 부조리는 힘없는 이라크 포로를 고문하는 미군들의 사진으로 드러났다. 그런데 이 사진들 속 사건을 시시하게 만드는 존재들이 전면에 드러나면서 사진이 주는 충격이 누그러졌다. 비공개 사진들을 확인한 관계자들에 따르면, 우리가 본 사진은 빙산의 일각일 뿐이다. 비공개 사진들에는 포로를 향해 오줌을 누는 군인을 비롯해 강간과 동성 성관계 장면까지 담겨 있다고 한다. 공개된 사진 속 찰스 그래너 Charles Graner, 사브리나 하먼, 린디 잉글랜드가 그런 행동을 하고 있지는 않다. 하지만 이들이 포로와 찍은 사진만 언론에 도배되면서, 이 성고문이 계산된 행위였다는 사실은 조명받지 않은 채 넘어갈 수 있었다. 사진 속 인물 가운데 고위 간부가 없다는 점과 이들이 저지른 끔찍한 폭력의 동기가 불분명하다는 점 때문에 누가 이 현장을 통제했는지, 이 잔혹한 현장을 지휘한 책임자가 있기는 했는지 알아내기가 어렵게 되었다. 사진 속 군 교도관들의 모습은, 성고문이 군 심문 과정에서 치밀하게 계획되고 강압적으로 실행된 작전이라는 숱한 증언과 조사 결과와는 사뭇 달라 보인다.

가학적 장면들로 채워진 아부그라이브 사진들 속에는 어딘가 유쾌한 분위기까지 감지된다. 군 교도관들의 장난기 어린 표정과 치켜든 엄지손가락이 그것을 확인시켜 준다. 누구에게 어떤 지시를 받았건 간에 가해자들이 이토록 신나게 반응한 것은 이들이 집단적으로 공유하는 잔인성 때문이라고 볼 수 있다. 반면, 심문관들은 상대방에게 결코 감정을 내비치면 안 된다고 훈련받는다. 그럴 경우 상황을 통제하는 데 문제가 생길 수 있기 때문이다. 사진에서 여성 군 교도관들은 섹슈얼리티를 노출하지 않는 방식으로 포로를 조롱한다. 이들의 비성적非性的 모욕 행위와 공모자 같은 표정은 마치 '그놈들 중 한 명'으로 자신을 봐 달라고 말하는 듯하다. 즉 이들의 행동은 포로보다는 동료 (남성) 군인들에게 보이기 위한 것에 가깝다. 별게 아닌 듯해도 이들의 존재 덕분에, 사람들은 여성이 개입했으니 상황이 덜 심각했으리라고 생각하게 된다. 이들과 달리 성적으로 포로를 희롱한 여성 심문관들은 여성에게 굴복당하는 것에 대한 남성의 불안을 조종해 기괴하고 소름 끼치는 성적 경험을 강요했다. 이슬람문화가 여성이 저지르는 성희롱에 정말로 유독 민감하게 반응하는지에 대해서는 인권 전문가, 변호사, 문화이론가의 의견이 엇갈린다. 하지만 실제 포로와 목격자의 증언에 따르면, 여성 심문관들이 수행한 작전은 극도로 충격적이었으며 심각한 정신적 트라우마를 남겼다.[16]

아부그라이브 교도소에서 벌어진 만행을 "남자 대학생들의 치기 어린 장난"에 비유하거나 악의적인 몇몇 군인의 짓궂은 행동으로 설명하는 주장이 한때 설득력을 얻기도 했다. 그러나 포로를 성적으로 비하한 군 교도관들의 행위는, 오랫동안 관습으로 용인되며 군인들 사이에서 반복된 성희롱을 닮았다. 군 문화 연구자들에 따르면, 군 문화가 다양한 성폭력을 오랫동안 묵인한 결과 이성 강간·성노동자 착취·동성애 혐오에 따른 폭력 등이 군에서 용인되고 있다.[17] 포로로 잡혔을 때 생존하는 법을 훈련한다면서 '모의 강간'을 하고, 비공식 신병 환영식에서는 남성 간 성관계를 흉내 내거나 실제로 한다.[18] 찰스 그래너와 동료들이 상부 심문관의 지시를 받았을 가능성이 크지만, 전문적인 첩보·심문 훈련을 받지 못한 이들이 평소 군 생활에서 익힌 폭력적 행위를 별생각 없이 반복했을 가능성도 배제할 수 없다.

여성의 섹슈얼리티를 이용하는 작전을 미국 중앙정보국CIA 심문관, 민간 요원, 군 첩보원 중 어느 쪽이 주도했는가에 대해서는 의견이 분분하다. 다만 세 기관이 모두 연루된 것은 분명한 듯하다. 정부 기록·목격자와 포로의 증언·심문관 자백 등을 토대로 수집한 정보에 따르면, 심문 과정에 여성의 섹슈얼리티를 이용하는 작전이 성희롱과 동성애 혐오 행위를 포함하기는 해도 아부그라이브 사진에 담긴 것처럼 거친 폭력 행위는 많지 않았다. 이는 심문 과정에서 신체 공격을 제한하는 군 내부 규정과 일치하며 물리적 힘보다 심리적 압박을 선호하는 미군의 성향을 반영한다. 심문 과정에서 여성의 섹슈얼리티를 이용하는 작전은 대개 외부와 단절된 공간에서 한 번에 포로 한 명을 상대하는 식으로 수행된다. 대놓고 성적인 의미를 담아 포로와 사진을 찍는 것은 그에게 수치스러운 증거를 만들어 정보원으로 포섭하기 위해서지만, 심문 과정에서 여성의 섹슈얼리티를 이용하는 것은 공개적으로 남성성을 공격해 그를 '무너뜨리는' 데 목적이 있다.

미국인 여성의 섹슈얼리티를 무슬림 적에 맞설 무기로 이용한다는 생각은, 갖가지 문화적 편견과 전형에 뿌리를 둔다. 아랍 남성이 성적 유혹에 약하다는 고정관념은 미군이 포로의 남성성을 약점으로 다루게 한다. 또 여성이 덜 위협적이라는 고정관념은 여성의 성희롱이 다른 고문보다 무난하고 참을 만하다는 인식을 만든다. 여성의 성적 공격을 강간으로 규정하는 언어를 갖지 못했기 때문에, 우리는 그런 강간을 인지하는 힘도 기르지 못했다. 군인은 교전 규칙상 용인된다면 적에 대한 어떤 폭력도 합리화하도록 훈련받으며 자기 신체에 대한 지시를 죽음도 불사하는 희생으로 받아들인다. 한편 후기자본주의 사회로 접어든 미국의 하위문화와 대중문화 산업에 만연한 선정적 노출은, 섹슈얼리티를 이용한 고문에 참여하거나 그것을 목격하는 행위를 다르게 해석할 틀을 만든다. 즉 섹슈얼리티를 이용한 고문이 가해자와 피해자 모두에게 에로틱한 놀이이자 금지된 쾌락이라는 것이다.

::::· **권력에 맞서 싸우기**

17장   유사강간이란 전염병
22장   임신이 위법이라면 오직 위법자만이 임신부가 되리라

::::· **미디어의 중요성**

4장   여성의 가치
9장   허용된 '비동의' 판타지: 우리가 서브미시브 여성을
     두려워하는 이유 (그리고 그래서는 안 되는 이유)

::::· **인종**

6장   흑인 이성애자 여성을 퀴어링하다
21장   여성 혐오 죽이기: 사랑, 폭력, 생존 전략에 관한 사적인
     이야기

11장 성적 자율성만으로 부족할 때:

미국 이민 여성에 대한 성폭력

미리엄 조일라 페레스

국경을 넘는 여성들

라틴아메리카 이민자들은 3200킬로미터가 넘는 미국-멕시코 국경의 어느 지점을 지나 미국에 들어선다. 걷거나 차를 운전하거나 차의 짐칸에 실려서 또는 리오그란데강을 헤엄쳐 국경을 넘는다. 검문소를 통과해도, 국경 순찰대의 눈에 띄어도, 장벽이나 철조망을 만나도 안 된다. 날이 갈수록 위험해지는 이민 길에 오르는 여성들은 성폭행과 강간이라는 위험까지 마주친다. 2006년 《보스턴 글로브Boston Globe》 기사에서 줄리 왓슨Julie Watson은 이렇게 지적했다. "강간이 비일비재해서 이민 길에 오르기 전에 피임약을 먹거나 주사를 맞는 여성들이 많다. 유엔여성개발기금UNIFEM의 테리사 로드리게스Teresa Rodriguez에 따르면, 어떤 사람들은 여성에게 강간이 '국경을 넘으려면 치러야 하는 대가'라고 생각한다."[1]

라틴계 여성 인구가 많은 도시에서 재생산 건강 분야에 종사하는 사람들은, 이민 여성들이 겪는 학대의 실상을 누구보다 가까이에서 지켜본다. 이민 여성들은 국경을 넘는 과정에서 얻은 성병을 전혀 치료받지 못한 채 또는 원치 않는 임신을 한 채 미국 땅에 들어선다. 이들은 국경을 통과시켜 주는 **코요테**(밀입국 브로커. ―옮긴이), 함께 이동하는 이민자 무리, 이동 길에 만난 정부 기관 사람들에게 학대를 당한다.

2008년 5월 《시카고 트리뷴Chicago Tribune》이 이민자 문제를 기획 연재로 다뤘다. "미국 애리조나와 멕시코 노갈레스 접경지에서 이민자들을 돕는 기관인 그루포베타Groupo Beta에 따르면, 국경 근처에서 이민 여성은 갱단의 인신매매를 당하거나, 이민 남성을 유인하는 미끼가 되거나, 강간당한다. 그루포베타의 대표 엘리자베스 가르시아 메히아Elizabeth Garcia Mejia 박사는 '여성이 바늘에 걸린 고깃덩어리처럼 〔밀입국 브로커가〕남성을 유인하는 데 이용당하고 있다'고 말한다."[2]

이민 여성이 겪는 성적 학대는 미국 전반에 깔린 강간 문화와 분명 관련 있지만, 그것과 전혀 다른 문제이기도 하다. 성폭력 없는 세상이란 이민 여성에게 어떤 의미일까? 미국 주류 페미니스트들이 강간에 맞서기 위해 쓰는 전략이 이민 여성에게도 과연 유효할까?

전통적인 강간반대운동은 개개인을 교육하는 방향에 초점을 맞춘다. 여성에게 (노출이 심한 옷 입기, 음주, 혼자 다니기 등) '위험한' 행동을 하지 말라고 가르치며 거부할 권리가 있다고 알리고, 남성에게는 선을 넘지 말라고 권하는 식으로 말이다. 그 뒤 등장한 페미니스트들은 여성의 성적 자율성과 쾌락을 되찾는 데 집중한다. 그러나 둘 중 어느 방법이든 상품처럼 다뤄지는 이민 여성을 돕기에는 역부족이다. 사회경제적으로 취약한 이 여성들의 몸은 미국-멕시코 국경에서나 멕시코-과테말라 국경에서나 다를 것 없이 국경 통과와 맞바꾸는 상품으로 전락한다. 예방 조치를 못 한 상태에서 국경을 건너다 강간을 당하거나 이민국 직원에게 성폭행을 당하는 (또는 구금 중에 이런 일을 당하는) 여성은 무방비로 위험에 노출된다. 무엇보다 이민 여성은 피해 사실을 말하는 데 어려움을 겪는다. 불법 입국 과정에서 당한 피해를 신고한다는 것은 강제 추방이나 처벌이라는, 충분히 일어날 수 있는 공포를 감수한다는 뜻이기 때문이다. 게다가 피해 사실을 신고해 가해자들이 성폭력이나 밀입국 알선 혐의로 처벌받게 되면, 여성은 수사에 계속 협조해야 한다는 부담을 진다. 이 경우 **코요테**를 비롯해 밀입국에 연루된 자들에게 보복당할지 모른다는 공포에 시달리는 것은 충분히 이해할 수 있는 일이다. 이 모든 상황에서 가장 무력한 존재인 이민 여성 가운데 스스로 변호할 수 있는 사람은 극히 드물다. 빈곤과 인종차별 구조에서 약자 자리에 있다는 이유로 성적 학대를 당하는 이민 여성에게, 개개인이 노력해 강간을 없애자는 기존 방법은 역부족이다. 여성의 힘을 키우고 성적 자율성을 보장하자는 방법이 물론 의미 있다 한들, 이민 여성을 사지로 내모는 구조적 불균형을 함께 바꾸지 않는 이상 도움이 되지 않는다.

국경을 넘어 미국으로 가는 이민자들의 삶을 한 발 떨어져서 보면, 이민 여성 성폭력을 부추기는 제도의 복잡한 구조가 눈에 들어온다. 무엇보다 먼저 인종차별적이고 계급차별적인 미국 이민정책이 문제다. 미국이 이민 쿼터제를 적용하기 때문에 라틴아메리카에서 미국행 비자를 받을 수 있는 인구는 극히 제한된다. 합법적으로 비자를 받기가 아주 어렵다는 뜻이다. 게다가 북미자유무역협정NAFTA 같은 미국의 해외 경제정책 탓에 라틴아메리카의 경제 상황이 더욱 나빠지면서 미국행을 희망하는 라틴아메리카인이 급격히 늘었다.[3] 그 결과, 미국 밀입국을 돕는 암시장도 함께 커졌다.

부시 행정부가 이민자 단속을 강화하면서 상황은 더욱 심각해졌다. 국경 지대 곳곳에 군인이 배치되고, 미국 멕시코 간 장벽 건설 계획이 논의되기 시작했으며, 불법 이민자들이 드나드는 주요 경로의 감시가 삼엄해졌다. 그런데 이런 조치는 미국으로 유입되는 불법 이민자 수를 줄이지 못했으며 밀입국하려는 많은 이들을 위험한 경로로 내몰아 사망에 이르게 했다.[4] 국경 경비가 강화되면서 비싼 중개료를 요구하고 성적 학대를 일삼는 **코요테**와 밀입국 업자에게 의존하는 이민자 수도 늘었다.

인신매매와 성적 학대

성적 학대는 미국-멕시코 국경을 건너는 여성만 겪는 일이 아니다. 세계 곳곳에서 미국으로 향하는 이민 여성들이 다양한 형태로 착취 위험에 노출된다. 아시아태평양미국여성포럼 NAPAWF이 발표한 '미국 내 인신매매와 아시아·태평양 여성 현황' 자료에 따르면 미국 내 인신매매가 거대한 암시장을 이루고 있는데, 인신매매 피해자의 46퍼센트는 성노동을 강요당하며, 인신매매로 미국에 유입된 이민 여성 중 비중이 가장 큰 집단은 아시아·태평양 여성들이었다.[5] 인신매매의 형태는 다양하다. 밀입국 여성들은 인신매매업자에게 감금당하고, 열악한 노동환경에서 임금을 거의 받지 못한 채 일하고, ("신부 인신매매"라고도 하는) 국제결혼 알선 업자가 정해 준 미국인 남성과 결혼했다가 그에게 성적 학대를 당하고, 가사 도우미 신분으로 입국했다가 고용주에게 부당한 대우를 받는다.

이런 인신매매 사례의 공통점은 여성이 이민자 신분을 유지하려면 가해자에게 의존해야 한다는 사실이다. 미국에 계속 머무르려면 (개인으로서, 아내로서, 피고용인으로서) 후원자와 관계를 유지해야 한다. 그래서 이들의 후원자에게 엄청난 통제권이 주어진다. 이런 힘의 불균형이 학대로 이어지는 경우가 많은데, 여성들(을 비롯한 모든 이민자들)이 강제 추방의 위협 없이 이 상황을 벗어나기란 극도로 어렵다. 미국인 가정의 가사 도우미나 보모 신분으로 미국에 입국한 여성의 경우, 미국인 가정이 그녀를 계속 고용해야만 비자를 유지할 수 있기 때문에 학대와 착취 위험에 매우 취약해진다. 이에 대한 책임은 부분적으로 미국 이민정책에 있지만, 자국민을 보호하고 권리를 교육하는 데 소홀한 외국 정부도 책임에서 자유롭지 못하다. 여기서 우리는 이민 여성들이 강간과 성적 학대에 유독 취약한 원인이 이들의 사회경제적 지위에 있다는 사실을 다시금 확인하게 된다. 강간반대운동의 현재 전략으로는 이 문제를 제대로 해결할 수 없다.

재생산 통제: 이민 여성이 당하는 또 다른 성폭력

2006년에 《미즈Ms.》가 미국령 북마리아나제도연방의 의류공장에서 노동을 착취당하는 이주 여성의 실상을 폭로했다. 이 여성들은 일자리 때문에 임신중지를 강요당하기까지 했다. "1998년 미국 내무부 정보분석실의 조사에 따르면, 중국에서 건너온 공장노동자들은 임신할 경우 '임신중지 시술을 위해 중국으로 강제송환되거나 북마리아나제도 내에서 불법 시술을 강요받았다'고 증언했다."[6]

여성의 재생산권을 제도적으로 통제하려는 시도는 이뿐만이 아니다. 1970년대 초 USC 로스앤젤레스카운티 병원에 모인 의대생과 활동가 들은, 그동안 미국에서 멕시코 출신 여성 수백 명이 원치 않는 불임 시술을 받았다고 폭로했다. 대다수는 제왕절개로 아이를 출산한 직후에 불임 시술을 당했다. (스페인어만 할 줄 아는 여성에게) 영어로 쓰인 동의서에 서명하도록 요구하고, 언제든 원상회복할 수 있는 시술이라고 둘러대고, 진통을 겪느라 정신이 없는 여성에게 수술을 권하는 등 갖가지 방법이 동원되었다.[7] 여성에게 원치 않는 불임 시술을 강요하고, 임신중지를 위해 경제적 유인책(해고 위협)을 쓰고, 싼값에 장기 피임을 권하는 것은 여성의 성생활과 재생산 능력에 영향을 미치고 변형을 가한다는 점에서 성폭력이다. 이런 정책과 관행

이면에는 인종차별에서 출발한 인구 통제론이 있다. 이 인구 통제론은, 이민 여성들이 '앵커 베이비'(미국에서 태어나 미국 시민권을 얻은 아기를 비꼬아 부르는 말이다. 부모가 불법체류 중이라도 이 아기가 훗날 부모를 미국으로 초청할 수 있어서 가족이 미국에 정착하는 데 앵커, 즉 닻과 같은 구실을 한다는 것이다. —옮긴이)를 이용해 미국에 계속 머무르려 한다는 근거 없는 믿음과 특정 인종·특정 민족 인구의 증가에 대한 공포에 뿌리를 두고 있다.

앞으로 나아가기: 이민 여성 학대에 맞서 싸우기

국제결혼중개규제법IMBRA이 미국에서 처음 만들어질 때 지지자들은 이 법의 이름을 아나스타샤 킹Anastasia King으로 짓자고 했다. 아나스타샤 킹은 2000년에 미국인 남편에게 살해당한 동유럽 출신 이민 여성의 이름이다. 국제결혼으로 미국에 정착한 아시아·태평양 여성들도 오랜 세월 남편에게 학대당하고 착취당했으며, 1990년대 워싱턴주에서는 필리핀 여성 두 명이 각자의 남편에게 살해되는 사건도 있었다.[8] 그런데도 지지자들이 법에 백인 이민 여성의 이름을 붙이려고 한 점, 국제결혼 시장에 동유럽 여성들이 유입된 뒤에야 법을 마련했다는 점은 결코 우연이 아니다. 결국 아시아·태평양 여성들이 들고 일어나 항의한 덕에 법의 이름은 아나스타샤 킹 법이 아닌 국제결혼중개규제법으로 정해졌다. 이민 여성 성폭력은 이렇게 젠더, 불평등 문제와 밀접히 연결되어 있으며 계급, 인종 문제와도 떼어 놓을 수 없다.

전미이민여성권리연맹NCIWR은 재생산건강을 위한 전미라틴여성협회NLIRH·전미여성기구NOW·NAPAWF가 함께 이끄는 연합체로서, 이민 여성의 목소리를 이민정책 개혁에 관한 공론의 장 중심에 놓기 위해 힘쓰고 있다. 미국에서 이민 여성이 급격히 늘어났는데도 이민정책 개혁에 관한 논의는 농사나 건축 노동을 하러 미국으로 혼자 건너와 고향 가족에게 돈을 부치며 생활하는 이민 남성에게만 초점을 맞춘다는 점에서 여전하다. 그러나 지금도 점점 더 많은 여성과 어린이 들이 국경을 넘어 미국으로 들어오고 있다. 이들에게 필요한 것은 독신 남성에게 필요한 것과 아주 다르다.

NLIRH와 NAPAWF 같은 단체는 연방정부, 주정부, 지방정부의 정책 변화를 일으키는 한편 이민 여성 스스로 재생산권 운동을 주도할 수 있도록 돕는다. NLIRH는 전국의 여성 단체, 특히 (멕시코과 맞닿은 텍사스처럼) 이민자가 밀집한 지역에서 이민 여성들의 목소리와 요구가 이민정책 개혁 논의에 포함될 수 있도록 힘쓰고 있다. NAPAWF의 지침 문건인 「생존하고 이동할 권리: 반인신매매 활동가 의제Rights to Survival and Mobility: An Anti-Trafficking Activist's Agenda」는 민간 활동가들이 지역사회에서 인신매매에 맞서 싸우는 데 필요한 도구를 제공한다. 즉 인신매매와 아시아·태평양 커뮤니티의 복잡한 관계, 광범위한 반인신매매 의제, 각 지역사회에서 활동을 조직하는 절차 등을 알려 주는 것이다. 이는 복잡한 문제를 해결하고, 이민 여성이 처한 현실과 학대 피해를 알리는 데 도움을 줄 뿐 아니라 개개인의 행동을 이끌어 낸다. 이민 여성의 목소리와 관점이 중심에 오도록 하는 것은 무엇보다 중요하다.

학대당하는 이민 여성을 보호하는 여러 법안이 마련되기까지 미국시민자유연합ACLU과 앞에 소개한 여러 단체가 크게 이바지했다. 여성폭력방지법VAWA과 인신매매피해자보호법TVPA은 가까운 사람에게 폭력을 당하거나 인신매매 피해자가 된 경우, 시민권을 부여해 이민 여성을 보호한다. 또한 국제결혼중개규제법은 국제결혼 산업을 규제하고 국제결혼 시장에 유입된 여성들을 보호한다. 로스앤젤레스에서 멕시코 출신 여성들이 당한 강제 불임 피해가 알려지면서, 1979년에는 연방정부 차원에서 불임 시술에 관한 지침이 마련되었다. 이 지침은 여성이 사전에 정보를 숙지하고 동의하는 절차를 의무화함으로써 강제불임 시술로부터 이민 여성(을 포함해 모든 여성)을 보호하는 데 목적을 둔다. 이런 법제화 노력이 이민 여성에 대한 폭력에 맞서 싸우는 데 귀한 무기가 되어 주는 것은 분명하지만, 이것만으로 이민 여성들을 보호할 수는 없다. 이민 여성 대부분은 이런 법이 있다는 사실조차 모르고, 안다고 해도 법률 서비스를 받기 어려운 상황에 있기 때문이다.

지역사회 활동가들은 이민 여성에 대한 학대를 막기 위해 오랫동안 노력해 왔다. 민간 활동가들이 노동운동, 민족주의 운동, 이민정책 개혁의 일환으로 이민 여성 학대에 맞서 싸우고 있다. 특히 미국-멕시코 접경 지역에서는 국경을 사이에 둔 양쪽 모두 저항과 운동이 활발하다. 멕시코 시우다드후아레스 지역 여성들은 그곳에서 목숨을 잃은 수많은 여성들을 기억하며 목소리를 내고 있다. 미국 캘리포니아와 텍사스의 여성단체들도 비슷한 문제를 제기하고 있다. 메릴랜드주에서 일하는 가사노동자들은 라틴계 이민자 지원 단체인 카사데메릴랜드 CASA de Maryland와 손잡고 외교관의 학대 행위에 맞서 싸우는 한편 가사노동 계약하에 일하는 여성들에게 필요한 지원과 자원을 제공하고 있다. 온라인에서는 유색인종 네티즌들이 이민자학대에 관해 이야기하고 기록하면서 사람들의 관심을 모은다. '브라운페미파워Brownfemipower' 9란 블로거는 3년간 라틴계 이민 여성들이 당하는 학대에 관한 글을 연재했고, '언어팔러제틱멕시칸The Unapologetic Mexican'[10]을 비롯해 많은 매체와 단체가 온라인에서 이민자 문제를 공론화했다.

성폭력 없는 세상이란 이민 여성에게 어떤 곳일까? 이민여성에게 성폭력 문제는 인종, 계급, 젠더와 무관하지 않다. 경제적 정의가 실현되어 모두가 생활임금을 받으며 일하고, 공평한 교육과 의료 서비스를 보장받고, 안전한 환경에서 살 수 있을 때까지 이민 여성이 강간 위협으로부터 자유로울 방법은 없다. 요즘 활동가들은 바로 이런 교차성을 강조하며 다양한 분야 간 협업을 강조하는 체계를 만들고 있다. 예컨대 최근 재생산권 운동은 여성의 삶을 이루는 다양한 요소가 어떻게 맞물려 작동하는지, 변화를 만들려면 이 요소들을 어떻게 고려해야 하는지에 주목하고 있다. (이 운동은 재생산정의를위한아시아공동체ACRJ, NLIRH, NAPAWF, 재생산정의모임 시스터송SisterSong 등이 주도한다.)

거대한 사회 구조 속에서 이민 여성의 지위를 회복하는 것은 여성의 성 권력을 회복하는 일이기도 하다. 미국 페미니스트들 사이에서 특히 인기를 끌고 있는 '성 긍정하기'만으로는 이민 여성에 대한 성폭력을 없앨 수 없다. 이런 운동은 미국 주류 집단과 문화적, 인종적, 계급적 권력이 다른 이민자 집단에게 동일한 반향을 일으키기 힘들 뿐더러 효과를 거두기도 어렵다. 성적 자율성 되찾기, 자기 몸 존중하기, 성적 쾌락 긍정하기, 다양성 수용하기 등은 모두 의미 있는 일이다. 하지만 경제적으로 취약한 상황에 놓여 스스로 결정할 자유 자체를 박탈당했거나 여러 억압에 고통받는 여성에게는 머나먼 얘기일 뿐이다. 그러므로 우리는 학대를 부추기는 제도적 폭력에 먼저 맞서야 한다. 개인의 행동에만 기대는 전략을 뛰어넘어 가장 소외된 이들이 한가운데 자리 잡게 해야 한다.

:::::· **권력에 맞서 싸우기**

10장   공간을 침범하는 여성

17장   유사강간이란 전염병

23장   당신이 창녀라 부르는 사람들은 누구인가: 섹슈얼리티,
        권한 강화, 성 산업에 관한 성노동자들의 대화

:::::· **인종**

6장   흑인 이성애자 여성을 퀴어링하다

7장   마침내 그 순간이 온다면: 근친 성폭력 피해자의 진짜
        생존기

22장   임신이 위법이라면 오직 위법자만이 임신부가 되리라

12장 대중매체의 재판:

흑인 여성의 음란성과 동의의 문제

삼히타 무코파디아이

네 엉덩이여야 한다고 했잖아

네 얼굴은 영 아니니까

내겐 팁드릴이 필요해

내겐 팁드릴이 필요해

팁드릴이 궁금하거든 그녀를 주목해

그녀가 어딨더라 그녀를 주목하라고

그녀가 어딨더라 그녀를 주목하라고 저기 보이네

— 넬리Nelly, 〈팁드릴Tipdrill〉

힙합 가수 넬리가 발표한 노래 〈팁드릴〉은 큰 논란을 일으켰다. 이 곡에서 넬리는 자신이 찾는 여성을 '팁드릴'이라고 표현한다. 매력적이진 않지만 돈을 받으면 몸을 내주는 여자다. 엉덩이가 멋지지만 얼굴은 '못생긴' 여자를 가리키는 말이기도 하다. 이 표현은 스트립 클럽에서 자주 쓰이는데, 여성 댄서가 봉에 거꾸로 매달려 있으면 남성이 '드릴로 구멍을 뚫듯' 여성의 엉덩이 사이에 성기 끝을 갖다 대는 행위를 뜻한다.[1] 이 곡은 유색인종 여성의 몸을 소비 대상으로 보는 대중문화의 일면을 단적으로 보여 준다. 유색인종 여성의 몸은 미국의 평범한 시민에게 주어진 인간다운 지위를 인정받지 못하고 있다. 대중매체가 유색인종 여성을 다루는 방식은, 그들의 섹슈얼리티가 차고 넘치기 때문에 성적 대상으로 볼 수밖에 없다는 믿음에 근거한다. 이런 관점대로라면, 유색인종 여성은 자신의 섹슈얼리티를 소유하지 못한 셈이다. 이 여성들의 섹슈얼리티는 남성·기업·문화 또는 법의 소유물이 되고, 섹슈얼리티를 어떻게 표현할지 결정하는 주체도 바로 이들이다. 복잡하게 뒤엉킨 섹슈얼리티, 동의, 유혹, 억압의 문제는 흑인 여성을 향한 대중매체의 강간 재판으로 곪아 터진 모습을 드러낸다.

대중매체가 강간을 다루는 방식은 모순되고 부적절하며 편향되어 있다. 강간 사건을 "여자 쪽의 일방적 주장"[2]이라거나 "여자의 자업자득"[3]이라고 표현하는 보도 가운데 여성 혐오나 인종차별적 고정관념이 작용하지 않은 기사는 손에 꼽을 정도로 적다. 페미니스트로서 우리는 대중매체가 강간 재판을 어떻게 묘사하는지 각별히 주목해야 한다. 그들의 수사가 재판 결과를 좌우하고 더 나아가 강간 문화를 공고히 할 수 있기 때문이다. 대중매체는 강간 또는 집단 강간, 고문, 성노예, 기타 강제로 행해진 성범죄 등을 증명할 책임을 거의 예외 없이 여성에게 지운다. 강도나 다른 범죄 사건의 경우 피해자가 정말로 그런 일을 당했는지 여부보다 가해자가 누구인지에 더 초점을 맞추는 것과 대조적이다. 피해 여성의 몸을 마치 사건 현장처럼 지나치게 대상화하는 것도 강간 사건만의 특징이다. 이따금 신문 1면을 장식하는 강간 재판은 '인사불성으로 취했거나' '야한 옷을 입은' 여성이 먼저 성관계를 요구했을 것이 틀림없는 경우, 가해자가 가난하거나 백인이 아닐 경우, 또는 피해자인 흑인 여성이 거짓말을 한다고 의심받는 경우다. 인종과 젠더에 관한 고정관념이 교차하는 언론 보도 속 이야기들은 다분히 인종차별적이고 여성 혐오적이라서 그런 방향으로 인물과 사건을 상상하게 유도한다.

대중매체의 '재판'을 받는 강간 사건은 여성에 대한 폭력을 다루는 형사사법제도와 문화 전반에 지대한 영향을 미친다. 다시 말해, 대중매체가 강간 담론의 방향을 결정한다. 유색인종 여성이 피해자인 강간 사건은 지금껏 수없이 반복된 몇몇 서사의 틀에 맞춰 묘사된다. 여성이 돈 때문에 거짓말한다는 서사는 그중 하나로, 곧 이야기할 타와나 브롤리Tawana Brawley 사건과 듀크대 강간 사건에 대한 보도가 대표적이다. 유색인종 여성이 강간당한 것은 가해자인 유색인종 남성이 야만적이기 때문이라는 서사도 자주 등장한다. 대규모 흑인 이재민을 발생시킨 허리케인 카트리나 이후 흑인 여성들의 강간 피해, 그리고 1989년 뉴욕 센트럴파크 강간 사건(백인 여성이 강간당한 사건으로, 유색인종 소년 다섯 명이 범인으로 지목되어 징역형에 처해졌으나 무죄라는 사실이 나중에 밝혀졌다. —옮긴이)에 대한 보도가 이런 서사를 따른다. 유색인종 여성은 상반된 두 유형, 즉 지나치게 성적이라 먼저 관계를 요구하는 여성 또는 여성 혐오가 난무하는 유색인종 남성 사회로부터 보호받아야 할 무고한 피해자 중 하나로 그려진다. 유색인종 여성이 둘 중 어느 자리에 놓이든, 백인의 섹슈얼리티는 노골적이지 않고 정중하며 모든 인종의 여성을 보호하는 '호감형' 자리를 고수한다.

미국의 대다수 주가 채택한 강간 처벌법으로는 폭력을 입증하기가 매우 어렵다. 증거를 보존하기가 여의치 않다 보니 대부분 '남자의 주장'과 '여자의 주장'이 부딪치는 구도로 흘러가게 된다. 그리고 예전부터 강간 처벌법은 공공연하게 성차별적이었다. 20세기 말까지 아내는 남편의 소유물이었기에 남편이 아내를 강간하는 것은 합법이었다. 백인이 아닌 여성의 몸을 보호하는 움직임은 또 다른 궤적을 보인다. 노예제와 차별의 역사를 거치는 동안 흑인 여성의 몸은 대상이자 누군가의 소유물이었다. 나는 지금도 이 사실이 변치 않았다고 생각한다. **흑인 여성은 인간이 아니므로** 어떠한 인권도 갖지 않는다는 생각은, 법적으로나 문화적으로나 당연하게 받아들여졌다. 따라서 흑인 여성을 강간하는 것은 불법이 아니었다. 흑인 여성은 인격체로서 아무런 권리가 없으니 말이다. 흑인 여성 강간이 성립하지 않은 것은 흑인 여성이 인간보다 못한 '짐승' 취급을 받았기 때문이며 천성적으로 유혹하는 기질이 있어 성관계에 늘 응한다고 여겨졌기 때문이다. 세이디야 하트먼Saidiya Hartman은 「유혹과 권력의 농간Seduction and the Ruses of Power」에서 이런 통념을 다루며 '유혹 담론'을 발전시킨다. 이런 통념이 "동의와 강요, 느낌과 복종, 친밀함과 지배, 폭력과 상호관계에 대한 혼동"에서 나온다는 것이다. 흑인 여성의 몸은 아직도 노예 상태를 벗어나지 못했으며 여기에 유혹하는 성질을 타고났다는 편견까지 더해져 현 사법제도가 흑인 여성 강간을 받아들이지 못하는 결과에 이르렀다.

흑인 여성의 몸을 강간과 성적 학대의 대상으로 오용한 역사는 흑인 여성을 인간으로서 대접하지 않고 시민권을 박탈한 채 소비, 유흥, 소유, 학대 등의 대상으로 억압하는 데 선례가 되었다. 흑인 여성을 강간하는 것은 불법이다. 강간이 위법 행위이기 때문이다. 하지만 흑인 여성의 몸을 오용한 과거의 법이 문화에 남아, 흑인 여성에 관한 편견을 고착화하는 서사와 구조적·계급적 불평등과 문화적 관행 등을 통해 흑인 여성의 강간 피해를 입증하기 어려운 환경을 존속시키고 있다.

유색인종 여성이 당한 강간 사건이 전국지 1면을 장식하는 경우는 드물다. 있다 하더라도 피해자를 비난하는 위험한 통념에 충실한 경우가 대부분이다. '회색 강간'(《코스모폴리탄》의 정의에 따르면 "동의와 거부 중간 지점에서 일어난" 강간)이 있다는 거짓 주장을 퍼뜨리고, 생존자가 "천박하게 옷을 입었다"거나 "먼저 요구했다"고 보도한다. 심지어 유색인종 성노동자나 일반 여성을 강간한다는 것은 아예 불가능하다고 말하기도 하는데, 유색인종 여성은 지나치게 성적이라서 언제나 섹스에 응할 뜻이 있다는 것이다. 이런 오해가 대중매체를 통해 끊임없이 재생산되어 문화 전반으로 퍼져 나간다. 대중매체의 재판에서 중요한 쟁점은 범죄의 흉악성이 아니다. 범죄행위 대신 그 행위를 유도한 여성의 행위가 쟁점이 된다. 피해자가 성노동자라면 문제는 더욱 복잡해진다. 넬리가 아주 적나라하게 표현했듯이, 여성의 몸이 남성의 쾌락을 위해서만 존재하는 것이라면 여성의 얼굴도 인격도 중요하지 않다. 인격과 분리된 흑인 여성의 몸은 철저히 대상으로 소비된다. 성노동, 스트립 댄스를 비롯해 연예 분야에서 일하는 흑인 여성은 바로 이런 맥락에서 자기에게 주어진 기능을 수행한다. 따라서 이들을 강제로 범하는 것은 아무런 문제가 되지 않는다.

지금껏 치러진 대중매체 재판 중 가장 경악스러운 사례가 2006년 듀크대 강간 사건에 관한 재판이다. 듀크대 라크로스 팀원들이 흑인 스트립 댄서를 강간해 기소되었다는 소식이 대서특필되었을 때 미국인(적어도 미국 페미니스트)들은 충격에 휩싸였다. 사건 이후 언론과 온라인 매체가 보인 태도는 인종차별과 성차별적 보도가 대중매체를 여전히 지배하고 있음을, 아이비리그 명문대에 다닐 만큼 멀쩡한 세 남성이 흑인 여성을 성폭행한다는 것을 미국 사회가 도무지 받아들이지 못하고 있음을 아주 명확히 입증했다.

2006년 3월에 듀크대 라크로스 팀원 몇몇이 파티를 열고 스트립 댄서 세 명을 고용했다. 이날 밤 파티에서 무슨 일이 벌어졌는지에 관해서는 여러 이야기가 있는데, 확실히 밝혀진 것은 댄서 한 명이 파티 후 남학생 세 명을 강간 혐의로 고소했다는 사실이다. 《샌프란시스코 크로니클San Francisco Chronicle》에 따르면, 스트립 댄서로 파티에 참석한 흑인 여성이 화장실에서 남학생 세 명에게 "두드려 맞고, 목을 졸리고, 강간당하고, 항문 성교를 강요당했다". 화장실 바닥에서는 여성이 저항하는 과정에 부러진 손톱 조각 네 개가 발견되었다. 다른 증거도 발견되었으나 대부분 증거로 채택되지 못했으며 수사는 1년 뒤 증거 불충분으로 종결되었다. 그리고 얼마 뒤, 이 사건을 맡았던 검사 마이크 니퐁Mike Nifong이 증거가 부족한 사건을 무리하게 수사해 무고한 피해자를 만들 뻔했다는 이유로 "부정, 사기, 기만, 허위"[4] 책임을 지고 자리에서 물러났다. 파티가 있던 날 밤 정확히 무슨 일이 벌어졌는지는 아무도 모른다. 그러나 이 사건을 소비하는 대중매체와 이를 이용하려는 기회주의적 정치인들의 모습을 통해, 강간 피해를 신고한 흑인 여성들이 어떤 현실을 마주하게 되는지 그리고 정치적 이해관계 때문에 그들의 이야기가 어떻게 왜곡되는지가 훤히 드러났다.

이 사건이 처음 세상에 알려졌을 때, 몇몇 정치 평론가와 페미니스트 들은 흑인 여성이 성폭력을 신고하기가 어려운 현실을 지적했다. 흑인 여성에 대한 성폭력은 문제가 되지 않으며 성폭력을 당한다면 그만한 이유가 있다는 식의 은밀한 서사가 이 사회를 지배하기 때문이라는 것이다. 강간을 입증하기란 매우 부담스러운 일이며 흑인 여성에게는 더욱 그렇다. 흑인 여성에게 섹스를 강요한 것이 과연 강간인가 하는 의심이 사람들 마음속에 있기 때문이다.

흥미로운 점은, 이 사건이 처음 터졌을 때만 해도 대중매체와 대중이 남학생들을 가해자로 묘사했다는 사실이다. 1987년에 경찰관을 포함해 백인 남성 여섯 명을 강간 혐의로 고소한 열다섯 살 소녀 타와나 브롤리 사건도 처음에는 이와 유사한 분위기였다. 하지만 명망 있는 알 샤프턴Al Sharpton 목사가 피해 소녀를 공개적으로 두둔했는데도 그녀를 동정하는 분위기는 오래가지 못했으며 인종차별적이고 성차별적인 언론 보도가 줄지도 않았다. 대개 이런 사건들은 대중이 적극적으로 원인을 파헤치도록 하는 힘을 가지고 있다. 듀크대 강간 사건의 경우, 평범한 미국인들이 명문대 남학생 사교 클럽의 엘리트주의와 오만과 특권 의식에 마침내 진저리를 치며 이제 그들도 법의 냉혹한 맛을 봐야 한다고 생각하게 되는 집단 '각성'의 순간으로 이어질 수도 있었다.

하지만 그런 일은 당연히 일어나지 않았다. 몇몇 기사가 피해 여성이 과거에도 강간 혐의로 남성을 고소한 일이 있는지, 정신 건강에 문제가 있는지 등을 조명하고 그녀가 젊은 흑인 여성이며 생활보조금을 받는 스트립 댄서라는 사실을 알리자마자 순식간에 언론 보도 양상이 달라졌다. 여성의 권리와 인종 간 정의를 추구하는 사람들이 걱정하던 방향으로. 게다가 사건을 담당한 백인 지방검사가 지역구인 더럼에서 흑인 유권자 표를 얻으려고 수사에 개입했다는 사실까지 드러나, 이 사건은 인종차별을 역이용한 끔찍한 사례로 남았다. 결국 수사가 종결된 이 사건은 '흑인 스트리퍼는 거짓말하는 창녀'라는 서사를 더욱 공고히 하는 불운한 결과를 낳았다. 대중매체가 인종 담론을 다루는 방식이 후퇴한 것은 당연했다. 강간당한 유색인종 여성들의 입을 막았고, '사내애들이 다 그렇듯' 재미있게 놀았을 뿐인 가난하고 무고한 대학생들을 함정에 빠트리려고 거짓말을 밥 먹듯 하는 흑인이 진실을 왜곡한다는 대중과 보수 논객들의 주장에 근거를 제공했다.

대중은 엉뚱한 방향으로 의문을 품었다. 증거 불충분 판결이 나자 고소 여성이 거짓말을 한다는 소문이 돌았다. 한 매체는 과거에도 강간당했다며 허위 고소한 적이 있는 여성이 이번에도 거짓말하는 것이라는 기사를 냈다. 어떤 형태로든 폭력이 벌어졌다는 사실은 철저히 외면당했다. 성적 폭력의 상징이자 기준이 되어 버린 삽입 행위가 이 여성의 몸에 강요되었는지에 집착하느라, 그녀가 '백인 남성에게 즐거움을 주는' 일에 종사하는 유색인종 여성으로서 인종차별적이고 성차별적인 제도에 갇혀 여러 차례 폭행당했다는 사실, 그리고 그녀의 몸을 공공 재로 여기는 담론에 꾸준히 맞서 싸워야 했다는 사실까지 모조리 간과되었다. 참혹하게 두드려 맞고 목 졸리고 강간당하고 항문성교를 당한 것이 아니라면, 그녀는 틀림없이 거짓말쟁이였다. 감히 그런 거짓말로 전도유망한 백인 남성 세 명의 앞길을 막으려 들다니!

그런데 여성의 진실성이 대중매체의 심판대에 오른 것과 대조적으로 세 남학생이 평소 말썽을 피우고 난폭하게 행동한 것은 '사내애들은 다 그런다'는 말로 정리되었다. 사건이 일어나던 날 그녀는 건물을 나서며 인종차별적 욕설을 듣고 괴롭힘을 당한 것으로 알려졌다. 심지어 흑인을 비하하는 n으로 시작하는 단어까지 들어야 했다. 그러나 그녀가 과연 강간당했는지에 온 초점이 맞춰지면서 이런 사실은 모두 묻히고 말았다. 그 무엇도 잘못된 행동으로 여겨지지 않았다.

듀크대의 성차별 문화를 다룬 《롤링 스톤*Rolling Stone*》 기사를 비롯해 몇몇 기사는 듀크대의 일부 여학생들이 이 사건을 어떻게 보는지에 주목했다. 이 여학생들은 스트리퍼인 피해 여성의 몸은 보호받거나 존중받거나 건전하게 다뤄질 수 있는 대상이 아니며, 남성이 소비하고 강제로 삽입하고 함부로 다루는 대상이라고 생각했다. 이런 사고를 담은 서사는 성노동 여성이나 '헤프게' 옷 입은 여성이 강간을 자초한다는 이야기를 만들어 낸다. 뭔가 잘못 처신했으니 강간당하지 않았겠냐는 믿음은, 강간 위험으로부터 각자 알아서 몸을 보호하라며 부담을 여성에게 떠넘긴다. 늦은 밤에 걸어 다니면 안 되고 술을 너무 많이 마셔도 안 된다고, 하물며 '스트리퍼'로 일한다면 결과야 뻔하지 않겠느냐고 말한다. 게다가 흑인 여성은, 유혹하는 기질이 있다고 오해받기 때문에 '먼저 성관계를 요청'하지 않아도 늘 성관계에 응할 마음이 있다고 여겨진다.

보수 성향 블로그와 여러 토론장에서는 백인 남성이 흑인 여성을 강간할 리 없으니 강간은 일어나지 않았을 거라는 주장이 나왔다. 노예제와 인종차별의 역사가 그 반대 사실을 가리키는 것은 중요하지 않았다. 게다가 남성들이 출장 스트립 댄서를 호출할 때는 보통 백인 댄서를 훨씬 선호한다는 사실도 간과되었다. 듀크대 남학생들은 특별히 흑인 여성을 요구했다고 알려졌다.[5] 즉 이들은 흑인 여성에게 존재한다고 믿는 무언가를 원했다. 넬리 식으로 '포주'와 '창녀' 이미지를 멋지다고 여기는 시대에 이르러 흑인 여성의 몸은 새로운 방식으로, 다시 말해, 모든 남성이 추파를 던질 수 있게 끊임없이 전시되는 방식으로 공공재가 되었다. MTV나 VH1 채널에서 방영되는 프로그램을 비롯해 수없이 많은 쇼와 비디오에는 순전히 남성의 눈요깃거리로 거의 발가벗은 채 춤추는 흑인 여성들이 등장한다. 이들은 말하는 주체가 아니라 말해지는 대상이 되어 몸을 흔들 뿐이다. 흑인 여성을 공공재로 보고 그 몸을 소비 대상으로 여기는 문화에서 유색인종 여성, 특히 흑인 여성에 대한 인종차별적 성폭력에는 미국 사회의 여성 혐오가 집약적으로 드러난다 해도 과언이 아니다. 강간이 여전히 만연한 이 시대는 더욱 그렇다. 오늘날 남성들은 어릴 때부터 힙합을 대중문화로 접하며 대부분 상업적 목적으로 생산되어 주입되는, 유색인종 여성의 성적 이미지에 끊임없이 노출되고 있다.

유색인종 여성들 중 상당수는 강간 피해를 신고할 형편이 못 되거나 안전하게 신고하는 방법을 모른다. 형사사법제도가 유색인종을 어떻게 대했는지 역사를 돌아보면, 유색인종 여성이 그 제도를 신뢰하고 자신을 지켜 줄 것으로 생각할 수 있겠는가? 게다가 수치심과 공포심, 내면화된 죄책감이 이 여성들을 망설이게 한다. 미국의 강간 문화는 유색인종 여성의 목소리를 빼앗고 있다. 강간당한 백인 여성의 이야기도 허술하게 구성되기는 마찬가지지만 유색인종 여성의 이야기와는 분명 다른 전제에서 출발한다. 최소한 피해자의 인격 또는 시민권, 법의 보호를 받을 정당한 권리를 인정한다. 그 반면 아무도 유색인종 여성을 믿지 않고 아무도 **너 같은 건** 강간하지 않는다고 말하는 현실에서 유색인종 여성들은 계속 침묵할 수밖에 없다. 그런데 흑인 남성이 백인 여성을 강간하는 서사는 일반적이고 설득력 있다고 여겨지며 인종차별적 판결과 사법제도뿐 아니라 흑인을 향한 폭력을 정당화한다. 백인 여성은 흑인 남성에게 강간당했다고 거짓말한다는 의심을 받지 않는다. 노예제 시절 흑인 남성과 성관계를 맺은 백인 여성들이 자주 그런 거짓말을 했는데도 말이다. 그런 거짓말에 넘어가는 사람들의 심리 이면에는, 백인 여성은 순결하다는 생각과 흑인 남성으로부터 백인 여성을 지켜야 한다는 생각이 있다. 하지만 '흑인 여성을 강간한 백인 남성' 서사는 이와 다르게 발전해 왔다. 흑인 여성과 백인 남성 사이에 권력의 위계가 존재하며 백인 남성은 인종과 계급을 불문하고 모든 여성의 몸을 취할 권리가 있다는 믿음 때문이다.

듀크대 강간 사건의 가해자들이 혐의를 벗게 되었을 때, 보수 논객들은 가난하고 무고한 청년들에게 죄를 뒤집어씌웠다며 페미니스트와 인종 정의 활동가 들에게 사과를 요구했다. 당시 나도 이 사건에 대한 글을 블로그에 올렸다는 이유로 거센 비난과 함께 협박 메일과 강간 위협까지 받았다. 그 논객들은 이 사건이 백인 남성 중심 정치 담론을 심각하게 위협한다고 보았다. 현 제도하에서 무고한 흑인 남성들이 계속 기소되고 감옥에 갇히는 동안 그들의 목소리는 대체 어디에 있는가? 아무 데도 없다.

당시 이 사건은 폭스 뉴스가 피해 여성의 신상 정보, 이름, 주소, 자동차등록번호를 공개하는 부끄러운 결과로까지 이어졌다. 왜 이런 일이 일어났을까? 앞길이 창창한 세 젊은이의 평판을 흑인 여성이 추락시킬 수 없으며 만일 그러려고 시도한다면 그녀는 추락하고 말 것이라는 경고를 세상에 보이기 위해서였다. 이 사건으로 피해 여성의 삶은 망가지고 말았으니 그녀가 그들을 허위 고소했다는 주장은 설득력이 없다. 아마도 그녀는 평생 폭력에 맞서 싸우며 터득한 도구를 절박한 심정으로 썼을지도 모른다.

무엇보다 안타까운 결과는, 전국적으로 화제를 모은 이 사건이 일단락된 뒤로 '잘나가는 사람을 망치려 들지 말라'는 서사가 한층 더 견고해져 강간 신고율이 감소한 것으로 보인다는 사실이다. 이제 제도가 자신들을 책임져 주지 않는다는 것을 알게 된 여성들은 인종차별적인 성폭력을 당해도 그 사실을 밝히는 데 어느 때보다 주저하고 있다. 이런 양상은 유색인종 여성에 대한 폭력을 말하지 못하게 한다. 한편 듀크대 3인조를 변호하는 책은 두 권이나 세상에 나왔다.[6] 이들은 좋은 직장을 얻게 될 것이다. 명문대를 졸업해 특권을 누리고 성공적인 삶을 살 것이다. 그리고 파티에서 조금 짓궂게 놀았다는 이유로 억울하게 강간 혐의를 뒤집어쓴 무고한 백인 남학생들로 역사에 기록될 것이다.

듀크대 강간 사건, 타와나 브롤리 사건, 허리케인 카트리나 강간 사건 등은 여성에게 어떤 일이 벌어졌는가에 주목하지 않았다. 이 사건들은 우리 문화에 존재하는 논쟁적 서사, 즉 흑인 여성은 공공재이며 성폭력으로부터 스스로 보호할 자격이 없다고 말하는 서사를 보여 주었다. 이 사건들을 다룬 대중매체가 강간의 진위 여부를 끊임없이 의심한 것이 그 증거다. 보도가 공정하고 정확해야 공정한 재판과 효과적 처벌이 가능해지고 피해 여성이 강간 사실을 증명할 책임을 떠안지 않아도 된다. 우리는 강간 재판을 다루는 보도가, 형사사법제도와 대중매체에 영향을 미치는 강간 문화를 의식하고 공정해지도록 요구해야 한다. 유색인종 여성의 인격을 부정하는 지배 서사가 변하지 않는다면, 아무리 여성들이 자기 이야기를 털어놓아도 그 이야기는 끊임없이 왜곡되고 오해받을 것이다.

∴ 권력에 맞서 싸우기

10장　공간을 침범하는 여성

22장　임신이 위법이라면 오직 위법자만이 임신부가 되리라

∴ 미디어의 중요성

13장　새 옷을 입은 오래된 적: 데이트 강간은 어떻게 회색
　　　강간이 되었으며 왜 문제인가

25장　순결한 강간: 순결 미신이 어떻게 강간 문화를 강화하는가

∴ 인종

6장　흑인 이성애자 여성을 퀴어링하다

11장　성적 자율성만으로 부족할 때: 미국 이민 여성에 대한
　　　성폭력

13장 새 옷을 입은 죄:

데이트 강간은 어떻게 회색 강간이 되었으며

왜 문제인가

리사 저비스

회색 강간이란 건 없다고 넘겨 버리면 참 좋을 것 같다. 나야 그러고 싶지만 (그러면 그 존재가 사라질 수 있을까?) 그럴 수 없다. 회색 강간은 허구가 아니기 때문이다. '잡년' 비난에 앞장선 복고주의자 로라 세션스 스텝Laura Sessions Stepp이 2007년 9월 《코스모폴리탄》 기사 「신종 데이트 강간A New Kind of Date Rape」에서 "그저 그런 추파, 오해, 알코올" 때문에 "동의와 거부 중간에서 일어난 섹스"란 뜻으로 써서 유명해진 회색 강간이란 표현은, 고등학교 시절 수학 선생님의 "새 모자를 쓴 친구"라는 비유보다 심각하다. 정확히 말해, 이것은 '새 미니스커트를 입은 오래된 적'이라고 해야 한다. 수학 선생님이 말한 건 미적분 변수였지만 지금 내가 말하는 건 피해자를 비난하는 역겹고 파괴적인 문화의 산물로서 여성이 자신을 혐오하고 의심하고 비난하도록, 타인이 저지른 범죄행위의 책임을 대신 떠안도록, 자신의 욕망을 겁내고 본능을 불신하도록 만든다.[1]

물론 헛소리로 무시해 버리면 그만이다. 하지만 스텝이 이 기사에 그치지 않고 가볍게 즐기는 섹스의 감정적 해악을 다룬 책 『헤픈 여자:섹스만 좇고 사랑을 미루다 둘 다 놓치고 마는 젊은 여성들Unhooked: How Young Women Pursue Sex, Delay Love, and Fail at Both』을 발표하면서 회색 강간 개념은 법학자, 검사, 성폭력 전문가, 《뉴욕 타임스The New York Times》부터 《슬레이트Slate》, 공영방송 PBS의 〈투 더 컨트러리To the Contrary〉, 대학생 기자, 여러 블로거, 페미니스트 등의 입에 오르내리게 되었다. 이와 더불어 잘못된 말로 성적인 여성을 폄하하고, 출세하거나 좋은 남자를 만나려면 추잡한 욕망을 억제하라고 우리에게 경고하던 책들도 잊지 않기를 바란다. 웬디 샬리트Wendy Shalit의 『참한 여자Girls Gone Mild』(지식인층을 겨냥해 1999년에 펴낸 『다시 숙녀가 되다A Return to Modesty』), 돈 이든Dawn Eden의 2006년 작 『짜릿한 순수The Thrill of the Chaste』, 미리엄 그로스먼Miriam

Grossman의 2007년 작 『무방비Unprotected』 등이다. 그런가 하면 "내숭을 떨며 은근히 끼를 부린다는 건 남성이 강간 형식으로 그녀에게 접근해야 한다는 뜻"이라고 말한 커밀 팔리아Camille Paglia와 "정말 여성 동지들의 25퍼센트가 강간을 당했다면 내가 몰랐겠느냐"고 말한 케이티 로이프Katie Roiphe 같은 강간 옹호론자들이 조성한 분위기는 회색 강간 개념과 결합해 가공할 힘을 발휘했다.

회색 강간 개념을 제시한 《코스모폴리탄》 기사가 꽤 반향을 일으켰지만, 사실 우리는 예전부터 회색 강간에 익숙했다. 회색 강간은 피해자에게 혼란과 죄책감과 수치심을 주고, 달리 행동했다면 그 일을 피할 수 있지 않았을까 하고 자꾸 후회하게 한다. 《코스모폴리탄》과 인터뷰한 얼리샤Alicia는 "뭘 해야 할지, 누구한테 말해야 할지, 이게 내 잘못인지 몰라서 더러운 기분이 들었다. (…) 어쩌면 싫다고 단호하게 말하지 않은 내 탓인지 모르겠다" 하고 말했다. 여성들은 강간 피해자로 낙인찍히고 거짓말쟁이로 의심받을 수 있다는 두려움 때문에 그 경험을 강간이라고 부르지 않았다. 얼리샤의 일을 두고 스텝은 이렇게 말했다. "그녀는 그 사건을 강간이라고 느꼈지만 다른 사람들 눈에는 어떻게 보일지 확신이 서지 않았다. (…) 지금도 그녀는 그 사건을 강간이라고 부르고 싶어 하지 않는다. 자신은 피해자가 아니라 강한 존재이며 성적으로 자립한 여성이라고 믿기 때문이다."

어딘가 익숙하다고? 사건 당시 구체적인 상황과 무관하게 강간 피해자들이 느끼는 죄책감과 수치심, 자기 비난과 부정 심리는 아주 흡사하기 때문이다. 치료사, 성폭력 피해 상담가, 피해 당사자, 피해자의 가까운 친구나 가족 모두 이 사실을 너무나 잘 알고 있다. 낯선 사람에게 강간당한 피해자는 왜 미리 알아차리지 못했는지, 왜 더 '안전한' 길로 가지 못했는지를 두고 자책한다. 데이트 상대나 친구, 술집에서 만난 이성에게 강간당한 피해자는 트라우마로 남은 그날의 기억들이 드문드문 떠오를 때마다 그때 자신이 틈을 주고, 입을 맞추고, 마지막이라며 권하는 칵테일을 계속 받아 마셨다는 사실을 곱씹으며 괴로워한다. 강간 생존자들은 입을 맞추기라도 한 듯 똑같은 말을 되풀이한다. "제 잘못이라고 생각했어요. 굴욕적이었고 부끄러웠어요." "너무 부끄럽고 혼란스러워서 무슨 일을 당했는지 아무에게도 말하지 못했어요. 그냥 혼자 덮어 두려고 했어요."[2]

덤불에서 칼을 들고 튀어나온 낯선 사람에게 강간당한 극단적인 경우가 아니고서는 대부분 자기 경험을 강간이라고 부르기를 꺼린다. 적극적이고 물리적인 저항이 있어야만 비동의를 표현한 것이라고 세상이 가르친다면, 데이트 상대가 '노'를 존중하지 않은 원인을 **당신**의 행동에서 찾아야 한다면, 강간을 강간이라고 부르기란 어렵다. 바로 이런 이유에서 지금껏 (그리고 앞으로도) 페미니스트들은 데이트 강간을 심각한 문제로 인식해야 한다고 열심히 주장한다. 이 현상을 본격적으로 다룬 첫 책이 1998년에 『난 그걸 강간이라고 부르지 못했다*I Never Called It Rape*』라는 제목으로 나온 것도 같은 이유에서다. 낙인과 공포가 죄책감, 수치심, 부정 심리를 부추기고 사회가 그런 감정을 이용해 낙인과 공포를 다시 강화하는 악순환이 반복되고 있다. 앞에서 말한 얼리샤의 경우에도 이 악순환을 볼 수 있다. 얼리샤는 강하고 성적으로 자립한 여성으로서 이미지를 지키려고 하는데, 마치 다른 누군가의 행동이 이런 자질을 결정할 수 있다고 믿는 듯하다. 다른 사람들이 자신의 강간 피해 사실에 동의하지 않을까 걱정하고, 자신이 알고 있는 사실을 다른 사람의 생각에 맞춰 왜곡하려 하기 때문이다. 웹사이트 '이세벨'에서 모*Moe*란 필명으로 활동하는 블로거는 자신이 겪은 성폭력에 관해 글을 쓰면서 현란한 언변과 감정적 호소로 그 경험을 가공한다. 그녀는 "전 남자 친구의 사교 클럽에 있던 지나치게 친절하고 멋을 부린 남자애"와 하룻밤을 보냈는데, 그는 섹스 거부 의사를 여러 번 표현한 그녀가 술에 완전히 곯아떨어질 때까지 기다렸다가 "삽입"을 했다. 그런데 그녀는 이 일을 강간이 아니라 "술에 취한 밤에 벌어진 불상사"라고 말했다. "《코스모폴리탄》이 내가 겪은 일처럼 대학가에서 비폭력적으로 벌어지는 유사 데이트 강간에 이름을 붙여 줬다"며 회색 강간이라는 표현에 찬성하는 듯한 글을 남기기도 했다.

"회색 강간"이라는 말은 피해자 비난하기의 악순환을 가속화한다. 이 말은 대화나 술자리에 애매한 회색 지대가 있으니 당신의 기억과 본능, 심지어 경험까지 의심해야 한다는 생각에 근거를 둔다. 그리고 이런 생각은 죄책감, 수치심, 부정 심리를 증폭하는 치욕과 공포를 당신 마음에 심는다. 딱히 새로운 생각이 아니지만, 이 생각을 회색 강간이라는 말과 결부한 전략은 새롭다. 그러나 회색 강간도 엄연히 데이트 강간이다. 피해자는 가해자를 알고, 성적 행위 중 일부에 동의했을 수 있다. 따라서 이 피해자는 자기 경험을 '강간'이라고 부르기를 언제나 꺼림칙하게 여긴다. 회색 강간 옹호론자들은 이 점을 악용해 가해자의 책임을 피해자에게 돌리려고 한다. 그러나 피해자가 느끼는 꺼림칙함은 이 사회의 병적인 사고를 보여 주는 증상과 같다. 이를테면 성차별적이고 여성 혐오적인 생각, 여성의 몸에 대한 남성의 소유 의식, 남성이 구슬리고 조종하고 자기 뜻을 밀어붙이려고 할 때 여성은 자기 안에 있는 탐스러운 성을 알아서 지켜야 하며 남녀의 성관계 과정이 원래 이렇다는 생각 들이다. 이런 증상이 있기 때문에 강간이 일어나는 것이다.

이 사회적 질병은 조금씩 모습을 바꿔 가며 계속 존재한다. 연약함이 더는 여성의 미덕이 아니고, 강간의 책임이 피해자가 아닌 가해자에게 있음을 확실히 하기 위해 많은 사람이 기나긴 세월 동안 노력했는데도 (블로그 '셰익스피어의 자매'에서 멀리사 매큐언Melissa McEwan은 이렇게 말한다. "강간 피해자가 된다는 것은 부끄럽거나 망가지거나 자책할 일이 아니다. (…) 강간 피해자는 약하지 않으며 오히려 용감하다. 한마디로, '강간당했다'고 떳떳이 밝혀도 된다.") 여전히 대다수는 강간 피해를 흠으로 여긴다. 또 여성의 성적 표현은 불명예스러운 이미지를 어느 정도 씻어냈으나, (《걸스 곤 와일드》, 폴댄스, 포르노, 푸시캣돌스를 떠올려 보면) 여성의 성적 표현을 찬양하고 수용하는 문화의 태도는 어쩐지 주체로서 여성이 느끼는 쾌락보다 그것을 구경하는 사람(대부분 남성)의 관점에 더 치우쳐 있다. 즉 여성들은 자신이 아니라 타인을 위해 섹시하게 보이도록 종용받는다. 수십 년 동안 여성의 성적 행위가 문화적으로 널리 용인되는 한편으로 문화가 정의하는 섹시함에 맞춰 여성의 섹슈얼리티를 표현해야 한다는 메시지 또한 강력해졌다. 이 메시지 때문에 여성이 주체로서 자신의 진정한 섹슈얼리티를 표현하기가 더욱 어려워지고 있다. 스스로 쾌감을 느끼거나 성적 욕망에 충실하기를 포기한 채 섹시하게 보여야 한다는 메시지에만 집중하다 보면, 성폭력이 벌어졌을 때 자신의 상황 판단 능력을 믿지 못하게 되고 단순히 의사소통에 문제가 있었거나 운 나쁜 섹스를 한 셈 치라는 외부의 말을 믿게 된다.

따라서 누군가 회색 강간이란 개념을 떠올린 것이 그리 놀랄 일이 아니다. 데이트 강간과 그에 관련된 문화 현상은 폭력 반대 운동을 벌여 온 페미니스트들이 처음부터 붙들고 싸운 문제다. 그러나 반페미니스트, 강간 옹호론자 그리고 정숙하지 않은 여성이 비난받던 구시대로 돌아가자는 복고주의자 들은 이 노력을 훼손하려고 한다. 데이트 강간이란 개념이 대중에게 알려지고 20여 년이 흐르는 동안, 우리는 문화적으로나 제도적으로 데이트 강간이 나쁘다는 인식을 확립하는 데 성공했다. 하지만 거기까지다. 우리는 아무것도 해결하지 못했다. (해결했다면 이 글을 비롯해 이 책에 실린 글 중 대부분은 쓰일 필요조차 없었을 것이다.) 다만 우리는 누군가와 하는 성적 행위에 동의하거나 과거에 그와 섹스하는 데 동의했다고 해서 그와 하는 모든 행위나 미래의 섹스까지 자동적으로 동의했다고 볼 수는 없으며, 상대의 사타구니를 걸어차는 것 같은 물리적 저항이 없는 조용한 '노'도 언제나 유효하다는 사실을 성별과 상관없이 모든 젊은이에게 전달했고, 이로써 문화적 태도를 일부나마 바꿀 수 있었다. 데이트 강간도 결국 강간이라는 사실을 입증하는 데어느 정도 성공한 셈이다.

하지만 변화를 거부하는 반작용backlash은 끈질기게 우리를 붙들고 늘어진다. 음란하고 섹스를 밝히면서 즐길 권리를 주장하는 여성들이 모든 걸 망치려 든다고 믿는 사람들이 아직도 존재한다. 이들은 자기주장을 지키기 위해 법적이거나 개념적인 무기를 늘 찾아 헤맨다. 따라서 페미니즘의 싸움은 아직 끝나지 않았다. 이들은 섹슈얼리티와 성에 대한 탐구라는 지극히 인간다운 경험을 바란다는 이유로 처벌받아 온 여성들을 해방할 새로운 성 규범에 맞서려고 새빨간 거짓말도 태연하게 한다. 즉 키스에 동의하면 그 이상의 행위까지 동의한 것이며 피해자가 술에 취했으면 가해자의 범죄 행위가 용서된다는 것이다. 그러고는 익숙한 친구에게 새 옷을 입히듯 강간 개념을 새롭게 치장해 여성들이 불만을 품지 않는 '동시에' 성적 욕망에 대해서는 계속 죄책감을 갖게 한다. 스스로 변호하지 못하도록, 가해자에게 책임을 따지지 못하도록, 자신의 섹슈얼리티를 남성의 섹슈얼리티와 동등한 것으로 받아들이지 못하도록 여성들을 겁먹게 한다. 문제의 《코스모폴리탄》 기사는 여성들이 목소리를 못 내게 성폭력의 위협을 노골적으로 강조함으로써 그 의도를 꽤 분명히 드러낸다. "성적으로 주체적이고 적극적일 권리를 포기하지 않고서 어떻게 피해를 모면할 수 있겠는가? 많은 심리학자는 자유분방한 데이트와 섹스에 내재한 위험을 인정하는 것이야말로 첫 단계라고 말한다. 심리치료사 로비 루드윅Robi Ludwig은 '우리 모두 약점이 있고 이용당할 수 있다. 아무리 공부를 잘하고 운동을 잘해도, **여성으로서 약점이 있음을 알아야 한다**'고 말한다." 그러니까 이 기사의 목적은 여성에게 평범한 주의를 주는 것이 아니라 여성 스스로 단속하게 만들려는 것이다. 메시지는 분명하다. '당신의 성욕은 위험하다'는 것. 그것을 알아서 억압하지 않으면 '잡년'이 돼 언제 어디서 강간당할지 모르는 공포 속에 살아야 하며 당해도 싸다는 소리를 들어야 한다는 것. 회색 강간이 존재하는 세계에서 여성들은 양자택일을 강요받는다.

반작용의 정점은, 스텝과 샬리트처럼, 얌전하지 않은 여자는 아무짝에도 쓸모없다고 믿는 사람들이 회색 강간의 책임을 여성의 성적 자유와 권한을 증진한 페미니즘에 돌리고 있다는 것이다. 애초에 여성이 권한 강화나 만족스러운 섹슈얼리티를 느끼지 않으면 남자에게 꼬리를 치거나 그와 진도를 나가거나 동의가 전제된 잠자리를 갖지도 않으리라는 것이다. 하지만 여기서 짚고 넘어갈 부분이 있다. 추파를 던지고 잠자리를 갖는 것이 강간을 불러오지는 않는다. 강간을 저지른 사람과 그런 사람을 만든 문화 그리고 그 문화의 모순된 메시지와 이중 잣대가 강간을 일으킨다. 페미니즘은 바로 그런 문화를 부수려고 노력해 왔으며 지금까지 부분적인 성공을 거뒀다. 완벽한 변화를 만들지 못했다는 이유로 페미니즘을 문제의 원인으로 싸잡아 비난하는 것은 새로운 전략이 아닐뿐더러 강간 피해자가 당연히 느끼는 혼란과 수치심을 착취하는 행위처럼 비겁하다. 우파 진영 논평가들은 모든 것이 페미니즘 탓이라고 공격한다. 10대 여자애들이 술을 마시는 것도 (남자애들이 하는 거면 여자애들도 할 수 있다고 격려했으니까) 페미니즘 탓, 이혼 여성의 경제적 빈곤도 (남자 없이 잘 살 수 있다고 부추겼으니까) 페미니즘 탓이라고 주장한다. 사실 이런 문제는 무엇보다 성차별과 관련 있는데도 말이다. (전자는 도덕적 완벽주의를, 후자는 사회의 성차별적 억압인 임금격차를 해소해야 한다.) 나는 페미니즘이 더 많은 성적 자율성을 발현할 수 있는 방향으로 길을 터 주었다고 당당히 주장한다. (중요한 것은 여성뿐 아니라 모든 젠더의 성적 자율성을 높였다는 점이다.) 이제 여성이 섹스를 원하는 동시에 착한 사람이 될 수 있는 것은, 페미니즘이 처녀 대 창녀라는 이분법을 해소하는 쪽으로 진보한 덕분이다. 그러나 성적 동의에 관한 우리 문화의 엉터리 태도, 즉 '노'라는 의사 표현을 내숭 떠는 여자의 유혹 전략쯤으로 생각하는 태도는 페미니즘과 아무런 관련이 없다. 오히려 이런 태도를 변화시키는 것이 페미니즘의 목표다. 이 태도는 우리의 오랜 친구, 여성 혐오가 낳았다. 앞으로도 우리는 성폭력에 대한 비난의 화살이 엉뚱한 곳을 향하지 않도록 경계해야 한다.

∴⋮⋰ **동의가 복잡하다는 편견**
3장 '예스'와 '노'를 넘어: 성적 과정으로서 동의
14장 스킨십 되찾기: 강간 문화, 명시적으로 구술된 동의,
      신체 주권
15장 발칙한 제안

미디어의 중요성

1장　공격적 페미니즘: 강간 문화를 지탱하는 보수적 젠더
　　　규범에 맞서는 페미니스트

9장　허용된 '비동의' 판타지: 우리가 서브미시브 여성을
　　　두려워하는 이유 (그리고 그래서는 안 되는 이유)

27장　막 나가는 자의 변론: 나는 어떻게 걱정을 집어치우고
　　　쾌락을 사랑하게 되었는가 (그리고 어떻게 하면 당신도
　　　그럴 수 있을까)

14장 스킨십 되찾기:

향간 문화, 명시적으로 구술된 동의,

신체 주권

헤이즐/시더 트루스트

우리는 우리 몸을 공공재로 요구하는 문화 속에 살고 있다. (저소득층이거나 유색인종이거나 신체장애가 있을 경우) 임신중지, 피임, 성교육, 출산 등의 권리를 끊임없이 공격당하는 문화 속에 산다. 터스키기 매독 실험(미국 정부가 앨라배마주 터스키기에서 1932년부터 40년간 가난한 흑인들을 대상으로 비밀리에 진행했다. —옮긴이)을 실행했으며 이제는 교도소 내 인체 실험을 다시 승인하려고 하는 정부 아래에 살고 있다. 타인의 젠더와 섹스를 자신이 결정할 수 있다고 믿는 사람들과 더불어 살아간다. 그리고 우리 자신도 타인에게 묻지 않고 일방적으로 그 사람[1]의 젠더를 규정할 때가 많다.

그러니 섹스에 관해서라고 뭐 그리 다를 게 있을까?

강간 문화를 뿌리 뽑으려면 강간 자체와 마찬가지로 강간 문화도 고립된 현상이 아님을 유념해야 한다. 억압은 형태나 정도가 달라도 기본적으로 억압받는 자의 몸을 통제하거나 소유하는 행위를 통해 작동한다. 가장 극단적인 예가 바로 노예제나 수감 시설이다. 억압을 통해 보면, 강간 문화란 한 인간이 스스로 몸을 통제하고 소유하고 있다는 것을 제대로 감각할 수 없게 억누르고 그것을 감각할 자격을 다른 누군가에게 부여함으로써 작동한다. 성행위와 스킨십을 주로 이용한다는 점을 빼면, 강간은 젠더 강요gender coercion[2]나 장애인 차별 같은 여타 억압과 별반 다르지 않다.

특정 정체성이 있는 집단이나 개인이 겪는 억압에 저항하는 것이 아니라, 억압이 작동하는 방식 자체에 다 함께 저항한다면 어떨까? 교차성 논의가 시작된 지 오래인데도 우리는 여전히 일반적으로 일어나는 억압에 저항하는 데만 집중하고 있다. 그 결과, 가장 특권을 누리는 집단의 요구가 중심에 놓이고 정작 우리 자신은 소외되고 있다. 하지만 우리가 신체 주권을 중심에 둔다면 강간 문화는 페미니스트가, 성 공포증은 성 긍정주의자·다자연애주의자·BDSM 커뮤니티가, 식이장애는 뚱뚱한 사람이 저마다 알아서 해결해야 한다는 구분이 무색해지고 자기 몸을 되찾으려는 사람들이 다 함께 힘을 모으게 될 것이다. 우리 대부분이 그런 사람들 중 하나다.

그런데 우리 몸을 어떻게 되찾을 수 있을까? 강간 문화 속에서 우리가 어떻게 섹스와 스킨십을 우리의 것으로 회복할까?

먼저 스스로 질문해야 한다. 무의식적으로, 법적으로, 사회적으로, 자기 몸을 얼마큼 소유했다고 말할 수 있을까? 구석구석 빠짐없이 소유하고 있나? 15센티미터 남짓한 부분만 소유하고 있나? 어떤 스킨십에 동의가 필요하다고 생각하나? 삽입성교? 키스? 포옹? 강간 문화가 아니라 자기 몸을 소유하는 것에 관해 생각할 때 우리가 고민해 봐야 하는 사실이 있다. 동의가 필요한 것(그리고 그런 상황)과 그렇지 않은 것을 어떻게 구분하고 있는가? 혹시 누군가를 포옹할 때마다 동의를 구하고있나?

나는 그렇다. 적어도 그러려고 노력한다. (이렇게 행동하고 나니 더 중요한 행위에 관해 동의를 구하는 것이 훨씬 쉬워졌다.)

나는 다른 사람도 내게 그러기를 요구했다. 2006년 미니애폴리스에서 열린 '섹시 스프링Sexy Spring' 회의는 원래 아는 상대라도 모든 스킨십에 대해 명시적으로 구술된 동의를 구하는 것(그리고 받는 것)을 더 안전한 공간을 위한 규칙으로 만들어 회의 기간 동안 적용했다. 질문하는 상대는 강압적이지 않게 물어야 했고, 동의나 거절은 그 행위에 대한 의견일 뿐 그 사람에 대한 판단이 아니었다. 상대 몸에 이미 팔을 두르고서 포옹해도 될지 물으면 명시적으로 구술된 동의를 구하는 행위로 볼 수 없다.

나는 이 규칙을 열심히 지키기로 다짐했다. 그 뒤 벌어진 일은 놀라웠다. 모든 포옹과 키스, 모든 스킨십이 믿을 수 없이 좋아졌고 동의 없는 스킨십에 따라오는 위험을 걱정할 필요도 사라졌다. 지금껏 연인, 친구, 가족 누구와도 느껴 보지 못한 스킨십이었다. 과거의 나는 스킨십에 싫다고 말하기를 극도로 어려워했다. 싫다는 걸 소극적으로 표현했고, 많은 경우에는 스킨십이 한참 진행되고 나서야 내가 그걸 원치 않았다는 걸 깨달았다. 명시적으로 구술된 동의 구하기를 실천하면서부터 나는 먼저 생각한 다음 스킨십을 허용하거나 거부할 수 있게 되었다. 나는 이런 방식이 훨씬 수월했다. 스킨십을 하다 대뜸 물러서서 거부하는 게 아니라, 스킨십을 시작하지 않으면 되었기 때문이다. 호감 가는 상대라도 내가 진짜 원하지는 않았는데 그냥 허용해 버린 스킨십이 그동안 아주 많았다는 걸 새삼 깨달았다. 놀랍게도 내 스킨십을 받은 사람들도 대부분 나와 같은 생각이었다. 명시적으로 구술된 동의를 통해 나는 내 욕망에 더 가까워졌고, 훨씬 더 능숙하게 그 욕망에 따라 행동할 수 있게 되었다.

동의에 관해 파트너와 더는 협상하지 않거나 한 번도 협상해 보지 않은 사람들이 있다면, 한번 해 보길 권한다. 원치 않는데 받아들인 스킨십 또는 원하는데 요구하지 않은 스킨십이 얼마나 많은지 알면 꽤 놀랄 것이다. 명시적으로 구술된 동의 구하기의 또 다른 이점은, 상대가 어떻게 답할지 아는 척할 필요 없이 편하게 상대의 생각을 묻는 법을 가르쳐 '거절'에 대한 면역력을 키워 준다는 것이다. 명시적으로 구술된 동의 구하기는 이성애 문화의 지배적인 패러다임, 즉 행위를 시작한 사람(남성)이 상대(여성)의 생각을 알아차려야 하며 절대로 직접 묻지 말고 '알아차릴' 수 있을 때까지 기다려야 한다는 사고방식을 뒤집는다. 거절은 내가 미처 다 알지 못하는 욕망을 품고 있을 누군가와 성적으로 관계할 때 꼭 필요한 요소다. 그리고 거절은 심리적으로 편하게 해 준다는 점에서도 중요하다. 어차피 상대에게 거부권이 있다는 걸 알기 때문에, 안 될 것 같은 행동도 한번 요구해 볼 수 있는 것이다. 그럴 때 나는 내 짐작이 빗나가는 경우가 많다는 데 놀라곤 한다. 어떤 대답도 강요받지 않는 공간, 가슴에 있던 손이 동의 없이 대뜸 바지춤으로 내려갈 수 없는 공간을 만들어 보라. 그럼 경계를 늦출 수 없는 상황에서라면 불가능했을 행동을 기꺼이 시도할 수 있다. 내 경우에는 정말 그랬다. 그리고 이는 섹스 경험뿐 아니라 삶 자체를 변화시켰다.

물론 부정적인 쪽으로 놀란 적도 있다. 날 안고 싶으면 먼저 물어봐 달라고 상대에게 요청하거나 내 쪽에서 안아도 될지 동의를 구했더니, 친구들이 불쾌해하고 혼란스러워했다. 딱히 잘 아는 사이가 아닌데도 '친구'니까 동의를 구할 필요 없이 만져도 되지 않느냐고 부담을 주는 사람들도 있었다. 내가 얼마나 스킨십을 좋아하는지 그리고 먼저 동의만 구하면 얼마나 기꺼이 스킨십에 응할 마음이 있는지 분명히 표현했는데도, 사람들은 내가 스킨십을 좋아하지 않는다고 단정했다. 내가 내 몸을 이런 식으로 통제할 권리가 없다고 말하는 사람들과 함께 있는 것은 무서운 경험이었다.

여러 번 설득하다 지친 나는 결국 포기하고 말았다. 내가 내린 타협은 어떤 면에서 모순적이었다. 나와 친한 사람들은 무조건 내게 먼저 동의를 구해야 하지만, 덜 친한 사람들은 성적 스킨십을 할 때만이라도 동의를 구해야 한다. 나는 여전히 스킨십을 원할 때마다 먼저 동의를 구한다. 이 원칙이 내 모든 관계에서 지켜지도록 신경 쓰고 있다.

자기 몸을 온전히 통제하겠다는 주장이 이토록 강력히 견제받는다는 것은 어떤 뜻일까? 스킨십을 그다지 원치 않는 사람을 만지고 싶어 한다는 생각은 쉽게 이해되지 않는다. 상대의 생각을 넘겨짚은 스킨십이라도 종류에 따라 본질적 차이가 있나? 마치 내가 가해자고 그들이 피해자인 것처럼 여겨지거나 나쁜 뜻이 없었는데 내가 괜히 '걸고넘어진다'는 소리를 들을 때면 으스스한 기시감이 든다. 원치 않은 비성적 스킨십과 성폭행을 정말 칼로 베듯 확실히 나눌 수 있을까? 허락 없이 날 껴안는 행위가 허락 없이 내 몸을 더듬는 행위와 똑같다고 주장할 생각은 없다. 그러나 허락 없이 날 껴안고 등을 어루만지는 행위가 허락 없이 키스하는 것보다 낫다고 말할 수 있는지는 모르겠다. 게다가 상대의 생각을 넘겨짚은 스킨십이 사회적 친밀함과 우정의 상징으로 통용되는 현실에서, 상대의 생각을 넘겨짚은 비성적 스킨십은 문제 삼지 않으며 상대의 생각을 넘겨짚은 성적 스킨십(모든 비악의적 강간[3]의 근원)만을 문제 삼을 수 있다고 믿는 건 비현실적으로 느껴진다.

상대의 생각을 넘겨짚은 스킨십은 언제나 어떤 지도 위에 놓인다. 이른바 동의의 지도인데, 스킨십 종류마다 다른 '난이도'를 배정한 '진도 분류'표라고도 볼 수 있다. 예를 들어, 특정 스킨십에 동의하면 같은 수준 또는 그보다 더 쉬운 수준의 스킨십에도 모두 동의했다는 뜻으로 해석된다. (몸을 더듬는 게 허용되면 껴안는 건 당연히 허용된다.) 이 지도는 참여자 간 친밀도에 따라 달리 그려진다. 참여자가 어떤 행위를 얼마나 선호하느냐가 아니라, 참여자끼리 얼마나 가까우며 신뢰하느냐가 기준이다. 따라서 '알맞게' 동의해야 한다는 (진도를 너무 조금 나가도 안 되고 너무 많이 나가도 안 된다는) 압박감을 준다. 이 지도 위에 놓인 스킨십은 행위 자체나 그것이 주는 느낌으로 평가되지 않으며 오직 친밀감의 상징으로 기능한다. 따라서 참여자가 섹스와 스킨십 경험을 진정으로 소유한다는 개념, 더 나아가 자기 몸을 진정으로 소유한다는 개념과 양립하지 못한다. 게다가 이 동의의 지도는 스킨십 받는 사람을 두 가지 방식으로 대상화한다. 첫째, 그 사람은 스킨십에 관해 스스로 결정하고 함께 상황을 만드는 존재로서는 힘을 삭제당한 채 오직 지도에 놓인 존재로서만 주권과 통제권을 갖는다. 둘째, 미국의 주류 성 문화에서 동의의 지도는 신체 부위를 기준으로 그려지므로 스킨십 상대는 쾌락을 스스로 결정하는 존재가 아니라 순전히 신체 부위의 집합, 즉 대상으로 축소된다. 다시 말해, 동의의 지도는 인간을 대상화한다. 그리고 인간이 자기 몸과 스킨십과 욕망의 주인이라는 개념과 본질적으로 상충한다.

문화적으로 이야기하자면, **누가** 누구를 대상으로 이 지도를 그리는지도 중요하다. 백인 기독교인이 지도를 그린다면, 백인이 자기 머리를 만지려 할 때 예민해지는 흑인과 종교적 이유로 머리와 발의 스킨십을 피하는 불교인의 사정을 고려하지 않을 것이다. 또 신체장애가 없고 성 소수자가 아닌 사람이 지도를 그린다면, 트리거나 신경을 자극하는 요소에 대해 크게 고민하지 않을 것이다. 시스젠더(트랜스젠더와 달리 젠더 정체성과 생물학적 성이 일치하는 사람. ─옮긴이)[4]가 지도를 그린다면, 트랜스젠더가 젠더 간 스킨십 (성적이거나 비성적인 모든 스킨십) 가운데 무엇을 원하거나 받아들일지 쉽사리 가늠하지 못할 것이다.

이로부터 만들어진 결과를 보자. 상대의 생각을 넘겨짚은 성적 스킨십과 비성적 스킨십의 차이는 자연스럽지 않고 보편적이지도 않은 사회적 동의의 지도에만 존재한다. 페미니스트들이 강간 문화라고 부르는 지도와 사람들이 자연스럽고 편리하다고 받아들이는 지도는 본질적으로 같다. 친한 사이니까,

'정상'이니까 동의하는 것은 동의가 아니며 오히려 강간의 원인이 된다. 우리 모두 이 사실을 알고 있다. 우리는 또한 스킨십을 쾌락의 맥락에서 떼어 내 관계의 친밀함을 측정하는 도구로 만드는 것이 상대를 대상화하는 것과 같음을 안다. 종합해 보면, 동의의 지도는 얼마나 '합리적'인지와 무관하게 궁극적으로 개인의 신체 주권을 왜곡하고 우리 몸에 대한 소유권을 공공의 손에 넘겨준다.

그럼 이런 질문이 남는다. 상대의 생각을 넘겨짚는 스킨십을 어떻게 멈출까? 동의의 지도에서 우리 몸을 어떻게 구해 낼까? 명시적으로 구술된 동의 구하기는 신체 주권을 회복하는 데 효과를 발휘한다. 나와 내 연인들은 명시적으로 구술된 동의 구하기를 실천하면서 생긴 변화가 스킨십과 섹스 영역에만 머물지 않고 삶의 전반으로 확장되는 것을 경험했다. 물론 이를 완벽히 수행할 수는 없으며 사회적 반발은 생각보다 크다. 명시적으로 구술된 동의 구하기가 상대의 생각을 넘겨짚는 스킨십을 극복하기 위해 '받아들일 수 있는' 유일한 방법이라고 생각하지도 않는다. 하지만 이렇게 섹스 바깥 영역으로까지 문제의식을 확장하고, 자기 몸 전체의 주인이 되고, 타인의 몸에 대한 간섭을 내려놓고, 안 좋은 경험을 수백 번 반복하며 둔해진 감각 이면의 즐거움을 발견하기 위해 계속 도전하지 않는다면 우리는 우리 몸을 온전히 되찾을 수 없고 강간 문화를 뿌리뽑을 수도 없다. 강간 문화는 약해질지언정 계속 남아 있을 것이다. 그러니 이제 이것을 당신의 도전 과제로 삼아 보라. 한 달, 일주일, 하루, 아니면 한 시간만이라도 명시적으로 구술된 동의를 구하고 다른 사람에게도 그렇게 행동해 달라고 요청해 보라. 그리고 그때 느낀 감정을 지속할 방법을 찾아보라. 장담컨대 후회하지 않을 것이다.

∴ 동의가 복잡하다는 편견

2장   행위로서 섹스 모델을 향하여

3장   '예스'와 '노'를 넘어: 성적 과정으로서 동의

13장   새 옷을 입은 오래된 적: 데이트 강간은 어떻게 회색
       강간이 되었으며 왜 문제인가

∴ 성적 치유

4장   여성의 가치

8장   강간반대운동가가 페미니스트 섹스 토이숍에 보내는
      연애편지

27장   막 나가는 자의 변론: 나는 어떻게 걱정을 집어치우고
       쾌락을 사랑하게 되었는가 (그리고 어떻게 하면 당신도
       그럴 수 있을까)

15장 발칙한 제안

헤더 코리나

지금 당신 집 근처 어딘가에서 청소년 두 명이 처음으로 섹스를 하고 있다. 우리가 꿈꾸는 첫 경험의 모습 그대로다.

우리의 순진한 소녀는 1년 넘게 남자 친구에게 푹 빠져 있다. 그와 함께 있으면 자신이 더욱 빛나는 것 같다. 그는 좋은 사람이고 말로도 행동으로도 그녀를 배려한다. 그녀의 부모님은 처음에 둘의 연애를 걱정했지만 지금은 그를 마음에 들어 한다. 그가 장거리 연애나 커다란 희생을 감당해야 할 수 있는데도 그녀가 원하는 대학에 진학하도록 응원하는 모습을 보며, 그녀의 부모님은 더욱 마음을 놓았다. 딸아이가 남자 친구와 성관계를 맺는다고 생각하면 마음이 편치 않지만 젊은 애들이니 언젠가 그런 단계에 들어서리라는 것을 이해하고, 사랑하는 남자 친구와 첫 경험을 할 수 있다는 데서 위안을 찾는다. 이 문제에 관해 딸아이와 상의해 보지 않았고, 반대하는 기색을 내비친 적도 없다.

그는 그녀에게 어떤 강요도 압박도 하지 않는다. 평범한 10대 소년인 그는 만남을 이어 오면서 자연스레 성적 호기심을 종종 드러냈지만, 그녀가 준비되지 않은 상황에서 뭔가를 할 생각은 없으며 기꺼이 그녀를 기다려 준다. 첫 키스를 한 다음 날부터 그와 그녀는 소파에서 조금씩 진도를 나가기 시작한다. 그가 엉큼한 스킨십을 하면 그녀는 그것을 받아들이고 즐겼다. 처음에는 긴장했지만 하고 나면 늘 그와 더 가까워지는 기분이 들었다. 관계가 무르익어 그녀가 확실히 안전하다고 느낀 다음부터는 손과 입을 이용해 서로를 애무하기 시작했다. 그는 그녀의 바지나 셔츠 속으로 손을 넣기 전에 늘 동의를 구했다. 그러면 그녀는 조심스럽게 허락했다. 또 그는 그녀에게 손이나 입으로 자기 성기를 애무해 줄 수 있는지 먼저 묻기도 했다. 직접 묻지 않을 때는 그녀가 확실히 동의하는지 표정을 유심히 살피면서 그녀의 바지 속에 손을 넣거나, 구강성교를 원하지만 강요할 생각은 없다는 듯한 표정을 지으며 그녀의 손을 자기 바지 속으로 가져갔다. 만일 그녀가 거부하거나 내키지 않는 듯하면 바로 물러섰고, 화나지 않았다는 표시로 그녀를 꼭 안아 주었다.

그는 거의 언제나 오르가슴을 느낀다. 그녀는 그렇게 자주는 아니지만 가끔 아주 좋은 기분을 느낀다. 시간이 지나면 나아지리라 생각해서 이 문제에 관해 별다른 말은 하지 않는다. 한번은 그가 그녀에게 해 보고 싶은 게 있는지 물었다. 그녀는 잘 몰라서 없다고 답했다. 아직 뭐가 좋은지 판단이 서지 않기 때문이다. 어쨌거나 그녀는 이번이 처음이니까.

그는 그녀와 사랑하고 사귄 지 꽤 오래됐으니 이제 다음 단계로 넘어가 진짜 섹스를 해도 되지 않겠느냐는 뜻을 확실하게 밝힌다. 그녀는 아직 확신이 서지 않는다. 실오라기 하나 걸치지 않은 자기 몸을 그가 어떻게 바라볼까 하는 두려움이 특히 크다. 그래서 서로 몸을 만지다 다음 단계로 넘어갈 것 같은 분위기가 되면 제동을 건다. 그는 당황하면서도 시원하게 받아들인다. 진짜 섹스를 하면 콘돔을 쓰기로 약속했지만, 더 확실히 대비하기 위해 그녀는 친구와 약국에 가 피임약을 사 둔다. 출혈도 걱정되는 부분이다. 첫 경험을 한 친구들에게 출혈 얘기를 많이 들었기 때문이다. 그녀는 자신에게 그런 일이 일어나지 않기를, 피가 나도 남자 친구가 알아채지 못하기를 바랄 뿐이다.

얼마 후, 그녀가 100퍼센트 확신을 갖기 전에 그의 부모님이 집을 비웠다. 언제 이런 기회가 다시 올지 모른다. 집에 부모님 없이 단둘만 있기란 쉽지 않다. 이보다 더 좋은 기회가 있을까? 그녀는 그의 부모님이 집을 비운 날 그의 집에서 하룻밤을 자겠다고 말한다. 그날 섹스를 하겠다고 에둘러 말한 셈이다. 드디어 저녁이 되고 둘은 부모님 없는 집에서 어색하게 시간을 보낸다. 머릿속엔 섹스 생각뿐이지만 어떻게 말을 꺼내고 시작해야 할지 몰라 망설인다. 피자를 먹으며 영화 한 편을 본다음, 전에도 몇 차례 스킨십을 주고받은 그의 방으로 올라간다. 그는 순식간에 몸이 달아오르지만 그녀는 아니다. 이런 경우는 첫 경험에서 흔하기 때문에 그와 그녀 모두 이에 관해 별다른 말이 없다. 삽입이 조금 아팠지만 상상한 것만큼 끔찍하게 아프지는 않았다. 그녀는 뭘 해야 할지 몰라 그냥 가만히 누워 있는데, 그는 그게 이상하다고 생각하지 않는 듯하다. 이제 둘은 더욱 가까워졌다고 느낀다. 그녀는 그와 첫 경험을 해 정말 행복하다고 생각한다. 둘은 자신들의 경험이 정말 특별했고 만족스럽다고 이야기를 나누다 함께 잠든다. 다음 날 아침 그녀가 집에 돌아갈 시간이 되었을 때, 그는 그녀를 향한 사랑이 더욱 커졌다면서 아무에게나 주지 않는 귀중한 선물을 줘서 고맙다고 그녀에게 고백한다. 헤어지는 순간 그들은 서로에게 진심을 담아 "사랑해"라고 말한다. 그녀는 행복하다고, 사랑받는 것 같다고 느낀다.

어디서 많이 들어 본 이야기라고? 이상적인 첫 경험은 이렇다고 들으며 자랐기 때문일 것이다. 이 각본이 아주 비현실적이지만은 않다. 나는 지난 10여 년 동안 청소년과 섹슈얼리티 문제를 다루면서 이와 비슷한 이야기를 많이 접했다. 꽤 많은 젊은 여성이 첫 경험에 관해 품었던 기대와 실제로 느낀 감정 그리고 어른과 또래 친구들이 말해 준 경험담을 모두 긍정적으로 기억하고 있었다.

표면상으로는 정말 긍정적인 것처럼 보인다. 남자 친구는 분명히 좋은 사람이고, 그녀는 싫거나 원치 않는 행위를 강요받지 않았다. 그녀가 동의했을 때만 스킨십이 일어났고, 그는 어떤 식으로든 그녀에게 동의를 구했다. 둘은 임신이나 성병을 조심할 만큼 안전하고 현명하게 행동했다. 그녀는 대단한 쾌감을 맛보지는 못했지만 끔찍한 고통을 느끼지도 않았다. 첫 경험 뒤에도 그녀를 향한 그의 태도는 변함없었다. 오히려 더욱 가까워졌고 서로 짝이 된 것을 고마워했다. 10년 뒤에도 만남을 이어 갈지는 알 수 없지만, 이들의 첫 경험은 분명 좋은 추억으로 남을 것이다. 모든 면에서 이들의 이야기는 이상적 첫 경험의 모습과 일치한다.

하지만 이 그림에는 정말 중요한 부분이 빠져 있다.

뭐가 빠졌는지 금방 찾지 못하겠다고 낙심하지 말길. 이 **그림**에서 빠진 부분은 섹스와 여성에 관한 통념과 이상에도 빠져 있기가 일쑤니 말이다. 이 공백은 오래전부터 존재했으나, 우리 중 대부분은 이토록 아름다운 첫 경험 판타지 한가운데가 뻥 뚫려 있다는 것을 알지도 못한다.

이 그림에는 그녀의 **욕망**이 빠져 있다.

이 이야기에는 그녀가 느끼는 강력한 성욕, 깊고도 아찔한 쾌락, 그가 느낀 것과 똑같이 진심에서 우러나온 성적 만족감이 모조리 빠져 있다. 사람들이 이상적이라고 받아들이는 각본에도 이런 것들은 등장하지 않는다. 그녀는 '예스'라고 답할 뿐, 먼저 묻지 않는다. 자기 욕망을 긍정하는 '예스'가 아니라 누군가의 욕망에 응하는 '예스'뿐이다. 그녀의 '예스'는 불확실하다. 그러나 그녀의 성욕은 확실하고, 오해의 여지가 없으며, 지속된다. 설령 그것이 행동으로 분출되지 않을지라도 말이다.

이 이야기에서 둘의 역할을 바꾸면 어딘가 비현실적으로 느껴질 것이다. 불만족을 느끼는 쪽이 **그녀**라면, 그녀가 (평범한

10대 소녀답게) 강력한 성욕이 있는 것이 당연하다면, 진도가 너무 느려서 답답해하는 쪽이 **그녀**라면, 망설이고 조심하는 쪽이 그녀가 아니라 **그**라면, 먼저 행동하고 흥분하는 쪽이 **그녀**라면, 적어도 고통스럽지는 않았으니 괜찮다고 스스로 다독이는 쪽이 **그**라면……? 우리가 사는 세상에서 **이런 일**은 어림도 없다. 우리가 속한 문화는 남성의 성적 유혹에 여성이 '예스'라고 긍정하는 것도 파격적이라고 보는 경향이 있다. 놀랄 일도 아니다. 우리가 사는 세상은 여전히 여성들에게 동의를 구하지 않을뿐더러 여성들을 강간하고 강압적으로 대한다. 여성들은 의무감으로 상대와 섹스하고, 남성과 다른 여성이 자신의 섹슈얼리티를 지독히 부정확한 방식으로 묘사하는 것을 지켜본다. 여성이 자발적으로 성욕을 추구하고 진정으로 섹스를 즐긴다는 생각은 의심받으며 심지어 '과학적' 반론에 부딪힌다. 첫 섹스 때만이라도 여성에게 동의를 구하고 비동의까지 기꺼이 존중하는 상대를 찾을 가능성은 하늘의 별 따기와 같다. 그런 상대를 찾는다면 운이 좋은 것이다.

동의, 즉 우리의 '예스'는 발화되지 못했다. 앞에서 본 각본에는 분명 긍정적인 요소가 많고 여전히 많은 여성이 누리지 못하고 기대하지도 않는 기본 원칙들이 다 담겨 있다. 하지만 그것들은 상처에 붕대만 감아 놓은 미봉책일 뿐이다. 열악한 조건에서 턱없이 부족한 자원을 끌어 모아 겨우겨우 최선의 상황을 만들어 낸 것이다. 마치 고흐의 〈별이 빛나는 밤〉을 노란색 없이 따라 그려야 하는 상황과 같다고 할 수 있다.

이 모든 것의 근원인 가부장제는 지금도 멈추지 않고 작동하고 있다. 감이 잡히지 않는 독자들을 위해 짧게 설명하자면 이렇다. 수천 년 동안 여성의 섹슈얼리티는 남성 섹슈얼리티의 부속물 정도로 여겨졌다. 지배층 남성이 자신의 섹슈얼리티는 물론이고 (자신과 아무런 관련이 없는데도) 여성의 섹슈얼리티까지 지배한 사실은 인류 역사에 새겨져 있다. 여성은 남성이 자기 몸에 하는 섹스란 행위에 관해 좀처럼 목소리를 부여받지 못했다. 목소리를 부여받아도 오로지 남성의 욕망이라는 좁은 창구를 거쳐야만 했다. 기나긴 세월 동안 여성의 섹슈얼리티는 재생산 그리고 결혼하고만 결부되었다. 반면, 남성의 섹슈얼리티는 그런 것들과 분리된 채 존재했다. 여성의 쾌락이 보이지 않는 이유가 사회적 환경이나 젠더 지위와 무관하다는 주장 그리고 여성이 진정한 육체적 쾌락을 경험할 수 없다는 것이 과학적으로 증명된 '사실'이라는 주장이, 진화론과 생화학 가설을 토대로 끊임없이 제기되고 있다.

지금까지 우리는 로맨스 소설 같은 강간 각본을 이상적이라고 여기며 심지어 실행에 옮겨 왔다. 주저하는 수동적 여성이 강력한 남성에게 유혹당한다는 식의 각본 말이다. 폭력은 로맨틱하지 않으며 강간은 섹스가 아니라 폭력이라는 생각이 차츰 퍼지고 있으나, '다정한 설득'은 아직도 황홀한 꿈으로 여겨진다. 젊은 여성이 아빠처럼 듬직한 남성의 도움으로 성에 눈뜨는 각본은 여전히 이상적 모델이자 보편적 판타지로 남아 있다. 이 각본에 명시된 남녀 역할을 제대로 수행하지 못하면 안 된다는 깊은 불안감을 일으키기도 한다.

과거 여자들에게 채워진 정조대가 오늘날 새로운 모습으로 나타난다. 가난한 아프리카 여성이든 부유한 미국 중산층 여성이든 성욕을 억제하려고 받는 성기 절제 수술로, 착한 여자 대 나쁜 여자라는 이분법을 귀에 딱지가 앉도록 가르치는 성교육으로, 포르노 저장용 하드디스크를 모두가 아는 곳에 버젓이 두는 (그리고 아내와 섹스하며 그 포르노 장면을 떠올리는) 남편과 달리 바이브레이터를 아무도 모르게 숨겨 놓고 남편이 질색할까 봐

같이 써 보자는 말도 못 꺼내는 아내의 모습으로.

이런 현상이 과거부터 현재까지 이어지고 곳곳에 퍼져 있다 보니, 여성이 선뜻 '예스'라고 말하는 것은 실현할 수 없는 이상이 되어 버린 듯하다.

이 문제를 없애거나 바로잡으려면 오랜 시간이 걸릴 것이다. 아주 복잡하게 뒤엉킨 문제니, 풀어내려면 그만큼 복잡하고 지난한 작업을 거쳐야 한다. 그렇다고 그 힘든 작업에만 갇혀서는 안 된다. 추하고 지긋지긋한 과거를 바로잡아야만 좋은 것을 얻을 수 있지는 않기 때문이다.

선불교는 초심자의 마음으로 모든 것을 새롭게 바라보고 편견 없이 생각하라고 가르친다. 미지의 존재는 우리에게 공포를 준다. 그러나 완전히 새로운 것에 접근할 기회가 주어진다는 것은 선물이기도 하다. 사람들은 성 경험이 없으면 창피하다고 여겨 가능하면 빨리 해치우려고 한다. 그렇게 우리는 새로운 상황을 저마다 독특하게 경험할 기회를 놓치고 만다. (섹스로 말하자면, 새로운 파트너와 하는 섹스 그리고 할 때마다 새로운 섹스의 즐거움을 제대로 음미하지 못한다는 뜻이다.)

우리는 초심자의 마음으로 더 많은 것을 대할 필요가 있다. 섹스 전에 무조건 '노' **그리고** '예스'라고 말하는 단계를 거친다고 상상해 보자. 우리는 충분히 그럴 수 있다. '예스'가 발화되지 않으면 아무 일도 일어나지 않을 것이다. '예스'는 우리 생각보다 훨씬 더 분명하고 힘차게, 열정적으로 발화될 것이다. 이제 이상적인 섹스 각본을 새로 써 보자.

그녀가 이런 환경에서 자랐다면 어땠을까? 그녀의 부모가, 진지하게 오래 만난 사이든 가볍게 잠깐 만난 사이든 스스로 원해서 상대와 성관계를 맺는 경험은 값지다고 여긴다면? 그에 따른 부정적 위험이 무엇이든 그보다는 긍정적 효과가 훨씬 더 크다고 믿는다면? 때로는 상처 입고 실망하겠지만 유익한 깨달음을 얻을 수 있음을 알기에, 부모는 결과가 실망스러울 수 있다는 이유로 딸아이가 경시대회·입시·스포츠 경기를 피하는 일이 없도록 가르친다. 딸아이의 성 경험에 관해서도 이런 양육 방침을 지킨다면 어떨까? 성적 수동성이나 침묵을 권하는 환경에서 딸아이를 키우는 대신 섹스를 위해 안전한 공간을 제공하고, 피임과 성 건강에 관해 적극적으로 도와주고, 성욕을 포함해 섹슈얼리티란 주제로 딸아이와 직접 대화한다면? 섹스 상대와 주고받는 정서적 친밀감과 안정감의 중요성뿐 아니라 자위, 신체 구조, 자기 몸에 대한 이미지, 친구들이나 대중매체가 비현실적으로 묘사하는 섹스 방법에 관해 허물없이 이야기한다면? 부모가 자신들의 첫 경험에 대한 이야기를 들려주며 그때 느낀 기쁨과 실망을 가감 없이 전하고 그 경험에서 얻은 깨달음을 말한다면?

한 달밖에 만나지 않은 상대에게 충분히 편안함을 느껴 첫 경험을 해도 되겠다고 판단했을 때 또는 동성 친구와 사귀기로 했을 때, 주변 사람들 모두 그녀가 내리는 성에 관한 결정을 지지하고 그 의미를 이해해 준다면? 첫 경험을 굳건한 서약이 아닌 작별 인사로 여기기로 한 결정에 아무도 문제를 제기하지 않고, 관계를 지속하지 않으면 골치 아파질 거라고 충고하지도 않는다면? 그녀가 남성 파트너와 구강성교를 주고받거나 자위하는 행위를 진짜 '첫 경험'으로 생각한다면? (상대도 그게 자신의 '진짜' 첫 경험이라고 느낀다면?) 그리고 그런 경험이 진정한 첫 경험이 될 수 있다는 사실에 아무도 반대하지 않는다면? 첫 경험에서 정서적 친밀감보다 육체적 쾌락을 더 중요하게 생각해도 남자처럼 군다는 인상을 주지 않는다면? (애초에 그런 생각은 남성만의 것이라고 오해하는 사람이 아무도 없다면?) 그녀가 첫 경험을 앞두고 고통이 아닌 쾌락을 기대한다면?

남자 친구는 아직 충분히 믿음직하지 않지만 그녀 자신은 뚝 부러지게 성적 결정을 내릴 수 있고, 스스로 돌볼 수 있고, 위험을 예방할 수 있는 존재로서 신뢰감을 준다면? 남자 친구와 오래 만났으니 첫 경험을 해야겠다고 결심하는 게 아니라, 조만간 굶주린 짐승처럼 그를 덮칠지도 모르겠다는 생각이 들어서 첫 경험을 결심한다면?

자기 몸과 성적 반응에 이미 익숙한 상태로 첫 경험을 한다면? 상대 남성이 그녀에게 섹슈얼리티에 관해 뭔가를 **가르치거나**, 눈을 뜨게 해 주거나, 그녀에게서 뭔가를 취하겠다는 생각 없이 그녀와 함께 뭔가를 새로 **배우겠다는** 마음으로 함께한다면? 섹스 상대가 백인이거나 흑인이거나, 시스젠더거나 아니거나, 퀴어거나 이성애자거나, 돈이 많거나 가난하거나, 뚱뚱하거나 말랐거나, 열네 살이거나 서른 살이거나 상관없이 그녀가 앞에서 말한 기본 특징들을 모두 갖고 있다면?

자신의 욕망과 다르거나 저마다 바람직하고 익숙하다고 생각하는 맥락에서 벗어난 성욕이라도, 그것을 표출하는 여성들과 그녀 자신을 신뢰하도록 자랐다면? 여성도 욕망을 경험하고 실현하고 추구하는 존재이며 그 욕망에 열정적인 것이 지극히 당연하다는 확고한 가치관에 따라 양육받았다면? 브리트니 스피어스는 "또 저질러 버렸다I did it again"라고 말하기 전에 "앗Oops"하고 감탄사를 터뜨렸다. 이 감탄사는 이런 일이 처음이며 정신이 나가서 **의도하지** 않은 일을 저질렀다는 뜻을 담고 있다. 소녀가 성적인 느낌을 경험할 수는 있지만, 그걸 노골적으로나 의도적으로 좇아서는 안 되기 때문이다. 만일 그녀가 "앗" 대신 "잘한다" 소리를 들으면서 컸다면!

자신이 섹스를 주도하므로 상대가 거부하는 상황에 대처해야 할 수도 있음을 그녀가 이미 안다고 생각해 보자. (하나같이 제대로 대처하지 못했거나 규정된 남성성에 갇힌 대처에 그쳤어도) 지금까지는 대개 여성보다 남성이 그런 위치에 있었다. 정말이지, 그녀가 남성 상대를 선택한다면 상대가 '예스'만큼이나 자주 '노'를 말하리라는 걸 알게 될 것이다. 남성의 역할이 예전 같지 않은 상황에서, 남성의 성욕에 관한 그녀의 생각도 송두리째 달라질 것이다.

누군가 써 준 각본대로 행동하지 않아도 될 때, 그녀는 성에 관해 과거 여성들보다 더 창조적이어야 한다고 깨닫는 동시에 기대를 품게 된다. 그녀가 기대하는 것은 포르노나 로맨스 소설이 아니라 진실한 몸짓이다. 그리고 그녀는 자기 몸을 더 편하게 받아들인다. 하나뿐인 자기 모습이 그녀 자신과 상대방의 섹스를 진실하게 만드는 부분임을 깨닫는다. 자신의 몸이나 섹슈얼리티가 더럽고 부도덕하고 누군가의 소유물이 된다는 생각을 주입받지 않으며 자랐고, 다른 누구도 아닌 자신의 두 손으로 성기를 익숙하게 다룰 줄 알고, 그럴 때 자신의 몸이 어떻게 반응하는지 알고 있다. 어떻게 해야 흥분하는지 이미 잘 알고 있다.

그녀는 파트너와 함께 하는 성적 행위를 매번 기다리게 된다. 그날그날 어떤 것을 시도하고 싶은지, 어떤 새로움을 발견하게 될지 아무도 예측할 수 없다. 매번 색다른 놀라움을 체험한다. 요즘은 거의 쓰지 않는 말이지만, 사람들이 섹스를 에둘러 '땡잡았다'고 말하곤 했다. 거사를 치르려는 욕망을 두 사람이 동시에 느끼는 순간이 얼마나 드문지를 생각하면, 그런 순간을 겪는 것은 정말 '땡잡았다'고 할 만하다. 그런 순간을 단 한 번이라도 경험하는 건 대단한 행운이다. 우리 여성들은 두 사람의 욕망이 **일치하는** 순간을 대비해 부지런히 계획을 세우고 피임을 준비하지만, 실제 일이 벌어지는 순간은 생각보다 빠르거나 느리게 찾아오기도 한다.

'어쩌다 보니 그렇게 된 것'이 아니라, 계획했든 아니든 두 사람의 욕망이 일치하는 순간에 그것을 따르기로 했을 때 그녀에게 또 우리에게 결정권이 주어진다면 어떨까? 그녀의 예스, **우리의** 예스가, 행복한 결말이 아닌 서투른 시작에 대한 것이라면?

섹스는 어떨까? 더 격정적이고 더 달콤할 것이다. 부드러운 분위기에서 섹스는 애정 어린 글귀가 적힌 카드 정도가 아니라, 오븐에서 갓 나온 쿠키처럼 뜨겁고 촉촉하고 맛있고 입에서 사르르 녹아내릴 것이다. 격정적인 분위기에서 섹스는 한쪽이 폭력을 당하거나 물건 취급을 받는 것이 아니라, 합쳐진 욕망이 엄청난 힘을 발휘해 마치 일주일 동안 쫄쫄 굶다가 뷔페에 간 사람처럼 서로 잡아먹을 듯 달려드는 모습에 가까울 것이다. 첫 경험에 관한 그녀의 기대치와 경험은 컨트리음악보다 1980년대 파워 발라드와 더 어울릴 것이다.

둘 중 누군가 상대의 성기에 가까워질 때 그곳은 원숭이의 빨간 엉덩이처럼 불룩 달아오른다. 두려우면서도 과감해진다. 다칠 것 같거나 다치게 하기 싫어서가 아니라, 찬란한 미지의 공간을 탐험하는 데서 오는 흥분이 두려움과 희망을 만들어 낸다. 둘은 이미 확실한 욕망을 서로 확인하고 원하는 것을 더 자세히 알고 싶어 계속 대화하지만 대부분 외마디로 된 성적 언어를, 헐떡이는 숨소리와 웃음이 뒤섞여 불완전한 문장을 주고받기만 할 것이다. 제삼자가 두 사람의 모습을 보면, 누구의 손이고 누구의 팔다리인지 가려내기가 무척 힘들 것이다. 몸을 바싹 붙인 채 아주 격렬하게 움직이고 있으니 말이다. 특히 동성이라면 구분하기가 더욱 힘들 것이다. 어떤 행위를 몇 분밖에 지속하지 못해도 괜찮다. 굶주려 있는 이들은 바로 다음 행위로 자연스레 넘어갈 것이다. 이들의 춤은 주저하지 않고 흐름에 몸을 맡긴 듯 리듬을 바꿔 가며 이어진다. 고통스럽거나 불편한 움직임이 있다면 마음 편히 그 사실을 말할 수 있다. 상대를 아프게 하지 않고 미칠 듯이 기분 좋게 하고 싶기 때문이다.

몸의 정상적인 반응과 분비물을 부끄러워하면 오히려 이상하고 어설프게 보일 것이다. 어차피 섹스는 다른 사람의 분비물이 있는 곳으로 최대한 가까이 들어가 진흙 목욕을 하는 행복한 돼지처럼 그곳에서 뒹구는 행위와 같기 때문이다. 어느 순간에는 본능에 이끌려 무척 섹시하게 굴기도 할 테지만, 사실 다른 사람 눈에는 아주 우스꽝스럽게 보일 것이다. 크게 웃음을 터트리기도 할 텐데, 그 웃음은 상대를 향한 조롱이 아니라 기쁨의 표현으로 받아들여질 것이다. 섹스를 얼마나 오래 해야 하는지에 대해 스트레스 받을 필요도 없다. 짧은 몇 초가 길게 펼쳐져 몇 시간처럼 느껴질 테니 말이다. 30분 동안의 섹스가 순식간에 지나가 버린 것처럼 강렬한 동시에 며칠이 흐른 것처럼 충만하게 느껴지는 놀라운 경험을 할 것이다. 오르가슴을 통해, 누군가에게 쾌락을 줬다는 만족감을 통해, 좋아하는 사람과 가까이 있다는 짜릿함을 통해, 누군가를 흥분시키는 진실하고 독창적인 섹슈얼리티 표현을 통해, 당신은 쾌감을 느낀다. 그 느낌은 충분히 전달될 것이다. 그러니 수줍어하며 상대에게 혹시 느꼈냐고 물어볼 필요도 없다. 만일 한쪽이 만족하지 못했다면, 그것에 대해 솔직히 대화할 수 있다. 두 사람이 즐거움을 주고받고 싶어 한다는 것을 양쪽 모두 분명히 알기 때문이다. 한 가지 행위로 두 사람이 동시에 절정을 느끼기는 어려우므로 번갈아 가며 절정을 느끼기로 한다. 하루는 한 사람만을 위해, 다음 날은 다른 사람만을 위해 섹스에 몰두한다. 꼭 한 순간만을 정점으로 꼽을 수 없다. 물론 오르가슴은 대단한 쾌감을 주지만 그 직후에 찾아오는 완벽한 평정심의 순간, 직전에 숨을 헐떡거리며 통제력을 잃어버릴 것만 같은 순간, 자극이 터져 나올 때의 아찔함, 아예 기진맥진해 서서히 잠에 빠져드는 순간이 다 대단하다.

이런 섹스는 그냥 괜찮은 정도가 아니다. 고통이 없기 때문에 좋은 것만도 아니다. 이런 섹스는 기가 막히게 훌륭하다. 때로는 롤러코스터를 타는 것처럼 또는 죽을 뻔하다 살아나는 것처럼 훌륭하고, 때로는 피곤한 하루 끝에 발을 따뜻한 물에 담그는 것처럼 훌륭하다. 확실한 사실은, 그저 괜찮은 정도를 언제나 훌쩍 뛰어넘는다는 것이다.

다음 날 아침, 굳이 서로 마음을 확인할 필요도 없이 두 사람은 웃음을 터트리고 "그러니까, 어제 말이야…… 뭐랄까…… 아주…… 음…… 와!"같이 모호한 말만 늘어놓는다. 격정적인 밤을 보낸 두 사람은 마치 3박 4일 마사지 여행에서 육체와 감정과 생화학적 욕구를 합해 만든 어마어마한 칵테일을 잔뜩 마시다 돌아온 것 같다.

어떤 성적 행위로도 이런 상황을 만들 수 있다. 당신이 느끼기만 했다면, 정말 어떤 행동이든 상관없다. 과연 그게 '진짜' 섹스인지 물어볼 사람은 없다. 당신에게 필요한 것은 바로 그 행위였을 테니까.

내가 꿈꾸는 이 그림은 소설이나 유토피아 환상처럼 허무맹랑하지 않다. 불가능하지 않다. 물론 모든 사람을 참여시키기란 아주 힘들겠지만 당신을 또는 누군가를 당장 참여시키는 것은 완전히 가능하다.

우리는 반란을 꾀할 수도 있다. (아니, 반란을 꾀해야 한다.) 이 세상을 지배하는 성 제도 바깥에 작은 공동체를, 관계를, 특별한 삶을 만들 수 있다. 그곳에서 우리는 생각하는 대로 **정확히** 욕망하고 한계 끝까지 나아간다. 강간당하지 않으며 언제 누구와 어떻게 섹스할지를 스스로 결정한다. 평생 섹스하지 않기로 해도 좋다. 섹스는 의무가 아니라 선택일 뿐이니까.

우리의 개인적이고 집단적인 상상은 우리의 태도에 영향을 미친다. 세상 모든 여성의 성적 권한을 키우기 위해 현존하는 모든 장벽을 단번에 없애거나 낮출 수는 없다. 그러나 우리 자신의 성적 이상향과 은밀한 성생활, 우리 자신과 자매와 딸에게 줄 각본을 다시 쓰는 데는 상상력의 한계가 없다. 우리에게는 '노'라고만 말할 수 있는 여성보다 더 나은, 최악은 피했으니 다행이라고 생각하는 여성과 전혀 다른 모습을 꿈꾸고 드러낼 힘이 있다. 좋은 섹스, 대단한 섹스, 풍성한 섹슈얼리티는 육체적·정서적 고통이 없거나 정서적 친밀감이 있다고 해서 실현되지 않는다. 욕망을 품고 그 욕망을 완전히 표현하는 행위를 통해 비로소 실현될 수 있다.

많은 경우 우리는 현실을 비하하고 환상을 미화한다. 현실이 환상을 능가할 수는 없다고 확신하면서 말이다. 그러나 그렇게 나눠 버리는 순간, 현실이 환상적으로 바뀔 가능성을 놓치고 만다. 우리가 참여하기로 선택한 성적 관계에는 여성의 욕망이 자리할 공간만 덩그러니 놓여 있지 않다. 그곳에는 전구 하나가 나간 '빈방 있음' 간판이 어서 들어오라는 듯 깜박거리며, 관계에 참여하는 **모두가** 여성의 욕망이 빈방에 들어오길 숨죽여 바라고 기다린다. 그리고 마침내 그 욕망이 처음으로 우렁찬 외침을 내지를 때 온 세상이 아름답게 변할 것이다.

다시 어느 날 밤 당신 집 근처 어딘가에서 또는 당신이 사는 바로 그곳에서, 두 사람이 첫 경험을 한다. 그 전에 관계를

300번 한 사이인데도 말이다. **이것이야말로 우리가 꿈꾸는 순간**이다. 우리가 꿈꾸고 쓰던 것이 마침내 살아 숨 쉬는 존재로 탄생했다.

⋰⋰⋰ **짜릿한 청소년기**

16장 건강한 섹슈얼리티와 관계 맺기: 남자아이가 배워야 할
      (또는 배우지 말아야 할) 섹슈얼리티, 섹스를 긍정하는 강간
      예방 패러다임이 유익한 이유
26장 진짜 성교육

⋰⋰⋰ **동의가 복잡하다는 편견**

3장 '예스'와 '노'를 넘어: 성적 과정으로서 동의
13장 새 옷을 입은 오래된 적: 데이트 강간은 어떻게 회색
     강간이 되었으며 왜 문제인가

⋰⋰⋰ **성적 치유**

2장 행위로서 섹스 모델을 향하여
14장 스킨십 되찾기: 강간 문화, 명시적으로 구술된 동의,
     신체 주권

16장 건강한 섹슈얼리티와 관계 맺기:

남자아이가 배워야 할(또는 배우지 말아야 할) 섹슈얼리티, 섹스를 긍정하는 강간 예방 패러다임이 유익한 이유

브래드 페리

훔친 맥주를 가지고 여자애들을 만나 술에 취하게 한 다음 그걸 하는 것, 우리의 계획이었다. 열세 살이던 나는 친구 존과 잭의 집에 놀러 가서 하룻밤 자기로 했다. 그날 저녁에 들은 이야기는 사춘기 몸속의 세포 하나하나가 전율할 만큼 짜릿했다. 잭의 형이 얼마 전 10대 청소년에게서 가장 신비롭고 탐나는 절정의 순간을 경험했다고 했다. 자기 손이 아니라 여자애의 몸에 사정을 했다고, 그러니까 정말 '그걸' 했다는 것이다.

우리는 잭의 형이 그 대단한 단계까지 어떻게 갔는지 자세히 알고 싶었다. 진짜 '그걸' 하는 게 어떤 느낌인지는 그다지 궁금하지 않았다. 이 무렵 우리는 자위할 때의 느낌을 알아서, 섹스가 어느 정도일지 가늠할 꽤 구체적인 기준이 있었다. 여자애들도 섹스를 좋아할지는 생각도 안 했다. 섹스할 때 서로의 성기를 기분 좋게 해야 한다는 걸 알았지만 왜 그래야 하는지는 몰랐다. 어쨌건 '그걸' 하는 쪽은 우리 남자인데? 버지니아주 교외의 백인 중산층 사회에서 자란 우리는, 여자애들과 하는 (여자애들하고만 해야 하는) 섹스를 남자가 일방적으로 주도하고 통제해야 한다고 말하는 사회의 메시지를 무비판적으로 받아들였다. 그리고 그렇게 한번 해 보려는 꿍꿍이로 가득 차 있었다. 따라서 잭의 형이 들려준 이야기의 대부분은, 그리고 우리가 진짜 궁금해한 대목은, 사정하기 전까지 일이 **어떻게** 진행되었는가였다.

잭의 형은 펑크록을 즐겨 듣고 스케이트보드를 타고 다녔으며 우리보다 두 살 많았다. 내 눈에 형은 아주 멋져 보였다. 나도 형처럼 멋있게 보이고 싶었다. 그래서 형을 선망하는 눈길로 바라보면서 지난 몇 달간 벌어진 결정적 사건들에 대한 설명을 귀담아 들었다. 잭의 부모님이 집을 비운 어느 날 오후, 형은 이웃집 창고에 있던 맥주 열두 캔짜리 한 묶음을 훔친 뒤 근처에 살던 셰릴을 집에 초대했다. 어느 정도 시간이 지나 둘은 진도를 나가기 시작했다. 형 말로는 셰릴도 술에 취해 아주 '적극적'이라서 자연스레 그녀의 옷을 벗겼다고 했다. 형은 그 뒤 벌어진 행위 하나하나를 자세하게 설명하고 마침내 벌거벗은 두 남녀가 할 수 있는 가장 멋진 일, 페니스와 질이 만나 실제 성교에 이르는 순간까지 모조리 말해 주었다. 첫 관계 뒤로 몇 주에 걸쳐 이와 비슷한 상황이 여러 차례, 대부분 맥주나 대마초의 힘을 빌려서 반복되었다고 했다.

우리는 형의 말을 몰입해 들으면서 그 내용을 머릿속에 새겨 넣었다. 우리 셋은 기본적으로 똑같은 결론을 내렸다. 하나, 여자애들이 우리와 '성적인 것'을 하고 싶어 할 수 있군. 둘, 여자애들하고 그런 걸 하려면 술이나 대마초처럼 '긴장을 풀어 줄 매개'가 필요하군. 셋, 먼저 행동해야 하는 쪽은 남자군.

나는 형의 이야기가 숱한 광고나 텔레비전 쇼, 영화와 대중가요, 목사님의 설교, 어른들과 친구들의 조언과 더불어 그걸 할 수 있는 비결을 알려 줄 마지막 단서이기를 간절히 바랐다. 나랑 여자애의 로맨스라는 게 생각만큼 불가사의하지 않다고 믿고 싶었다. 호르몬이 요동치던 이 무렵, 내 마음에는 갖가지 불안이 싹트고 있었다. 사춘기에 접어들면서 젠더와 섹슈얼리티를 둘러싼 말도 안 되게 심한 압박과 규칙이 날 짓눌렀다. 부모님은 나하고 '대화'를 몇 번 하려고 했고, 날 일주일간 '성교육 캠프'에 보내기까지 했다. 그 덕에 나는 다른 애들보다 성에 관한 기초 지식에 빠삭한 편이었다. 하지만 그런 지식은 남성의 욕구를 잘 처리하고, 섹슈얼리티에 관해 긍정적이고 유기적인 관점을 갖춘 안정적 어른으로 성장하는 데는 아무 쓸모도 없었다. 1998년 미국에는 (지금도 그렇지만) 청소년들이 젠더, 섹슈얼리티, 연애에 관해 지식과 기술을 배우고 감정을 차츰 발전시키도록 돕는 공간이 거의 없었다. 우리가 접할 수 있는 것이라고는 남성 잡지나 교회의 성교육 프로그램 또는 잭의 형이 들려주는 경험담같이 지나치게 단순한 대답뿐이었다. 그런데도 우리는 계속 그런 것들을 찾아다녔다.

형이 '요령'을 일러 준 시기가 절묘했다. 마침 우리 셋이 그날 밤늦게 같은 반 여자애 셋과 만나기로 약속한 터였다. 대마초는 무리지만 맥주는 구할 수 있었다. 잭이 이웃집 창고(일명 '공공 맥주 대여점')에 몰래 들어가는 방법을 안다고 했다. 게다가 그 집은 약속 장소인 공사장으로 가는 길목에 있었다. 모든 게 순조롭게 돌아가는 듯했다. 마지막으로 남은 문제는 각자 '꼬실' 여자애를 정하는 방법이었다. 어떻게 정했는지는 기억나지 않는데, 어쨌든 나는 1순위였던 재니스를 골랐다. 잭의 부모님이 잠든 걸 확인한 우리는 집 밖으로 빠져나가 이웃집으로 향했다. 내가 망을 보고 존과 잭이 창고로 들어갔다. 몇 분 뒤 둘은 함박웃음을 지으면서 맥주 꾸러미를 들고 나왔다.

공사장에 도착한 우리는 15분 동안 여자애들을 기다리다 맥주 캔을 땄다. 먼저 취해 버릴까 봐 걱정이 되었다. 사실 이 때까지 나는 취한 느낌이 뭔지도 몰랐다. 술을 마시는 것도 이 때가 처음이었다. 그래서 어설픈 모습을 들키지 않게 최대한 태연한 척했다. 드디어 여자애들이 도착했다. 이제 가장 중요한 계획을 실행에 옮길 차례였다. 우리 셋은 따지 않은 맥주 캔을 옆에 쌓아 놓고 '자기' 여자애 이름을 무심하게 (적어도 그렇게 들릴 것이라고 생각하며) 불렀다. 그리고 맥주를 건넸다. "안녕, 재니스. 맥주 마실래?" 재니스는 싫은 기색 없이 대구하며 내 옆에 앉았다. "그럼." 바라던 대로였다.

첫 캔을 비운 다음부터는 술을 더 마시고 싶지 않았다. 싸구려 맥주답게 고양이 오줌 냄새가 진동했기 때문이다. 그런데 재니스는 고양이 오줌 냄새가 나도 괜찮은 모양이었다. 내가 겨우 두 번째 캔을 반쯤 마셨을 때 재니스는 이미 세 번째 캔을 비웠다. 여자보다 술을 못 마시다니, 이때쯤 내가 남자답지 못하다는 걸 스스로 깨달은 듯하다. 그렇게 자책감에 빠지려는 찰나 머릿속에 새로운 남성형이 떠올랐다. 그 모습은 잭의 형을 빼닮아 있었다. 주눅 들지 않는 자신감에 성적으로 대단한 능력을 가진 듯한 분위기까지. 상상 속의 형은 입에 담배를 문채 말했다. 야, 쟤가 너보다 빨리 취하면 좋지. 어쨌든 넌 그걸 하고 싶잖아. 쟤가 그걸 도와주려면 술이 좀 들어가야 한다고. 그때는 이 말이 꽤 괜찮은 조언처럼 느껴졌다. 그래서 조심스레 재니스의 허리에 손을 두르고 반응을 살폈다. 놀랍게도 재니스는 가만히 있었다. 오히려 편해진 듯 살짝 내게 몸을 기대기까지 했다. 이제 우리 세 커플은 다 같이 모여 이야기하지 않고 둘씩 속닥이기 시작했다. 칠흑같이 어두워서 다들 뭘 하는지 볼 수 없었지만, 미숙한 내가 '빠르게 진도를 나가는' 편은 아니라고 직감했다.

걱정이 많고 융통성이 없으며 이기적이던 열세 살의 나는 생각했다. 술기운이 조금 더 오르면 움직일 때라고. 그럼 재니스도 기분 좋게 따라나서 주차된 불도저 뒤에서 벌거벗은 채 나랑 부둥켜안고 온갖 것을 하게 될 터였다. 나는 내가 삽입을 원하는지도 정말 몰랐다. 벌거벗은 여자를 보고 만지는 것 그리고 벌거벗은 여자가 나를 (내 성기를) 만져 주는 것을 원했을 뿐이다. 재니스가 네 번째 캔을 땄을 때 내가 행동을 개시했다. 처음에는 한쪽 가슴을 만졌다. 재니스는 곧바로 움찔했지만 괜찮다는 듯 하던 말을 이어 갔다. 온통 한 가지 생각뿐이던 나는 재니스의 반응을 "계속 해도 돼!" 신호로 해석했다. 그래서 이번에는 손을 밑으로 내려 그녀의 팬티 쪽으로 가져갔다.

다행히도 재니스는 맥주를 네 캔이나 들이마셨는데도 자기가 뭘 원하고 뭘 원하지 않는지 판단할 수 있었다. 그녀가 바로 내 손을 뿌리쳤다. 당황한 나는 멍청하게도 잭의 형이 조언한 것을 굳게 믿고 다시 시도했다. 재니스는 이번에도 손을 뿌리쳤고 하던 말을 멈춘 다음 나지막하지만 단호하게, "그만해!"라고 경고했다. "미안…… 난…… 내가 왜 이런……." 당황한 나는 말도 제대로 못 했다. 그리고 내가 얼마나 한심하게 굴었는지 깨달았다. 나는 마시던 맥주를 바닥에 내리고 두 손을 무릎에 얌전히 올려놓은 채 재니스의 심기를 더는 거스르지 않으려고 애썼다. 다행히도 재니스는 자리를 뜨지 않았다. 주목을 끌고 싶지 않았거나, 내가 자신을 해치려 한 게 아니라 잠깐 잘못된 생각으로 멍청한 짓을 했다고 이해했기 때문일 것이다. 어쩌면 둘 다일지도 모르겠다. 어쨌건 어색한 침묵을 만든 건 내 책임이었다. 그렇게 우리는 한참 말없이 앉아 몇 미터 떨어진 곳에서 다른 애들이 속삭이는 소리를 들었다. 늦은 밤이 되어서야 모두 집으로 발걸음을 옮겼다.

근시안적인 성 문화에 속한 사람들처럼 나도 오랫동안 고민해야 하는 심오한 질문들의 답을 쉽게 빨리 찾으려고 했다. 복잡한 젠더와 섹슈얼리티 문제를 지나치게 단순화하고 왜곡하는 것은, 성폭력을 은폐하는 동시에 섹슈얼리티를 건전한 방식으로 긍정하지 못하도록 막고 비전통적 성과 젠더 정체성을 지닌 사람들을 억압한다. 청소년들이 학교와 가정의 도움을 받아 젠더와 섹슈얼리티 경험을 스스로 탐구할 기회를 갖는 일은 매우 중요하다. 그러나 아직도 그런 기회는 턱없이 부족하다. 우리의 교육제도는 학습 단계에 맞춰 언어와 수리 능력을 가르친다. 그런데 청소년기에 겪는 젠더와 섹슈얼리티의 압박은 소설 『보바리 부인』에 표현된 동물적 묘사나 수학의 추이 개념을 이해하는 것보다 복잡하면 복잡했지 결코 단순하지 않다. 보통 미국 교육제도는 젠더와 섹슈얼리티를 가르치는 데 1년에 고작 몇 시간을 (그것도 몇 년 동안만) 들인다. 제대로 된 성교육 프로그램이 몇 안 되는 데다 인위적으로 양분되어 성폭력 예방 아니면 성 건강 증진만을 가르친다. 만일 우리가 이 양분된 영역을 연결해 양쪽의 메시지와 방법을 우리 문화 곳곳에 스며들게 한다면, 원대한 꿈을 실현하게 될지도 모른다. 사람들이 행복하게 섹슈얼리티를 경험하는 문화를 만들 수 있는 것이다. 이 문화는 섹슈얼리티가 인간을 인간답게 한다는 확고한 가치관 위에 만들어지기 때문에 성폭력과 공존할 수 없다.

12년 넘게 성폭력 예방 일을 하면서 내린 결론은 이렇다. 강간범은 태어나는 게 아니라 만들어진다. 여성의 성적 권한 강화는 강간을 뿌리 뽑는 데 물론 필요하지만, 남성들에게 섹슈얼리티와 젠더를 어떻게 경험해야 하는지 올바르게 가르치는 변화가 따르지 않으면 효력을 발휘할 수 없다. 물론 최대한 보편적인 생각을 이야기하려고 노력해도 지금 내 주장은 이성애자, 백인, 중산층, 미국 남성 시민의 교집합이라는 다소 좁은 세계에 한정되어 있다. 그래도 강간 문화와 엉터리 섹슈얼리티에 책임이 큰 집단의 '내부자'로서 내가 경험한 것들이 성폭력 예방 전문가라는 배경에 더해져 큰 문제를 해결하는 데 보탬이 되기를 바란다.

소년, 강간 문화에 눈뜨다

재니스는 내가 일방적으로 저지른 스킨십 때문에 딱히 날 멀리한 것 같지는 않다. 우리 둘은 그 뒤로 고등학교를 졸업할 때까지 5년 동안 친구로 잘 지내다 각자 갈 길을 갔다. 그럼에도 나는 그날 밤의 죄책감을 씻어 내지 못했다. 무례한 행동을 저지른 사실에 변명의 여지가 없기 때문이다. 그러던 중에 친한 친구가 남자 친구에게 강간당해 자살을 시도한 사건이 벌어졌다. 그제야 나는 커다란 연결 고리를 발견했다. 그 남자가 내 친구를 압박한 수법이 내가 재니스에게 써먹으려 한 계획과 너무나 닮아 있었다. 나는 재니스의 '노'를 대답으로 받아들였지만 그는 그러지 않았다는 점 말고는 겹치는 부분이 많았다. 끊임없는 질문이 내 머릿속을 가득 채웠다. 시간이 흐르며 아는 게 많아질수록 그 질문들은 조금 더 복잡해졌다. 나는 아직도 해답을 찾는 중이다. 결국 내가 품은 질문들은 하나로 모였다. 왜 우리는 성적 상호작용이 당연히 즐거움과 존중을 주고받는 것이어야 한다고 생각하도록 사회화하지 못할까? 나는 미국에서 남성으로 자란 경험을 바탕으로 이 질문에 대한 답을 정리하기 시작했다.

다행히도 나는 재니스와 겪은 일을 계기로 섹슈얼리티는 남자와 여자가 싸우고 승자가 모든 걸 갖는 게임이라는 생각에서 벗어날 수 있었다. 그러나 일상에서는 '사내애들은 다 그렇다'는 편견에 여전히 맞서야 했다. 그 유해한 편견에 극단적으로 휩쓸리지 않은 데 만족하지만, 나도 주기적으로 성욕을 느끼며 아랫도리가 단단해지는 평범한 남자애일 뿐이었다. 다른 남자애들은 아는 방법을 총동원해 여자애들과 자려고 애썼다. 나는 남자애들의 행동에 크게 신경 쓰지 않았지만, 내가 아는 여자애들 대다수가 나쁜 남자, 몸만 좋은 남자, 싸가지 없는 남자 유형에 끌린다는 건 또 다른 문제였다. "넌 참 좋은 애야…… 남편감이긴 한데, 섹스하고 싶은 남자는 아냐." 진심으로 좋아하던 여자애한테 이런 말을 들었을 때 받은 충격은 결코 잊지 못할 것이다. 어쩌면 나는 '착하면서 매력적인' 사람이 되고 싶었는지 모르겠다. 그러나 이런 유형은 섹시한 남자 대 남편이라는 이분법 속에 존재하지 않는다. 물론 10대 시절의 불안한 마음을 잠재우고 조금 더 여유롭게 상황을 바라봤다면, 결국 여자애들도 보기에만 멋지지 실은 조악하기 짝이 없는 섹스 게임에서 자기 역할을 수행하도록 억압받고 있음을 알아챘을 것이다. 이 혼란스러운 상황을 이해하려고 계속 노력하다 보니, 이 광기를 움직이는 힘이 차츰 눈에 들어오기 시작했다. 섹슈얼리티에 대한 남자 청소년의 관점을 형성하는 사회화를 이해해야 성폭력 예방과 성 건강 증진 접근법을 얼마나 어떻게 혼합할지 그리고 이런 접근법에서 출발한 교육의 효과를 어떻게 강화할지 판단할 수 있다. 무엇보다 먼저 건강하지 못한 현실에 드리운 장막을 걷어 내야 한다.

섹슈얼리티를 둘러싼 미국 사회의 강박적 불안은 섹슈얼리티가 인간의 나약함에서 비롯되었다는 터무니없지만 강력한 믿음에 뿌리를 둔다. 그리고 이 믿음은 처음 미국을 건국할 때 막강한 힘을 행사한 기독교 극단주의 세력의 편집증적 불안에서 출발했을 것이다. 그로부터 400여 년이 흐른 지금까지 섹슈얼리티가 인격과 분리되어 있다는 것을 안다면, 그들은 아주 흐뭇해할 것이다. 우리는 섹슈얼리티를 대상화하도록 배운다. 우리가 행동으로 옮기거나 다른 사람이 우리에게 그렇게 하는 '대상'으로 섹슈얼리티를 이해한다. 그래서 섹슈얼리티가 인간을 인간답게 하는 것 가운데 일부이며 모든 인간을 잇는 아름답고도 중요한 연결 고리라는 것을 깨닫지 못한다. 결국 인격과 분리된 섹슈얼리티를 우리의 일부로 긍정하기에는 부끄러워지고, 성적인 표현의 범위를 '용인할 수 있는' **육체적** 행위로만 제한하게 된다.

섹슈얼리티의 대상화가 미국 남자 청소년들의 사회화에 어떻게 작용하고 있는지 생각해 보자. 친구들과 나는 우리 섹슈얼리티의 특징이 행동과 통제와 성취라는 것을 일찌감치 학습했다. 사춘기에 접어들 무렵 이미 이 특징을 파악했다. 섹슈얼리티는 남자가 행동을 개시해 섹스 게임에서 승리하는 것과 자연스레 연결되었다. 그 대결 구도에서 어쩔 수 없이 발생하는 불상사가 성폭력이었다. 원치 않는 임신, 성병, 누구에게나 안 좋은 영향을 미치는 불쾌한 성적 접촉도 마찬가지였다.

이 게임은 특히 남자가 성적 상호작용의 모든 변수에 대한 통제 방법을 터득하는 데 중점을 둔다. 섹슈얼리티는 권력관계의 맥락에서만 표현되고 즐길 수 있다는 분명한 메시지를 주는 것이다. (이것은 새로운 주장이 아니고, 지난 40년 동안 페미니스트들이 책과 기사에서 거듭 다룬 주제다.[1, 2]) 그날 밤 재니스와 겪은 사건은 통제에 대한 강박을 아주 잘 보여 준다. 나와 친구들은 열세 살짜리가 짜낼 수 있는 상상력을 다 동원해 계획을 세웠다. 또래 남자애들이 스킨십 진도를 일방적으로 주도하려고 구체적인 행동 하나하나를 계획하고, 애초에 그렇게 행동할 수 있다고 믿는 일은 흔하다. 사춘기를 겪는 남자 청소년들이 어떻게 상황을 통제해서 '그걸' 할지 궁리하는 것은 아주 당연한 일이 되었다.

소년들의 통제 전략은 사춘기를 지나 20대에 접어들면 더욱 정교해진다. 타인의 성적 자율성을 지배하려는 열망은 거의 성적 집착에 가까워지고, (재생산 자유를 제한하고 불임 정책을 강요하고 부적절한 강간 처벌법을 존속시키는) 사회적 층위부터 (관계하는 상대나 경험 자체보다 횟수를 더 중요하게 생각하는) 개인적 층위에까지 작동한다. 페미니스트 활동가들은 오래전부터 이 문제를 인식해 강간 문화라는 개념을 만들고 강간이 섹스가 아닌 권력의 문제임을 지적했다. 데이비드 리삭David Lisak 박사[3]처럼 몇몇 탁월한 연구자들이 이 주장을 뒷받침한다.

리삭 박사에 따르면, 아는 사람에게 강간을 저지른 가해자는 "이 게임"에 특히 심취한 경향이 있다. 그래서 자기보다 어리고 순진해서 조종하기 쉬워 보이는 여성들을 노린다. 리삭 박사가 조사한 강간범들은 이렇게 자기중심적인 사고방식과 그에 따른 결과가 문제적이라거나 이성을 유혹하는 수법의 "정상" 범주에서 벗어났다는 사실조차 전혀 인지하지 못했다. 여성이 말하는 "노"를 "좀 더 노력하라"는 뜻으로 받아들였으며, 여성의 언어적·물리적 저항을 무시하고 억압한 사실과 의식을 반쯤 잃은 여성을 강제로 성폭행했다는 사실을 시인하면서도 자신을 강간범으로 생각하지는 않았다. 물론 모든 남성이 강간을 저지를 만큼 "이 게임"에 심취했다고는 말할 수 없다. 하지만 강간 사건, 특히 아는 사람이 저지른 강간 사건에 대한 대중의 반응을 유심히 지켜보면 여성에게 성적 자율성이 용인되지 않는다는 가해자들의 생각이 오히려 상당한 지지를 받고 있다. 강간 문화는 우리 세대에도 뿌리내려 그 전 세대에서부터 이어진 끔찍한 일들을 고착화하고 있다.

다행인 점은 강간을 지지하는 문화와 건강하지 않은 성 문화에 영향을 미칠 전략이 있다는 사실이다. 앞에서 나는 양분되어 좀처럼 만나지 않을 듯한 두 가지 교육방법, 즉 성폭력 예방과 성 건강 증진 교육의 결합을 주장했다. 이 둘은 저마다 논리가 확실하면서 서로에게 부족한 사고를 보완할 수 있다는 점에서 완벽한 짝꿍이다. 이 둘이 저녁 식탁에서 연구 내용을 놓고 토론하며 자극을 주고받는다면, 함께 공원을 산책하며 청소년 성교육 법안[4]에 대해 시시덕거린다면, 조명이 은은한 집에서 달콤하고 은밀한 시간을 보낸다면, 사회에 유익한 결과물이 틀림없이 탄생할 것이다.

위대한 두 몸의 화학반응

미국에서 성 건강 증진 운동은 성교육의 형태로 가장 두드러지게 나타난다. **효과적인** 성 건강 증진 운동은 특정 집단의 도덕 기준이 아니라 정확한 의료 지식과 과학에 근거해 성병, 임신중지, 원치 않은 임신 등을 감소시키는 결과로 이어진다. 하지만 임신중지 반대론자로 악명 높은 (그렇다. 그 유명한) 존 애슈크로프트John Ashcroft 상원의원이 1990년대 중반에 복지 '개혁' 법안을 몰래 개정하는 바람에 성 건강 증진을 퇴보시키는 안타까운 결과를 낳고 말았다. 어떤 이는 그것을 혼전 금욕 성교육이라고 말하지만, 나는 망할 졸작이라고 부르고 싶다.

혼전 금욕 성교육은 "이 게임"을 떠받들고 있는 유해한 규범을 강화한다. 혼전 성관계를 맺은 여자에게 수치심을 주고, 왜 거부하지 않았느냐며 성폭력 피해자를 비난한다. 거부가 무시당하는 상황 자체를 고려하지 않는 것이다. 남성 가해자가 자기 맘대로 강간을 저지른다는 점은 대체로 간과한다. 이에 대한 반발은, 2007년 4월에 중립적인 정책 평가 업체[5]가 내놓은 보고서가 세간에 알려지면서 격해졌다. 의회의 의뢰로 10여 년간 동향을 추적한 끝에 나온 이 보고서는, 혼전 금욕 성교육을 받은 청소년이 그렇지 않은 청소년과 엇비슷하게 성관계를 경험한다고 결론 내렸다.

달리 말하자면, 수천만 달러 규모의 예산이 불합리하고 위험한 제도에 투입되어 안타깝게 증발했다는 얘기다. 내가 발로 돈을 써도 1760만 달러를 성교육에 쏟아붓는 것보다는 낫지 않을까? 일단 나는 세계에서 성 건강 지수가 가장 높은 유럽 3개국의 상황을 살펴보았다. 예상했겠지만, 이들과 비교했을 때 미국은 가짜 도덕성이 합리적이고 유용한 방법을 짓밟는 사악한 나라처럼 느껴진다.

네덜란드, 프랑스, 독일이 모두 비슷한 성 건강 증진 모델을 쓴다. 이 모델을 효과적으로 만드는 요소를 워싱턴DC에 있는 비영리단체인 '청춘지킴이Advocates for Youth'는 이렇게 정리했다.

- 정부가 대규모의 공공 성교육 캠페인을 꾸준히 장기적으로 지원한다. 캠페인 내용은 미국 캠페인보다 훨씬 직접적이고 재미있으며 안전과 쾌락에 중점을 둔다.
- 성교육을 일반 교육과정과 반드시 분리할 필요는 없으며 전 학년이 배우는 공통 교과에 통합할 수도 있다. 교사는 학생들의 질문에 정확하고 완전한 정보를 제공한다.
- 부모가 청소년 자녀와 섹슈얼리티에 관해 솔직하고 열린 대화를 꾸준히 시도한다. 그리고 청소년에게 성 건강 정보와 정책을 알리는 교사와 의료인을 지지한다.
- 성행위의 도덕성은 책임, 존중, 관용, 공평을 포함한 개개인의 윤리를 통해 평가해야 한다.
- (모든 교육 프로그램은) 이민자를 대상으로 할 경우 문화적 다양성을 염두에 둬야 하며 주류 문화와 다른

가치를 존중해야 한다.

- 공공 정책의 기본은 연구다. (…) 정치적·종교적 이익집단이 공공 보건 정책을 좌우할 수 없다.[6]

이 값진 성 건강 증진 운동은, 어디 가서 남 애기를 하지 않지만 자신은 늘 화제가 될 만큼 똑똑하고 생기 넘치는 여자 아이와 같다. 다른 사람에게 귀중한 조언을 하고 존재만으로도 사람들의 기분을 좋게 만든다. 한편 성폭력 예방, 더 정확히 표현해 **기본** 성폭력 예방 운동은 매일 교실 뒷자리에 앉아 있고 차가워 보이는 인상 때문에 자주 오해받는 여자아이와 같다. 똑 부러지는 태도와 주렁주렁 달린 피어싱에 불편해하던 사람들도 그녀와 함께 시간을 보내고 나면 어김없이 그녀를 좋아하게 된다. 그녀에게 (밤에 운전하지 말라거나 술을 마시지 말라거나 밖에 함부로 나가지 말라는) '안전 지침'을 알려 주거나 호신술을 가르치려는 사람들이 여전히 많다. 하지만 그녀는 누구보다 자신을 잘 알고 있다. 그녀는 우리 사회가 타인의 성적 자율성을 침해하는 사람을 길러 내는 원인과 과정을 깨닫고 이를 막아 낼 방법을 찾아 **범죄**를 예방하는 데 집중한다. 검증된 공공 보건의 이론과 방법을 적용해 새로운 예방법을 만드는 것이다. 또래 남자애들이 강간을 조장하는 태도와 행위를 거부하는 데 동참하도록 이끈다. 얼핏 보기에 이런 활동을 수줍어하는 것 같아도 그녀는 긍정적인 섹슈얼리티의 모든 면모를 전적으로 지지한다.

성 건강 증진과 기본 성폭력 예방은 상호 보완적이다. 둘이 매사추세츠나 캘리포니아에 가서 사랑에 빠지거나 평생 '단짝'이 되기를 우리가 응원해야 하는 이유다. 두 운동은 비슷한 방법론을 쓰고, 전달하는 내용도 닮았다. 효과적인 유럽식 성건강 증진 모델과 마찬가지로 기본 성폭력 예방의 전략들은 (정책, 지역사회 단체, 부모의 양육 등) 다층적인 사회 환경을 고려하면서 한층 더 발전했다. 미국에서 이 두 분야는 획일적 모델을 지양하면서 전보다 조금 더 유연하고 다양한 '지역사회 협력' 방법을 채택하기 시작했다. 성 건강 증진을 설파하는 사람들은 존중, 강압, 젠더 역할, 건전한 관계 같은 문제를 자신의 영역에 포함하기 시작했고(국제가족계획연맹IPPF의 「포괄적 성교육 체계 Framework for Comprehensive Sexuality Education」[7]), 성폭력 예방 전문가들(케어포키즈Care For Kids[8], 버지니아주[9]와 버몬트주[10]의 강간반대 단체들)은 '건강한 섹슈얼리티'가 안전하고 배려하는 성관계를 실현한다는 주장에 주목하기 시작했다.

'건강한 섹슈얼리티'를 가르치는 성교육은 감정, 지성, 정신, 사회, 육체 등 성이 작동하는 모든 영역과 깊이 연결되도록 도와 사회가 말하는 피상적이고 과시적인 섹슈얼리티에 저항하도록 한다. 지금 나열한 다섯 영역은 우리가 세상에 존재하기 위해 걸쳐 있는 영역과도 일치한다. 이렇게 다양한 영역에서 섹슈얼리티를 경험할 때, 우리는 자신의 정체성과 지향점에 대한 감각을 형성하게 된다. 이와 달리 섹슈얼리티의 경험을 육체의 영역에만 가둘 때, 우리는 자신과 타인의 인간성을 기계적으로 이해할 수밖에 없다. 마치 최신 유행가만 들으면서 음악을 감상한다는 것과 같다. 물론 그래도 즐겁겠지만, 진정한 소리의 즐거움을 체험하는 세계로 이어질 수 없으며 자신의 음악 취향을 제대로 파악할 수 없음이 분명하다.

다양한 영역에서 섹슈얼리티를 깊이 경험하는 것은 성 경험을 함께 하는 상대에게도 이롭다. 건강한 섹슈얼리티를 가르치는 성교육은 성인의 성적 상호작용을 일방적인 게 아니라 함께하는 것으로 보게 한다. 이는 취향과 이상에 대한 대화가 얼마나 소중한지와 함께 그것을 실천하는 방법을 가르치고, 어떤 식으로든 동의하에 자기 의지에 따른 성적 표현을 존중하라고 가르친다는 뜻이다. 또한 이런 성교육은 앞에서 본 성 건강 증진과 성폭력 예방 운동의 방법론과 내용을 그대로 따르고 있다.

건강한 섹슈얼리티를 가르치는 성교육이 나와 내 친구들 같은 남자아이에게 어떤 영향을 미칠까? 리삭 박사가 연구한 강간범에게는? 우리 스스로 건강한 섹슈얼리티를 조금이나마 실현할 수 있기 전에는 알 방법이 없다. 다만 사회가 남자 청소년들에게 그들의 성장 과정에 맞춰 앞에 말한 가치와 기술을 가르친다면 성폭력 발생률이 크게 떨어질 것이라고 장담한다. 이 목표를 실현하려면 정부가 나서 예산을 배정하고 정책을 수립해야 한다. 기업과 각 지역사회 단체는 구성원들의 복지를 우선순위에 두고 자체적으로 만들어 낸 정책과 실천을 통해 힘을 보태야 한다. 부모, 교사, 형제자매는 올바른 가치 형성과 교육의 든든한 지원군이 되어 주어야 한다. 학교는 전 학년의 교과과정에서 적절한 지식과 기술을 가르쳐야 한다. 현재로서는 대부분 이런 노력을 기울이지 않거나 건전한 섹슈얼리티를 오히려 해치는 쪽으로 움직이고 있다. 남자 청소년들이 접하는 섹슈얼리티는 정확하지도 확실하지도 않다. 텅 빈 섹슈얼리티 교육의 자리를 차지하는 것은 무지하다는 점에서 똑같은 또래, MTV의 짝짓기 프로그램, 성적 학대 전력이 있는 정치인 그리고 그런 정치인이 추진하는 유해 섹슈얼리티 정책이다. 이 흐름을 우리가 원하는 쪽으로 바꿔야 한다.

모두가 온전한 섹슈얼리티를 경험할 수 있다면, 인간을 인간답게 하는 핵심 요소로서 섹슈얼리티를 다들 자연스럽게 받아들일 것이다. 그런 세상에서 성폭력은 존재할 수 없고 긍정적인 성 경험만이 무르익을 것이다. 이것이 내가 만들고 싶은 세상이다.

:::: **짜릿한 청소년기**

15장 발칙한 제안
25장 순결한 강간: 순결 미신이 어떻게 강간 문화를 강화하는가
26장 진짜 성교육

:::: **남자다움**

2장   행위로서 섹스 모델을 향하여
19장 왜 착한 남자만 손해를 볼까

17장 유사강간*이란 전염병

라토야 피터슨

* 원문의 비강간 Not-rape을 유사강간으로 옮겼다. 피해자가 강간이라고 부르지 않거나 못해도 분명 피해자의 섹슈얼리티를 왜곡하고 망가뜨리는 모든 (성적) 폭력 행위를 의미한다. 우리나라 형법에서 유사강간은 성기의 질 내 삽입을 제외한 유사 성행위를 가리키지만, 이 장에서는 더 넓은 의미로 쓰였다. ─옮긴이

'강간', 두 글자로 된 짧은 단어다. 그런데 막상 말해야 하는 순간에 말하려고 하면 도무지 입 밖으로 나오지 않는다.

나와 친구들은 성적으로 개방된 1990년대에 청소년기를 보냈기 때문에 강간에 대해 잘 알았다. 밖을 걸어 다닐 때 혹시 모를 괴한의 공격에 대비해 늘 열쇠를 손에 쥐고 다녀야 한다는 것을 알았다. 밤에 혼자 돌아다니지 말아야 하고 어쩔 수 없을 때는 인적이 드문 지름길이나 으슥한 골목을 피해야 한다는 것을 알았다. 운전을 못 하고 술도 못 마시는 나이였지만, 데이트 강간에 어떻게 저항해야 하는지는 알았다. 요가 수련자들이 경전을 외우듯, 우리는 잠재적 강간범을 피하는 방법을 주문처럼 달달 외울 수 있었다. 밤에 혼자 돌아다니지 마. 술잔을 아무 데나 놓지 마. 낯선 사람 차에 타지 마. 누가 납치하려고 하면 크게 소리치고 마구 공격해야 해. 강간범은 약해 보이는 여자만 노려.

그렇다. 우리는 강간에 대해 정말 많은 것을 알았다.

그러나 그뿐이었다. 우리는 강간을 정확히 정의할 수 있고, 제대로 대처하지 못하면 어떤 일이 일어나는지 알았다. 그러나 유사강간에 대해서는 전혀 몰랐다.

우리는 일상에서 유사강간을 경험하면서도 대처하는 방법을 몰라 애를 먹었다. 어렸을 때 나는 또래 여자애들이 다른 사람한테는 비밀이라며 털어놓은 유사강간 경험담을 숱하게 들었다.

내 친구는 만 열두 살 때 나이를 속이고 남자와 교제했다. 그에게는 열여섯 살이라고 거짓말했는데 몸만 보면 정말 그래 보였다. 그러니 그 '딱하고 운 없는' 남자가 어쩌다 내 친구와 자게 돼도 이상할 게 없었다. 그가 스물다섯 살이라는 점만 빼면. 어쨌거나 그는 내 친구의 진짜 나이를 알고도 친구와 관계해 순결을 뺏었다. 내 친구를 데리러 우리 중학교 앞으로 차를 끌고 온 게 결정적 증거다.

한번은 다른 친구와 길을 걸을 때 어떤 남자(다 큰 성인 남자)가 우리 곁을 지나갔는데, 친구가 왈칵 울음을 터뜨려 당황스러웠다. 친구는 대뜸 자신이 열한 살 때 아이를 뱄고, 낳은 아이는 엄마가 강요해서 입양을 보냈다고 털어놓았다. 좀 전에 태연히 우리 곁을 지나간 남자가 바로 그 아이의 아빠라는 것이다. 그때 우리는 만 열세 살이었다.

나중에 들어 보니, 친구가 아이의 아빠이자 학대자인 그 사람을 만난 장소는 학교였다. 그러니까 그는 내 친구가 그때 열한 살 정도라는 걸 분명히 알았다. 학생이 나이가 많아 봤자 얼마나 많았겠는가? 당시 열아홉 살이던 그는 자신의 대단한 판타지에 내 친구를 끌어들였다. 친구는 수업을 빼먹고 그를 따라가 그의 차에서 섹스를 했다. 임신하고는 바로 버려졌다. 하지만 같은 동네에 사니 한 달에 한 번은 그와 우연히 마주쳤다. 그럴 때마다 친구는 왈칵 울음을 쏟거나 소스라치게 놀랐다. 남자는 무심히 제 갈 길을 갔다. (때로는 "넌 그냥 잡년 중 하나였어"라는 말을 남기고.)

고등학교 때 나는 아시아계 친구 두 명과 꽤 친하게 지냈다. 학교가 끝나면 다 함께 쇼핑몰에 놀러 가는 게 우리의 일상이었다. 가끔은 버스를 타고 부자 동네에 있는 상가까지 가기도 했다. 그런데 부자 동네에만 가면 아시아계 친구들이 고약한 괴롭힘을 당했다. 30~40대쯤 되어 보이는 백인 남자들이 친구들에게 다가와서 어느 나라 출신인지, 몇 살인지, 사귀는 남자가 있는지 물으며 추근댔다. 그리고 거의 어김없이 나중에 연락하라며 명함을 건넸다. 친구들은 가만히 미소 짓고 있다가 남자들이 시야에서 사라지면 명함을 버렸다.

해가 갈수록 이런 이야기는 계속 쌓였다.

전 남자 친구의 친구는 7년 동안 사귄 여자가 있었다. 헤어질 때 그 여자의 나이가 열여덟이었다. 18에서 7을 빼면? 그렇다. 둘이 처음 사귈 때 여자는 열한 살이었다. 그때 남자는 열아홉 살, 헤어질 때는 스물여섯 살이었다. 나는 혐오스러워 속이 부대낄 지경이었다. 전 남자 친구 말로는 자신과 주변 사람들도 나처럼 느꼈지만 여자네 부모님은 괜찮아했으며 그 남자를 초대해서 집에 재운 적도 있다고 했다. "그리고 말야, 걔는 열한 살에 벌써 어른 몸이었어." 그가 대수롭지 않게 덧붙였다.

유사강간은 이 밖에도 여러 형태로 일어났다. 10대 시절 내 친구들 가운데 아무도 유사강간에서 자유롭지 않았다.

나이 많은 남자 친구를 만족시키려고 수영장 펌프실에서 첫 경험을 해야 하는 것이 유사강간이다.

한밤중에 깨어 보니 부모님의 친구가 당신 침대에 들어와 있고, 언제부턴가 밤마다 낮에는 잊고 사는 악몽에 시달리는 것이 유사강간이다.

엄마가 알고 지내는 삼촌들이 성적 의도로 접근하는 것이 유사강간이다.

또래 남자애들이 매일같이 쉬는 시간에 당신 몸을 은근히 더듬고 지나가는 것이 유사강간이다.

열두 살밖에 안 된 여자애가 스물네 살 먹은 남자를 '남자 친구'로 사귀고, 공짜 드라이브·용돈·옷·외박할 집을 얻는 대가로 섹스하는 것이 유사강간이다.

나와 친구들은 서로 비밀을 털어놓고 이야기를 주고받으며 아픔을 나눴다. 어른들에게는 비밀로 했다. 말할 수도 없었다. 우리가 겪은 일은 강간의 정의에 부합하지 않았으니 말이다. 그것은 강간이 아니다. 그때 우리는 정말 그렇게 생각했다. 손가락질받고 벌받아야 하는 건 우리라고 믿었다. 하지만 혼나기는 싫었다. 그렇게 우리가 굳게 입을 다문 덕에 유사강간은 계속되었다.

나는 이웃집에 사는 남자애에게 유사강간을 당했다. 래퍼 숀 '퍼피' 콤스를 닮아서 '퍼피'로 불리던 애다. 그는 내 친구 'T'와 아는 사이였다. 더운 여름날 혼자 집에 있는데 뒤뜰 쪽 문가에서 노크 소리가 들렸다. 블라인드 틈으로 밖을 보니 퍼피였다. 내가 통유리 문을 빼꼼 열었다. T를 보았냐고 묻길래 못 보았다고 했다. 몇 마디를 더 나눴지만 시답잖은 얘기라서 지금은 기억나지 않는다.

"맘만 먹으면 너한테 무슨 짓이든 할 수 있어." 어쩌다 그가 말을 끊고 날 똑바로 쳐다보면서 이런 말을 했는지도 기억이 희미하다.

이 말에 울컥한 나는 "염병할, 그러든가 말든가" 하고 내뱉은 뒤 문을 닫으려고 했다.

그 순간 그의 손이 코브라처럼 빠르게 움직여, 문을 닫으려던 내 허리를 움켜쥐었다. 그가 한 말은 농담이 아니었다. 그가 내 허리를 붙잡은 건 아주 불길한 징조였다.

그가 집으로 들어와 날 바닥에 눕혔다. 저항하는 내 팔을 한 손으로 제압하고 다른 손으로는 찬찬히 내 몸을 만졌다. 아직 다 자라지 않은 가슴을 움켜쥐었고, 바지 쪽으로 손을 가져가 한참을 만져 댔다. 그는 일을 다 본 뒤에야 날 풀어 주며 다시 경고했다. "맘만 먹으면 너한테 무슨 짓이든 할 수 있다고."

잔인하게 힘을 과시한 그는 사라졌다.

혼자가 된 나는 발코니 문을 닫고 훤한 낮인데도 방범창까지 꽁꽁 걸어 잠갔다. 더럽혀지고 이용당한 느낌에 구역질이 났다. 샤워를 하려다 한동안 소파에 앉아, 내게 무슨 일이 일어났는지 그리고 뭘 해야 하는지 생각했다.

그와 싸울 수는 없었다. 그가 이미 나보다 강하다는 걸 입증했기 때문이다. 친한 남자애들에게 얘기할까 하고 생각해 봤지만 딱히 말할 거리가 없었다. 어쨌든 강간당한 건 아니니까. 서로 언성이 높았던 것뿐이니까. 게다가 친구들이 나보다 그와 더 오래 알고 지냈기 때문에 상황은 내게 불리했다. 엄마에게 말할 수도 없었다. 엄마가 출근하고 없을 때 남자애를 집에 들였냐고 혼날 게 뻔했다. 분한 마음에 이를 악 물었다. 뭘 하든 그보다 내가 더 곤란해지는 상황이었다. 결국 나는 자리에서 일어나 샤워를 하고 아무에게도 이날 일을 말하지 않았다.

몇 주 뒤 친구와 길을 가다 T와 다른 남자애들을 만났다. 근처 빈집에 놀러 가는 길이라고 했다. 내가 살던 동네 남자애들은 빈 아파트나 주택에 몰래 들어가 며칠 동안 거기에서 파티를 즐기곤 했다.

내 친구는 따라갈 마음이 있었지만 나는 망설였다. 얼마 전 유사강간을 당한 기억이 생생했기 때문이다. 게다가 퍼피는 계속 T와 어울려 지냈다. 그 집에 퍼피가 있을지 모른다. 나는 그를 다시 보고 싶지 않았다. 그래서 거절했다. 그러자 친구는 이 동네에서 가장 귀여운 남자애들과 놀 기회를 날려 버렸다며 짜증을 냈다. 그날 일을 친구에게 털어놓지 않은 나는 대수롭지 않은 척했고, 핑계를 댄 뒤 집으로 돌아갔다.

그로부터 며칠 뒤 등굣길에 스쿨버스를 탔다. 평소 같았으면 시끌벅적했을 버스 안이 쥐 죽은 듯 조용하고 라디오 소리만 흘러나오고 있었다. 지역 뉴스를 알리는 라디오 앵커가 우리 동네에서 잔인한 강간 사건이 벌어졌다고 말했다. 범죄의 질이 나빠 10대 피고인 여섯 명이 모두 소년 법원이 아닌 일반 법원에서 재판을 받는다고 했다. 가해자 이름이 흘러나오자 모두 경악했다. 피고인 이름 중에 T도 있었다. 나와 T가 과거에 사귈 뻔한 걸 아는 친구 '제이'는 내게 "어, 하마터면 T한테 당할 뻔했네" 하고 놀려 댔다.

나는 아무 말도 하지 않았다. 그러나 가슴은 쿵쿵 뛰어 댔다. 마음속엔 한 가지 생각뿐이었다. '**세상에, 정말 내가 당할 뻔했어.**'

몇 년이 흘러 나는 무서울 것 없는 고등학생이 되었다. 유사강간의 기억은 머릿속 어딘가에 묻혀 있었다. 그 시절 나는 학생회와 모의재판 동아리 활동을 하느라 바빴는데, 형사재판 참관이 동아리 활동의 일부였다.

참관하는 날 지방법원에 도착해 이날 열리는 재판 세 건의 일람표를 확인했다. 교통사고, 살인 사건과 강간 사건에 관한 재판이 예정되어 있었다. 교통사고 재판은 참관을 거부당해 살인 사건 재판이 열리는 곳으로 갔는데 재판이 미뤄졌다고 했다. 그래서 강간 사건 재판이 진행 중인 법정으로 갔다.

그곳에서, 내게 유사강간을 저지른 자의 사진이 다른 강간범 다섯 명의 사진과 함께 화이트보드에 붙은 걸 보리라고는 상상하지 못했다. 검사가 가해자들이 잔인하게 강간한 여자의 사진을 꺼내 들었다. 첫 번째 사진 속 그녀는 반짝이는 눈에 단정한 모습이었다. 하나로 높이 묶은 짙은 색 머리 덕에 하얀 피부가 아주 돋보였다. 체육대회에 나가는 사람처럼 가벼운 운동복 차림이었다.

검사가 강간당한 뒤의 그녀 모습이 담긴 두 번째 사진을 이어서 공개했다. 얼굴에 퍼렇고 시뻘건 멍이 가득했다. 한쪽 눈은 피범벅이었다. 검사 말로는 눈 주위 혈관에 집중적으로 타격이 있었다고 했다. 다른 눈은 너무 부어서 제대로 뜨지도 못한 상태였다. 입술도 핏자국과 멍으로 엉망이었다. 검사가 두 사진을 나란히 놓았다. 두 사진 속 여자가 같은 사람이라는 게 믿기지 않았다.

그녀는 버스에서 T와 다른 소년(내가 아직도 이름을 모르는 내 유사강간범)을 만났다. 소년들이 그녀에게 접근했고 함께 빈 아파트로 갔다. 그녀는 몰랐지만 아파트에는 네 명이 더 있었다. 그녀는 구강성교를 몇 차례 강요당했고, 구타와 강간에 항문성교까지 당했다. 그 뒤에 콘돔과 정액, 분변으로 더러워진 아파트에서 그녀 혼자 의식을 잃은 채 발견되었다.

나는 등골이 서늘해졌다.

T가 이런 짓을 했다고? 검사는 그들 중 주동자가 있으며 나머지 다섯이 그를 따라 범죄에 가담한 것으로 보인다고 말했다. 동아리 사람들은 재판에 몰두했지만, 나는 얼른 그곳을 떠나고 싶었다. 참 다행히도, 내 유사강간범과 T는 이미 수감돼 더는 거리를 활보하며 다른 피해자를 노릴 수 없었다.

그럼에도 의문이 들었다. 내가 당한 일을 누군가에게, 누구에게라도 말했더라면 이 모든 일을 막을 수 있지 않았을까? 나는 사진 속 여자의 얼굴을 물끄러미 바라보았다. '피범벅이 되도록 두드려 맞는다'는 게 정확히 그런 모습일 것이다. **그때 내가 말했어야 해. 시도라도 했어야 했어.**

피고인 측 변호사가 변론을 시작했을 때 나는 혼자만의 생각에서 빠져나와 그의 말에 귀 기울였다. 변호사는 피고인이 원래 착한 아이지만 주변 친구들에게 나쁜 물이 들었다며, 범죄가 일어나기 전에 현장을 빠져나왔다고 주장했다. 그러더니 배심원단을 향해 말했다.

"참고로, ○○양은 질이 나쁜 아이였습니다. 학교를 빼먹고 마리화나를 피웠습니다. 버스에서 처음 만난 두 남자아이와 마리화나를 피우느라 학교를 빼먹을 수도 있는 아이입니다."

나는 입이 딱 벌어졌다. 짓뭉겨진 얼굴만 봐도 여자아이가 일방적으로 당한 게 명백한데, 동의 문제에 대해서는 한마디도 안 하다니. 사건이 있던 날 그 여자애가 뭘 했는지가 무슨 상관인가?

이날 법정에서 나는 사건을 통해 또 재판 과정을 통해 강간의 개념을 똑똑히 이해했다. 그리고 내가 겪은 유사강간 사건을 누군가에게 말한다면, 이 사건만큼 모욕적이지는 않아도 내 경험과 비슷한 피해를 막을 수 있지 않을까 싶었다. 내가 겪은 것처럼 콘돔 포장이니 증거 채취 도구니 강제 삽입이니 하는, 강간당했다는 확실한 물증이 없는 사건 말이다.

하지만 증거가 확실한 사건도 이렇게 의심받는데, 내가 목소리를 낸다고 뭐가 달라질까?

유사강간이란 전염병은 이런 공포와 침묵을 매개로 퍼진다. 여성은 인종이나 사회계층과 상관없이 이 전염병에서 안전하지 않다. 평범한 여성이 상처를 안고 살아가는 경우가 많다. 상처를 기억 뒤편으로 몰아내면서 겉으로는 평범하게 연애하고 성관계를 맺으려고 애쓴다. 하지만 우리 여성들이 내면 깊숙한 곳, 침묵이라는 방호벽 뒤편에 묻어 둔 끔찍한 이야기들이 자꾸만 입에 맴돈다.

내가 유사강간과 그에 따른 마음의 짐을 처음 입 밖에 꺼냈을 때 비난받거나 의심받을 줄 알았다. 이야기를 들은 여성들이 저마다 비슷한 이야기를 털어놓으며 맞장구치리라고는 결코 예상하지 못했다.

열네 살 때 나는 내 경험을 이야기할 언어를 알지 못했다. 그래서 무력하게 입을 다물고 있었다. 내게 일어나지 않은 일을 들을 때마다 마음이 무거워졌지만, 내게 일어난 일을 털어놓지도 못했다.

과거를 바꿀 수는 없다. 그러나 그것을 이야기할 언어를 가르쳐 훗날 어느 여자애의 삶을 구할 수는 있다.

유사강간은 여러 형태로 일어나고 여러 이름으로 불린다. 내게 일어난 일은 성폭행이다. 성기가 삽입된 강간과는 다르지만 고통스럽고 파괴적이긴 마찬가지다. 내 친구들이 겪은 일은 미성년자의제강간, 성희롱, 강요에 해당한다.

법정에서 일어난 일, 즉 여성의 피해를 축소하고, 확실한 증거가 있는데도 피해를 입증하라고 계속 요구하고, 평소 옷차림에 성적이니 주량이니 피해자의 과거 행동까지 문제 삼으면서 야비하게 성폭력을 변호하는 것은 강간 문화의 산물이다.

나는 내면화된 수치를 겪으면서, 성폭행을 자초했다는 죄책감에 시달렸다. 실제로 많은 여성이 이런 사건이 벌어졌을 때 스스로 탓하도록 길들여졌다. 달리 행동했다면, 더 제대로 선택했다면, 더 똑똑하게 판단했다면, 그런 상황에 빠지지 않았을 텐데. 어린 시절 나와 친구들에게 섹슈얼리티란 지켜야 하는 것, 밖으로 얘기하거나 드러내면 안 되는 것이었다. 궁금한 게 많았지만, 결국 '뿌린 대로 거둔다'는 생각이 지배적이었다. 남자애랑 단둘이 있었으니 무슨 일을 당했겠지. 네가 먼저 틈을 보였겠지. 애초에 남자애들 있는 데를 제 발로 갔으니 집단 강간을 당하지. '뭘 입고 싸돌아다녔길래' 길에서 남자가 따라오니? 스스로 보호할 수 없는 상황에서도 우리 몸을 지키는 책임은 언제나 우리 몫이다. 그래서 나는 내 경험을 털어놓으면 사람들이 날 더럽고 망가진 존재로 볼까 봐, 아니, 아예 내 말을 믿지 않을까 봐 두려웠다.

하지만 우리가 말하지 않으면, 우리가 겪은 것과 같은 일이 점점 불어나 침묵의 문화와 우리를 향한 공격을 지속시킬 것이다. 젊은 여성들이 사회 비난에 대한 공포 때문에 성폭력 경험을 소리 내어 말하지 못하면, 가해자들은 그 공포를 이용해 여성들을 더욱 겁줄 것이다. 앞서 말한 사건처럼, 법 앞에서 정의를 구현하려고 한 여성이 오히려 버림받을 수 있다. 가해자가 아니라 피해자 여성의 과거와 현재 행동이 심판대에 오른다.

우리는 여성들에게 적절한 수단을 주어 그들이 진실을 이야기하고 강간 문화의 공범인 침묵을 끝내게 해야 한다.

10대 소녀들에게는 나이 많은 남자와 사귄다고 멋있어지지 않으며 부모의 간섭에서 해방되지도 않는다는 것을 확실히 알려야 한다. 나이 많은 남자를 만나는 게 멋있다는 인식 자체를 바꿔야 한다. 물론 10대끼리 데이트하는 것도 위험하고 아픈 결과로 이어질 수 있지만, 나이 차이가 많이 나는 남자의 꾐에 빠져 준비되지 않은 상태에서 성적인 관계를 시작하는 일은 반드시 없어야 한다. 10대 소녀들이 위험에 빠지지 않게 또래 남자애들이 도움을 줄 수도 있다. (실제 내 주변 남자애들은 어떤 남자가 무례하게 굴며 내게 접근할 경우 몇 번 날 도와주었다. 이유는 모르겠지만, 그런 남자들은 내 주변에 다른 남자가 있으면 순순히 자리를 떴다.) 성인 남성은 자기 행동을 스스로 조심하고, 약자를 성적으로 착취하는 행위가 더는 용인되지 않는다는 사실을 유념해야 한다. 부모는 자녀가 (또래나 연상) 남성에게 괴롭힘을 당하지 않도록 주의를 기울여야 한다.

성인, 특히 성인 여성은 주변의 어린 여성들에게 먼저 관심을 기울여야 한다. 내 남자 친구에게는 여동생이 둘 있다. 그 중 한 명은 얼마 전 사춘기에 접어들었는데, 2차 성징이 나타나면서 몇몇 남성이 그 아이에게 관심을 보였다. 나는 그녀의 미묘한 변화를 느꼈다. 평소보다 고개를 숙이는 일이 잦아졌고, 동성 친구 여럿이 함께하지 않으면 외출을 꺼렸다. 겉보기에는 평범한 10대 소녀인데, 또래가 없을 때면 뭔가를 경계하고 불편해하는 것 같았다. 어릴 적부터 그 애를 알던 내 눈에는 (지하철로 통학하기 시작한 것을 포함해) 지난 1년의 성장이 그녀를 변화시킨 게 보였다. 분명히, 남성들의 시선이 쏟아지는 지뢰밭을 어떻게 지나갈까 고민하고 있었다. 안타깝게도 그녀가 할 수 있는 일은 많지 않다. 아주 상식적인 행동 말고는 할 수 있는 게 거의 없다는 사실을 빤히 알면서 사회의 울타리 안에 꼼짝없이 머물러야 한다면 분명 답답할 것이다. 나는 '노'라는 말을 두려워할 필요가 없다고, 비밀을 털어놓아도 죄를 단정하지 않는 어른이 되어 주겠다고 말하며 그녀에게 자신감을 불어넣어 줄 것이다.

그 애가 서 있는 지뢰밭에 한때 있어 본 사람으로서 내게 효과적이었던 전략, 그때 했다면 좋았을 거라고 생각하는 행동들을 그 애에게 알려 줄 것이다.

마지막으로, 우리는 제도에 깊이 뿌리내린 강간 문화에 끊임없이 이의를 제기해야 한다. 왜 병원에 가야만 강간 증거 채취 도구를 구할 수 있는지, 왜 이해할 수 없는 판결이 나오는지 물어야 한다. 사법제도가 강간 옹호론자와 가해자를 더는 용인해선 안 된다는 메시지를 앞장서서 전해야 한다.

그리고 무엇보다 소녀들에게 성적 착취자에 맞서 스스로 보호할 수 있는 도구를 쥐여 주어야 한다.

∴ **짜릿한 청소년기**

15장   발칙한 제안

24장   과정 지향적 처녀

∴ **권력에 맞서 싸우기**

10장   공간을 침범하는 여성

12장   대중매체의 재판: 흑인 여성의 음란성과 동의의 문제

∴ **살아남아 예스라고 말하기**

21장   여성 혐오 죽이기: 사랑, 폭력, 생존 전략에 관한 사적인
　　　 이야기

23장   당신이 창녀라 부르는 사람들은 누구인가: 섹슈얼리티,
　　　 권한 강화, 성 산업에 관한 성노동자들의 대화

18장 수치심이 우리를 가장

먼저 배신하지 않도록

토니 아마토

열일곱 살인 시미 윌리엄스 주니어Simmie Williams Jr.가 시스트 렁크 대로 1000번가에서 괴한 두 명에게 공격당했다. 어두운 색 옷차림의 젊은 괴한들은 인근에 사는 자들로 추정되었다. 일대에서 소년은 성을 따 윌리엄스로 불리거나 크리스, 비욘세로도 불렸다. 총을 맞은 금요일 새벽 12시 45분에 그는 드레스를 입고 있었고, 가까운 브로워드종합병원으로 이송되었으나 얼마 못 가 숨을 거뒀다. 윌리엄스가 왜 집에서 6킬로미터 떨어진 곳에 있었는지는 밝혀지지 않았다. 모친의 증언에 따르면, 그는 커밍아웃한 게이였다. 그러나 그가 그날 밤 외출한 것과 평소 여자 옷을 입고 다녔다는 사실은 모친도 알지 못했다.

LGBTIQQA(레즈비언, 게이, 양성애자, 트렌스젠더, 인터섹스, 퀴어, 퀘스처닝, 앨라이. 다양한 성 정체성의 소수자와 앨라이, 즉 자신이 성 소수자는 아니지만 이들에 대한 차별에 함께 맞서는 사람을 가리킨다. 이 중 인터섹스는 남녀의 신체적 특징을 함께 타고나 어느 한 성으로 특정할 수 없는 경우고, 퀘스처닝은 성 정체성을 확립하지 못해 탐색 중인 경우다. — 옮긴이)는 여성 혐오와 동성애 혐오, 트랜스 혐오 문화에 세뇌당한 자들이 거리낌 없이 자행하는 끔찍한 폭력을 목격하고 애도한다. 우리는 해마다 우리 자매와 형제가 강간당한 곳으로 행진하며 그곳을 복원하고, 살의가 가득한 혐오에 희생된 트랜스젠더와 젠더퀴어의 이름을 하나하나 부르며 쓰러져 간 벗들을 추모한다. 거주할 권리, 일할 권리, 치료받을 법적 권리가 더는 부정당하지 않도록 투쟁한다. 우리를 강간하고 구타하고 살해하는 것이 혐오 범죄로 불릴 수 있도록 목소리를 낸다. 가톨릭 학교 학생들이 성인聖人의 이름을 외듯, 우리도 우리 순교자들의 이름을 하나하나 읊을 수 있다. 뜨겁게 살아 숨 쉬는 가슴에 새겨진 그 이름들을 우리는 소중히 간직한다.

그러나 애도하고 싸우는 것만이 다는 아니다. LGBTIQQA,

퀴어, 호모, 다이크, 팬지, 패그^{fag}, 페어리^{fairy}, 게이, 레즈비언, 트래니^{tranny}, 트랜스젠더, 젠더퀴어, 트랜스섹슈얼, 드래그퀸, 드래그킹 등 온갖 이름으로 불리는 우리, 놀랍고 강렬하게 정체성을 드러내는 우리 모두는 우리답기를 자랑스럽게 선택하며 열정적으로 살아간다. 해마다 거리로 나가 춤추고 매력을 뽐내며 우리의 인생, 사랑, 욕망, 연인 등을 세상에 보여 준다. 우리는 다 함께 행진하고, 우쭐대고, 격려하고, 소리친다. 함께 모여 공포와 탄압, 수치와 억압에 맞서 싸운다. 우리를 가장 먼저 배신하는 건 수치심이기 때문이다.

성적 행위, 즉 몸으로 표현하는 애정과 스킨십은 맑은 공기·깨끗한 물·영양가 있는 음식만큼이나 인간다운 삶에 꼭 필요하다. 그런데 이런 것들이 사회를 지배하는 제약, 바이오, 의료, 산업, 군대 문화를 통해 상업화되고 상품화되어 쉽게 오염된다. 섹스가 잘 팔리는 상품이라는 사실에는 누구나 동의할 것이다. 섹스는 팔리는 상품일 뿐만 아니라 태곳적부터 인류가 갈망하며 두려워하는 대상이다. 잘 가공하고 포장해 상표를 붙여 팔 수 없는 것은 더럽고 퇴폐적이고 불건전하고 위험한 것으로 분류된다. 효율적이고 위생적이고 안전한 나라를 파괴하려고 음모를 꾸미는 테러리스트처럼 다뤄질 수도 있다. 이 허구, 가짜 패러다임, (좀 심하게 말해) 구린내가 진동하는 헛소리는 퀴어 섹슈얼리티를 두렵고 경멸스러운 **타자**로 만든다. 난잡하고 병들고 타락한 것들로 가득 차고 더러운 밀실 같은 존재, 질 좋은 우유와 고기를 먹고 자라면서 철마다 예방주사를 챙겨 맞고 적절히 세뇌당한 아이들을 동성애 정신병자로 망가트릴 위험한 존재로 매도한다. 점차 쇠퇴하는 이 제국은 분노에 찬 최후의 발악 끝에 책임을 피해자에게 돌리는 데 그 어느 때보다 열을 올린다. 결국 우리는, 방종하고 용납할 수 없으며 뻔뻔한 행위로 친밀함과 애정을 표현하기로 한 사람은 타락의 대가로 끔찍한 결과를 받아들여야 한다고 생각하게 된다.

시미 살해 사건이 있고 나서 경찰과 언론은 살해범을 찾기보다 피해자가 성노동자였는지를 알아보는 데 더 집중했다. 어떻게 입고 다니는가가 누가 사람을 죽였는가보다 더 중요한 문제라면, 몸을 있는 그대로 드러내는 즐거움을 어떻게 만끽할 수 있겠는가? 아름다운 소년 로런스 킹Lawrence King은 2008년 2월 14일 총에 맞았다. 다른 소년에게 애인이 되어 달라고 말했다는 이유로. 그 무렵 로런스는 학교에 화장을 하고 다녔다. 사건 다음 날인 15일에 로런스는 장기를 기증하고 세상을 떠났다. 사춘기의 예민한 감수성 때문에 목숨을 잃을 수 있다면 그보다 더 강렬한 마음속 욕망을 감히 어떻게 드러낼 수 있을까? 로런스와 시미, 모든 피해자를 가장 먼저 배신한 건 수치심이다.

우리는 바른 시민이자 열성적이고 고분고분한 소비자가 되기 위해 갖춰야 할 젠더와 성의 규범을 똑똑히 배운다. 그 규범을 어기거나 곡해하면 고통스러운 결과를 받아들여야 한다. 우리는 어려서부터 이 교훈을 체득한다. 인터섹스로 태어난 아기는 동의 없이 성기 절제 수술을 통해 성을 '다시 배정'받는다. 그래야 사회에서 잘 어울리며 살아갈 수 있다는 믿음 때문이다. 어린 여자아이는 사회에서 받아들여지고 안전하게 살려면 성장하는 몸을 가리고 압박해야 한다고 배운다. 어린 남자아이는 남자답게 씩씩하고 강인해야 하니 울지 말라는 가르침을 받는다. 강간 피해자는 (마치 욕망을 드러내서 강간범의 표적이 되기라도 했다는 듯) 과거 성생활과 평소 옷차림을 추궁받는다. 게이 혐오 피해자는 왜 공공장소에서 연인에게 입을 맞췄는지 해명해야 한다. 혐오 범죄 피해자가 된 트랜스젠더 또는 젠더퀴어는 성별을 확실히 알 수 없으니 분노를 살 만했다는 소리를 듣는다.

이들과 우리 모두를 가장 먼저 배신하는 건 수치심이다. 만일 여성이 어려서부터 자기 몸을 자유롭게 드러내는 것이 위험하고 부적절하다고 배운다면, 어떻게 달콤한 섹슈얼리티의 맛을 음미하고 자기 몸이 주는 쾌락과 감각적 즐거움을 만끽할 수 있겠는가? 게다가 그 여성이 퀴어라면? 남자로 성장한다면? 또는 남성이 어려서부터 자기 욕망과 감정과 꿈을 거칠고 분노에 찬 언어로 표현하는 방법밖에 배우지 못한다면, 어떻게 친밀함을 부드럽고 정답게 표현할 수 있겠는가? 게다가 그 남성이 퀴어라면? 여자로 성장한다면? 젠더 규범에 얽매이지 않는 사람이 어려서부터 다른 사람의 편의를 위해 진짜 모습을 드러내지 않도록 치료받고 사회화된다면, 어떻게 진실하고 자존감 높은 어른으로 자랄 수 있겠는가? 게다가 그 사람이 퀴어라면?

아름다운 몸과 욕망과 사랑스러운 영혼을 가진 이들이 서로 상처를 주고받는다고 상상해 보라. 만일 저 아름다운 소년이 사랑하는 사람에게 받고 싶은 야릇한 행동이 퇴폐적이고 역겹고 벌 받아 마땅한 것이라고 배운다면, 탈의실이나 거리나 군대에서 성폭력을 당해도 싸다고 배운다면, 연인의 행동이 자신에 대한 학대라는 사실을 어떻게 알아챌 수 있을까? 만일 저 아름다운 소녀가 퀴어로서 느끼는 욕망이 죄스럽고 걸레 같고 변태적이고 더러운 것이라고 배운다면, 자기 아내와 자녀를 보호한다는 바른 시민들에게 구타당하고 강간당해도 싸다고 배운다면, 연인의 행동이 자신에 대한 학대라는 사실을 어떻게 알아챌 수 있을까? 만일 젠더 규범에 얽매이지 않는 아이가 자기 몸에 당당히 이름 붙일 수 없으며 자신을 제외한 모든 이가 자기 몸에 이름 붙이고 그것을 마음대로 움직이고 뜯어고칠 권리를 가졌다고 배운다면, 선을 넘는 스킨십을 어떻게 분별할 수 있을까?

2008년에 캘리포니아성폭력반대연합CALCASA이 게이 162명과 레즈비언 111명을 상대로 조사한 결과, 52퍼센트가 동성 파트너에게 1회 이상 성적 강요를 당했다고 고백했다. 게이는 한 명당 1.6회, 레즈비언은 한 명당 1.2회 강요당했다. 레즈비언과 양성애 여성은 특히 고위험군에 속했다. 일반적으로 성폭력이라고 하면 성기 삽입을 떠올리는 데다 "성폭력을 포함해 동성애 혐오와 차별이 조장한 여러 형태의 폭력"을 주로 남성이 저지르다 보니, 여성이 여성에게 가하는 성폭력은 쉽게 무시되기 때문이다. 남성 파트너와 동거하는 남성은 여성 파트너와 동거하는 남성보다 친밀한 관계의 폭력을 더 많이 경험했다. 그런 남성의 15퍼센트가 동성 동거인에게 강간이나 폭력, 스토킹을 당한 경험이 있었다. 온 세상이 나 같은 사람을 때리고 죽이고 강간할 수 있으며 배제하고 수치심을 줄 수 있다고 배운다면, 가까운 사람이 그런 행동을 우리에게 했을 때 그게 잘못이라는 걸 과연 인지할 수 있겠는가? 우리는 여전히 스스로 이름을 붙이기 위해, 권리를 주장하기 위해, 안전하게 사랑할 수 있는 문화를 만들기 위해 싸운다. 강간은 언제나 강간이다. 어떤 이름으로 불리든 언제나 우리를 아프게 한다. 누군가의 가장 내밀한 모습에 대한 폭력은 사랑과 동정을 결여한 행위다. 이 끔찍함 속에서 살아남으려면, 수치와 혐오의 문화가 어떤 영향을 미치는지 알아야 한다. 특히 LGBTIQQA 대상 폭력이 제대로 명명되거나 규탄받지도 않고 있음을 기억해야 한다. 이름을 붙이지 않고는 치유할 수 없고, 치유하지 않고는 수치심을 없애지 못한다. LGBTIQQA를 향한 폭력을 부정하는 것, 특히 당사자들이 스스로 그 폭력을 외면하는 것은 피해자를 더 고립시키고 친밀한 관계의 폭력이 만연한 환경을 만든다. 그 폭력에 이름 붙이기를 꺼리고 못 한다면, 우리의 아픔을 치유할 수도 예방할 수도 없다.

우리 안의 가장 인간적인 모습에 수치심을 안기면서 수익성 높고 안전한 성 상품만을 판매하는 문화에 머무는 한, 아름다운 우리 자신에 대한 폭력을 용인하고 당연시하면서 살아야 할 것이다. 우리는 긍정하고 즐김으로써 수치심을 물리칠 수 있다. 함께 모여 잃어버린 것을 애도하고, 억압에 저항하고, 열정적이고 사랑스러운 우리 자신의 모습을 즐겨야 한다. 끈적하고 관능적이며 때로는 정신없고 신기하기도 한 서로의 모습을 어떤 식으로든 긍정해야 한다. 더 자주, 더 멋지게 즐겨야 한다. 1년에 한 번 크게 모일 때만이 아니라, 하루하루 단둘이 만날 때도 즐거워야 한다. 우리를 가장 먼저 배신하는 건 수치심이기 때문이다. 우리는 그것을 사랑으로 극복할 것이다.

:⋮: **여기 그리고 퀴어**

7장　마침내 그 순간이 온다면: 근친 성폭력 피해자의 진짜 생존기
19장　왜 착한 남자만 손해를 볼까

:⋮: **시시한 것에 대한 수많은 금기**

5장　뚱뚱한 여자를 어떻게 따먹느냐고?
23장　당신이 창녀라 부르는 사람들은 누구인가: 섹슈얼리티, 권한 강화, 성 산업에 관한 성노동자들의 대화

:⋮: **살아남아 예스라고 말하기**

20장　싸워서라도 지킬 만큼 소중한 섹스
21장　여성 혐오 죽이기: 사랑, 폭력, 생존 전략에 관한 사적인 이야기

19장 왜 착한 남자만 손해를 볼까

줄리아 세라노

여성은 세상 어디에서든 성적 대상화와 위협에 노출된다. 나는 원치 않는 남자들의 접근을 피하려 했다는 이유로 뒷담화와 업신여김과 화풀이의 대상이 되었다. 길거리에서 모르는 남자들이 휘파람을 불어 대며 조롱했고 나와 뭘 하고 싶은지 아주 노골적으로 말했다. 한번은 데이트 강간을 당할 뻔하기도 했다. 솔직히 더 심한 일을 당하지 않아 다행이라고 생각한다. 다른 여성들과 마찬가지로 나는 강간 문화가 없어지기를 간절히 바란다.

성전환자, 정확히는 남자에서 여자가 된 사람으로 이 세상을 살면서, 나는 강간 문화에 대해 대다수 시스젠더(비성전환자) 여성이 당연하게 여기는 것과는 조금 다른 시각을 갖게 됐다. 내가 보기에 성희롱, 성적 학대, 강간을 묘사하고 설명하는 기존 수사는 안타깝게도 남성과 여성을 각각 억압자와 피억압자로 구분하는 '일방적 성차별' 개념에 빠져 있다.

일방적 성차별을 곧이곧대로 받아들인 사람들 중에는 남성이 억압적이고 폭력적인 성향과 지배욕을 타고났다고 믿는 경우도 있다. 또는 남성을 성적 착취자로 길들이는 가부장적 사회가 문제라고 말하는 사람도 있다. 물론 남성이 성관계 상대를 공격적으로 대하고 착취하도록 사회화된다는 것은 일리가 있다. 그러나 꼭 그런 것만은 아니다. 남성은 어려서부터 여성을 존중해야 한다고 꾸준히 분명하게 가르침을 받고, 또래 여자아이를 놀리거나 '함부로' 대하면 엄하게 처벌받는다. 게다가 '남자는 그렇게 행동하도록 사회화됐다'는 논리로는 여성을 희롱하지도 성적으로 학대하지도 않는 수많은 남성의 행동을 설명할 수 없다.

강간 문화란 우리 모두에게 영향을 미치는 사고방식으로, 우리가 세상을 보고 대하는 방식을 결정하며 여성과 남성을 이분법적으로 나눈다. 나는 이것을 포식자 - 먹잇감 사고방식이라고 부른다. 이 사고방식 안에서 남성은 예외 없이 성적 공격자가 되고 여성은 언제나 성적 대상이 된다.

포식자 - 먹잇감 사고방식은 우리가 여성과 남성의 섹슈얼리티에 적용하는 이중 잣대를 형성한다. 예를 들어, 나는 주변 이성애자 여자 친구들이 남성에게 추파를 던지고 그의 엉덩이가 얼마나 근사한지 자기들끼리 얘기한다는 걸 잘 안다. 누군가는 이런 대화를 '대상화'나 '성애화'라고 표현하겠지만, 놀랍게도 내 친구들은 그렇게 **느끼지** 않는다. 만일 남성들이 여성을 놓고 그런 얘기를 나눴다면 **느낌**이 사뭇 다를 것이다. 그들은 분명 자신들이 여성을 성적 대상화하고 있다고 **느낄** 것이다.

이와 비슷하게, 중학교 남선생이 여학생과 성관계를 맺었다고 하면 모두가 경악하고 의제강간이 벌어졌다고 **느낄** 것이다. 그런데 성별을 바꿔 여선생과 남학생 사이에 그런 일이 벌어진다면 **느낌**이 아예 달라진다. 의제강간이라는 건 변함없지만, 남학생이 폭력이나 학대를 당했다는 **느낌**은 쉽게 들지 않을 것이다. 실제로 이런 사건이 있었을 때 코미디언 빌 마허는 그런 남자애가 있다니 "운도 좋다"고 농담을 했다. 그 말에 청중도 웃음을 터트렸다.

이런 예에서 드러나듯 포식자 - 먹잇감 사고방식이 작동하는 세계에서 남성은 결코 성적 대상이 될 수 없고 여성은 성적 공격자가 될 수 없다. 동성 간에 벌어지는 성적 괴롭힘과 학대가 은폐되고, 특히 여성이 여성에게 저지르는 강간은 아예 불가능한 일로 여겨진다. 여성들이 '입장을 바꿔' 남성을 성적 대상으로 만들 수 없는 이유가 여기에 있다. 여성이 길거리에서 남성에게 휘파람을 불거나 그의 엉덩이를 쓰다듬으면 남성이 그렇게 할 때와 다른 느낌을 준다. 위협하거나 성을 착취한다기보다는 은근히 유혹하고 꼬리를 친다고 받아들여진다.

포식자 – 먹잇감 사고방식이 지배하는 세상에서 여성은 성에 관해 적극적이거나 공격적으로 행동해도 공격자로 인식되지 않는다. 오히려 스스로 성적 대상이 되기를 바란다고 여겨진다. 강간 재판에서 피해 여성이 야한 옷을 입었는지, 남성과 사적으로 만난 적이 있는지와 같은 문제들이 쟁점이 되는 것도 이런 사고방식 때문이다. 피해 여성이 그런 행동을 했다면, 자신이 성적 대상이 되는 결과를 스스로 불러일으킨 것이 된다. 이 논리는 여성들이 현실을 더 잘 알아야 한다는 생각을 전제로 한다. 남성이 포식자, 여성이 먹잇감인 현실을 분명히 깨달아 '알맞게' 처신하라는 것이다.

포식자 – 먹잇감 사고방식은 페미니스트들이 오랫동안 반대해 온 처녀 대 창녀라는 이분법도 작동시킨다. 먹잇감인 여성은 섹슈얼리티를 숨기거나 억압하여 축소하도록 요구받는다. 이러한 세상에서 착한 여성은 순결한 '처녀'여야 한다. 섹슈얼리티를 숨기거나 억압하지 않는 여성, 다시 말해, 먹잇감답게 굴지 않는 여성은 '창녀'로 분류된다. 이렇게 '처녀' 아니면 '창녀'라는 고정관념은, 여성의 섹슈얼리티를 포식자 – 먹잇감 사고방식에 기초해 바라본다는 점에서 여성의 힘을 박탈한다. 따라서 여성이 섹슈얼리티를 되찾으려 하는 것은 때로 양날의 검이었다. 섹슈얼리티를 긍정하기로 한 여성이 스스로 권한이 강화되었다고 느낄지 몰라도, 다른 사람들이 씌우는 '창녀' 고정관념과 성적 대상화를 자초했다는 오해에 맞서야 하는 것은 마찬가지다. 즉 스스로 권한 강화를 경험하는 것과 상관없이 사람들 눈에 그녀는 여전히 성적으로 무력하며 독립적이지 못하다. 그녀가 정말 성적으로 힘이 있고 독립적일 수 있으려면 자신이 (그리고 다른 사람들이) 젠더를 어떻게 인식하고 해석하는지를 점검해야 한다. 포식자 – 먹잇감 사고방식 밖으로 나와 세상을 봐야 한다.

이를 위해 지금껏 주목하지 못한 문제, 즉 포식자 – 먹잇감 사고방식이 남성들의 삶을 어떻게 복잡하게 만들고 있는지를 돌아보려고 한다. 이 문제를 이야기할 때는 트랜스 관점(남성에서 여성으로, 여성에서 남성으로 전환한 사람을 비롯해 트랜스젠더 범주에 속하는 사람들의 관점)이 소중하다. 한때는 여성으로, 한때는 남성으로 세상을 살아 본 이들이 여성(또는 남성)의 관점을 잃지 않으면서 남성(또는 여성)의 상황을 이해할 수 있기 때문이다. 이 글을 쓰는 나만 해도, 남자로 길러졌으며 이성애자로 비춰진 경험(나는 주로 여성에게 매력을 느낀다.)에 많이 의존했다. 물론 내가 모든 남자를 대변한다고 말할 생각은 없다. 완전한 남자로 정체성을 형성한 적도 없을 뿐더러 남자 중에서도 특권을 누린 쪽(백인 중산층)에 속하기 때문이다. 큰 그림은 다른 트랜스젠더와 시스젠더의 경험이 더해져야 비로소 완성될 수 있을 것이다.

이 세상에서 여성이 의도치 않게 먹잇감으로 여겨져 어려움을 겪는 것처럼 남성도 의도치 않게 포식자로 여겨져 어려움을 겪는다. 남성의 몸이었을 때 한밤중에 길을 걷다 보면 내가 뒤에 있는 걸 알고 괜히 길을 건너는 여성이 있었고, 내가 별 뜻 없이 한 말을 성적인 의미로 해석하는 여성도 종종 만났다. 작은 체구에 성별을 바로 알기 힘들 만큼 중성적인 내 겉모습은 위협과는 거리가 꽤 있었지만, 단지 남자라는 이유로 포식자라는 고정관념에서 자유롭지 못했다. 몸집이 크고 확연히 다부진 남성이라면 훨씬 더 그럴 것이다. 이 고정관념이 인종적 고정관념과 합쳐지면 훨씬 더 강력해진다. 여성에서 남성이 된 흑인을 몇 명 아는데, 그들은 눈에 띄는 존재가 되고 흑인 남성을 포식자로 여기는 사회적 고정관념을 계속 강요받는 것이 성전환으로 얻은 남성의 특권을 상당 부분 지워 버린다고 생각했다.

포식자 고정관념은 남성이 여성과 상호작용하는 데 영향을 미치며 어린아이와 상호작용하는 데는 더 큰 영향을 미친다. 남성의 몸이었을 때 내가 어린아이들에게 가까이 다가가려고 하면 주변 여성들이 날 더럽다는 듯 쳐다보았다. 여성에서 남성이 된 지인은 어린아이들과 가깝게 지낼 수 없게 된 것을 가장 아쉬워했다. 어린아이들을 가르치는 일을 하는 그는 성전환 뒤로 아이들에게 다가가는 방법을 아예 바꿔야 했다. 행여 주변 어른들이 수상쩍게 여기거나 징그럽다는 듯 볼까 봐 전보다 조금 더 거리를 두고, 애정을 마음껏 표현하지 않는다.

물론 성적 포식자 중에는 압도적으로 남성이 많다. 그렇다고 **모든** 남성이 성적 포식자는 아니다. 남성을 포식자로 보는 고정관념은 모든 남성에게 커다란 장애물이다. 특히 인종적으로나 계급적으로 소외된 남성에게 심각한 문제다. 성적 학대와 폭력이 얼마나 깊은 상처를 남기고 사람을 망가뜨리는지 알기 때문에, 포식자 고정관념을 퍼뜨린 책임이 폭력의 (잠정적 또는 실질적) 피해자에게 있다고는 감히 말하지 못하겠다. 그러나 한 가지는 확실히 말할 수 있다. 포식자가 아닌 남성까지 포식자로 매도하는 고정관념의 해악을 인정하지 않고서는 강간 문화를 허물기 위한 논의를 시작할 수 없다.

포식자 고정관념은 남성의 섹슈얼리티를 복잡하게 만들고 제한한다. 페미니스트들은 성적 대상(먹잇감) 고정관념이 부당한 이분법을 형성해 여성들을 '처녀' 아니면 '창녀'로 보일 수밖에 없도록 만든다고 주장해 왔다. 그런데 성적 공격자(포식자) 고정관념이 남성에게도 부당한 이분법을 만든다는 사실은 충분히 다뤄지지 않았다. 이 딜레마를 직접 체험한 나는 (곧 설명하겠지만) 이 이분법을 쓰레기 대 착한 남자 이분법이라고 부른다. '쓰레기'는 성적 침략자 남성의 고정관념을 그대로 따르지만 '착한 남자'는 그것을 거부하거나 피한다.

여성들이 상황에 따라 '처녀'나 '창녀'가 되라고 상반된 메시지를 받는 것처럼 남자도 상반된 메시지를 받는다. 앞서 말했듯이 남자들은 어려서부터 줄곧 여성을 존중해야 한다고 교육받는다. 커서도 뻔뻔하게 성차별적 발언을 일삼거나 (남녀가 함께 있는 자리에서) 여성을 "하나만 잘하면 된다"는 식의 언행을 조금이라도 보이면 경멸 어린 눈초리를 받거나 욕을 먹는다. 즉 공식적인 사회화 과정에서 소년(남성)은 '착한 남자'가 되라는 메시지를 차고 넘치게 받는다.

문제는 사회 전반이 소년(남성)에게 주는 메시지가 이와 충돌한다는 점이다. 비공식적 사회화는 주로 대중매체와 이성 관계의 맥락 속에 남녀에게 주어지는 역할과 기대치를 받아들이면서 일어난다. 여성은 남성의 관심을 끌기 위해 성적 대상이라는 고정관념에 충실해야 하고, 남성도 여성의 관심을 끌기 위해 성적 공격자라는 고정관념에 충실하도록 요구받는다. 즉 남성은 '쓰레기'처럼 행동해야 한다. 다행히도 **언제나** 그런 것은 아니다. 진보주의자, 예술가 또는 내가 속한 퀴어 집단에서는 '쓰레기'가 잘 먹히지 않는다. 하지만 주류인 이성애자 문화에서는 낯빛 하나 안 변하고 '쓰레기'처럼 행동하는 남성들이 꽤 잘나가는 편이다.

이런 현실 때문에 나는 청소년기에 많이 혼란스러웠다. 그 시절 친하게 지낸 여자아이들이 전형적으로 '쓰레기' 짓을 하는 남자아이에게 홀딱 넘어가 버려 날 속상하게 했다. 건방지다 싶을 만큼 자신만만하고, 어떻게든 진도를 나가 보려는 생각뿐이고, 여자아이들이 자신을 향해 웃어 주길 바라면서 중학생다운 방식으로 유치하게 여자아이들을 놀려 먹는 남자아이들 말이다. 내 눈에는 그런 모습이 너무 부자연스러웠다. 아마 내가 내부자로서 그런 남자아이들의 진짜 모습을 알았기 때문일 것이다. (여자가 아닌) 남자로서 내가 만난 그 애들은 관심 있는 여자아이 앞에 있을 때와 달리 건방지지도, 선을 넘지도, 남을 무시하지도 않았다.

그 뒤로도 주변 여자애들은 '쓰레기' 같은 놈들에게 반했다가 그가 다음 날 자신을 모르는 척해서, 그녀를 '정복'했다고 주변 남자아이들에게 입을 놀려서, 너무 빠르게 멀리 진도를 나가려고 해서 상처받았다. '쓰레기'에게 상처받은 여자아이들은 내게 조언을 구하거나 위로를 청했다. 그들은 나더러 '착한 남자'라고 했다. 그들 눈에 나는 안전한 남자였다. 여자를 존중할 줄 아는 무해한 남자. '쓰레기'를 겪고 날 찾아온 여자아이들은 남자란 하나같이 얼간이처럼 굴고 도무지 믿을 수 없다고 불평하면서 물었다. "왜 날 소중하게 대해 줄 남자가 없을까?" 그럴 때마다 나는 얼간이가 아닌 남자들이 분명 있으며 그들은 정말 여성을 소중하게 대한다고 일러 주었다. 내가 아는 그런 남자들의 이름을 대기도 했다. 그 이름을 들은 여자애들은 표현이 조금 다를 뿐 비슷하게 반응했다. "내 눈에는 매력적이지 않은걸." "걔는 그냥 친구로 느껴져."

성적 대상 구실을 수행하지 않는 여성이 남성의 관심을 끄는 데 대부분 실패하듯, 성적 공격자가 되기를 거부하는 '착한 남자'도 여성의 관심을 얻지 못한다. (페미니스트들이 이야기하는 '착한 남자'와는 다른 부류라는 점을 밝혀 둔다. 그 '착한 남자'는 친절함을 무기로 원하면 아무하고나 섹스할 수 있다고 주장한다는 점에서 정체를 숨긴 '쓰레기'일 뿐이다.) 고등학교와 대학교 시절 내 주변 남자아이들 몇몇은 내가 통 여자와 엮이지 않는 걸 걱정하면서 여자애들은

'쓰레기' 같은 남자를 좋아한다고 충고했다. 그 애들에게 '쓰레기'처럼 행동하는 것은 이성에게 매력적으로 보이기 위한 수단이었다. 인정하기 싫지만 사실이었다. 대학 시절 나는 '착한 남자'가 '쓰레기'로 변하는 과정을 여러 차례 목격했다. 그런 아이는 단번에 이성에게 인기 있는 남자가 되었다. 가장 놀라운 변신은 같은 기숙사에 있던 친구가 보여 주었다. 여기서는 그를 '에릭'이라고 부르겠다. 입학 후 2년 동안 에릭은 아주 다정하고 사려 깊었다. 게다가 꽤 잘생긴 얼굴이었다. 하지만 여자들은 그에게 관심을 두지 않았다. 그러다 3학년이 시작되고 어느 순간부터 에릭이 '쓰레기'처럼 굴기 시작했다. (모두에게는 아니고 주변 여자아이들에게 말이다.) 그 전처럼 여자아이들의 이야기를 들어주기보다 그들을 짓궂게 놀렸다. 내가 듣기에는 불쾌한 말들이었지만, 웬일인지 상대 여자아이는 웃고 넘겼다. 그렇게 에릭은 파티에서 여자를 꼬실 수 있는 남자가 되었다. 에릭의 '착한 남자' 시절을 모르는 여자들이 그의 외모를 칭찬하는 말도 가끔 들렸다.

에릭을 마지막으로 본 건 대학을 졸업하고 2년이 지났을 때다. 우리가 각자 뉴욕으로 이사해 지내는 중에 우리를 아는 친구가 뉴욕을 방문해 셋이 모이게 되었다. 사람들이 가득한 술집이었다. 에릭이 대뜸 이런 데서 자기가 하는 행동이 있다고 했다. 팔짱을 끼고 있다가 여자가 지나가면 은근히 그 여자 몸을 더듬는다는 것이다. 혼잡하기도 하고 팔짱을 낀 자세 때문에 손이 잘 드러나지 않아 의심받을 일이 없다는 말도 덧붙였다. 나는 경악을 금치 못하며 그대로 술집을 빠져나왔다.

이 이야기는 강간 문화의 기원에 대한 기존 설명을 복잡하게 만든다. 어떤 사람들은 남성이 생물학적으로 성적 포식자가 되도록 태어났다고 주장한다. 그러나 에릭(그리고 그와 같은 남자)

의 존재는 이 주장에 반기를 든다. 에릭은 성욕에 눈뜨고도 한참 지난 스무 살 무렵까지 '착한 남자'로 살았다. 에릭의 존재는 '남자는 그렇게 행동하도록 사회화됐다'는 터무니없이 1차원적인 주장도 반박한다. 성격이 형성되는 아동기와 10대 사춘기를 훌쩍 지나 20대 청년이 되고서야 '쓰레기'로 변신했으니 말이다. 그가 대중매체나 포르노의 영향을 받아서 또는 동성 또래가 부추겨서 성적 포식자가 되었다는 주장은 설득력이 떨어진다. 함께 기숙사 생활을 한 사람으로서 말하자면, '착한 남자'라는 이유로 그를 놀리거나 '쓰레기'가 되라고 강요하는 또래 남자는 없었다. 결국 에릭이 성적으로 공격자가 된 주요 원인은 여자들의 관심을 얻고 싶은 마음이었다. 그렇게 다른 남성들과 마찬가지로 여성을 존중하지 않기로 하면서 에릭의 마음속에 있던 유혹과 희롱, 섹스와 폭력, 동의와 비동의 등의 경계는 흐릿해지거나 하찮은 것이 되고 말았다.

뻔한 얘기일 수 있지만, 우리가 원하는 건 매한가지다. 주목받고 사랑받는 것, 성적으로 매력 있는 사람이 되는 것, 우리 눈에 매력적인 사람과 가까워지고 만족스러운 섹스를 하는 것. 여성을 성적 대상으로 보는 문화에서 어떤 여성들은 주목받고 매력 있는 사람이 되고 싶어서 스스로 대상이 된다. 이와 마찬가지로 남성을 무조건 성적 공격자로 보는 문화에서 어떤 남성들은 주목받고 매력 있는 사람이 되고 싶어서 공격자를 자처한다. 포식자 – 먹잇감 고정관념이 문화를 지배하고 남녀 구별 없이 누구나 이 고정관념에 충실해야 한다는 억압이 존재하는 한, 이 고정관념에 이끌리는 사람은 계속 생겨날 수밖에 없다.

부분적 해법으로는 강간 문화를 끝낼 수 없다. 포르노 반대 페미니스트들과 정치적, 종교적 우파는 '처녀' 접근법만 고려하는 듯하다. 이들은 이렇게 주장한다. 남자는 포식자이므로 문화 속에서 여성의 성을 아예 감춰 버려야 한다. 포르노를 금지하고, (이미지건 살아 있는 여성이건) 성욕을 자극하거나 대상화로 해석될 수 있는 표현을 막아야 한다. 그러나 이런 접근법은 여성의 성을 억압하고 힘을 빼앗을 뿐 아니라, 포식자 남성과 먹잇감 여성이라는 이분법을 더욱 공고히 한다. 다시 말해, 무너뜨려야 할 체제를 더 단단하게 만든다.

성차별적이고 무례한 남성을 지적할 책임이 같은 남성에게만 있다는 생각도 문제다. 물론 이 접근법은 긍정적 효과를 가져올 수 있지만 많은 시스젠더 여성이 생각하는 것만큼 강력하지는 않다. 무엇보다 이 접근법은 '쓰레기' 같은 남자를 단속할 책임을 온통 '착한 남자'에게 지운다. 이는 이성애 중심 문화에서 '착한 남자'보다 '쓰레기'의 서열이 더 높다는 사실을 간과하는 것이다. '착한 남자'가 '쓰레기' 같은 남자에게 여성을 존중하라고 충고하는 것은, 괴짜 여자아이가 치어리더 여자아이들을 모아 놓고 바보같이 굴지 말라거나 남자아이들한테 실없이 웃지 말라고 잔소리하는 것만큼이나 영향이 미미하다. 대부분은 가차 없이 무시당한다. 내 경험을 보면, (고등학교 탈의실 같은 데서) 또래가 성차별적인 말을 하는 상황에 선뜻 나섰다가는 내가 위험해질 수 있다는 두려움이 아주 컸다. 남자들의 또래에서 서열은 신체적 위협과 폭력으로 유지되니 말이다.

성적으로 공격적인 남성과 성적 대상을 자처하는 여성을 비판하는 것만으로는 아주 제한적인 변화만 가능하다. 정말 중요한 문제는 해결하지 못한다. 이성애 여성이 포식자 남성에게 끌리고 이성애 남성이 대상화된 여성에게 끌리는 한, 사람들은 계속 주어진 역할에 충실하려고 할 것이다. 이와 달리 사람들이 '성적 대상'과 '성적 포식자'란 고정관념을 욕망하는 이유를 묻는다면, 문제의 근원에 더 가까이 다가갈 수 있을 것이다.

성적 대상이 된 여성을 선호하는 남성은 페미니스트들의 공격을 받는다. 자신보다 지적이지 못하거나 성숙하지 않은 여성만 골라 만나는 것은 그가 얄팍하고 자신감 없다는 증거라며 비판받는다. (일리가 있다.) 그런데 성적으로 공격적인 남성에게 끌리는 여성이 공격받는 경우는 흔치 않다. 성적 학대의 책임을 여성에게 돌린다는 오해를 받을 수 있어서 조심스럽기 때문일 것이다. 그 심정을 이해하지만, 그렇다고 이 문제를 그냥 덮고 넘어갈 수는 없다. 이런 여성의 관심을 끌고 싶어서 성적 포식자가 되는 남성이 상당수이기 때문이다. 이성애 여성들이 '쓰레기'보다 '착한 남자'에 더 주목하기 시작한다면, 포식자 - 먹잇감 역학에 커다란 변화가 생길 것이다. 강간이나 성적 학대가 (다른 사회적 요소들도 작용하는 문제라서) 아예 없어지지는 않겠지만, 일상에서 여성을 희롱하고 무시하는 남성들의 수가 급격히 준다는 것은 확실하다.

포식자 남성에게 끌리는 여성을 비판하는 페미니스트들은 '내면화된 여성 혐오'를 원인으로 꼽는다. 여성이 남성에게 함부로 다뤄지도록 사회화되어서 그렇게 자신을 다루는 남성을 만나는 데 익숙해졌다는 것이다. 그러나 이것만으로는 설명되지 않는 부분이 있다. 나는 여성들이 함부로 다뤄질 것을 알고서 성적 포식자 유형에 끌린다고 생각하지 않는다. 그보다는 성적 포식자 남성에게 있는 다른 면에 끌렸다가 함부로 다뤄지고 난 뒤에야 실망한다고 생각한다.

그럼 이 현상은 '외면화된 여성 혐오'라고 표현해야 더 정확하다. 포식자 - 먹잇감 사고방식은, 남성은 공격적이고 여성은 수동적이다, 남성은 강하고 여성은 약하다, 남성은 반항적이고 여성은 무해하다 등의 여러 의미를 담고 있다. 이때 여성과 결부된 의미들이 하나같이 열등하고 변변찮은 것은 우연이 아니다. 이런 맥락에서 '착한 남자'는 대체로 무력하고 남자답지 못한 존재로 받아들여진다. 남성에게 '예민하다'고 말하는 것이 경멸적 의미로 읽히는 세상에서, 여성을 존중하는 행위는 종종 그 행위를 보인 남자의 '진짜 남자'로서 자격을 빼앗는다. 나는 많은 이성애자 여성이 '착한 남자'에게 성적 관심을 두지 않는 주된 이유가 바로 여기에 있다고 생각한다.

내가 볼 때 성적 포식자 유형에 끌리는 여성들은 그 유형에 비치는 반항적이고 나쁜 남자 이미지에 매력을 느끼는 듯하다. 그 이미지는 우리 문화가 규정한 이상적 남성상과 일치한다. 그런데 곰곰이 따져 보면, 포식자 구실에 충실한 것은 반항과는 거리가 멀다. 고정관념에 순응하는 것이 어떻게 반항적이겠는가? 어떻게 보면, 체제에 순응하지 않고 포식자 고정관념을 거부한 '착한 남자'야말로 반항아라고 할 수 있다. 이제는 체제에 반항해 온 착한 남자들을 인정하고 칭찬할 때다.

내가 아는 많은 여성은, 동의하지 않고 성적 대상이 되는 일 없이 스스로 성적 주체가 되는 세상을 꿈꾼다. 응원해야 마땅한 목표다. 다른 젠더에 속했던 사람으로서 나는, 그 세상이 도래하려면 남성이 성적 매력을 잃는 부담을 감수하지 않고도 여성을 존중할 수 있어야 한다고 생각한다. 이 두 가지 목표는 동시에 이뤄야 한다. 또 나는 여성들이 꿈꾸는 세상을 위해 함께 노력하고 싶어 하는 남성들이 많다고 믿는다. 포식자가 아닌 남성을 보이지 않고 성적 매력이 제거된 존재로 만드는 데 저항하고, 처녀 대 창녀 그리고 쓰레기 대 착한 남자 이분법을 까발리는 움직임이 동시에 일어난다면, 분명 많은 남성이 반응할 것이다.

포식자 – 먹잇감 사고방식을 살피면서 우리는 강간 문화가 사람들의 행동과 인식을 통해 강화되고 있음을 확인했다. 어쩌면 이것이야말로 중요한 깨달음일지 모른다. 이 체제는 모두가 (아니면 대다수라도) 포식자 남성 대 먹잇감 여성의 고정관념에 자신을 투영하지 않을 때 비로소 무너질 수 있다. 인종·성별·계급·동성애자·노인 등을 차별하는 문화적 고정관념을 평생 당연하게 여겼더라도 그 오류를 알았으면 까발려야 하듯, 이제 우리는 포식자-먹잇감 고정관념의 테두리 밖으로 나가야 한다. 솔직히 말해, 가장 어려운 일이기는 하다. 나 또한 여성으로 이 세상을 살면서 남성에게 희롱당하는 일을 숱하게 겪다 보니 경계심을 내려놓기가 두렵다. 일단 모든 남성을 포식자로 생각하는 것은 효과적인 자기방어 수단이 되어 준다. 그러나 이는 진짜 여성을 존중하는 수많은 남성을 무시하는 처사다. 여성들에게 안전 문제를 뒷전에 두자고 말하려는 것이 아니다. 요즘 같은 때에 그랬다가는 어리석은 행동을 넘어 아주 위험한 행동이 될 것이다. 다만 나는 남자를 포식자나 성적 공격자로 여기는 편견이 힘을 잃지 않는 한 우리가 바라는 목표를 이룰 수 없다고 말하고 싶다. 지금 여기서 그 목표까지 가는 길은 아득해 보인다. 그래도 노력해 봐야 한다.

⠿ **여기 그리고 퀴어**

6장　흑인 이성애자 여성을 퀴어링하다
18장　수치심이 우리를 가장 먼저 배신하지 않도록

⠿ **남자다움**

2장　행위로서 섹스 모델을 향하여
16장　건강한 섹슈얼리티와 관계 맺기: 남자아이가 배워야 할 (또는 배우지 말아야 할) 섹슈얼리티, 섹스를 긍정하는 강간 예방 패러다임이 유익한 이유

시시한 것에 대한 수많은 금기

5장   뚱뚱한 여자를 어떻게 따먹느냐고?

24장   과정 지향적 처녀

20장 싸워서라도 지킬 만큼

소중한 섹스

아나스타샤 히긴보텀

나를 실전 호신술 강사로 훈련시킨 여성 강사는 뭘 위해 싸울 생각이냐고 매번 학생들에게 묻는다. 그녀의 수업에서 학생들은 현실에서 일어날 법한 강간과 공격 상황에 맞서 싸우고 자신을 보호하는 기술을 배운다. 첫 시간이 끝나기도 전에, 안전 장비를 착용하고 폭력범 역을 맡은 강사한테 제대로 한 방을 날릴 수 있다. 아주 통쾌한 경험이다.

실제 상황에서라면 뭘 위해 싸우겠냐는 질문에 학생들은 주로 사랑하는 사람, 특히 자녀와 부모를 지키기 위해 싸우겠다고 말한다. 귀중한 재산을 위해 싸울 것 같다고 말하는 학생도 있다. 또는 망설이지 않고 '내 인생'을 위해 싸우겠다고 말한다. 여성이자 페미니스트인 나는 거의 첫 번째로 섹스를 꼽는다.

내게 스스로 선택하고 원하는 섹스란 사랑, 존중, 돈만큼이나 생존에 없어서는 안 될 것이다. 성적 탐험을 시작하는 단계에 이르기 훨씬 전부터 내게는 망설임이나 위협 없이 성적 쾌락을 경험할 권리가 있었다. 하지만 어린 시절부터 자꾸만 그 권리를 강탈당했다. 그럴 때마다 그것을 되찾을 수 있는 방법은 싸움이었다.

내가 중요하게 생각하는 건 섹스 행위 자체보다는 그것을 아우른 세상이다. 이를테면 내 몸과 고유한 매력, 생생한 판타지와 강력한 성욕 등 모든 것이 중요하다. 물론 섹스 자체도 아주 기분 좋은 행위다. 하지만 동의하에 하는 섹스와 다르게 끔찍한 섹스를 경험한 사람이라면, 기분 좋은 섹스가 그냥 주어지지 않는다는 것을 잘 안다.

"아무리 어설퍼도 안 좋을 수 없지." 엄마가 한 말이다. 당시 10대였던 나는 좋아하는 남자 친구와 섹스한 경험이 있어서 이 말뜻을 어느 정도 이해했다. 몇 년 뒤 대학생이 되었을 때 이 말이 다시 머릿속에 떠올랐다. 살면서 가장 엉망인 성관계를 겪었을 때다. 당시 남자 친구와 섹스하고 나면 그가 가져다준 차가운 물수건을 얼얼한 다리 사이에 대고 통증을 참아야 했다. 섹스 도중 너무 아파서 잠시 멈추자고 말하면 그는 시무룩한 표정으로 "벌 받는 기분이 든다"고 했다. 나하고 섹스를 하면 지뢰밭을 걷듯 조심해야 한다고 불평하기도 했다. 그가 다시 날 건드리려고 할 때 팔을 확 꺾어 버리면 좋았을걸.

결국 그하고는 관계를 정리했다. 섹스가 안 좋을 수 없다는 엄마의 말에 동의하던 순간을 내 마음뿐 아니라 몸이 잊지 않기를 바라면서. 나는 진심으로 섹스에 '예스'라고 말하고 싶었다. 아무런 부담 없이 기쁜 마음으로 그렇게 말할 수 있기까지는 10년이 걸렸다.

살면서 강간을 당하거나 모르는 사람에게 물리적 공격을 당한 적은 없다. 하지만 수작을 걸고, 내 몸을 멋대로 움켜쥐고, 속이고, 따라오고, 희롱하고, 강요하고, 수치심을 주고, 섹스 중에 날 함부로 다루는 사람들은 겪어 봤다. 여성이 당하는 폭력에 대한 연구가 공통적으로 지적하듯, 폭력은 대개 아는 사람 또는 사랑하는 사람 사이에서 벌어졌다. 나는 다른 여성들보다 조금 더 많은 위협을 경험한 편이긴 하지만, 우리 여성들은 모두 비슷한 곤경에 처해 있다.

나는 누군가 물리적 힘을 휘두르지 않아도, 원치 않는 섹스나 스킨십에 순순히 응했다. 상대가 보이는 열정과 권위 앞에서 내 의지는 사라져 버려 뭔가에 반대한다고 입을 뗄 수도 없었다. 나는 이 점을 두고두고 후회했고, 내 생존 본능이 이토록 하찮다는 사실에 덜컥 겁이 났다. 나는 자신을 보호할 줄도 모르는 사람이었다. 길거리에서 마주치는 노숙자, 사장, 연인, 구혼자, 심지어 친구들까지 모두 나보다 위력적으로 느껴졌다.

급기야 누군가 친절하고 정중하게 다가오는 것조차 위협으로 받아들여 길길이 화를 내는 일마저 벌어졌다. 스트레스, 분노, 후회가 뒤섞여 독소처럼 몸 안에 퍼졌다. 불면증에 시달리느라 몸이 피폐해지고 그림 그리는 일을 이어 갈 수 없는 지경이 되어 수입이 끊겼다. 섹스를 혐오했지만 내 머릿속을 장악한 건 결국 섹스였다.

"현미경으로 내 세포를 들여다보면 아주 작은 포르노 이미지들이 박혀 있을 거예요. 스너프 필름(살인, 강간, 폭력 등 끔찍한 일이 벌어지는 장면을 여과 없이 담은 영상. ─ 옮긴이), 근친 성폭력, 강간 장면들이 내 안에 살아 있어요. 그 망할 이미지들이 나를 정의하고 있어요." 20대 시절 내가 삶을 놓아 버리지 않게 붙들어 준 상담치료사에게 한 말이다.

여러 해에 걸쳐 우리 두 사람은 내 정신을 구렁텅이로 밀어 넣고 몸 구석구석을 망가트린 사건들에 집중했다. 그녀는 내 분노를 인정하고 원색적인 꿈 이야기를 들어 주었다. 커다란 생명체가 헤엄치는 어두운 물에 빠지지 않으려고 몸부림치고, 분홍색 꽃무늬 원피스를 입은 고릴라가 다락방에서 자고 있는 걸 보고, 어릴 때 살던 집 거실에서 피를 튀겨 가며 야구방망이로 뱀을 쳐 죽이는 꿈이었다. 이런 장면들이 아주 생생했지만 내 안에서 일어나는 일일 뿐 진짜가 아니었다.

그러나 나는 '진짜' 나쁜 일이 일어날지 모른다는 공포에 계속 사로잡혔고, 집단 강간이나 살해를 당해 인생이 끝장나 버리는 상상에 자꾸만 빠져들었다. 남자아이들은 처음부터 맘먹진 않아도 만만해 보이는 상대에게 힘을 과시하려다 그런 일을 저지를 수도 있다. 그런 일이 당장 나한테 닥칠 것만 같았다. 급기야 그런 일이 일어나기를 기대하게 되었다. 하루는 여자 친구와 다운타운 베이루트라는 술집에 들어갔다. 거기에서 술을 마시고 담배를 피우는 동안 나는 우리를 지나치게 오래 쳐다보는 남자가 있으면 언제든 싸울 태세로 신경을 곤두세우고 있었다. 그날 술집에는 금발을 빡빡 깎고 가죽 재킷을 걸친 데다 나치 청년단이 신을 법한 부츠를 신은 남자가 있었다. 술기운이 오른 나는, 나만큼 취한 네오나치일지 모를 사람과 바람직하지 않은 방식으로 눈이 마주쳤지만 시선을 피하지 않았다. 내 쪽에서 싸움을 건 셈이다. 물론 강간을 원한 건 아니다. 내가 느끼는 이 모든 감정을 폭발시키고 최악의 상상이 현실로 일어난다면 어떻게 될지 확인하고 싶었다. 다시 말해, 그와 맞붙어 보고 싶었다. 하지만 그는 내가 던진 미끼를 물지 않았다.

실전 호신술 강사인 나는 이와 비슷한 상황을 만들어 학생들이 가상으로 상대와 대치할 수 있게 한다. 직접 고안한 방식은 아니고, '임팩트IMPACT'라는 호신술 훈련법으로 이미 여러 도시에서 시행되고 있다. 이 훈련법은 보통 여성을 피해자로 만드는 요인인 작은 체구나 사회적 조건, 피습 위험 등을 영리하게 역으로 이용한다. 학생들은 이런 요인들을 유리하게 이용해 반격하고, 말이나 침묵 또는 우리 몸을 무기로 삼아 가해자를 제압하거나 설득하는 방법을 익힌다. 아드레날린이 분출되는 상황에 대처하는 법을 훈련하는 것이라서 실제 공포를 느끼는 것이 중요하다. 공포는 맥박을 빠르게 하고 몸을 움츠러들게 한다. 공포에 질리면 손이 떨리고 눈앞이 흐려지고 생각이 멎어 버린다. 그대로 굳어 숨도 제대로 쉬지 못한다. 임팩트 훈련은 이렇게 아드레날린이 높아진 상황에서 반응하는 방법, 즉 제대로 호흡하고 생각하고 이야기하고 싸우는 방법을 가르친다. 이때 배운 것들은 헤엄치는 법이나 자전거 타는 법과 똑같이 한번 익히면 몸에 평생 새겨진다. 머리가 잊어도 몸은 영원히 기억한다.

이 싸움은 맨몸으로도 할 수 있다. 운동이나 무술에 소질이 없어도, 페미니스트가 아니라도 괜찮다. 강사는 기술을 가르치고 안전하게 펀치를 맞아 주는 데서 그치지 않는다. 내면의 악마와 싸우는 학생을 돌보고, 몰입하도록 도우며, 흥분해서 방향감각이 흔들려도 끝까지 싸울 수 있는 요령을 전수한다. 강사와 학생 모두에게 쉽지 않은 일 같지만, 사실 기술은 아주 간단하다. 고환을 치고, 머리를 치고, 필요하다면 그걸 반복하기. 수업을 듣는다고 반드시 뭔가가 바뀌거나 준비된다는 보장은 없지만, 겁에 질린 상황에서도 써먹을 수 있는 몇 가지 기술과 대처법은 확실히 얻는다.

수업에 등록할 때부터 나는 강해지기 위해 위험에 노출되어야 한다는 사실에 기겁했다. 그러면서 한편으로는 나약하던 내 모습이 얼마나 한심한지 새삼 깨닫는 계기가 되리라는 확신도 들었다. 등록 알림 편지에 적힌 내용마저 어딘가 심상치 않아 보였다. 모든 학생은 편한 옷을 입고, 매트가 더러워지지 않게 밑창이 고무로 된 여벌 신발을 지참해야 했다. 저녁 6시 30분에 바로 수업이 시작되므로 6시 15분까지 반드시 도착해야 했다. 수업이 10시 반까지 계속되니 중간에 먹을 간식을 가져오라는 말도 있었다. 이 과정은 총 20시간짜리였고 5주 동안 이어졌다. 중간에 그만두고 싶어도 환불은 안 된다.

수업 첫날, 나는 6시 45분에야 조마조마한 마음으로 도착했다. 여벌 신발은 없었고, 간식도 못 챙겼다. 직원이 웃는 얼굴로 엘리베이터 앞에서 날 반갑게 맞이했고, 신발을 닦을 세정제와 휴지를 건넸다. 그리고 사람들이 모인 곳으로 안내했다. 사람들이 돌아가며 인사하고 수업에 참여한 이유를 1분 정도씩 말하고 있었다. ("안녕하세요. 제 이름은 아나스타샤입니다. 전 한심하고 혐오와 공포로 똘똘 뭉쳐 있어요. 그래도 사랑받고 싶고 사랑하고 싶어요. 그러니까 제가 당신을 좀 때려 될까요?") 자기소개 시간에 이어서 짧게 위밍업을 한 뒤 학생들이 매트 끝에 한 줄로 섰다. 곧 우리의 싸움이 벌어질 네모난 파란색 매트는 체육관 바닥을 거의 다 덮을 만큼 컸다.

우리 앞에 선 여자 강사가 "노!"라고 외치는 것이 얼마나 탁월한 무기인지 설명하기 시작했다. 숨을 쉴 수 있게 하고, 주변 사람들에게 도움을 청할 수 있게 하고, 공격할 때 힘을 실어 준다고 했다. "노!"라고 외치기는 아주 잘 알려져 있지만 종종 웃음거리가 되기도 한다. 하지만 강사는 "노!"를 제대로 외치면 정신이 바짝 들고 눈에 눈물이 고일 만큼 효과가 강력하다고 강조했다. 우리는 강사의 지시에 따라 다 함께 "노!"를 외친 뒤 한 명씩 돌아가며 다시 "노!"를 외쳤다.

내가 왈칵 눈물을 흘릴 줄 알았다. 그런데 내 옆에 있던 여자가 선수를 쳤다. 나보다 어린 그녀는 작은 몸집에 섹시한 검은색 운동복을 입고 있었다. 그녀가 자기 차례에 두 손으로 얼굴을 가리더니 체육실 구석에 주저앉아 훌쩍이기 시작했다. 나는 그녀를 보느라 내 차례가 왔다는 것도 알아차리지 못했다. 강사는 아무 일도 없다는 듯 태연하게 내 앞에 서서 내가 "노!"라고 외치기를 기다리고 있었다. 내가 배에 힘을 주고 "노!"라고 외쳤고, 내 뒤에 남은 세 명도 똑같이 했다. 그제야 강사가 웅크리고 있는 여자에게 다가가 어깨에 손을 얹고 가만히 말했다. "다시 줄을 맞춰 서요." 보조강사는 그녀에게 휴지를 건넸다. 그게 전부였다. 싸구려 휴지와 잠깐 혼자 있을 시간.

이제 알 것 같았다. 그래, 우리 모두 참 딱한 일을 겪었지. 그러니 싸우는 법을 배울래, 아니면 평생 저기 쭈그려 앉아서 질질 짜고 있을래?

다섯 번째 수업을 마쳤을 때, 이 훈련법에 관한 수업을 모조리 들어 언젠가 직접 가르치겠다고 결심했다. 가상의 강간범과 맞서 싸우면서 기쁨과 해방감을 느낀 뒤에야 비로소 내 삶이 나아지기 시작했다. 훌륭하고 헌신적인 상담치료사, 날 이해하는 믿음직한 친구들, 이해하려고 노력하는 가족, DVD 〈뱀파이어 해결사Buffy the Vampire Slayer〉로도 해결할 수 없던 문제인데 말이다.

아프지 않게 섹스할 권리와 상처받지 않게 스킨십 할 권리를 위해 몸으로 싸우는 법을 익히기 전까지는 나 스스로 삶과 몸을 망가뜨려 여성을 향한 세상의 혐오를 드러내려고만 했다. 그런데 싸우는 법을 알게 되면서 이 악순환이 단번에 끊어졌다. 나는 앞으로 어떻게 살아갈지를 생각했다. 크고 분명하게, 단호하고 당당하게 말할 것이다. 날 몰아치던 무시무시한 폭력에 지지 않고 맞서 싸울 것이다. 싸우는 법을 터득하고 가르치면서, 내 안의 분노를 나 자신을 위해 그리고 훈련법을 배우고 싶어 하는 다른 여성들을 위해 의미 있게 분출하게 되었다. 나는 이보다 더 나은 저항법을 알지 못한다. 이것은 내가 즐거움을 느낀 유일한 저항이기도 했다.

세계 각지 여성들이 강간당하는 현실만큼 날 분노하게 하는 것은 없다. 그리고 이 현실에 맞서 싸우는 것만큼 날 자극하는 것이 없다. 강간을 비롯해 극악무도한 행동들에 저항할 수 있는데도 그렇게 못 한 것은 공포심과 사회화 때문만이 아니다. 아드레날린은 결코 얕잡아 볼 것이 아니다. 우리는 아드레날린이 치솟은 상태에서 우리 몸이 어떤 식으로 저항하는지 스스로 보고 느낄 수 있게 교육받아야 한다. 충격을 받아 몸이 얼어 버렸을 때 어떻게 대처해야 하는지 배워야 한다. 그렇게 해서 우리가 얻을 수 있는 것은 어마어마하다.

나는 제대로 된 호신술 교육이 여성의 삶에 들어갈 때 아주 오래된 문제들이 바로잡히는 것을 목격했다. 우선 여성들은 강간 공포에서 자유로워진다. 과거에 벌어진 강간을 극복하는 중인 여성이건 앞으로 있을지 모를 강간을 두려워하는 여성이건 간에 말이다. 실제로 수업을 네다섯 번쯤 들으면서 파란 매트 위에서 죽어라 싸우고 나면 학생들의 자세와 목소리가 그전과 확연히 달라진다. 싸움 실력이 탁월하건 그저 그렇건 간에 자기 몸의 보호 본능을 더 믿게 된다. 삶을 더 잘 꾸려 나갈 수 있게 되고, 한때 머릿속을 사로잡았던 강간에 대한 공포와 쓸데없는 망상과 후회를 몰아낼 수 있다.

우리를 위한 호신술 교육을 요구하지 않는다면, 우리는 자자손손 비슷한 곤경에 처할 것이다. 마음은 자유롭지 못하고 몸은 안전하지 못할 것이다. 그런 일이 없기를 바라지만, 훗날 내 손녀가 나한테 와서 고민을 털어놓을지도 모른다. 파티에서 만난 남자애가 술에 취해 강제로 자기 바지 쪽에 손을 갖다 댔고, 처음에는 장난인 줄 알고 웃었지만 장난이 아니라는 것을 깨닫자 몸이 얼어붙었고, 결국 남자애가 재미를 다 보고 나서야 그 손을 뿌리칠 수 있었고, 그 남자애를 학교에서 매일 봐야 해 기분이 더럽고 역겹지만 정작 그 애는 태연하게 군다며 다음 파티에서 무슨 일이 생길지 걱정된다고 말이다. 그럼 나는 이렇게 말해야 할 것이다. **아가, 할머니가 말하지 않았니? 할머니가 어릴 적 만난 남자 친구는 내가 울면서 싫다고 말하는데도 날 침대에 묶었지 뭐니. 그래, 우리 여성들은 참 강한 존재야. 지금껏 우리가 겪은 일을 생각해 보렴!**

이런 일은 없어야 한다. 파티에서 술에 취한 남자애가 못된 짓을 하고도 멀쩡하다니? 남자 친구가 밧줄을 가져와 허튼 짓을 하려고 하다니? 이런 일은 당장 멈춰져야 한다. 다른 누구도 아닌 우리 손으로, 싸울 준비를 마친 우리 손으로 이 모든 걸 멈출 수 있다.

물론 싸움은 위험하다. 하지만 여성들은 어차피 위험한 상황에 놓여 있다. 미국 법무부 통계에 따르면, 여성이 성폭력에 저항한다고 해서 다칠 위험이 더 커지지는 않는다. 성폭력의 3분의 2를 아는 사람이 저지른다는 점을 생각하면, 우리의 저항은 더욱 중요해진다. 강간을 저지르는 사람은 악몽에 등장하는 무시무시한 괴한이 아니라 일상에서, 직장에서, 동네에서 마음에 안 드는 짓을 하고 돌아다녀 늘 거슬리던 그 남자들이다. 영화나 심야 뉴스에서 다루는 것만큼 흔하지는 않아도 낯선 사람이 덤불에서 칼을 들고 튀어나와 우리를 죽일 수도 있다. 그러나 굳이 칼을 겨누고 강간하지 않아도, 여성의 삶을 망가트리고 성적 존재로서 마땅한 권리를 부정할 수 있다. 굳이 그런 수고를 들이지 않고도, 섹스하고 사랑하고 쾌락을 누릴 여성의 경험을 쉽게 말살할 수 있음을 우리 모두 잘 안다. 그런 일이 지금도 일어나고 있다.

따라서 우리는 모든 방법을 동원해서 섹스를 위해 싸우는 법을 배워야 한다. 말 그대로다. 강한 표현과 자신감과 단호한 태도로, 손과 팔꿈치와 무릎과 발로, 등골을 서늘하게 하는 "노!"라는 외침으로 싸워야 한다. 지금 내가 말하는 호신술은 우리 몸에 각인되어 어떻게 살아가고 누구를 사랑하고 무엇을 소중히 여길지와 같이 언뜻 사소해 보이는 삶의 면면에 영향을 미친다. 이는 실행으로 옮길 수 있는 공격법을 근육의 기억에 집어넣어 필요할 때 바로 꺼내 쓸 수 있게 한다. 여성다움을 제한해 온 성폭력 앞에서 여성은 나약할 수밖에 없다는 생각을 전면적으로 거부하게 한다.

열네 살 때 나는 집에 있던 연장통에서 망치를 가져다 베개 밑에 두었다. 나사돌리개도 몰래 가져다 속옷 서랍에 숨겨

두었다. 얼마 전까지만 해도 그때 행동을 돌이켜 보면 '세상에, 정신이 나갔었네' 하고 생각했다. 하지만 지금은 생각이 달라졌다. 그때 나는 침대 위에서 다치고 싶지 않은 여자아이, 푹 자고 싶지만 그러려면 혹시 모를 위험에 대비해 둬야 한다는 것을 아는 여자아이였다. 섹스를 강요당하지 않을 성적 권리를 위해 싸우고, 어쩌면 상대방을 죽여 버릴 각오까지 한 아이였다. 다만 그때 내게는 그런 의지를 뒷받침할 기술이 부족했다. 그래서 마음 놓고 푹 자는 것은 머나먼 일이었다.

이제 그런 날은 지나갔다. 물론 이 세상은 여전히 강간 위험으로부터 안전하지 않다. 그러나 지금 나는 내게 필요한 무기를 내 안에 가지고 있기에 마음 놓고 잠을 청할 수 있다.

∴∵∴ **시시한 것에 대한 수많은 금기**

8장 강간반대운동가가 페미니스트 섹스 토이숍에 보내는 연애편지

24장 과정 지향적 처녀

∴∵∴ **성적 치유**

14장 스킨십 되찾기: 강간 문화, 명시적으로 구술된 동의, 신체 주권

27장 막 나가는 자의 변론: 나는 어떻게 걱정을 집어치우고 쾌락을 사랑하게 되었는가 (그리고 어떻게 하면 당신도 그럴 수 있을까)

∴∵∴ **살아남아 예스라고 말하기**

7장 마침내 그 순간이 온다면: 근친 성폭력 피해자의 진짜 생존기

17장 유사강간이란 전염병

21장 여성 혐오 죽이기:

사랑, 폭력, 생존 전략에 관한 사적인 이야기

크리스티나 메츨리 친춘

내가 이렇게 되다니. 나는 엄마보다 똑똑하게 살 줄 알았다. 그러나 강간, 여성 혐오, 인종차별, 폭력이 버무려진 비참한 여성의 삶이 기어코 내게 대물림되고 말았다. 내 안에 급진적 페미니즘 사상이 싹트기 시작한 건 여덟 살, 어떤 남자든 날 무시하도록 내버려 두지 않겠다고 스스로 맹세했을 때다. 멕시코인 엄마와 울면서 그렇게 다짐했다. 성매매와 불륜을 일삼던 백인 아빠가 또 엄마에게 못된 말과 손찌검을 퍼부은 날이다. 엄마의 현실을 바꿔 줄 수 없던 나는 엄마를 꺼안고 울었다. 엄마 안에 사무친 공허함과 무너진 자존감을, 그럼에도 아빠를 떠날 수 없는 무력함을 함께 느꼈다. 엄마는 희생과 고통을 묵묵히 감내하면서 현실을 받아들이는 듯했다. 나는 엄마처럼 되지 않겠다고 다짐했다. 그리고 18년이 흘러 어느덧 스물여섯 살이 된 내가 엄마의 실수를 반복하고 있었다. 오랫동안 이어진 그 남자와 내 관계는 엄마와 아빠의 병적인 관계와 꼭 닮아 있었다.

나는 주차장에 서서 눈물을 뚝뚝 흘렸다. 4년 동안 만나면서 누구보다 급진적인 유색인종 페미니스트 남성이라고 믿었던 그가 또다시 바람피운 걸 막 알게 된 터였다. 심지어 그 전보다 더 역겨운 짓을 했다. 서른다섯 살인 그는 열아홉 살밖에 안 된 백인 여학생과 잤다. 나는 그 사람이나 '우리' 관계 때문이 아니라 나를 위해 울었다. 강한 여자가 되고 싶었으나 그러지 못한 나 자신이 불쌍해서. 한동안 그를 떠나기도 했다. 하지만 그가 바람피우고, 거짓말하고, 두 차례나 성병을 옮기고, 1년 가까이 몰래 만난 여자를 보기도 싫다고 하고는 계속 만난 걸 알고도, 결국 그에게 돌아갔다. 일기장에 "나더러 당신을 사랑하라고 말하는 건 나 자신을 혐오하라고 말하는 것과 같다"라고 적어 놓고도 그를 다시 받아들였다. 파괴적이고 건강하지 못한 관계를 다시 이어 가는 동안 정서적 연대를 느낀 순간은 없었다. 우리의 얄팍한 관계는 인종차별과 불평등을 고착화하는 백인 중심 권력 구조에 맞서자는 정치의식을 핑계로 유지되었다. 그러나 그 급진적 정치의식으로 우리 사이의 젠더 불평등과 여성 혐오를 들여다보려고 하지는 않았다.

나는 어렸을 때부터 급진적 페미니즘 책을 읽으며 유색인종 여성으로서 내가 처한 사회적 현실과 나 자신을 이해하려고 애썼다. 유색인종 여성으로서 해방될 길을 찾기 위해 페미니스트들이 쓴 글에 의지했다. 나는 유색인종 여성을 모멸하고 섹스와 사랑을 성폭력, 지배와 복종, 신체적·언어적 학대 등과 동일시하는 것이 일상인 환경에서 자랐다.[1] 백인 중산층에 여성 혐오자이자 인종차별주의자인 아빠가 가난하고 피부가 까만 멕시코 출신 엄마를 지배하고 학대하는, 현대판 식민 관계를 상징하는 우리 가족이 어떻게 탄생되었는지를 알기 위해 가부장제, 인종차별, 이성애 중심주의, 계급차별이 유색인종 여성에게 부과한 역할들을 공부했다. 나는 유색인종 여성이자 급진적 페미니스트로 세상에 알려졌다. 열아홉 살 때『이것을 식민화하라! 젊은 유색인종 여성들이 이야기하는 오늘의 페미니즘 *Colonize This! Young Women of Color on Today's Feminism*』에 글을 실었다. 이 책은 미국 전역에서 여성학과 젠더학을 연구하는 사람들이 읽었다. 나는 부모님의 관계가 얼마나 잘못되었는지 이야기하고, 어떤 일이 있어도 그런 관계를 반복하지 않겠노라고 자랑스럽게 선언했다. 여자, 남자를 따질 것 없이 모두가 아픈 과거와 문제를 용감히 드러낸 날 칭찬했다. 그런데 그런 내가 지금 이렇게 된 것이다. 절대 그렇게 살지 않겠다고 맹세한 바로 그 꼴이다.

페미니즘 책들은 유색인종으로서 내가 처한 사회적 지위를 분석하는 데 중요한 도구가 되어 주었다. 사랑과 성관계를 이론적으로 이해할 수 있도록 도왔고, 이상적 사랑과 섹스에 관해 새로운 시각을 기를 수 있게 했다. 그러나 어릴 때부터 가부장제와 학대를 경험하며 얻은 교훈이 내 연애사를 좌우하지 못하도록 하는 데에는 실패했다.

내가 열두 살 때 아빠가 아주 중요한 교훈을 하나 알려 주었다. 아빠의 바람기를 놓고 말싸움을 한 날이다. 엄마에게 잘하라고 대들자 아빠가 분노 어린 눈으로 차갑게 날 바라보았다. "그거 아니? 크리스티나, 남자들은 누구나 아내 몰래 바람을 피워. 앞으로 네가 만날 놈도 그럴 거야. 익숙해지는 편이 좋을 거다!" 나는 발끈했다. 그렇지 않다고, 모든 남자가 아빠같진 않다고 말했다. 그러나 한편으로는 아빠 말이 맞을까 봐 두려웠다. 모든 남자가 날 인간 이하로 대할까 봐, 섹스 대상으로만 생각할까 봐, 누굴 만나든 매번 '여성 혐오'를 뼈저리게 느끼고 끝날까 봐 무서웠다. 아빠 말이 틀리기를 바랐지만, 어린 시절에 본 남자 어른들은 하나같이 아빠 말처럼 살았고 여자 어른들은 강간과 언어적·신체적 학대를 참고 지냈다. 어쩌면 나는 아빠가 내게 한 말을 평생 담아 두고 살게 될 것이다. 아빠가 나도 엄마와 같은 고통을 겪기를 바랐다는 사실에 아직도 깊은 분노를 느낀다.

어릴 때 나는 섹스를 성폭력, 무력화, 강간과 동일시하는 이야기들을 숱하게 들으면서 섹스란 그런 것이라고 배웠다. 엄마는 유년기 내내 강간에 시달리다 어른이 되고는 그런 일을 세 번 당했는데, 그중 한 번이 첫 데이트 날 아빠에게 당한 거라고 했다. 엄마가 열네 살 때, 엄마보다 어린 빅토리아 이모가 노란 원피스 아랫도리를 피로 시뻘겋게 물들인 채 집에 돌아왔다. 알코올 의존자였던 할아버지는 이모를 패며 '창녀'라고 욕했다. 얼마 뒤 빅토리아 이모는 자신을 강간한 남자와 결혼해야 했다. 멕시코 문화에서 이모는 이미 닳은 여자가 되어 버렸기 때문이다. 엄마는 이 이야기를 할 때마다 엄청난 죄책감을 느꼈다. 맏딸로서 동생에게 끔찍한 일이 벌어지는 동안 지켜볼 수밖에 없었던 자기 모습을 떠올리며 그때의 침묵 속으로 빠져드는 듯했다.

아주 어려서부터 나는 여자로서 내 재산은 몸뚱어리뿐이라고, 이 몸 때문에 성폭력과 구타를 당할 수 있으며 남자가 날 두고 바람날 수 있다는 가르침을 주변 환경으로부터 얻었다. 나는 이런 젠더 역할을 논리적으로 거부했다. 그러나 가장 마지막 연애가 내게 가르쳐 준 것은, 모든 남자가 여성 혐오자는 아님을 머리로 이해한들 그것을 내 감정이나 몸으로도 이해할 수는 없었다는 사실이다. 지금껏 나는 학대가 없이 섹스하거나 사랑받는 법을 배우지 못했다.

앨런이 처음 내게 데이트를 청했을 때, 나는 나이 많은 남자를 만날 생각이 없다고 거절했다. 자기보다 한참 어린 여성을 만나려 하는 남자는 정서상 심각한 문제가 있는 게 분명하다고 믿었다. 그럼에도 앨런은 끈질기고 인내심 있게 날 설득했다. 우리가 처음 밤을 함께 보낸 날을 기억한다. 그는 내게 구강성교를 해 주었고 정중하게 콘돔을 껴도 되겠느냐고 물었다. 나는 웃음을 터트리며 그와 당장 삽입 섹스를 할 생각은 없다고 말했다. 먼저 성병 검사를 하고 결과지를 가져오라고 했다. 그는 하던 걸 멈추더니 날 바라보았고 이내 물러섰다. 검사해 보고 이상한 점이 있으면 말해 주겠다고, 절대 나와 내 몸을 함부로 다루지 않겠다고 했다. 우리는 그렇게 조금 더 시간을 갖기로 했다.

열흘 뒤 보건소를 찾았을 때 성기단순포진에 걸렸다는 판정을 받았다. 의사는 성병 징후가 없는 사람에게서 구강성교를 받고 성기단순포진에 걸리는 경우는 흔치 않다며 딱하다는 듯 말했다. 나는 울면서 보건소를 나와 자전거를 타고 일하러 갔다. 상처가 벌어지기 시작하면서 통증이 심해졌다. 내 몸은 송두리째 망가지고 말았다. 이틀 만에 생식기가 알아볼 수 없을 정도로 짓물렀다. 목욕을 하기도 변기에 앉기도 겁이 났다. 몸이 달라지고 잘못되어 가는 것을 확인할 때마다 걷잡을 수 없는 슬픔과 공포가 엄습해 눈물이 났다. 내 몸이 영영 훼손되었다. 앞으로 남은 인생 동안 정상적인 섹스를 못 할 수도 있다.

앨런은 모르는 일이라고 잡아뗐다. 나는 다 그만두자고 고래고래 소리 질렀지만, 사실 몸과 마음이 지칠 대로 지쳐 버린 날 돌봐 줄 사람이 절실했다. 당시 나는 성병에 걸렸으니, 아무도 날 원하지 않을 것이고 따라서 내게 남은 유일한 선택은 앨런과 사랑하고 섹스하는 것이라고 오판했다. 그가 성병 보균 사실을 숨겼으며 솔직해지기에는 너무 이기적인 사람임을 알았지만, 그런 의심을 잠시 접어 둔 채 그와 계속 만나기로 했다.

그 뒤 넉 달 동안 우리는 거의 매일 만나 자전거를 타고, 책을 읽고, 정치 이야기를 하고, 저녁을 먹고, '사랑'을 나누며 일상을 함께하는 사이로 천천히 발전했다. 유대감과 '사랑'이 어느 정도 자랐을 때 앨런이 더 진지한 관계를 요구했다. 나와 사랑하는 사이가 되고 싶지만 내가 그만큼 진지한지 확신이 없다고 했다. 자기가 노력하는 만큼 나도 노력하고 투자해 주길 바란다고 했다.

그러나 그로부터 일주일 뒤 나는 그에게 다른 여자가 있냐고 따져 묻고 있었다. 그는 자기가 사랑하는 여자는 나뿐이라고, 소냐는 '정치의식'이라고는 없는 천박한 여자일 뿐이라고 말하며 억울해했다. "네가 뭘 생각하고 있든 일단 내가 잘못했어." 그가 기껏 한 사과가 이 말이다. 우리는 몇 달 동안 연락을 끊었다. 나는 혼자 추스르는 시간을 가졌다. 나 자신을 돌아보는 척했지만 실은 앨런의 병적이고 자기혐오적인 모습을 분석하는 데 집중했다. 진정한 정의는 용서, 용서하는 마음을 위한 겸손, 강인함, 사랑에서 시작된다고 믿었기 때문에 앨런에게 연락해 그를 다시 받아 주겠다고 했다. 우리가 함께 만들려고 하는 사회를 믿기에, 우리 둘의 관계보다 더 중요한 뭔가를 함께 만들고 있다고 믿기에 그를 용서하는 것이라고 말했다. 지금도 그렇지만 그때 나는 이 세상에 단 한 번의 실수로 용서받지 못하거나 버림받을 사람은 없다고 믿었다.

몇 달 동안 우리는 함께 술을 마시고 정치를 이야기했다. 시간이 흐르면서 앨런은 다시 진도를 나가려 했고 거기에 저항하기가 갈수록 어려워졌다. 나는 지적이고 정치적인 토론에 목말라 있었다. 이 부분에서 그와 여전히 통하는 부분이 있다고 느꼈다. 우리는 정치를 통해 사랑한다고 생각했고, 그때는 그 행위가 아주 의미 있는 것으로 보였다. 개인의 변화야말로 혁명적 행위라고 믿었기에, 개인의 모순에 맞서고 저항함으로써 정치적 힘을 기를 수 있다고 생각했다. 나는 자기 파괴적인 앨런을 내가 '구제'할 수 있다고 믿었기에, 모순된 그의 모습을 받아들일 마음이 있었다. 그를 '변화'시킨다는 생각이 도전 의식과 흥미를 자극했다.

마침내 우리가 섹스를 했다. 그가 잠들었을 때 나는 거울 앞에 서서 벗은 몸을 바라보았다. 나와 내 몸이 역겹게 느껴졌다. 목욕을 해도 내 몸에 묻은 그의 더러움이 남아 있는 것 같았다. 다음 날 아침, 나는 그에게 이별을 알렸다. 다시 이야기할 준비가 되면, 혹시 그런 일이 생긴다면, 먼저 연락하겠다는 말과 함께.

썩 내키지는 않았지만, 대학의 정신건강센터에서 운영하는 '생존자' 모임에 등록했다. 모임에 참석할 때마다 내가 있을 곳이 아니라는 느낌이 들었다. 힘든 상황을 겪고 있기는 했지만, 내 인생에 '폭력'이란 말을 붙여야 한다는 사실에 숨이 턱 막혔다. '그런' 여자들 중 한 명이 되고 싶지 않았다. 오만하게도, 모임에 참석한 다른 여자들보다 내가 더 똑똑하다고 생각했다. 다른 여자들은 페미니즘 이론을 알지도 못하고 성 고정관념에 갇혀 있어서 내게 아무런 도움이 되지 않을 것 같았다. 내게는 이 집단 상담 시간이 자존감 회복을 위한 기초 수업처럼 느껴졌다. 나는 속으로 혀를 차면서, 이런 모임에 내가 참여하고 있다는 사실을 애써 부인했다.

어느 날 캠퍼스에서 앨런과 마주쳤다. 그는 자신이 날 얼마나 사랑하고 그리워했는지 이야기했다. 나는 가 봐야 한다고 자리를 떴다. 그를 거절한 사실을 뿌듯해하며 집으로 향했다. 하지만 뿌듯함은 오래가지 못했다. 얼마 안 있어 나는 그를 다시 만나기 시작했다. 내 인생에서 가장 부끄러운 짓이었다. 날 자랑스러워하던 엄마가 믿기지 않는 듯한 목소리로 "정말 실망스럽구나" 하고 말한 것이 아직도 마음에 걸린다.

앨런은 자기가 속한 좌파 모임에 날 데리고 다녔다. 급진적 페미니즘을 따르는 유색인종 여성, 이쪽 세계에서 인정받는 활동가. 그에게 나는 트로피 애인이었다. 나는 생존자 모임에 발길을 끊었다. 구시대적이고 페미니즘에 무지하다고 생각한 여자들에게 앨런과 재결합했다는 소식을 알리기가 너무 부끄러웠기 때문이다. 앨런과 나는 우리 관계에 있는 불신과 폭력을 들여다볼 겨를도 없이 '너무 바쁘게' 지냈다. 그보다 더 중요하다고 생각하는 일에 전념했다.

그와 만난 지 3년째 되던 해 또다시 성병에 걸렸다. 이때 밝혀진 문제는 전보다 훨씬 더 위험한 인유두종 바이러스였다. 바이러스가 자궁암으로 발전할까 봐 반년마다 병원에 가서 검진받아야 했다. 무섭다는 내 말에 앨런은 내가 자신을 탓하는 것 같다고 했다. "내 감정은 하나도 중요하지 않아?" 내가 그에게 소리쳤다. 앨런이 사과했지만, 나는 이 일 이후 내 몸 상태와 두려움에 대해 더는 그와 대화하지 않았다.

그와 함께한 마지막 여섯 달은 마음을 닫은 채 지냈다. 그토록 바라던 사랑 없이 폭력적 관계를 견디려면 그 방법밖에 없었다. 그러나 마냥 무력하게 참지만은 않았다. 지배하려 드는 앨런에게 내 나름대로 저항했다. 꾸준히 그의 권위에 도전했다. 그럴 수 있는 사람은 거의 없었다. 그는 스스로 똑똑하다고 믿었기 때문에, 다른 사람들과 마찬가지로 내가 자기 말을 하늘처럼 떠받들 거라고 생각했다. 그러나 나는 그러기를 거부했다. 그를 위해 집을 옮기거나 일을 그만두지 않았고, 친구와 공동체를 떠나 그에게만 헌신하지도 않았다. 단지 그와 있으려고 그때까지 내가 노력해서 만든 삶을 포기해야 한다니, 생각만 해도 우울했다. 그와 헤어지기 열 달 전부터 매달 나는 그에게 이별을 알릴 날을 정해 놓고 기다렸다. 그러나 막상 그날이 되면 그를 떠날 용기가 도무지 나지 않았다. 그래서 계속 날짜를 미루며 알맞은 때가 오기를 기다렸다.

어느 날 그가 결혼하고 아이를 낳으면 어떻겠느냐고 진지하게 물었다. 나와 맺은 관계가 자기 인생에서 무엇보다 소중하며 자신을 변화시켰다고 했다. 그러나 그로부터 일주일도 지나지 않아 나는 그의 제자 중 한 사람에게 혹시 그와 잤는지를 묻고 있었다. 앳된 그녀는 긴장한 기색으로 답했다. "말할 수 없어요." 그가 권위를 남용해 학부생들과 자고 다녔다는 사실에 진절머리가 났다. 심지어 그녀는 고등학교를 갓 졸업한 어린 학생이었다. 그는 자기 행동이 어떤 결과를 낳을지, 그녀들의 몸과 마음에 어떤 상처를 남길지 생각하지 않았다. 평소 그는 백인 학생들을 가르치기가 싫다고 말하곤 했는데, 그들이 특권을 자각하지 못한 채 남용하는 모습을 보기 싫다는 게 이유였다. 그런 그가 백인 학생과 잠자리를 가진 것이다. 여성 혐오는 이율배반적인 가치관이나 품위의 결여보다 지배와 권력에 대한 욕망, 여성과 자신을 향한 증오에서 시작된다.

그는 그녀가 '괘씸한 거짓말'을 한다고 억울해했지만, 나는 그에게서 더 듣고 싶은 말이 없었다. 앞으로 다시는 만나지 않기를 바란다고 그에게 말했다. 그러자 그가 애원하면서 매달렸다. "널 사랑한다고! 나한테 이러지 마! 결혼하고 애도 낳기로 했잖아." 나는 이날 바로 전화번호를 바꾸고, 그의 이메일 주소를 차단하고, 옛 상담치료사에게 연락했다. 주말부터 생존자 모임에 다시 나갔다. 나는 굳게 다짐했다. 그에게 다시는 돌아가지 않겠다고. 그런 식으로 날 대하는 사람을 만나지 않겠다고. 다시는 그렇게 살지 않겠다고.

나는 앨런이 지속적으로 내 사랑과 평정심과 건강을 짓밟는 줄 알면서도 그를 위해 내 몸과 마음을 계속 희생했다. 앨런과 계속 함께 있으면서 아빠가 틀렸다는 걸, 앨런처럼 병적인 사람도 바뀔 수 있다는 걸 증명하고 싶었다. 앨런이 그동안 착취한 여자들보다 날 더 많이 사랑한다면, 나 자신이 얼마나 특별하고 사랑스러운 존재인지 인정받을 수 있다고 생각했다. 앨런을 향한 내 사랑을 값진 희생물로 삼아 우리 둘의 상처를 치유하고 싶었다. 대물림된 학대를 경험한 여성으로서 나도 모르게 희생을 **착한** 사람이 되는 것과 동일시했다. 희생을 통해 그와 나에게 더 좋은 사람이 되었다고 여겼다. 앨런과 헤어지고 상담을 다시 받으면서 비로소 내 안의 피학적 생각들이 또렷이 들리기 시작했다. 그 생각들은 내 엄마의 것이기도 했다. 내가 깔보던 생각, 혐오하던 생각. 나약하고 여성을 욕보이며 멍청하다고 믿었던 생각. 나 역시 그런 생각들에 사로잡혀 있었다. 그런 생각들을 몸으로 느끼며 옳다고 믿었다.

아마 이해하지 못하겠지만, 나는 그와 맺은 관계를 끝내기 위해 이런 일들을 겪어야 했다. 그가 내게 이렇게 했기 때문에 내가 그를 영영 떠날 수 있었다. 나는 학대와 폭력의 역사를 머리로만 극복하는 것이 아니라 감정적으로, 육체적으로 그것에 맞서야 했다. 새로운 사랑과 섹스의 가능성을 상상만 하는 것이 아니라 먼저 나 자신을 사랑함으로써 실천해야 했다. 페미니즘 책을 읽고 여성 해방과 인종 평등의 언어를 익혀 대물림되는 학대의 고리를 끊어 내고 남성의 지배에서 자유로워진 척하고 싶었지만, 현실은 달랐다. 학문적 배움과 정치적 행동을 통해 나 자신을 발전시킨 것이 아무 소용 없음을 깨칠 때까지 자기 파괴의 길을 파고들어야 했다. 내 정치의식에는 감정이 텅 비어 있었고, 결국 나는 스스로 경멸하는 여자가 되고 말았다.

이 관계를 정리하기 위해, 나는 아빠와 닮은 앨런의 모습을 부인하지 않고 그 의미를 온전히 받아들여야 했다. 그러려면 과거의 학대와 마주하고 그것을 극복하는 게 일생에 걸친 과정이라는 사실도 받아들여야 했다. 얼마 전까지만 해도 나는 엉망이던 유년의 기억과 평생 맞서야 한다는 사실을 인정하고 싶지 않았다. 과거는 뒤에 묻어 둔 채, 그때의 감정과 폭력의 기억을 되살리고 싶지 않았다.

내가 선택한 이 여정은 결코 만만하지 않다. 아마 나는 자신을 되돌아보며 어마어마한 고통을 느낄 것이다. 과거의 실수를 힘겹게 보듬어야 할 것이다. 내게 큰 영향을 미치고 날 '사랑'하도록 내버려 둔 남자가 누구보다 폭력적이고 병적이고 이기적이었음을 깨달을 때 오는 수치심을 감내해야 할 것이다. 성병이 남긴 마음의 상처와 몸의 후유증을 회복해야 할 것이다. 나는 내 몸을 받아들이고 다시금 온전히 성적인 존재가 되고 싶다. 내 몸을 사랑하고, 앨런을 만나기 전에 느끼던 내 안의 아름다움을 다시 느끼고 싶다. 성병, 섹스, 아름다움, 사랑에 대한 근거 없는 믿음이 만들어 낸 수치심과 죄책감에 저항하고 싶다. 나만의 길을 개척하고, 성병에 대해 알고, 안전하게 섹스하는 방법을 배우고, 한동안 느끼지 못해 좌절한 성적 쾌락을 다시금 새롭게 느끼며 섹스하는 방법을 터득하고 싶다.

나는 성병에 걸렸던 사실을 터놓고 이야기하게 되었다. 글을 통해 내 경험을 나누면서 수치심을 대부분 극복했다. 나처럼 성병을 겪은 여성, 남성, 트랜스젠더도 자기 이야기를 하기 시작했다. 성기단순포진과 인유두종 바이러스 감염증에 걸린 사실을 침묵했다면 내 몸을 계속 혐오했을 것이다. 이 병들은 계속 날 부끄럽게 하고 통제하려 했다. 그래서 건강하지 않고 파괴적인 관계에 머무를 수밖에 없었다. 그 뒤 만난 파트너들에게 과거를 솔직히 털어놓고 이 병을 내 일부로 받아들이면서 나는 조금씩 해방되었다.

앨런이 처음 성병을 옮기고 몰래 바람을 피웠을 때 나는 침묵했다. 내게 닥친 고통을 나만의 일로 생각했고 그래야 한다고 믿었기 때문이다. (잠깐) 앨런과 헤어졌을 때 그쯤 되면 그도 변했을 줄 알았다. 그러나 그는 여성의 권리와 급진적 사회 변화를 이야기하는 공간에서조차 여성을 계속 조종하려 들었다. 이른바 급진 좌파를 자처하는 그의 친구들이 그를 저지하고 그의 행동을 거부할 줄 알았지만, 아무도 그러지 않았다. 앨런이 거리낌 없이 여성들에게 폭력을 쓰는 동안 우리는 침묵으로 그의 공범이 되었다. 게다가 우리의 침묵은 여성, 유색인종, 퀴어, 불법 이민자, 억압당하고 소외된 사람들에게 만들어 주려던 '안전' 공간을 파괴했다. 앨런이 속한 공동체에 몸담았던 여성들은 자신들이 받은 상처와 고통을 오롯이 개인의 경험으로 받아들인 채 공동체를 떠났다. 우리가 이루려던 목표는 그렇게 실패한 셈이다. 공동체로서 집단 책임을 지지 못했고 나와 같은 여성들, 그동안 비슷한 상황에 처한 여성들에게 안전한 공간을 만들어 주지 못했다. 앨런처럼 자기 파괴적 행동을 일삼는 남성을 바꾸지도 못했다.

지금 나는 더 대담하게 살아가려고 노력한다. 현재의 사법 제도처럼 처벌과 복수를 강조하고, 인간을 소모품처럼 다루고, 영혼을 파괴하려고 하는 '정의' 원칙들 대신 사랑, 지지, 용서, 변화, **영향력**에 바탕을 둔 공동 책임을 우리 모두 나눠 가져야 한다고 목소리를 낸다.

우리는 훌륭한 이론가가 되는 법을 잘 알지만 실천하는 사람이 되는 데는 미숙하다. 책에 적힌 생각을 읽기만 하고 삶으로 들여오지 않는다면 겉과 속이 다른 사람, 더 나쁘게는, 추구하던 이상을 무너뜨리는 위험한 사람이 되고 만다. 급진 좌파 진영은 남성적이고 자기 파괴적인 존재에서 남성적이고 혁명적인 존재로 변화한 남성상을 지지한다. 그러나 이런 인식이 지배와 폭력의 피해자에서 급진적이고 자신을 사랑하는 페미니스트로 성장한, 개인의 고통을 촉매 삼아 급진적 사회 변화에 도움이 되려고 하는, 영웅적이고 칭찬받아 마땅한 여성상에 대한 지지로 이어지지 않는 경우가 허다하다. 나는 우리가 진정한 혁명가로 변할 수 있고, 상상을 뛰어넘는 모습으로 성장할 수 있고, 폭력과 강간의 삶을 극복할 수 있다는 근본적 가능성을 믿는다. 또 나는 우리가 여성 혐오 구조를 지탱하는 침묵의 벽을 허물고, 신중한 행동과 실천과 사랑이 지탱하는 안전한 공간을 만들 수 있다고 믿는다.

나는 오스틴에 살면서 이런 공간을 직접 만들고 있다. 친구와 가족 그리고 나와 앨런이 함께 일하던 단체 등에 내 사정을 이야기하고, 앨런이 급진적 페미니스트인 척하는 것을 용납할 수 없으니 내가 회복하는 동안 날 위해 이 사실을 유념해 달라고 부탁했다. 함께하던 좌파 사람들에게는 '가부장제를 엿먹이자'는 진부한 표어 대신 진짜 행동과 자기반성으로 이어질 수 있는 정치를 실천하자고 제안했다.

또한 앨런에게 상처 입은 여성을 비롯해 비슷한 경험을 한 여성들과 교류하기 시작했다. 공부 모임과 워크숍을 진행하면서 '안전한' 공간을 어떻게 만들어야 하는지 함께 고민하고 있다. 이 글을 사람들과 나누면서 나는 스스로 강하고 완벽하다고 생각하던 이미지를 허물고 솔직하게 상처를 드러낼 수 있는 것이 진정한 힘이라고 재정의하고 싶었다. 나는 침묵을 깨고 책임감을 짊어졌다. 본분을 다하는 페미니스트로서 나는 앨런에게 결과를 받아들이라고 말하고 싶다. 처벌을 주장하려는 것이 아니라, 그가 이 일을 계기로 변화하고 우리 공간이 여성들에게 안전한 곳이 되길 바란다. 나는 그가 일하던 대학교에 익명으로 편지를 보내 그의 행동을 고발했다. 그리고 그곳에서 공부하는 젊은 여학생들을 위해 안전한 환경을 만들어 달라고 청했다. 젊은 사람들이 자기 역량을 드러내고 세상을 알아 가는 과정에서 순수하고 미숙하다는 이유로 폭력이나 착취의 대상이 되지 않아야 마땅하다.

나는 폭력 '생존자'로만 남고 싶지 않았다. 그럭저럭 산다는 것 같기 때문이다. 나는 이기고 성장하고 내 영혼을 혁명하는 사람이 되길 바랐고 바란다. 이제 나는 우리의 공간을, 나를 비롯해 폭력을 경험한 모든 여성에게 안전한 곳으로 다시 만들자고 나와 공동체에게 말하고 싶다.

⋰⋱ 인종

6장   흑인 이성애자 여성을 퀴어링하다
7장   마침내 그 순간이 온다면: 근친 성폭력 피해자의 진짜
       생존기
22장   임신이 위법이라면 오직 위법자만이 임신부가 되리라

⋰⋱ 살아남아 예스라고 말하기

17장   유사강간이란 전염병
18장   수치심이 우리를 가장 먼저 배신하지 않도록
20장   싸워서라도 지킬 만큼 소중한 섹스

22장 임신이 위법이라면

오직 위법자만이 임신부가 되리라

틸로마 자야싱헤

여성이 임신중지 수술을 받았다는 이유로 감옥에 갇히는 날이 언젠가 돌아올지도 모르겠다. 그런데 어떤 여성들은 임신한다는 이유로 감옥에 갇힌다. 왜 그들은 아이를 낳아 엄마가 되었다는 이유로 몇 년부터 몇 십 년 동안 갇혀야 할까?

결국 문제는 섹스로 귀결된다.

(체외수정 같은 보조 생식술을 이용한 경우는 빼고) 임신은 여성이 섹스를 했다는 확실한 증거다. 그런데 특정 여성들이 섹스했다는 사실은 달갑지 않고 역겨울 뿐 아니라 비도덕적이고 위법하기까지 한 행위가 된다. 여성의 섹슈얼리티를 통제하려고 하는 사람들은 다양한 수법으로 여성을 공격하는데, 그중에서도 가장 노골적인 수법은 약물에 의존하는 저소득층 유색인종 임산부를 체포해 처벌하는 것이다.

약물 문제를 겪는데도 아이를 낳으려 하는 여성이 공격받는 논리는 대략 이렇다. 첫째, 그녀가 임신했다는 것은 섹스했다는 증거다. 둘째, 그녀는 임산부 또는 태아에게 유해한 약물을 썼다. 셋째, 우리는 약물이 나쁘다는 걸 '안다'. 그러니 약물이 불법이지 않겠는가? 이 논리에 근거해 몇몇 검찰관은 약물이 '태아'에게 해로울 수 있다는 이유로, 임신 상태를 유지하려고 하는 여성들을 처벌하고 감옥에 가둔다.

그런데 이런 생각에는 문제가 많다. 태아에게 인격을 부여하는 임신중지 반대론자의 수사, 마약과의 전쟁 프로파간다, 남성은 성에 적극적이라도 괜찮지만 여성이 그러면 벌을 받아야 한다는 반여성적 믿음이 똘똘 뭉쳐 있기 때문이다.

(치료하고 지원해야 하는 건강 상태인) 임신과 약물중독을 범죄화하려는 것이 잘못인 이유를 차근차근 알아보자.

임신한 여성들은 범죄와 마약 문제를 엄벌하려는 검사의 표적이 된다. 여성은 임신하는 순간부터 갑자기 고결과 금욕의

귀감이 되어야 한다. 초밥, 카페인, 니코틴, 비살균 원유로 만든 자연 숙성 치즈, 참치, 술, 고양이와 함께 살기 등을 모두 포기해야 한다. 사람들은 금기를 어기는 임신부를 향해 망설임 없이 손가락질한다. 식당 종업원은 녹차를 주문하는 임신부의 요청을 단박에 거절한다. 식당 손님은 옆자리에 앉은 임신부가 여유롭게 와인을 홀짝이고 있으면 탐탁지 않은 시선을 숨기지 않는다. 그러나 아무리 술에 취하고 담배를 연거푸 피워 대는 여성도 안 좋은 시선을 받을지언정 (적어도 지금까지) 체포되거나 처벌받지는 않는다.

니코틴과 카페인이 태아 성장에 부작용을 일으킬 수 있다는 사실은 과학적으로 증명되었다. 그 반면 코카인과 헤로인 등 마약이 태아에게 부작용을 일으킨다는 인과관계는 명확히 입증되지 않았다. 하지만 정부가 지원하는 '마약과의 전쟁'이 약물에 관한 오해를 만들어, 태아기에 코카인에 노출되면 회복할 수 없는 정신적·신체적 손상을 입는다는 믿음('크랙 베이비'라는 괴담)이 널리 퍼졌다. 아마 다들 한 번쯤 들어 보았을 텐데, 이 '사실'이 틀렸다고 밝혀진 것도 아는가? 저명한 과학자나 의사 가운데 이 사실을 지지하는 사람이 없다는 것을 아는가?[1] 마약과의 전쟁 프로파간다는 강력한 선입관을 만든다. 약물 사용자를 범법자나 불미스럽고 위험한 사람으로 무조건 나쁘게 묘사한다. 약물중독은 다른 만성질환처럼 다뤄지지 않는다. 당뇨와 고혈압도 약물중독처럼 만성질환이지만, 임신한 당뇨병 환자가 쿠키를 가지고 다닌다는 이유로 경찰에 체포되거나 인슐린 처방을 거부당하는 일은 없다. 하지만 그녀가 재활 시설에서 치료를 받는 약물중독자라면, 양성반응을 비롯한 재발 증상을 보인다는 이유로 시설에서 쫓겨나고 보호관찰 대상일 경우에는 다시 감옥에 보내질 수 있다.

물론 약물에 의존하는 여성이 임신해서 출산하는 것을 범죄로 규정하는 법은 없다. 검사도 이런 여성을 기소할 명분이 법적으로나 과학적으로나 이론적으로 마땅하지 않다는 것을 알기 때문에, 유죄를 인정하면 형량을 낮춰 주겠다고 제안한다. 사실 보호관찰도 이런 형량 거래의 일종이다. 해당 여성은 몇 년 동안 약물검사 결과를 제출해야 하고, **결정적으로** 피임 또는 불임 조치를 취해야 한다. 사우스캐롤라이나, 미주리 등 많은 주에서 이런 일이 실제 벌어지고 있다. 여성으로서는 산아조절을 약속하는 것이 효과적인 협상 수단이다. 투옥이나 보호관찰 형량을 몇 년씩 줄일 수 있기 때문이다. **위조죄**로 유죄를 선고받은 한 여성은 임신하지 않겠다는 조건으로 보호관찰 형에 합의했다. 이게 왜 그리 문제냐고? 이런 제안을 한 당국이 특정 여성들을 엄마가 되기에 부적합한 존재로 분류해 이들의 출산 권리를 아무 거리낌 없이 통제하기 때문이다.

임신중지와의 전쟁도 임신한 여성들의 상황에 영향을 미친다. 태아에게 인격을 부여할 경우 여성은, 건강이나 개인적인 이유로 엄마가 되지 않을 권리를 박탈당한다. 임신중지를 선택한 여성과 임신중지 수술을 집행한 의사는 살인죄로 기소될 수 있다. 태아의 인권이 여성의 인권보다 중요해져서 여성이 언제 엄마가 될지, 언제 둘째를 낳을지, 자기 몸에 무엇을 할지 스스로 결정할 수 없게 될 경우 결국 자기 몸을 통제할 능력까지 잃어버리게 된다. 여성의 선택권이 국가에 넘어간다. 그리고 국가는 그녀에게 끝까지 애를 품어 낳으라고 강요한다. 그런데 약물중독 여성이 아이를 낳으려고 하면, 불법 시술로 태아를 지우려고 한 여성보다 훨씬 가혹한 처벌을 받는다. 여성은 분명 '생명을 선택'했으며 자신의 건강과 약물 치료까지 포기하면서 아이를 품기로 했으나, 임신중지 반대론자들은 이 여성을 지지해 주지 않는다. 그들은 오히려 약물중독 여성의 출산을 막는 법을 지지한다. 이 법의 영향을 가장 많이 받는 여성들, 즉 저소득층 유색인종 여성들이 아이를 낳는 것은 부적절하다고 생각하기 때문이다. 임신중지 반대론자들이 '생명을 옹호'한다고 말하는 것은 특정 부류(백인 중산층과 부유층)의 생명만 옹호하고 특정 여성의 섹슈얼리티는 부정한다는 뜻이다.

실제 일부 주에서는 부적합 여성의 임신을 범죄화하는 법이 논의되었다. 이런 법안들은 신생아가 불법 약물에 양성반응을 보이거나 태아기 노출이 원인으로 추정되는 (그러나 추정일 뿐 과학적으로 입증할 수 없는) 불분명 증상을 보이면 아이 엄마를 중범죄자로 처벌해야 한다고 주장했다. 또는 약물중독 여성이 첫아이를 낳으면 1단계 처벌을 내리고, 그 뒤 아이를 낳을 때마다 가중치를 매겨 3단계(여성이 낳은 셋째 아이가 약물에 양성반응을 보이는 경우)에 이르면 불임 시술이나 장기 피임 시술을 받게 해야 한다고 주장했다. 게다가 임신부의 흡연과 음주를 범죄화하려고까지 했다. 불법 약물 사용에 대한 처벌 범위를 합법 약물 사용으로까지 넓히려고 한 셈이다. 이 법안들에 적절한 의료와 약물 치료에 대한 언급은 거의 빠져 있다. 이 법안들이 논의되는 과정을 들여다보면 불미스러운 특정 집단, 즉 엄마가 되려고 하는 저소득층 여성을 처벌하려는 의도가 빤히 드러난다.

얼마 전 뉴욕시에서 약물중독 전문가와 대화할 일이 있었는데, 그때도 마찬가지였다. 그는 약물중독이 질병이라는 사실을 누구보다 잘 알고, 치료하면 빨리 회복할 수 있다는 것도 알았다. 그가 하는 일이 중독자를 치료하는 것이니 말이다. 게다가 약물에 중독된 여성 대부분이 학대 피해나 과거 트라우마를 안고 있어서 일종의 자기치료 개념으로 약물에 손을 대기 시작했다는 것도 그는 알았다. 이런 그가 내게 한 질문은 다음과 같다. 당신의 언니가 약물에 중독됐는데 아버지가 다 다른 자식 다섯을 낳았다고 해 보자. 그럼 당신도 장기 피임을 권하지 않겠나? 다섯째를 가졌을 때는 아이를 지우라고 말하지 않겠나? 내가 바로 대답했지만 그는 내 대답에 전혀 공감하지 못했다. 나라면 언니에게 왜 아빠가 다 다른 자식들을 낳았는지 물을 것이다. 언니는 어떤 삶을 살았을까? 바라는 게 뭘까? 언니가 가족과 지낼 수 있게 도울 수는 없을까? 필요한 걸 배우고 익힐 수 있게 지원할 방법을 찾을 수는 없을까? 그는 내 가상의 언니에게서 섹스할 권리와 자기 의지대로 피임하거나 출산할 권리를 뺏는 것이 그녀를 정신이상자, 심지어 인간보다 못한 존재로 취급하는 것이란 논리를 전혀 이해하지 못했다. 약물중독 여성들을 돕는다는 사람이 이렇게 생각하고 있었다. 그는 왜 언니의 자녀들이 아버지가 다 다르다는 사실을 강조했을까? 언니가 (자녀를 다섯이나 낳으며) 가족을 너무 많이 만들었다는 것과 (여러 남자와 잔) '난잡함'을 싸잡아 비판하고 싶었기 때문이다. 약물에 의존하는 남성이 아버지가 되는 것에 대해서는 아무도 비판하지 않는다. 이런 감시와 비난의 대상은 오직 여성뿐이다.

실제 사람들은 가난하고 약물에 의존하는 여성이 아이를 가지면 안 된다고, 적어도 경제적·정서적으로 감당할 수 있는 만큼만 낳아야 한다고 생각한다. 그런데 이 생각을 계속 발전시키다 보면 조금 섬뜩해지기 시작한다. 이 생각은 순식간에 유색인종 여성, 병을 앓는 여성, 뚱뚱한 여성, 이민 여성, 배우자에게서 학대받는 여성, 특정 종교를 믿는 여성, 특정 민족으로 태어난 여성의 인권을 억압하는 쪽으로 흘러간다. 과거에도 우생학이란 이름으로 비슷한 일이 벌어졌다. 20세기 초엽 식민주의 국가들은 식민지 원주민의 숫자가 늘어나는 것을 두려워했다. 1936년에 프랑스령 인도차이나를 맡고 있던 공공 보건 관료는 식민지 원주민이 "너무 많이 태어나고 너무 안 죽는다"고 불만을 토로했다.[2] 1976년 인도에서는 빈곤층을 대상으로 강제 불임 시술이 대규모로 시행되었다.[3] 특정 집단의 자손을 불필요하거나 없어져야 하는 존재, 원치 않는 존재로 여겨 그들의 재생산권을 제한하려고 할 때마다 가난한 사람들은 천천히 집단 학살을 당했다.

특정 집단을 체포하고 처벌해야 한다는 주장은 이런 의문을 낳는다. 약물중독이란 질병을 이유로 여성을 처벌할 수 있다면, 과민증이나 뇌전증이나 우울증을 앓는 여성도 처벌할 수 있는가? 이 질병들은 태아에게 약물중독보다 더 심각한 영향을 미치지만, 이를 이유로 여성을 구금하거나 처벌하지는 않는다. 특정 여성을 구금하고 처벌하는 목적이 건강한 임신을 장려하는 데 있지 않고 여성의 재생산권을 통제하고 섹스를 금지하는 데 있기 때문이다. 이를 위해 일단 만만한 대상, 약하고 소외된 집단을 억압하는 것이다.

약물에 의존적이거나 건강에 문제가 있는 여성의 재생산 능력을 가장 확실히 제한하려면 아예 섹스를 못 하게 막으면 된다. 피임하면 되지 않느냐고 말한다면 뭘 모르고 하는 소리다. 몇몇 주에서는 약사가 피임약 제조를 거부할 권한이 있고, 피임약 가격을 높이거나 판매에 제한을 두기도 한다. 게다가 피임이 100퍼센트 효과를 발휘하지는 않는다. 그러므로 여성의 임신을 확실히 막으려면 섹스를 금지하는 수밖에 없다.

약물중독자·저소득층·유색인종처럼 약하고 소외된 여성들은 섹스하기에는 너무 위험한 존재로 여겨진다. 덜컥 임신해 버리면 큰일 나기 때문이다. 이 여성들은 장기 피임이나 불임 시술을 받아야 하고, 아이 낳을 생각을 버려야 하고, 그런데도 임신했으면 처벌받아야 한다. 어떤 경우에라도 "죄를 그냥 넘어가 주면 안 된다".[4] 섹슈얼리티는 일종의 권력이다. 여성이 성적 존재로서 자신의 능력과 섹슈얼리티를 직접 소유하는 것은 권한을 부여받은 것과 같다. 그런데 이 사회는 그것을 원치 않는다. 섹슈얼리티가 작동해 일어난 (임신과 출산 같은) 결과를 이유로 여성을 처벌하는 것은, 섹슈얼리티를 소유했다는 이유로 벌하는 것과 똑같다. 어째서 취약 계층 여성들은 섹스할 때 임신할까 봐 공포를 느껴야 하며, 아이를 낳으려 한다는 이유로 처벌받고 감옥에 갇혀야 하는가? 약물에 의존하면서 엄마가 되려는 여성이 왜 스스로 범죄자라고 느껴야 할 뿐 아니라 정말로 그런 취급을 받아야 하는가?

사회적·경제적 지위나 건강 상태와 무관하게 모든 여성이 자기 의지대로 임신을 선택하고, 필요한 치료와 지원을 받을 수 있게 사회적 네트워크가 형성된 세상은 불가능한가? 섹스는 하되 임신을 원치 않는 여성이 쉽게 피임할 수 있다면? 임신을 계획했든 아니든 아이를 낳기로 결심한 여성이 정신 차리라는 소리를 듣거나 과거 약물 문제로 비난받지 않고, 아이를 품고 있는 아홉 달 동안만이라도 충분히 응원받는다면?

이런 세상은 여성을 인간이자 남성과 동등한 1등 시민으로 인정할 때 비로소 도래한다. 여성들이 원해서 섹스한다고 해도 늘 임신을 바라지는 않으며, 임신한다고 해서 갑자기 천사 같은 존재로 변하지도 않는다는 사실을 인정할 때 비로소 도래한다. 여성도 인간일 뿐이다. 임신했다고 해서 또는 임신 능력이 있다고 해서 인간다움이나 인간으로서 누려야 할 기본권을 잃을 이유가 없다. 그 권리에는 섹스에 '예스'라고 말할 권리도 포함된다. 나는 공포와 처벌과 비난에서 자유로운 섹스에 '예스'라고 말하고 싶다.

:::: **권력에 맞서 싸우기**

10장 공간을 침범하는 여성

17장 유사강간이란 전염병

23장 당신이 창녀라 부르는 사람들은 누구인가: 섹슈얼리티,
       권한 강화, 성 산업에 관한 성노동자들의 대화

:::: **인종**

7장 마침내 그 순간이 온다면: 근친 성폭력 피해자의 진짜
      생존기

11장 성적 자율성만으로 부족할 때: 미국 이민 여성에 대한
       성폭력

12장 대중매체의 재판: 흑인 여성의 음란성과 동의의 문제

23장 당신이 창녀라 부르는 사람들은 누구인가:

섹슈얼리티, 권한 강화, 성 산업에 관한 성노동자들의 대화

마리코 패션,

수전 로페즈,

선드라

성노동의 현실이 대중에게 쉽게 드러나지 않다 보니 대중이 상상하는 성노동자의 삶은 단편적으로 짜 맞춰지며 대부분 안타까우리만치 부정확하다. 이 장에서는 성노동을 하는 여성 세 명이 모여 성 산업에 관한 대중의 인식을 살피고, 성노동과 섹슈얼리티 그리고 성에 관해 주체적인 여성을 향한 사회의 부정적 시각을 이야기한다.

마리코 패션은 10년 넘게 성노동을 하면서 스트리퍼, 출장 댄서, 에이전시 소속 에스코트(일정한 시간 동안 애인 대행으로 남성을 접대하는 성노동. ─옮긴이), 개인 에스코트, 펨돔 서비스(피학 성향이 있는 고객을 위해 가학적 성욕이 있는 여성 역을 하는 성노동. ─옮긴이) 노동자, 안마사로 일했다. 수전 로페즈는 15년 동안 세계 39개 도시를 다니며 스트립 댄서로 일했다. 선드라는 열아홉 살에 누드모델로 성 산업 현장에 들어와 스트립 댄서를 거쳐 지금은 고급 여행에 동행하는 일을 한다.

수전 성노동자라고 하면 흔히 경계가 없는 사람, 돈만 주면 뭐든 할 사람으로 오해한다. 우리는 그렇게 만만한 대상이 돼 온갖 모욕을 당한다. 슬프지만 그중에는 강간도 있다. 그런데 내가 현장에서 만난 동료 여성들은 누구보다 엄격히 경계를 가르고 성적 선택을 했다. 일할 때와 일하지 않을 때 우리가 성적 동의를 어떻게 생각하는지 이야기해 보자.

마리코 돈을 받은 대가로 누군가에게 **섹슈얼리티**를 제공하는 경험, 예컨대 이야기를 들어 주거나, 웃어 주거나, 조언해 주거나, 말동무가 되어 주거나, 거기를 빨아 주거나, 엉덩이를 대 주거나, 더러운 모텔 방에 삶을 내동댕이치고 코카인을 피워 대는 사람을 비난하지도 동정하지도 않고 지켜보는 경험을 하고 나면 그 전같이 살 수 없게 된다. 한번 돈을 받고 나면 비슷한 행동을 대가 없이 하기가 아주 어려워진다. 할 때마다 왠지 모르게 가치가 깎인다는 느낌이 든다. 물론 사랑하는 사람하고라면 예외겠지만. 우리가 고객을 사랑하지는 않는다. 일 자체를 즐기는 경우가 있을지 몰라도 대다수는 기껏해야 고객을 **좋아하고 존중하는** 정도고, 일에 대해서도 그렇게 느끼려고 노력한다. 다시 말해, 정도 차이가 있기는 해도 사람들이 생각하는 것처럼 우리가 이 일을 간절히 원해서 선택했다고는 볼 수 없다. 다른 직업과 크게 다르지 않다.

여기서 선택은 두 가지 관점에서 이야기할 수 있다. 첫째, 우리는 먹고살기 위해 이 일을 선택했다는 것. 기본적인 생활 수준과 꿈을 아예 포기하지 않는 이상 우리는 어떻게든 돈을 벌어야 한다. 둘째, 10대 시절부터 남자아이와 아저씨 들이 날 음흉하게 쳐다보는 시선을 선택하지 않았다는 것, 데이트 강간이라는 게임의 규칙을 직접 겪으며 깨치도록 선택하지 않았다는 것, 성차별적이고 남성 중심적인 세상에 태어나기를 선택하지 않았으며 그 환경을 만들지도 않았다는 것이다. 날 만든 건 이 세상이다. 난 결코 이 불평등을 선택하지 않았다. 나는 이 사실을 너무나 자주, 뼈아프게 실감한다.

선드라 계약 조건이나 대가가 오가지 않는 섹스에 관해 마리코와 생각이 같다. 성노동자가 되고 나서부터 그런 관계를 맺기가 어려워졌다. 예전보다 훨씬 까다롭고 가리는 게 많아졌다. 대학에 다닐 때는 덜했다. 오히려 더 대범했고, 분위기에 잘 휩쓸린 것 같다. 내 몸을 어떻게 다루는지, 누구와 관계 맺는지 크게 신경 쓰지 않았다.

마리코 일을 시작하면서부터 공짜로 관계 맺고 싶지 않다는 마음이 생겼다. 내게 어떤 힘이 생긴 걸 느꼈고, 그 힘에 깊이 중독되었다. 예전 같으면 날 억눌렀을 힘을 가지니까, 삶이 바뀔 만큼 대단하고 **즉각적인** 변화가 일어났다. 남자들이 날 성적 대상으로 대할 때 과거의 나는 무력해졌지만, 지금의 나는 한순간에 아주 강력한 힘을 얻는다.

선드라 전적으로 동의한다. 원하는 것과 원치 않는 것을 구분하고 통제하기가 훨씬 더 쉬워졌다. 성노동자가 되기 전에 남자들을 만나 안 좋게 끝난 섹스 경험들을 돌이켜보면, 강물에 떠내려가는 사람처럼 상황을 전혀 주도하지 못한 것 같다. 그때 내게는 아무런 힘도 주도권도 없었다. 그게 가장 걸리는 부분이다. 성 산업에 종사하는 지금은 오히려 확실한 경계와 한계치가 생겼고, 이것이 **내게** 주도권을 주었다.

수전 스트리퍼로 오래 일하면서 남자를 배웠다. 그들이 생각하고 행동하는 방식과 그들의 목적이 뭔지 알게 되었다. 이런 걸 깨닫고 나면 바깥세상에서 남자를 대할 때 원하는 걸 훨씬 더 쉽게 얻을 수 있다. 미지의 존재인 줄 알았던 남성이 더는 무섭지 않기 때문이다. 협상의 기술이 자연스레 몸에 배었다고 할까? 바깥세상에서 우리는, 남자란 어떻게든 여자를 잠자리로 데려가려고 하는 괴물이며 여자가 그런 위험을 스스로 멀리해야 한다는 생각을 어릴 때부터 끊임없이 주입받는다.

선드라 꼭 그렇지만은 않다. 한편으로는 결혼해야 한다는 압박이 심하지 않나? 그중 괜찮은 남자를 골라 '이상적' 아내가 되어야 한다는 점에서 우리는 각자 나름대로 정복 행위를 수행해야 한다.

마리코 성폭행 피해자로서 '노'라고 말할 수 있는 내 모습을 자꾸만 확인하고 싶었다. 스트리퍼가 되면 하루에도 여러 차례 그런 행동을 하게 된다. 어떻게 보면 스트립 클럽에서 잠시나마 우월감을 느끼지 않나 싶다. 스트리퍼 차림으로 있을 때 남자가 말을 걸어오는 경우는 랩 댄스를 원할 때뿐이다. 그게 아니면 고객들이 내게 휘파람을 불지 않고 수작 거는 말도 하지 않는다. 살면서 처음 있는 일이었다. 그럴 때마다 나는 속으로 생각했다. '그래, 섹슈얼리티에는 힘이 있지. 넌 그렇게 입 다물고 있어. 그게 네가 있어야 할 자리야.' 우월감을 실험한다는 것, 힘을 마음껏 쓴다는 건 정말 재미있었다. 스트립 클럽에서 누가 동전으로 팁을 주면 내가 그의 가슴팍에 힐을 갖다 대도 괜찮았다. 하지만 옷을 갈아입고 클럽을 나서는 순간, 현실을 가리고 있던 커튼은 사라진다.

선드라 상대적으로 정보를 많이 공개한 고객을 만나면 자연스레 안심하게 되는 것 같다. 신원을 확인하면 나쁜 일이 일어날 가능성을 대부분 막을 수 있다. 내가 아는 정보가 날 보호해 줄 테니, 일이 잘못될 가능성이 줄어든다.

수전 요즘 틸라 샌더스Teela Sanders의 책 『성노동: 위험한 비즈니스Sex Work: A Risky Business』를 읽는데, 이 책에서 이 문제를 자세히 다루고 있다. 샌더스는 고객 입장에서 신원 공개는 "투자 비용"을 "비싸게" 만든다고 표현한다. 자신의 정보를 공개하면 아무 것도 요구하지 않는 상대를 만나는 것보다 비용을 크게 부담한 셈이 돼 폭력적으로 행동할 가능성이 줄어든다는 것이다. 책에는 성노동 여성이 자신을 지키기 위해 얼마나 다양한 방법을 쓰는지도 나와 있다. 누군가는 고객의 신원을 확인하고, 누군가는 직감을 따르고, 누군가는 호신술을 배워 써먹는다고 한다. 고객에 대한 평가는 어떤 식으로든 일어나는데, 고객이 성노동자에게 정보를 많이 공개할수록 폭력이 발생할 가능성이 낮아진다고 한다.

마리코 내 경우 대응하는 방식이 극과 극을 오간다. 원래 신용카드와 신분증으로 신원을 확인하는 편이었다. 요즘은 순간적이고 즉흥적인 방식으로 최소한의 검사만 하는 편이다. 전에 일하다 고객한테 강도를 당했을 때는 그의 신원을 제대로 확인하지도 않았다.

수전 그 사람을 왜 만났나?

마리코 돈이 필요해서 만났다. 고객 신원을 꼼꼼하게 확인하는 사람도 경제 상황에 따라 생각이 달라질 수 있다. 경제적 압박에 시달리다 보면 눈을 낮추기 마련이다.

수전 동의한다. 나도 스트리퍼로 일할 때 그런 경험이 있다. 이 업계에 몸담고 하룻밤에 여러 명을 상대하다 보니 직감적으로 사람을 평가할 수 있게 된다. 이 사람은 돈을 두둑하게 주겠구나, 이 사람이랑 엮이면 고생 좀 하겠구나, 저 사람이랑 춤추면 안전하지 않겠다 같은 느낌을 받는다. 그것도 아주 짧은 순간에 이런 판단을 내린다. 바쁜 날에는 느낌이 안 좋은 손님들 가까이 가지도 않는다. 하지만 한산하고 돈이 필요한 날에는 그런 사람들 앞에서 춤을 춘다. 물론 춤을 추는 순간 바로 왜 내가 그런 사람들을 멀리했는지를 실감하게 된다.

선드라 맞는 말이다. 어떤 사람을 만나면 만만하지 않겠다는 감이 온다. 불길한 생각을 애써 떨치고 진도를 나가도 결국 매번 후회했다.

마리코 에스코트는 무례한 사람을 자주 상대하지 않나? 그러니 일상에서는 용납하지 않을 무례를 일하는 동안에는 참고 넘어가는 게 아닐까 싶다. 마지막에 받을 돈을 생각해서.

선드라 에스코트보다 오히려 스트리퍼가 그런 일을 훨씬 더 자주 겪는 것 같다. 스트립 클럽에서는 처음부터 얼굴을 마주해야 하고, 그에게서 도망치거나 경비를 호출하러 자리를 뜨기 전까지는 다만 몇 초라도 무례를 견뎌야 한다. 반면, 에스코트는 상대와 먼저 이메일을 주고받거나 통화를 하면서 함께 시간을 보내도 괜찮은지를 결정한다. 그 사람이 내 몸을 만지고 있는 상황이 돼서야 그를 의심하는 건 결코 좋지 않은 생각이다.

수전 그런데 아까 한 얘기처럼, 돈이 절실히 필요한 사람은 판단력이 흐려질 수 있다. 만약 돈이 절실히 필요한 상황이라면 어떻게 하겠는가?

선드라 아마 클럽 일을 할 것이다.

마리코 폭력적인 남자들은 상대의 약점을 이용해 먹는다. 어떤 이유에서건 이 여자들이 경계를 없앴고, 무슨 일이 일어나면 가장 많이 손해 본다는 걸 잘 안다. 그래서 관계에 실패해 오갈 데 없고 돈 한 푼 없는 여자들을 표적으로 삼는다. 스트립 클럽에서 일해 보니 정말 그랬다. 남자들이 내 약점을 이용해 먹으려고 마구 달려든다. 내가 상대에게 접근해 팁을 얻기도 전에 상대가 먼저 나를 파악해 버리는 상황이 벌어진다. 그런 상황을 견딜 수 없어서 일을 관뒀다.

수전 나는 그런 상황에 확실히 대처하는 방법을 안다. 클럽에서 일할 때 나는 단 한 번도 아무 남자에게나 다가가서 대뜸 "춤추겠어요?" 하고 묻지 않았다. 그가 있는 곳으로 다가가 그의 무릎에 앉고, 머리카락을 쓰다듬고, 코로 그의 얼굴을 부비고, 귓가에 입을 갖다 대고 "춤추지 않을래요?" 하고 속삭인다. 대화할 시간도 없이, 둘 사이에 순전히 육체적이고 야릇한 분위기를 만든다. 그러나 이렇게 접근해서는 안 되겠다고 판단되는 남성에게는 달리 행동한다. 옆자리에 앉아 나를 소개한 다음 그를 어루만지고, 머리카락을 쓰다듬고, 그의 젖꼭지를 자극하고, 손을 잡고, 온갖 질문을 한다. 원래 이런다는 듯 머리 빈 금발 미녀처럼 군다. 그럼 남자들은 나와 진짜 대화를 할 생각조차 하지 않고 내 접근을 자꾸 차단하려고 (또는 주는 대로 받아먹으려고) 한다. 어떤 식으로 대처하든 관계를 주도하는 쪽은 바로 나다. 그 뒤 (내 결정에 따라) 나하고 말을 섞게 된 남성은 내가 실제로는 꽤 똑똑하다는 사실을 믿을 수 없어 한다. 그럴 때마다 나는 즐거움을 느낀다.

우울한 상태에서 성노동을 하면 상처를 더 많이 받게 된다고 마리코가 말한 걸 기억한다. 성노동자에게 자존감이 얼마나 중요한지 잘 짚은 말이라고 본다. 이건 여성이 강해지는 것과 대비되는 수치와 오명이라는 문제와도 연결된다. 여성이 성노동을 스스로 **소유**하지 못하고 성노동을 둘러싼 부정적 편견과 여성에게 부여되는 사회적 규범을 넘어서지 못하면, 성노동에 들러붙는 수치와 오명이 그녀의 자존감을 끌어내릴 수 있다.

마리코 벗겨 내야 할 것들이 참 많다. 켜켜이 쌓인 오명의 두께가 엄청나서 다 벗겨 내기가 쉽지 않다.

수전 나는 7년 걸렸다.

마리코 나도 오랜 세월이 걸렸는데, 그러는 동안 내내 스트리퍼로 일했다. 이 업계에 들러붙은 오명을 벗겨 내면서 계속 그 안에 머물렀다는 얘기다. 오명 벗겨 내기는 평생에 걸친 작업인 것 같다.

선드라 오명 벗겨 내기는 **모든** 여성에게 적용할 수 있다. 여성으로서 우리가 성적으로 강해지기를 바라면, 그때부터 사회 일원이자 아이의 엄마이자 누군가의 아내로 살기가 힘들어진다. 성노동자에게 들러붙은 오명은 벗겨 내기가 훨씬 더 어렵다. 성노동 여성들은 섹스는 물론 폭력에 대해서도 계속 침묵해야 하기 때문이다. 언제나 다 괜찮은 척해야 한다. 문제에 당당히 맞설 수도 없다. 다른 **모든** 여성처럼 남성 바로 밑에 있는 2등 시민이라는 느낌을 받기도 전에 왜 성노동을 했는지부터 해명해야 하기 때문이다. 어떤 식으로든 강요당했다고 말하기는 훨씬 더 어렵다.

수전 동의한다. 섹스로 돈을 벌든 안 벌든 모든 여성이 창녀란 오명을 안고 살아가는 것 같다. 이제 수치, 오명, 상품화에 관한 이야기를 해 봐야겠다. 이런 문제들이 없으면 이 업계는 어떤 모습일까?

요즘 사회에서 섹스는 여자가 열심히 지키다가 훌륭한 남자, 예컨대 자신과 결혼할 남자나 한 여자만 바라본 남자에게 수여하는 귀중한 상이 되어 버린 것 같다. 남자들은 이 상을 열렬히 바라기 때문에, 얻을 수 있다면 뭐라도 하려고 한다.

이 상을 지킬 책임은 전적으로 여성의 몫이다. 다리를 함부로 벌리면 안 되고, 화장을 너무 짙게 하면 안 되고(너무 안 하고 다녀도 안 되며), 지나치게 성적으로 굴어도 안 되고, 진짜 사랑하는 사람을 만날 때까지 상을 잘 간수해야 한다. 성적 호기심을 부렸다가는 벌을 받는다. 잡년이니 창녀니, 남성에게는 보통 들러붙지 않는 경멸적인 이름으로 불린다. 섹슈얼리티 때문에 수치를 당하고, 이성애와 일부일처제에 바탕을 둔 결혼이 아닌 관계에서 섹스를 해 더럽다고 여겨진다.

성노동을 업으로 삼는 여자들은 때로 일을 하면서 피난처를 발견한다. 평소 멀리해야 하던 성적인 것들을 시도할 수 있고, 그에 대한 보상도 받을 수 있다. 성매매는 낯선 사람과의 섹스에 호기심이 있는 여성에게 기회를 주고, 스트립 댄스는 남성과 관계를 맺지 않으면서 성적인 힘을 느끼고 싶은 여성에게 기회를 준다.

섹슈얼리티를 둘러싼 모략과 수치심이 사라진다면, 성 산업이 지금보다 훨씬 더 전문화되리라고 본다. 서비스를 제공하는 사람과 제공받는 사람 모두에게 적용하는 엄격한 행동 기준이 세워질 것이다. 이 업계에 진입하려면 지금보다 훨씬 더 신중하게 고민하고 전문성을 갖춰야 할 것이다.

마리코 요즘 에이즈나 성병 감염자들을 돕는 일을 하는데,

오명은 (오명의 피해자가) 안전하게 성관계를 맺기 위해 상대에게 콘돔을 쓰라고 요구하는 것을 어렵게 한다. 수치심 때문에 위험을 감수하는 것이다. 성적 수치심과 오명에서 자유로워지면 더 안전하게 성노동을 할 수 있을 것이다. 경계를 세우고 지킬 힘을 부여받을 것이다. 우리가 "싫어요. 정액을 삼키지는 않아요. 항문성교 안 해요" 하고 선을 그어도 남자들이 놀라지 않을 것이다. 우리가 더 존중받을 수 있을 것이다. 그러나 수치심이나 오명이 없는 세상이란 말도 안 되게 비현실적으로 느껴져서 나로서는 상상이 되지 않는다.

성노동 여성은 남성을 상품화한다. 스트립 클럽에서 남자들을 쳐다볼 때 내 눈에는 그들의 머리가 달러 기호 같았다. 늘 같은 자리에 있지만 내게 돈을 쓰지 않는 단골들은 그렇게 보이지 않는다. 그러니까 내게 남자들은 인간이 아니라 내 주머니에 꽂히거나 안 꽂힐 돈이 된다. 성노동자만 상품화된다는 생각은 마음에 들지 않는다.

스트립 클럽을 찾거나 매춘부를 만나러 오는 고객들은 수치심을 느낀다. 만약 배타적이지 않은 다자연애를 하는 사람이 많아지면, 그런 고객들도 수치심을 느끼지 않을 것이다. 여기서 더 흥미로운 질문은, 어차피 평생 지키지도 못할 일부일처제에 매달리지 않는다면 이 업계가 어떻게 변할까 하는 것이다.

수전 맞는 말이다. 일부일처제는 가부장제가 만든 허상이 아닌가 싶다. 아주 부자연스럽다. 물론 어떤 사람들은 한 사람하고만 관계하기를 선호하지만 안 그런 사람도 많다.

우리를 정복하려고 창녀란 오명을 씌우고 '착한 여자'와 '나쁜 여자'로 가른 책임도 가부장제에 있다. 사회가 이런 노력을 반드시 **의식적으로** 한다고 볼 수는 없겠지만, 모든 지배적 구조와 체제는 스스로 증식하려는 경향이 있고 그 안에서 노력하는 주체를 억압자이자 피억압자로 만든다. 남성 또는 여성이 우리 같은 여성을 잡년, 창녀, 또 다른 이름으로 부르는 것은 '우리를 제자리에 주저앉혀' 현상을 유지하려는 시도다.

견고한 지배 체제를 넘어서려면 우리를 억압하는 수단을 제거하는 수밖에 없다. 나는 그 수단 중 하나가 창녀란 오명이라고 믿고, 성노동자가 그걸 제거하는 데 앞장서고 있다고 생각한다. 안타깝게도, 이렇게 중요한 일에 참여하고 있는 줄 모르는 성노동자들이 존재하지만 말이다.

이 일을 선택하고 그 안에서 힘이 세지는 걸 경험하거나 대상화와 착취의 피해자가 되는 차이는 여기에 있다고 본다.

선드라 그렇다. 자기 의지로 성 산업계에 들어온 여성은 어디까지 허용할지 확실한 경계를 정할 수 있다.

착취당하는 여성은 일을 즐기지 못하고 버거워한다. 절박함과 강요에 못 이겨서 또는 '쉽게 돈을 버는' 방법이 이것뿐이라고 생각해서 **어쩔 수 없이** 일한다. 사실 이런 감정은 악덕 변호사나 검사, 의사, 판매원 등 어떤 직업을 가졌든 느낄 수 있다. 하지만 성노동자에게 들러붙는 오명은 훨씬 더 강력하기 때문에, 착취당하는 여성이 열심히 성노동을 해 성과를 내고 업계에서 성공한들 다른 직업을 가진 여성이 느낄 수 있는 위안을 얻기란 불가능하다. 묵묵히 수치심과 사회적 냉대를 견디도록 내몰릴 뿐이다.

수전 어떤 여성이 섹슈얼리티에 대한 사회적 시선을 직접 해체하고 자기 방식대로 구성할 힘과 욕망을 가졌다면, 권한 강화라는 관점에서 자신이 참여하는 성노동에 접근하고 그것에 대해 생각하게 될 것이다. 끈질기게 따라붙는 창녀란 오명을 가볍게 무시하고 성적인 영역에서든 경제적인 영역에서든 자기 삶을 자기 식대로 살아갈 줄 아는 사람이 될 것이다.

이와 반대로 어떤 여성이 기존 규범에 맞서는 데 어려움을 느낀다면, 아마 그녀가 내면화한 창녀란 오명은 쉽게 극복할 수 없을 만큼 강력할 것이다. 자신이 하는 일이 도덕적으로 잘못되었다는 생각을 남몰래 하거나 공공연하게 드러낼 것이다. 도덕적으로 잘못된 일에 자발적으로 참여하는 자신을 경멸하게 될 것이다. 사회가 자신을 향해 제기하는 비판을 부정하지 않으며 오히려 수긍하고 감내할 것이다. 선을 넘었기 때문에 어떤 일을 당해도 싸다는 데 어느 정도 동의할 것이다. 이렇게 그녀는 피해자의 태도에 익숙해져 먹잇감을 노리는 가해자들과 엮이게 되고 온갖 위험에 처하고 만다.

마리코 섹슈얼리티에 대한 인식은 사회적으로 구성되는 동시에 개개인의 역사를 바탕으로 구성된다. 가족의 학대, 연애, 성폭력 피해, 약물 문제 등을 얼마나 겪었는가 하는 점도 그 인식의 일부를 이룬다. 따라서 그것은 결코 고정불변하다고 말할 수 없다.

나는 관계에서 비롯한 트라우마, 가족, 데이트 문제 등으로 오랫동안 치료와 상담을 받았다. 그때 나는 성노동이 문제라고 생각했다. 내 몸을 성적으로 이용하지 않고는 살아남을 방법이 없다고 생각하니 너무 고통스러웠다. 그러나 차츰 성노동을 받아들이면서 트라우마를 극복하게 되었다. 성적 트라우마는 이런 식으로 작동하는 것 같다. 어떤 식으로든 트라우마를 제대로 인식하고 해결하기 전에는 그 패턴을 계속 반복하게 된다.

내게 성노동은 치료에 없어서는 안 되는 부분이었고, 섹스와 데이트 트라우마에서 회복할 수 있게 하는 방식이었다. 나는 모든 감각을 쏟아부어 최대한 신속하게 효율적으로 남자를 절정에 이르게 하는 것이 좋다. 역시 신속하게 효율적으로, 따뜻한 물에 적신 수건을 그에게 건네 긴장을 풀게 한 다음 샤워를 하러 들어간다. 화장실 밖으로 나와서는 거추장스러운 절차를 생략하고 곧장 본론을 시작해도 누구 하나 상처 입지 않는다. 한두 시간 고객과 시간을 보내다 떠나는 순간이 좋다. 돈을 벌려고 더러운 짓을 할 필요 없이 30분도 채 안 돼 호텔 방을 떠날 수 있으면 더 좋다. 차갑고 계산된, 사무적이고 전문적인, 이성적이고 조금은 거리감이 느껴지는, 그런 관계가 좋다. 이런 것들은 진짜 데이트를 하는 여성이 느끼면 곤란한 감정이다. 만남의 목적을 숨기지 않는 에스코트 데이트는 일반 데이트보다 훨씬 더 여성을 강력하게 한다. 남자들이 여자와 자고 싶어서 그녀를 좋아하는 척하는 것이 아니라, 여자나 퀴어가 남자 고객에게 관심 있는 척, 그를 생각하고 그의 말을 경청하는 척, 자기도 오르가슴을 느끼는 척 연기를 한다.

성노동을 트라우마나 (성노동자들이) 무의식적으로 반복하려고 하는 강간 행위로 인식하는 학자들은, 많은 성폭력 피해자가 (성노동, BDSM, 절단 집착 등) 금기시된 성적 행위를 통해 자신에게 들러붙은 오명과 수치심을 극복하고 자기 힘으로 통제할 수 없던 과거의 일도 이겨 낸다는 사실을 쉽게 이해하지 못한다. 심리학자들이 내린 결론과 달리, 자기 의지로 고객을 선택하고 스스로 통제할 수 있는 환경에서 일하는 성노동자는 고객과 맺는 관계에서 상당한 주도권을 행사할 수 있다.

트라우마의 재현은 인간관계에서 흔히 일어난다. 어떤 사람들은 신체적으로나 정서적으로 자신을 학대해 트라우마를 되살아나게 하는 사람들만 골라 만난다. 그러니까 굳이 성노동에서만 이런 문제가 일어나는 것이 아니다.

나는 성노동을 합법화해 성노동자에 대한 강간이 처벌받는 걸 보고 싶다. 성노동자에 대한 강간이 성립할 수 없다고 믿는

판사들이 아직도 많다는 사실은 충격적이다. 필라델피아에서 성노동자가 집단 강간을 당한 적이 있는데, 법원은 서비스 절도라는 판결을 내리는 데 그쳤다.

수전 전적으로 동의한다! 캘리포니아주 오렌지카운티에서 스트립 댄서가 차량 검문 도중 경찰관에게 성희롱을 당한 일이 있는데, 법원은 피해자가 스트립 댄서니까 대놓고 성적으로 행동했으며 먼저 틈을 보였을 거라는 경찰관 측 변호사의 주장을 받아들였다.

이는 용납할 수 없는 일이며, 창녀라는 오명이 없었다면 일어나지 않았을 일이다. 창녀라는 오명은 이 정도로 강력하다. 성노동 합법화는 그 오명을 지우는 첫걸음이다. 성노동을 범죄로 규정하면 특정 성이 다수인 이 집단을 모조리 범죄자로 만드는 것과 같다. 그리고 창녀라는 오명은, 그런 여자들에 대한 폭력이 문제 없다는 생각으로 이어진다. 이 때문에 우리는 성노동을 하지 않는 시민들이 누리는 기본적인 인권과 시민권, 예컨대 법 집행에 따른 보호와 마땅하고 공정한 사법절차뿐 아니라 하다못해 같은 사회 구성원에게 상식적으로 대우받을 권리조차 누리지 못한다. 성노동자 시위에서 본 문구가 생각난다. 창녀가 해방되지 않는 한 여성해방은 없다!

이쯤에서 내가 가장 좋아하는 글을 인용해 말을 마치고 싶다.

성매매로 착취당하는 여성을 억압에서 해방할 유일한 해법은 모든 여성에게 보통 인간, 예컨대 남성에게 당연히 주어지는 권리와 자유, 폭력으로부터 보호를 보장해 성매매 여성이 (자기 선택이나 강요에 따라) 성적으로나 경제적으로 죄를 저질렀다는 생각 자체를 없애는 것이다. 모든 여성의 권리는 창녀의 권리와 관련 있다. 창녀라는 오명 때문에 정당성을 주장하려는 모든 여성이 자격을 박탈당하고, 경제적·성적 행위로 비난받는 모든 여성이 의심받을 수 있기 때문이다."

— 게일 페터슨Gail Pheterson,
『성매매 프리즘*The Prostitution Prism*』 저자

.:::: **권력에 맞서 싸우기**

11장   성적 자율성만으로 부족할 때: 미국 이민 여성에 대한
        성폭력
22장   임신이 위법이라면 오직 위법자만이 임신부가되리라

.:::: **시시한 것에 대한 수많은 금기**

5장   뚱뚱한 여자를 어떻게 따먹느냐고?
20장   싸워서라도 지킬 만큼 소중한 섹스

.:::: **살아남아 예스라고 말하기**

7장   마침내 그 순간이 온다면: 근친 성폭력 피해자의 진짜
        생존기
21장   여성 혐오 죽이기: 사랑, 폭력, 생존 전략에 관한 사적인
        이야기

24장 과정 지향적 처녀

한느 블랭크

이름도 모르는 그녀를 나는 평생 잊지 못할 것이다. 작은 키에 큰 가슴, 생기 넘치는 모습을 한 그녀가 섹스를 대하는 대범함에 나는 할 말을 잃고 머리가 띵해졌다. 어쩌면 그녀가 옳은지도 모른다. 내게 그녀는 첫 여자, 처음 만난 과정 지향적 처녀였다.

먼저 말해 두자면, 나는 다른 사람의 성생활 얘기로 놀라는 사람이 아니다. 10년 가까이 섹슈얼리티와 젠더와 몸에 관해 글을 쓰고 강연을 다니고 가르쳐 온 사람으로서 웬만한 충격에는 무뎌졌다고 말할 수 있다. 내가 이런 일을 한다고 말하면 대뜸 자신의 성적 취향을 고백하는 사람을 만나 봤고, 책 출간 행사에서 내 다리에 그 짓을 하면 때릴 거냐고 큰 소리로 묻는 사람도 있었다. 엄마가 글리세린 없는 러브젤에 대해 물었을 때도 당황하지 않았다.

그러다 이 대단한 젊은 여성을 만난 것이다. 어느 캠퍼스에서 열린 강연을 들으러 간 날이었다. 강연을 기다리는 사람들이 삼삼오오 모여 있는 로비에서 그녀와 말을 섞게 되었다. 그녀가 무슨 일을 하냐고 묻길래 작가이며 요즘은 처녀성에 관한 책(2007년에 나온 『처녀: 손상되지 않은 존재의 역사 *Virgin: The Untouched History*』)을 쓰고 있다고 했다. 내가 이 주제로 책을 쓴다는 사실을 알았을 때 많은 사람들이 으레 그러듯, 그녀도 흥미를 보이더니 자신의 처녀성 이야기를 들려주기 시작했다.

그렇게 나는 화분 옆에 어색하게 서서, 처음 보는 사람이 털어놓는 끈적하고 위태롭고 복잡한 섹스 이야기를 들어야 했다. 그녀가 경험한 섹스는 별다를 것 없었다. 첫 경험을 포함해 여러 사람과 맺은 성관계를 진짜 한 걸로 치지 않는다는 것 빼고는 말이다.

"그걸 했다는 느낌이 들지 않더라고요. 진짜 했다는 느낌말예요." 그녀가 말했다. "한 1년쯤 지났을 때까지 그랬어요. 스스로 계속 처녀라고 생각했죠. 그러다 어떤 사람이랑 했고, 드디어 오르가슴을 느꼈어요. 그때야 비로소 처녀성을 잃은 거예요."

나는 순간 어안이 벙벙했다. 정말? 사람들이 정말 이런가? 이런 게 포스트페미니즘 뭐 그런 건가? 정말로 사람들이 질과 페니스가 만나는 섹스를, 그것도 여러 사람이랑 해 놓고 여전히 자기를 처녀라 생각한다고? 적어도 이 여자는 그렇게 생각하는 듯했다. **세상에, 별일이 다 있네. 알 수 없는 세상이라니까.**

나는 그녀 말에 매료되었지만 곱씹어 생각할수록 비딱한 마음이 들었다. 정말 그렇게 생각하느냐고 묻고 싶었다. 그녀는 순결을 잃었다고 생각하기 전까지 1년 넘게 여러 명과 성관계를 가졌다고 했다. 자기가 브리트니 스피어스라도 된다고 생각하나? 그냥 반동적이고 노골적이고 이기적인 수정주의자가 아닐까? 즐겁지 않았거나 원치 않은 섹스를 해 놓고 스스로 위안 삼아 엉뚱한 생각을 할 수도 있고, 그게 아니면 숨기고 싶은 게 있겠지. 모르겠다. 사실 중요하지도 않았다. 지금이나 그때나 모든 여성이 반드시 똑같은 섹스 철학이나 솔직함을 가져야 한다고 생각하지 않으니까. 그래도 그녀의 생각이 내게는 너무 터무니없게 느껴졌다.

몇 년이 흐른 지금, 처녀성에 대한 책을 내고 (직접 들은 이야기와 글로 숱하게 접한 이야기를 모두 포함해) 처녀성 상실에 관한 서사를 더 많이 접하면서 처녀성을 의식적으로 재정의하고 처녀성 상실의 기준을 주체적으로 결정한다는 것에 관한 내 생각이 조금 더 복잡해졌다. 조금 의외지만, 초기 교회 교부이자 히포의 주교로서 성과 관련해 악명 높고 복잡한 주장을 펼친 아우구스티누스가 내 생각을 바꿔 놓았다. 410년 서고트족에 점령

당해 암흑기에 빠진 로마에서 아우구스티누스는 『신국론』을 집필했는데, 이 책에서 그가 전쟁 중 침략군에게 강간당한 기독교 여성들을 향해 교리라기에는 이상하고 그의 말이라기에는 뜻밖인 위안을 건넨다.

"몸의 온전함은 몸의 부위에만 깃들어 있는 것이 아니다." 아우구스티누스는 처녀성이 진정 신체적이고도 영적인 것이라면 물리적 수단으로 그것을 송두리째 파괴할 수는 없다고 보았다. 따라서 기독교 여성이 강간범에게 몸과 마음을 내주지 않으려 저항하고, 그 과정에서 자신의 육욕에 굴복하지 않았으면 계속 처녀일 수 있다고 주장한다. 신의 눈으로 봐도 그녀는 여전히 처녀였다. 페미니즘 이론에 입각해 성폭력 피해자들의 섹슈얼리티를 되찾으려는 움직임이 있기 거의 2000년 전에, 아우구스티누스는 성적인 육체와 자아를 분리해야 한다고 선언했다. 당신의 몸이 성적으로 **어떤 일**을 당한 것이 당신이 **어떤 사람**인지를 정의할 수 없다는 것이다.

물론 이런 생각이 이때 처음 생겨나지는 않았을 것이다. 아우구스티누스의 주장은 성적인 몸과 자아의 분리를 여성에게 적용한, 우리가 아는 첫 사례일 뿐이다. 한 사람의 처녀성이 다층적으로 존재한다고 생각한 사람도 그가 처음은 아닐 것이다. 다만 그는 우리가 아는 한 거의 처음으로, 처녀성의 정의를 다양하게 표현하고 그 다양한 정의를 (이 경우에는 육체적인 동시에 영적인 처녀성을) 한 여성에게 유기적으로 적용했다. 이로써 처녀성을 구성하거나 확립하는 요소의 범위를 맥락에 따라 달라지는 것(적어도 그럴 가능성이 있는 것)으로 확장했다. 이뿐 아니라 어떤 경우에는 여성을 처녀로 볼지 말지에 관한 결정권을 다른 누구도 아닌 그녀 자신에게 부여했다.

이 주제를 계속 연구하다 보니, 처녀성 결정권이 여성에게 주어지는 경우가 역사적으로 흔치 않다는 사실이 분명해졌다. 그러나 최근 들어 이 문제에 커다란 변화가 감지되고 있다는 것도 깨달았다. 내 연구는 과거와 현재의 처녀성 사이에 존재하는 차이를 보여 주는 방향으로 발전했는데, 그 차이란 20세기 중·후반 이후 많은 여성이 순결한 (또는 순결하지 않은) 존재임을 스스로 결정하고 선언하는 주체가 되었다는 것이다.

그날 캠퍼스 강당 로비에서 들은 이야기를 비롯해 그것과 비슷한 이야기들을 조금씩 이해하게 되었다. 그렇게 생각하는 사람은 한둘이 아니었다. 처녀성 상실을 한순간에 벌어지는 사건이 아닌 과정으로 이해하는 사람들의 이야기를 들으면서, 그런 생각이 그리 드물지도 별나지도 않다는 것을 알게 되었다. 수정주의나 이기주의라고 단정할 수도 없었다. 처음 이 현상을 맞닥뜨렸을 때 내가 보인 반응을 전면적으로 재검토하기 시작했다. 어쩌면 그들이 페미니즘에 알맞게 행동하는 것이 아닐까 하는 생각까지 들었다.

내가 '과정 지향적 처녀성'이라고 이름 붙인 현상이 페미니즘에 알맞은 행동일 수 있는 것이 처녀성을 유지하는 조건과 한계를 여성 스스로 정한다는 사실 때문만은 아니다. 이 여성들이 성 경험담을 말하면서 아주 인상적인 이중 기준을 은연중에 인정한다는 점에서도 페미니즘에 부합한다. 이 여성들은 언제나 첫 번째 성 경험담으로 이야기를 시작했다. 다른 사람이 볼 때 그 경험은 그녀들을 처녀가 아닌 존재로 만들기에 충분했으나, 그녀들 자신이 생각할 때는 '진짜'라고 할 수 없었다. 첫 경험 이야기가 끝나면 처녀성을 상실한 과정에 대한 이야기로 넘어갔는데, 대개 그 과정이란 여러 관계와 성 경험을 거치면서 진짜라고 인정할 수 없던 첫 성 경험에서부터 기꺼이 '처녀가 아닌' 존재가 되었노라고 선언할 수 있는 진짜 첫 경험까지를 의미했다. 즉 이들 내면에는 처녀성을 결정하는 기준이 적어도 두 가지, 자신의 성적 과거를 바라보는 방법 또한 적어도 두 가지는 존재하는 셈이었다.

이 밖에도 흥미로운 것은 처녀성을 판단하는 기준이 다양하며 철저히 주관적이라는 인식이 이 여성들의 서사에 일관되게 깔려 있다는 사실이다. 이에 대해 한 여성은 이렇게 말했다. 누군가는 그녀가 추행을 당한 청소년기에 순결을 잃었다고 말할 것이다. 또 누군가는 그녀가 열다섯 살에 또래 남자아이와 처음 성관계를 했을 때 순결을 잃었다고 말할 것이다. 그러나 정작 그녀는 열아홉 살에 다른 여자와 처음 섹스하기 전까지는 줄곧 처녀라는 느낌을 받았다. 여기서 거론된 세 가지 성적 행위는 각각 신체적으로나 정서적으로 아주 다르다. 이것을 경험하고 말한 이 여성은, 세 가지 행위 모두 자신을 처녀에서 처녀가 아닌 존재로 변화시킬 수 있음을 분명히 인지했다. 그러나 정말로 그 행위들이 그런 변화를 일으켰는지는 그녀의 관점에 따라 달라지는 것이다. 무엇보다 이 여성을 비롯해 과정 지향적인 처녀들은 남들의 관점보다 자신의 관점을 더 중시했다.

아우구스티누스처럼 나도 이런 접근 방식이 성적 학대로 첫 성 경험을 한 여성들에게 직접적인 도움이 된다는 깨달음을 얻었다. 학대 피해자들이 깨끗한 과거를 가질 자격이 있다는 생각은 올바르고 지당하다. 이런 접근 방식은 남자와 첫 성 경험을 한 레즈비언에게도 효과적이겠다는 생각이 들었다. (게이 남성도 마찬가지다. 이성애가 당연히 정상으로 여겨지다 보니, 저마다 선호하는 성적 지향을 떠나 젊은 사람들이 쉽게 접근할 수 있는 섹스는 대체로 이성애 형태를 띤다.) 이렇게 나는, 어떤 식으로든 주체적으로 회복하거나 커밍아웃하는 과정을 거친 끝에 스스로 순결 상실을 정의하는 것이야말로 건강하고 온당하다는 결론에 이르렀다.

과정 지향적 처녀들을 이해하고 공감하기까지는 한참 걸렸다. 처음에 만난 그 여자처럼 그녀들은 처녀성을 내키는 대로 해석하는 이유가 순전히 자기가 원해서일 뿐, 그 밖에 설득력 있는 주장을 내놓을 생각이 없어 보였다. 나는 그녀들이 솔직하지 못하며 영악하다고 생각했다.

그래도 이해하려고 부단히 노력했다. 요즘 청소년들의 성 관념을 연구하면서, 청소년 임신과 성관계를 막는 성교육 방침이 '성 경험'이냐 아니냐를 가르는 기준에 대한 인식의 차이를 만들었다는 생각이 들었다. 카이저가족재단Kaiser Family Foundation과 《세븐틴Seventeen》이 2002년에 실시한 대규모 조사에 따르면, 조사에 응한 청소년 중 절반이 구강성교나 항문성교나 마주 보고 하는 자위를 반드시 '성 경험'으로 볼 필요는 없다고 답했다. (이 조사는 2003년에 「순결과 첫 경험Virginity and the First Time」이라는 보고서로 발표되었다.)

어쩌면 '섹스'의 의미를 "임신 가능성이 있어야 하는" 행위로 구성했기 때문에 내게 이야기를 들려준 그 많은 과정 지향적 처녀들이 주체적으로 처녀성을 재정의하게 된 것일 수 있다. 이 여성들이 질과 페니스가 만나는 섹스를 경험하기 전에는 자신이 하는 성적 행위를 '섹스'라 부르지 않거나 처녀성 상실을 주장하지 않은 것은, 임신 가능성이 없는 성적 행위를 차례차례 하다 마침내 성교 단계에 이르는 오랜 관습을 그저 살짝 비튼 것일 수도 있었다. 그러나 그들이 직접 들려준 이야기들을 살펴보면 그런 경우는 일부일 뿐인 듯했다. 과정 지향적 처녀들은 할머니 때부터 전해 내려온, 처녀 여부를 좌우하는 세부적 기준에 얽매이는 사람이 아니었다.

이들은 누가 보더라도 현대적이고 여성 중심적인 기준에

더 무게를 뒀다. 물론 내가 조사한 내용은 전적으로 개인 경험에 의존하기 때문에 섹스와 처녀성에 관해 '젊은 여성들이 어떤 식으로 생각하고 있는지'를 통계적으로 보여 준다고 주장할 생각은 추호도 없다. 그러나 내게 이야기를 들려준 과정 지향적 처녀들이, 21세기 페미니스트가 주장하는 '성 개혁'의 목표를 꽤 정확히 반영하고 있다는 것만큼은 강조하고 싶다. 이 젊은 여성들이 인정하는 섹스란, 마음이 움직여 자발적으로 하는 섹스다. 어떤 이에게는 정말 원해서 한 첫 섹스, 첫 오르가슴을 느낀 섹스일 것이다. 또는 감정적으로 몰두한 첫 섹스나 자기가 뭘 하는지 정확히 안다는 느낌을 받은 첫 섹스를 의미한다. 이들이 섹스로 '인정'하는 섹스는 남성뿐 아니라 여성에게도 좋은 경험을 뜻한다.

나는 다시 놀랐다. 자신의 성생활 역사를 다시 쓰는 이 수정주의자들이 페미니즘적 성 개혁에서 나온 생각을 바탕으로 이렇게 급진적으로 처녀성을 재정의하고 있다니, 정말 놀라웠다. 더 충격적인 사실은 이들이 직관적으로 이런 일을 한다는 것이었다. 과정 지향적 처녀성은 정치적 목적에서 심혈을 기울여 조직된 것이 아니라 페미니즘의 가치를 품고 있는 야생과 같다. 이 여성들은 여성으로서 경험하는 성적 쾌락, 감정적·육체적 몰입, 자의식, 과거부터 전해 온 노하우를 깊이 내면화해 당연한 것으로 생각한다. 그래서 이런 것들을 단순히 열망하는 데 그치지 않고 '진짜' 섹스를 경험하기 위해 반드시 갖춰야 할 조건으로 받아들인다.

이게 다가 아니다.

이 여성들은 진정한 변화를 만들어 낸다. 일방적으로 부여된 처녀성에 언제 마침표를 찍을지 스스로 정하겠다는 선언은, 무의식적인 내면의 진실에 대한 확언으로서 결코 흔들리지 않는다. 성직자·부모·처녀성 검사자 등 모든 외부인을 철저히 배제해 그들이 처녀성의 정의와 가치를 왈가왈부하는 목소리를 제거함으로써, 과거부터 이어진 권위적 존재와 처녀성의 상관관계를 깨트린다. 즉 과정 지향적 처녀성은 역사적으로 아주 이례적이고 효과적이며 지극히 정당한 오만이다.

이 현상은 내 연구에도 영향을 미쳤다. 사실 나는 누구보다 이 현상을 잘 알아야 하는 사람이었다. 처녀성 개념의 변천사를 연구할수록 처녀성이 여러 정의와 의미를 가졌다는 사실이 분명해졌다. 결국 나는 이 현상을 논의하는 데 내 책의 첫 장을 모두 바쳤다. 처녀성을 가리키는 가장 확실하고 근원적인 정의를 규명하기보다는 그 개념이 담고 있는 다층적 측면을 드러내 그것이 존재하지 않음을 주장하고 싶었다. 처녀성은 사진으로 찍을 수도, 무게를 잴 수도, 랩으로 싸서 보관할 수도, 후각이 예민한 탐지견이 찾아낼 수도 없는 것이다. 나는 이 사실을 아주 똑똑히 알 수 있었다.

또 나는 처녀성이 구체적이거나 쉽게 묘사할 수 있는 개념이 아니라는 사실도 알았다. 인간의 성행위와 관련된 처녀성 개념은 대부분 질과 페니스가 만나는 섹스, 즉 상대가 있는 성교하고만 연결해서 해석되었다. 성에 관한 개인의 지식 또는 인식과 관련해 추상적 특성으로 해석될 경우에는 무지, 천진, 순진, 경험 부족을 뜻하기도 했다. 그리고 개인의 성 정체성이나 개성으로 해석되면 상이하다 못해 상충하는 의미로까지 확장되었다. 처녀는 선하고 도덕적으로 우월한 사람인가, 아니면 섹스도 못해 본 낙오자인가? 이에 대한 답은 맥락과 관점에 따라 저마다 다를 것이다.

개념사적으로 처녀성은 오줌의 색깔, 음색, 목의 굵기, 엉덩이 크기, 남자 눈을 똑바로 보는 당돌함 등 다양한 것에서

(조심스럽게 강조 부호를 붙이는데) '목격'되었다. 처음부터 처녀성은 전설 속 유니콘처럼 모호했다. 내가 연구를 통해 여러 차례 주장한 것처럼, 모호해서 쉽게 변할 수 있다는 점이야말로 처녀성이 여성 혐오에 기초한 통제와 테러의 수단으로 요긴하게 쓰인 이유다. 지난 수백 년 동안 처녀성은 당근과 채찍으로 쓰였으며 성적으로 손상되지 않은 여자라도 몹쓸 짓의 위협으로부터 영원히 안전할 수 없다는 메시지를 전했다.

이런 개념적 다양성이야말로, 내가 책에서 말한 것처럼, 처녀성이 인간에게 부여된 자연적이고 기본적인 상태나 특성이 아니라는 사실을 잘 보여 준다. 처녀성 개념은 **실재성**이 결여되었다. 즉 이 개념은 순전히 사회적으로 만들어졌고, 정확히 말해 가부장제 맥락에서만 유효하다. 새로울 것 하나 없는 얘기다.

그럼 나는 왜 젊은 여성들이 처녀성을 수정하고 재정의한다는 사실에 분개했을까? 아마 나도 모르게 가부장적 오만이 발동해, 처녀성은 타고난 정체성이 아닐까 그리고 그 정체성이란 내가 오래도록 연구하고 글로 다룬 (여성 혐오와 가부장제에 기초한) 전통적 정의와 큰 틀에서 일치해야 하지 않을까 하고 생각한 것이 분명하다.

바보 같은 생각이었다. 앞에서 말했듯, 나는 누구보다 이 현상을 잘 알아야 했다. 그러나 처녀성을 연구하면서도 인지하지 못했다는 것은, 처녀성 개념이 우리 문화에 아주 뿌리 깊고 단단하게 자리 잡았음을 보여 준다.

여성의 삶과 섹슈얼리티를 규정하고 때로 망가트리는 처녀성과 그것을 이야기하는 수사의 문제점을 과정 지향적 처녀성이 해결해 준다고 말하려는 것은 아니다. 어쨌든 처녀성을 상실한다는 개념은, 아무리 그럴듯한 수사로 이야기해도 결국 '처녀성'이란 것이 존재해야 하며, 그것을 상실하는 순간도 엄연히 실재하고, 처녀성 상실이 여성의 삶에 전환점이 된다는 생각을 떠받들고 있다. 물론 이 생각이 정확하며 정치적으로 올바른지에 관해서는 반론의 여지가 있다.

과정 지향적 처녀성 개념은 성에 관한 여성의 과거사를 둘러싸고 혼란을 낳기도 한다. 숱하게 성 경험을 하고도 처녀라고 주장할 수 있는 여지가 있기 때문이다. 이 문제로 감정이 상하고 관계가 엉망이 되는 모습이 눈에 선하다. 건강 문제와 성병 감염 사고가 벌어질 가능성도 높아 보인다. 하지만 과정 지향적으로 처녀성에 접근한다고 해서 오해나 위험이 특별히 더 커지지는 않는다. 연구에 따르면, 사람들이 섹스 상대나 의사나 연구원 같은 이들에게 성에 관한 과거사를 솔직히 털어놓지 않는 경우가 허다하다.

처녀성에 과정 지향적으로 접근하는 것의 최대 맹점은 그 접근이 무의식적으로 이뤄지는 경우가 태반이라는 점이다. 스스로 의식하지 못한 채 이런 접근 방법을 취한다면, 내가 처음에 오해한 것처럼 이기적인 수정주의로 보이기 쉽다. 자각되지 않은 과정 지향적 처녀성은 성적 투명성을 회피하려는 반동적이고 반페미니즘적인 시도밖에 안 될 것이다. 사실 이 투명성이야말로, 에이즈 창궐에 맞서는 오늘날의 성에 관한 덕목 중 가장 중요하지 않을까? 생명을 살릴 수 있는 투명성이야말로, 과정 지향적 처녀성이 강조하는 여성 중심적 성의 덕목들보다 더 의미 있고 더 많은 사람에게 유익하지 않을까?

그럼에도 나는 과정 지향적 처녀성에 있는, 불안정하지만 급진적이고 페미니즘에 부합하는 가능성에 여전히 기대를 건다. '처녀성 상실'을 객관적 변화가 아닌 주관적 변화로 인식하는 것이 문화적으로 자연스러운 일이 된다면, 우리가 올바른 방향으로 큰 걸음을 내딛을 수 있다. 우리 삶에서 성적인 부분은 단번에 형성되는 것이 아니라 학습곡선을 그리듯 다양한 경험을 거쳐 점진적으로 만들어진다는 것을 배울 수 있다면 정말 멋진 일이다. 남녀 모두 능동적이고, 온당하고, 쾌락적이고, 상호 긍정적인 섹스의 가치를 내면화하고 바람직한 섹스의 기준으로 삼는다면 정말 좋을 것이다. 물론 그 가치에는 투명성과 정직성도 포함될 것이다.

성평등 교훈을 빠짐없이 체화하고, 성생활을 포용적인 쾌락과 자기 성찰과 배려의 총체로 보는 법을 배우는 것이 처녀성 상실의 의미라면 어떨지 생각해 보라. 처녀성의 조건과 의미를 부모·가학적 연인·의사·교회 등이 폭력적인 방식으로 결정하도록 내버려 두지 않고 당신 스스로 정할 수 있다면, 처녀성이 어떤 의미를 갖게 될지 생각해 보라. 섹슈얼리티가, 젠더 역할이, 어쩌면 온 세상이 변할 것이다. 자신이 원할 때까지 처녀라고 주장하는 복잡하고 대담하고 오만한 과정 지향적 처녀들이 어쩌면 그 변화의 단편일지도 모른다.

∴:::∵ **짜릿한 청소년기**

16장 건강한 섹슈얼리티와 관계 맺기: 남자아이가 배워야 할
      (또는 배우지 말아야 할) 섹슈얼리티, 섹스를 긍정하는 강간
      예방 패러다임이 유익한 이유
17장 유사강간이란 전염병
25장 순결한 강간: 순결 미신이 어떻게 강간 문화를 강화하는가

∴:::∵ **시시한 것에 대한 수많은 금기**

6장   흑인 이성애자 여성을 퀴어링하다
9장   허용된 '비동의' 판타지: 우리가 서브미시브 여성을
      두려워하는 이유 (그리고 그래서는 안 되는 이유)
19장 왜 착한 남자만 손해를 볼까

25장 순결한 강간:

순결 미신이 어떻게 강간 문화를 강화하는가

제시카 발렌티

2008년까지만 해도 메릴랜드주 법에서는 성관계 도중 여성이 그만하자고 했을 때 상대가 거부하는 것은 강간이 아니었다. 일단 삽입하면 "피해를 돌이킬 수 없다"는 것이 이유였다. 플로리다주 법원은 한 남성이 10대 소녀의 치마 속을 몰래 촬영한 사건을 기각하면서 짧은 치마를 입으면 "프라이버시에 대한 기대"가 있을 수 없다고 했다. 캘리포니아 법원에서 열린 강간 재판은 배심원들이 만장일치를 이루지 못해 불일치 배심으로 끝났다. 여러 남성이 정신을 잃은 피해자를 집단 강간하고, 피해자의 질과 항문에 막대기와 음료수병과 불이 붙어 있는 담배를 쑤셔 넣는 모습이 담긴 비디오테이프를 보고도 그런 결론이 나왔다. 피고 측 변호인은 피해 여성이 평소 '포르노 영상'을 찍고 싶어 했다고 주장했다.

이 이야기들에 공통적으로 담긴 주제는 성적 순결이란 미신이 어떻게 강간 문화를 지탱하는가다. 강간 문화의 핵심에는 순결이란 미신, 즉 섹슈얼리티가 '착한' 여성을 규정하고 육체가 여성의 도덕성과 불가분의 관계라는 거짓말이 있다. 이 미신을 믿는 세계에서, (대부분 이성애와 남성 중심적인) 엄격한 규범을 벗어난 섹슈얼리티는 폭력으로 처벌받는다.

선을 넘은 여성이 처벌당한다는 것(그리고 성폭력 현상보다 순결 미신이 더 중요하게 여겨지는 것)은 딱히 새롭지 않다. 하지만 지금 미국의 기이한 문화 공간에서는, 성을 파는 대중문화와 전통적 젠더 역할을 다시 강화하려고 하는 보수 진영이 맞부딪치면서 현대판 처녀 대 창녀 이분법을 만들고 있다. 그 안에서 우리는 낮에는 금욕 중심 성교육을 받고, 밤에는 〈걸스 곤 와일드〉 같은 포르노 시리즈물 광고를 시청한다. 성을 파는 대중문화든 금욕을 강조하는 성교육이든 메시지는 똑같다. 여성의 섹슈얼리티를 정의(그리고 감시)하는 주체는 여성이 **아니라** 교육자,

입법자, 미디어 제작자라는 것.

게다가 우리 사회의 제도는 여성에게 처녀일 것을 강력하게 요구한다. 순수하고 순결할 것. 물론 섹슈얼리티를 드러내서 시각적 자극을 주고 소비 대상이 되기를 요구할 수도 있지만, 그럴 때도 브리트니 스피어스 식으로 섹시한 **처녀성**이 있는 여성이기를 요구한다. 세상이 원하는 한 계속…… 순결할 것.

순결 미신의 핵심은 과연 '어떤 여자'가 '순수'하냐는 물음이다. 미국 문화가 그리는 완벽한 처녀는 성적 매력을 풍기되 육감적이진 않다. 어리고, 피부가 하얗고, 몸이 날씬하다. 치어리더나 육아도우미 같다. 친근하고 사근사근하다. 유색인종인 경우는 없다. 미국 문화 속 유색인종 여성은 성욕이 넘쳐 나는 존재이기 때문에 '처녀' 자리에 올 수 없다. 가난하거나 뚱뚱하지도 않다. 몸에 문제가 있지도 않다. 즉 '처녀'는 여성, 특히 젊은 여성이라면 그래야 한다는 특정 기준에 부합하는 사람에게 주어지는 이름이다. 특정 여성을 착하고 '깨끗한' 자리에 놓음으로써 나머지는 모두 더러운 존재가 된다.

'순결'하지 않거나 '순결'하기를 거부하는 순간, 우리 몸은 상품처럼 다뤄진다. 첫머리에서 말한 메릴랜드주 법이 근거로 삼은 법은 삽입당한 뒤 "여성은 절대 '다시 피어날' 수 없고 (따라서) 여성이 삽입에 동의했다가 동의를 철회한다고 해서 강간이 성립하지는 않는다"고 명시했다. 순결을 잃으면 우리가 어떤 일을 당해도 상관없다는 얘기다! 이와 유사하게 캘리포니아 집단 강간 사건의 경우도, 배심원들은 피해자가 성 경험이 많고 과거에 포르노 영상을 찍고 싶어 했다는 이유로 피해자가 '원해서' 그런 일을 당했다는 (또는 그런 일을 당할 만했다는) 생각에 갇혀 버렸다. 이렇게 성적 순결 미신은 여성에 대한 성폭력을 가능하게 할 뿐 아니라 용서하고 은폐한다.

순결하지 않은 자리에 놓인 여성만 폭력에 노출되는 것은 아니다. 순결 미신은 '순진무구한' 모든 존재를 폭력에 노출시킨다. 이상적 규범이 된 '순결'은 집착의 대상이 되고 성애화된다. 그래서 가장 순진무구한 존재, 즉 어린아이들이 위험에 빠지고 있다.

2006년에 미국의 대형 슈퍼마켓 체인인 타깃은 패드(우리가 생각하는 그 패드!) 브라를 만화 캐릭터로 장식하고는 걸음마를 막 뗀 여아용으로 판매해 부모들의 공분을 샀다. 월마트가 "(내게 산타가 있는데) 신용카드가 뭔 필요"라는 문구가 박힌 아동용 팬티를 팔았을 때도 비슷한 반응이 있었다. 여아의 섹슈얼리티를 이용하는 부적절한 상술은 싸구려 팬티에서 그치지 않는다. 장난감 가게에서 스트리퍼가 쓰는 봉이 버젓이 팔리고, '모델' 웹사이트에는 사춘기도 안 된 여자아이들이 속옷 차림으로 자세를 잡고 있다. 일곱 살 된 여자아이들이 순결 무도회에 참석해 아빠 앞에서 순결을 서약한다. 주류 포르노 업계도 가만히 있지 않았다. 2006년 《플레이보이》는 소아성애자가 집주인의 열두 살짜리 딸에게 성욕을 느끼는 이야기인 블라디미르 나보코프의 소설 『롤리타』를 '가장 섹시한 소설 25' 중 하나로 뽑았다. 나도 나보코프를 좋아하고 『롤리타』가 훌륭한 작품이라고 생각한다. 하지만 섹시하다니? 열두 살 먹은 여자아이가 나오는데?

2007년 미국심리학회APA의 보고서에 따르면, 거의 모든 대중매체가 "여성 성애화에 관한 증거를 충분히" 제공했으며 이 성애화는 대부분 어린 여자아이를 대상으로 했다.[1] 대중매체만 이들을 성애화한 것이 아니다. 이들이 관계를 맺는 부모, 교사, 또래도 이 문제에 지대한 영향을 미쳤다.

부모는 딸에게 여자아이가 좇아야 할 가장 중요한 목표가 매력적인 외모를 유지하는 것이란 메시지를 은근히 준다. 그 목표를 위해 성형수술을 허락하거나 권하기도 한다. 때로 교사가 여학생에게 성애화한 성인 여성 역할을 맡기는가 하면, 유색인종 여학생에게는 '성욕이 넘쳐' 공부로 성공하기 어렵다는 생각을 주입한다. 또래의 경우 여자아이들은 날씬함과 섹시함의 기준에 맞도록 서로를 감시하고, 남자아이들은 여자아이들을 성적 대상화해 괴롭힌다. 이로써 남녀 집단 모두여아 성애화에 기여하고 있었다.

나는 여기서 한 발 더 나아가려고 한다. 여자아이들을 성애화하는 것은 미의 기준을 강화하는 동시에 전통적인 젠더 역할과 순결 규범을 재강화한다. 순결 무도회를 예로 들어 보자. 고등학교 졸업 파티 같은 이 행사에서, 아버지는 어린 딸을 호위하고 참석한다. 춤추고 먹고 즐기는 이 행사에서, 딸은 결혼할 때까지 순결을 지키겠다고 서약한다. 남편에게 순결을 주기 전까지 아버지가 자기 순결의 '보호자'가 될 것이라고 말한다. 아버지도 딸의 순결을 '감싸고' 보호하겠노라고 맹세한다.

(○○의) 아버지인 나는 딸의 권위자이자 보호자로서 딸을 감싸겠다고 신 앞에서 약속합니다. 남자이자 남편이자 아버지로서 순결한 삶을 살겠습니다. 딸을 이끌고 안내하며 딸을 위해 기도하는 사람으로서, 가장으로서, 진실하고 책임감 있는 남자가 되겠습니다. 자자손손 다스리실 신을 위해 딸의 순결을 감싸고 보호하겠습니다.[2]

근친상간같이 '감싼다'는 표현이나 아버지가 딸을 소유한다는 생각은 어느 쪽이 더 심한지 가릴 수 없을 만큼 불편하게 느껴진다.

이 성대한 서약식은 순결을 지키자는 생각에서 열린다지만, 처녀성에 너무 집중한 나머지 사춘기도 안 된 어린 여자아이들을 성적으로 대상화한다.

순결 미신은 이렇게 도돌이표를 그리듯 모순에 빠진다. 도덕적이어야 하니 정숙해야 한다고 말하는 것은 결국 섹시해야 하니 멋대로 행동하라고 말하는 것과 다르지 않기 때문이다. 여성들은 이 두 가지 요구가 중첩된 공간에 갇힌 채 공적으로나 사적으로 어떤 섹슈얼리티를 가질지 결정해야 한다.

성적 순결 미신은 처녀성을 집착의 대상으로 만들거나, 피해자를 비난하거나, 어떤 식으로든 여성에게 상처를 입힌다. 이 미신과 맞서 싸우는 것은 강간 문화를 허무는 과정의 일부일 뿐이다. 활동가이자 작가이며 여성에 대한 폭력을 끝내고 싶은 우리가, 강간을 용인하는 문화 속에서 여성의 섹슈얼리티가 어떤 역할을 강요받는지를 이해하고 이야기하기 시작한다면 지금보다 훨씬 더 강력한 무기를 가지고 앞으로 벌어질 싸움에 뛰어들 수 있을 것이다.

* 제시카 발렌티는 이 글을 쓴 이듬해인 2009년에 『순결 미신 *The Purity Myth*』을 출간했다.

∴⋮⋰ **짜릿한 청소년기**
15장   발칙한 제안
17장   유사강간이란 전염병

⋮ 미디어의 중요성

12장   대중매체의 재판: 흑인 여성의 음란성과 동의의 문제
13장   새 옷을 입은 오래된 적: 데이트 강간은 어떻게 회색
        강간이 되었으며 왜 문제인가

⋮ 우파의 오류

1장   공격적 페미니즘: 강간 문화를 지탱하는 보수적 젠더
        규범에 맞서는 페미니스트
2장   행위로서 섹스 모델을 향하여

26장 진짜 성교육

카라 쿨위키

금욕 중심 성교육을 반대하는 사람들은 콘돔 사용법, 임신, 피임, 성병 예방 등에 관한 의학적 정보를 정확하게 가르치는 대안 성교육을 주장한다. 구강성교와 항문성교란 것이 존재하며, 모든 섹스가 꼭 이성 간에 일어나지는 않고, 강간은 잘못되었다는 것을 가르치고 싶어 한다.

　　그러나 내가 생각하는 **진짜** 성교육은 그 이상이다. 진짜 섹스에 **관해** 가르치는 것이어야 한다. 진짜 성교육이란, 스스로 보호하는 법을 가르치는 동시에 원하는 상대와 무엇을 하느냐에 따라 다양해지는 섹스가 지극히 평범하고 건강한 일상의 일부라는 것을 가르쳐야 한다. 이성 관계에 한정되지 않으며, 반드시 동의에 기초해야 하고, 모든 참여자가 **즐거울 수 있어야 한다**고 가르쳐야 한다.

　　이런 제안은 많은 경우 저항에 부딪힌다. 금욕 중심 성교육과 맞서 싸우느라 정신이 없는데 굳이 쾌락 같은 주제까지 이야기하자고? 의학적으로 정확한 정보를 주는 성교육을 지지하는 사람들조차 이렇게 물을 것이다. 청소년들을 **안전**한 길로 이끄는 것이 성교육의 취지 아닌가? 쾌락을 주고받는 방법을 굳이 가르쳐야 하나? 그게 과연 적절한가?

　　점진적 접근이 유익하다고 말하는 사람들의 마음을 전적으로 이해한다. 성적 쾌락에 대한 교육을 건너뛴 채 일단 콘돔 사용법, 성병과 임신 예방법을 먼저 배우는 것이 기본 예방법을 아예 못 배우는 것보다야 훨씬 낫기 때문이다. 그런 성교육이 아동, 청소년, 성인을 성적으로 안전하게 이끈다는 주장에도 동의한다.

　　하지만 나는 진짜 성교육만이 그 안전을 위해 필요한 도구를 빠짐없이 제공할 수 있다고 믿는다. 그렇게 믿는 기본적 이유 네 가지가 있다.

진짜 성교육을 가르치지 않는 것은 차별이다

쾌락을 말하지 않는 성교육은 본질적으로 성차별적이다. 왜냐고? 이성 간 섹스를 주제로 임신, 성병, 피임을 이야기하면서 음핵에 대해서는 한마디도 안 할 수 있기 때문이다. 그럼 바람직하지 않다. 그러나 음핵의 존재를 인정하지 않은 채 피임, 콘돔 사용법, 삽입 성교 등에 대해 과학적으로 정확하고 실용적이기까지 한 설명을 하는 성교육이 정말로 실행되고 있다. 여성이 느끼는 오르가슴을 배제한 성교육도 마찬가지다.

남성의 경우는 전혀 다르다. 첫째, 아무도 남성에게 페니스의 존재를 감추려 하지 않는다. 둘째, 성교와 임신을 이야기하는 과정에서 남성이 느끼는 오르가슴이 반드시 등장한다. 임신하려면 남성의 오르가슴은 기필코 존재해야만 한다. 게다가 주류 성교육을 통해 남성들은 이성 간 성행위 중 오르가슴에 도달하는 가장 상식적이고 (또는) 즐거운 방식을 배운다. 필요에 따라 이 설명은 가장 상식적인 자위 기술 지침이 되기도 한다. 임신과 성병 예방을 가르치는 성교육이 삽입 성교에만 초점을 맞추면, 여성들은 삽입을 통해서만 쾌락을 느껴야 한다고 배우게 된다. 물론 많은 이성애자, 레즈비언, 양성애자 여성이 삽입 성교로 쾌락을 느끼고 오르가슴에 도달하지만 모두가 그런 것은 아니다.

그렇다면, 진짜 성교육을 하지 않는 것은 심각한 문제가 된다. 요즘은 좀 덜한 편이지만 많은 여성이 음핵이 뭔지, 어디에 있는지, 그걸로 뭘 하는지 전혀 모른 채 성인이 된다. 자기 몸을 아는 것이 모든 인간에게 주어진 기본권이라고 생각하는 나 같은 사람은 이 문제를 도저히 용납할 수 없다. 쾌락을 빼고 섹스를 가르치는 것은 해롭다. 남성보다 여성에게 특히 해롭다. 더구나 섹스가 남자에게는 즐겁고 여자에게는 견뎌야 하는 것이라는 케케묵었어도 여전히 살아 있는 생각을 더욱 견고하게 만든다.

쾌락이 섹스를 이루는 기본 요소라는 사실을 무시하는 것은 성차별적일 뿐 아니라 이성애 중심적이기 때문에 남성과 섹스하는 남성, 여성과 섹스하는 여성에게 해롭다. 여성끼리 또는 남성끼리 하는 섹스는 성병 예방 교육을 할 때 주로 거론되는데, 이 경우 이런 섹스는 쾌락을 빼면 아무 의미 없는 행위가 된다. 임신에 이를 수 없는 비이성애적 섹스에 무슨 의미가 있겠는가? 섹스와 쾌락은 관련이 없고 관련 있어서도 안 된다고 주장하는 순간, 섹스는 어딘가 이상하고 잘못된 행위가 된다. 종교적 근본주의자와 금욕 중심 성교육 찬성론자 들은 적어도 이 부분을 정확히 짚었다.

이 사고방식을 따라가다 보면, 쾌락을 추구하는 섹스는 성적 지향을 불문하고 모두에게 생산적이고 중요한 활동이 아니라 시간 낭비가 되고 만다. 이렇게 편협한 성교육은 아주 많은 사람들의 성적 욕망과 경험을 부정해 버려 그들을 무력하게 만든다. 가장 심각하게 피해를 보는 집단은 비이성애자들이다.

진짜 성교육이 현명한 성적 선택을 이끈다

진짜 성교육은 섹슈얼리티가 자연스럽고 다양하다고 가르친다. 따라서 청소년에게 진짜 성교육을 하는 것은 성적으로 현명한 선택을 할 수 있게 돕는 것과 같다. 이성 간 성교가 전부는 아니라는 것을 알고 나면 성적 만족감을 위해 자신에게 더 나은 선택을 할 수 있다. 자위, 상호 자위, 구강성교 등을 임신 가능성이나 성병 위험이 낮은 비금욕적 대안으로 선택할 수 있다. 또는 **그냥 그런 행위가 즐거움을 주기 때문에** 선택할 수도 있다. 섹스가 평범하고 건강한 행위이며 획일적이지 않아도 된다고 가르치는 것은 저마다 가장 즐거운 방식이 무엇이며 어떻게 성적 경계를 세울지 스스로 고민하도록 이끈다. 특정 방식으로만 섹스해야 한다는 (예컨대 비삽입 간접 성교보다 삽입 성교가 더 가치 있다는) 사회적 압력은, 건강하지도 않고 섹스의 가치를 일깨우지도 못한다. 이와 다른 가르침을 받은 여성들은 자신이 어떤 형태의 섹스를 **즐기거나 즐기지 않는지** 알고 있으며, 원하는 것을 요구하고 원치 않는 것을 떳떳하게 거부하는 방법을 터득한다. 싫은 것을 해야 할 이유가 전혀 없다.

게다가 연구 결과에 따르면, 섹스 상대와 피임에 관해 이야기하는 사람일수록 피임법을 쓸 확률이 높다고 한다. 당연한 얘기 같지만, **쾌락**이 아닌 **안전**에 초점을 맞춘 성교육은 보통 이 부분을 간과한다. 섹스에 죄책감과 불편함을 느끼는 사람은 피임에 관해 터놓고 말하기를 어려워한다. 이게 무슨 의미냐고? 자신을 보호하지 못한다는 말이다. 사람들이 안전하게 섹스하기를 바란다면, 그럴 수 있게 도구를 줘야 한다. 콘돔 씌우는 방법을 보여 주는 것만으로는 부족하다.

진짜 성교육은 강간반대 교육이다

성폭력에 관해 현명하고 의미 있는 가르침을 주고 싶다면 적극적 동의부터 가르쳐야 한다. 적극적 동의는 여전히 우리 현실과 동떨어져 있지만, 우리는 이것을 목표로 삼아야 한다. 그런데 나는 건강한 섹슈얼리티의 즐거움을 가르치지 않으면서 적극적 동의를 가르칠 수 있다고는 도저히 상상할 수 없다.

여성을 강간한 남성들이 여성도 섹스를 즐길 수 있다는 사실을 안다고 해서 강간을 저지르지 않으리라고는 생각하지 **않는다**. 아마 털끝만큼도 달라지는 게 없을 것이다. 내 전 남자 친구이자 나를 강간한 사람이 적극적 동의란 말을 살면서 들어나 봤을지 모르겠다. 많은 남성과 마찬가지로 그에게 섹스란 강압적으로 획득하는 것이지 자유롭고 행복하게 상대와 협의하는 것이 아니었다. 설령 그가 적극적 동의를 들어 본 적이 있다 한들 그 덕에 성폭력을 저지르지 않았으리라고는 생각하지 않는다. 아마 섹스에 관한 사회적 인식 덕에 처벌을 모면할 수 있었을 것이다. 많은 남성이 (게다가 여성도!) 강간을 이해하지 못한다. 강간을 저질러 놓고 피해 여성이 전적으로 그리고 적극적으로 동의하지 않은 것을 모르거나 자기 행동이 잘못된 것을 모른다는 뜻에서 그렇다는 얘기가 아니다. 자신이 아무도 엮이고 싶어 하지 않는 무서운 단어에 해당하는 행동을 하고 있음을 인정하지 못하거나 인정하기를 거부한다는 뜻이다.

따라서 목표는 적극적 동의 모델을 가르쳐 '상대방이 싫다고 저항하는데 섹스하면 잘못'이라는 생각을 '상대방이 공개적이고 적극적으로 원하지 않는데 섹스하면 잘못'이라는 생각으로 바꾸는 것이다. 자기 행동이 잘못이라고 깨닫는 강간범은 극소수이기 때문에 (어차피 자기 행동을 책임지지 않기 때문에) 적극적 동의를 가르쳐도 강간 자체를 사라지게 할 수는 없다. 예방 교육만으로 강간을 뿌리 뽑을 수는 없다고 본다. 하지만 강간범이 아닌 사람들이 '진짜 큰 문제가 뭔지 모르고' 또는 피해자에게 잘못이 있다고 생각하며 강간을 사회적으로 용인하기 때문에 강간이 계속 벌어지는 것은 확실하다.

진짜 성교육은 피해자나 잠정적 피해자를 위한 강간반대

교육을 포함한다. 강간당하지 않을 책임을 피해자들에게 떠넘기기 위해서가 아니다. 여성들, 특히 젊은 여성들에게 학대를 인지할 수 있는 도구를 쥐여 줄 책임이 우리에게 있기 때문이다.

쾌락 자체가 동의의 기준이 될 수는 없다. 동의하지 않는 상황이라도 신체가 반사적으로 반응해 원치 않는 흥분을 일으킬 수 있기 때문이다. 완전한 동의에 기초한 섹스는 이런 흥분과 대척점에 있으며 생각보다 더 밋밋할 수도 있다. 그래도 우리는 성적 쾌락을 향한 진정한 욕망과 그 욕망을 표현하는 것을 완전한 동의의 기준으로 삼아야 한다.

문제는 학대 피해자의 상당수가 학대 사실을 인지하지 못한다는 것이다. 트라우마를 겪으면서도 왜 고통받아야 하는지 이해하지 못한다. 나도 적극적 동의를 배우지 못했다. 몇 년 전에야 이 단어를 접했다. 성적 접촉을 나 스스로 원해야 하고 그것을 말해야 한다고, 그럴 수 없으면 뭔가 잘못된 것이라고 누군가 내게 알려 줬다면 내 인생이 얼마나 달라졌을까? 이런 생각을 하면 마음이 아프다. 성폭력을 당했을 때 나는 스무 번쯤 '노'라고 말하다 겁에 질려 포기한 것도 동의라고 철석같이 믿었다. 내가 다른 가르침을 받았다면 성폭력을 피할 수 있었다고 장담할 수는 없지만 그 상황에서 조금 더 일찍 빠져나올 수 있었다고 확신한다. 그때 나는 강간과 물리적 폭행이 여성에게 해를 입히는 용납할 수 없는 폭력인 걸 잘 알았다. 다만 내가 당한 그 일이 강간이라고 인식하지 못했을 뿐이다. 그래서 트라우마에 시달리는 이유를 깨닫기까지 몇 년이 걸렸다.

그 관계에서 빠져나오지 못한 것을 후회하지만 그것 때문에 자책하지는 않는다. 책임은 오롯이 그에게 있으며 그때 나는 최선을 다했기 때문이다. 다만 더 많이 알았다면 더 잘 대처할 수 있었을 것이라는 아쉬움이 남는다.

다시 말하지만, 진짜 성교육을 비롯해 어떤 성교육이든 강간을 완벽하게 뿌리 뽑을 수는 없다. 그래도 올바른 성교육을 해야 하지 않을까? 언젠가 그 가르침을 귀중하게 떠올릴 누군가를 위해. 나는 우리에게 그럴 의무가 있다고 생각한다.

진짜 성교육은 포르노 교육이 아니다

마지막으로, 쾌락을 가르치는 성교육이 섹스 기술을 가르치는 것과 다르다는 점을 분명히 해 둬야겠다. (대학의 선택과목으로서 성교육 강의라면 몰라도) 손가락·혀·도구 또는 페니스로 음핵을 문지르면 여성이 오르가슴을 느낀다는 사실을 청소년들에게 가르치는 것은, 여성 성기를 혀로 애무하는 장면이 담긴 영상을 보여 주는 것과 엄연히 다르다. 섹스 토이숍 명단을 칠판에 적거나 흥분되는 체위 도표를 나눠 주는 것과도 다르다. 콘돔에 발린 윤활제가 섹스할 때 고통을 줄이고 안전과 쾌락을 배가한다고 가르치는 것은, 단순히 성행위에 관한 조언이 아니라 콘돔 사용법만큼 필수적인 교육으로 다뤄져야 한다.

진짜 성교육은 포르노 교육이 아니다. 어떤 식으로 성관계를 맺든 쾌락이 중요한 요소라고 가르치는 것이 진정한 성교육이다. 안전하고 책임감 있는 관계라면, 성적 쾌락을 바라고 추구하는 것이 전혀 나쁘지 않다고 가르쳐야 한다. 자기 몸을 기분 좋게 하는 법을 가르치고, 욕망에 대한 수치심을 없애고, 페니스가 질에 들어가는 형식에 얽매일 필요 없이 모두가 다양하게 섹스를 즐길 수 있다고 알려 줘야 한다. 진짜 성교육은 어떤 선택을 할 수 있는지 늘어놓는 데 그치지 않으며 현명하고 안전하게 선택하는 방법까지 가르친다. 나는 여기에 큰 차이가 있다고 생각한다. 청소년들이 성적으로 현명한 선택을 하도록 이끄는 데는 섹스를 누군가와 함께 해도, 혼자 해도 괜찮다는 가르침이 포함되어야 한다고 믿는다.

⁞⁞⁞· **짜릿한 청소년기**

16장 건강한 섹슈얼리티와 관계 맺기: 남자아이가 배워야 할
      (또는 배우지 말아야 할) 섹슈얼리티, 섹스를 긍정하는 강간
      예방 패러다임이 유익한 이유

24장 과정 지향적 처녀

⁞⁞⁞· **시시한 것에 대한 수많은 금기**

5장   뚱뚱한 여자를 어떻게 따먹느냐고?

8장   강간반대운동가가 페미니스트 섹스 토이숍에 보내는
      연애편지

⁞⁞⁞· **성적 치유**

3장   '예스'와 '노'를 넘어: 성적 과정으로서 동의

14장 스킨십 되찾기: 강간 문화, 명시적으로 구술된 동의,
      신체 주권

27장 막 나가는 자의 변론:

나는 어떻게 걱정을 집어치우고 쾌락을 사랑하게 되었는가 (그리고 어떻게 하면 당신도 그럴 수 있을까)

재클린 프리드먼

나는 그런 여자 중 하나다.

나는 사람들 앞에서 셔츠를 (가끔은 다른 것도) 벗어 본 적이 있다. 정치적 의견을 드러내기 위해서나 다른 사람의 요청으로 그럴 때도 있지만 대부분은 그저 내가 좋아서, 모두의 관심을 한 몸에 받을 때 느껴지는 짜릿한 성 권력이 좋아서 그렇게 행동한다. 또 나는 첫 데이트, 아니, 첫 만남에서 술에 잔뜩 취한 채 상대와 집으로 가 새벽 2시까지 땀을 흘리며 섹스한 적이 있다.

열다섯 살에 '처녀성'을 '상실'했지만 후회하지 않는다.

만취한 채로 몸에 천을 둘둘 감고 대학 파티에 간 적이 있다. 끈 원피스, 망사 스타킹, 가죽 재킷 차림으로 어두운 도시의 거리를 혼자 걸어 다닌 적이 있다. 사람 많은 클럽에서 모르는 사람들과 뒤엉켜 더럽게 논 적이 있다. 레슬링 팀원들과 술 시합을 한 적이 있다. 한번은 언제 사람이 나올지 모르는 출입구 앞에서 여자 친구와 섹스를 했다.

안전을 생각하면 내 행동이 그리 현명하지 않다는 걸 아주 잘 안다. 내 행동이 번지르르한 걸 파워™를 증명한다고 생각하지도 않는다. 막 나가는 성적 행위는, 좋게 말하면 대범하고 나쁘게 말하면 멍청한 짓이다. 그렇지 않은가?

그럴까?

아니다. 당연히 아니다. 막 나가는 성적 행위가 초래할 최악의 결과는 멍청하다는 말로 다 표현할 수가 없다. 특히 여자일 때 그 결과는 지독하게 위험할 것이다. 강간을 '자초'했다는 이유로 엄청나게 욕을 얻어먹을 것이다. 제대로 몰랐던 건 결국 네 잘못이니까.

이 모든 걸 처음부터 끝까지 다 겪어 본 나는, 계속 막 나가되 신체 자율성을 지킬 권리를 주장하려고 한다.

어차피 우리는 살면서 '멍청한' 일을 수없이 많이 한다. 번지점프는 멍청한 짓이다. 축구도 멍청한 짓이다. 대통령에 출마하는 것은 (학생회장 자리에 출마하는 것도) 멍청한 짓이다. 오토바이를 타는 것도 멍청한 짓이다. 사람들 앞에서 연설하는 것도 멍청한 짓이다. 사랑에 빠지는 것도 멍청한 짓이다. 지금 이 글을 쓰는 것도 멍청한 짓이다. 이 모든 행동은 슬픔이나 부끄러움이나 상처를 (또는 세 가지를 동시에 다) 남기고 끝나 버릴 수 있다. 하지만 당신 엄마 말고는 아무도 당신을 말리지 않을 것이다. 그리고 당신 엄마를 포함해 누구든 당신이 이런 행동을 하다 다른 사람에게 물리적 폭력을 당했을 때 당신을 비난하지 않을 것이며 도와 달라는 요청을 거부하지 않을 것이다.

그러니까 요점은, 위험을 내재하지 않은 행동은 없다는 것이다. 집 밖에 한 걸음도 나가지 않는다고 해도, 햇빛을 쬐지 못하거나 인간관계가 끊어져서 우울증이 심해지는 위험을 감수해야 한다. (화재, 가스폭발, 감전, 지진, 의자에서 떨어지기, 식칼에 손 베이기, 가시에 찔리기 등은 말할 필요도 없다.) 하지만 강간은 파티 참석이나 '막 나가는' 성적 행위에 내재한 위험이 아니다.

다시 말하겠다. 강간은 무분별하게 파티하러 다니거나 성적 행위를 하는 것에 내재한 위험이 아니다. 증거를 대라고? 일단 강간은 한쪽 성에게는 거의 해당하지 않는 위험이다. 지금껏 나는 밤에 흥청망청 놀 궁리를 하면서 강간을 걱정하는 이성애자 남성을 본 적이 없다. 사람들 앞에서 토할까 봐 걱정이라고? 그렇겠지. 수작 걸었다가 거부당할까 봐? 물론이지. 싸움에 휘말릴까 봐? 그럴 수도. 하지만 강간을 당할까 봐 걱정한다? 말도 안 되는 소리다.

강간은 여성에게만 해당하는 위험이다. 더 정확히 말하자면, 여성이란 존재가 강간을 일으키는 위험 요소다. 사회질서가 여성의 섹슈얼리티에 대한 통제를 바탕으로 세워지지 않았더라면, 파티에 다니는 것과 강간은 상관없는 일일 것이다. 만약 여성이 남성처럼 자기가 원하는 대로 조금 정신 나간 짓을 해도 된다면, 모든 것이 바뀔 것이다. 여성들이 '막 나가는' 모습을 보이는 것이 더는 금기시되지 않으면(그래서 짜릿함을 잃어버리면), 포르노와 연예 산업은 위기를 맞을 것이다. '여자애들은 다 그렇다'는 관용이 생겨난다면, '사내애들은 다 그렇다'고 말하는 관용에 대해 사회가 다시 생각해 봐야 할 것이다. 남성이 '계집애 같은' 것이 더는 겁낼 일도 나약한 일도 아니라면, 동성애 혐오도 시들해질 것이다.

여성들에게 '조심하라고' 충고하고 안전 귀가 프로그램을 만드는 편이 더 수월한 방법인 것은 분명하다. 하지만 근본적 불평등을 해소하지 않은 채 여성들에게 스스로 안전을 챙기라고 요구하면 대가가 따른다. 먼저 여성들이 쾌락을 포기해야 한다. 자신의 거친 면을 탐닉하는 것은 단언컨대 아주 재미있다. 우리가 막 나가는 이유가 그것이다. 땀범벅이 된 채 춤추는 사람들과 뒤엉켜 몸을 흔들 때 맛보는 황홀함을 위해. 처음 보는 사람과 눈이 마주친 순간 '지금 당장' 저 사람의 맨살을 느끼고 싶다는 짜릿한 욕망을 위해. 알딸딸하게 취한 친구들과 비틀거리기 위해. 팔다리에 닭살이 돋고, 심장박동이 빨라지고, 눈살이 찌푸려지는, 그래서 살아 있음을 깨닫게 하는 차가운 밤공기를 느끼기 위해.

물론 음주와 섹스는 여러 방식으로 악영향을 미칠 수 있다. 쾌락은 모두 이런저런 이유로 변질되거나 오용될 수 있다. 하지만 그 자체는 나쁠 이유가 전혀 없다. 남성과 다르게 여성에게만 쾌락보다 안전을 중시하라고 강요하는 것은 (그리고 쾌락을 추구하면 '잘못' 선택했다고 수치심을 주는 것은) 여성의 쾌락이 남성의 쾌락만큼 귀중하지 않다고 가르치는 것과 같다. 이제 우리는 그런 함정에 빠져서는 안 된다.

게다가 겁주기 전략만으로는 여성이 안전해지는 효과가 생기지 않는다. 앞으로도 그럴 것이다. 나이와 성별을 불문하고, 지각 있는 행동이라고 생각해서 술에 취하는 사람은 거의 없다. (대학생 강간의 70퍼센트 정도가 술이나 약물과 관련 있는 만큼) 술을 취할 때까지 마시지 않고 잘 모르는 사람과 집에 가지 않는 편이 더 안전한 것은 당연하지만, 그런 권고는 부모·학교·심야 뉴스·〈CSI〉와 〈로앤오더〉 같은 텔레비전 시리즈 등을 통해 수없이 반복되었는데도 큰 효과를 거두지 못했다.

이쯤에서 당신이 무슨 생각을 할지 알 만하다. **그래, 여성에게 불공평하다는 거지? 하지만 위험은 진짜 있다고. 강간에 대한 경고를 그만두기라도 해야 한다는 거야?** 그렇게 생각하는 이유도 당연히 이해한다. 내가 아는 여성들은 대부분 어떤 식으로든 성폭력을 당한 경험이 있다. 나도 예외가 아니다. (레슬링 팀원들과 술 시합을 해 봤으니, 어땠을지 생각해 보라.) 그러나 지금 우리는 **뭐라도** 해야겠다는 마음만 내세울 것이 아니라 실제 효과가 있을 방법을 고민해야 한다.

다행인 점? 우리는 무엇이 효과를 발휘하지 못하는지 이미 알고 있다. 여성 비난하기와 수치심 주기는 효과를 발휘하지 못한다. 우리는 무엇이 효과를 발휘하는지도 알고 있다. (조금 시간은 걸리겠지만) 강간범에게 책임 묻기는 반드시 효과를 발휘한다.

일례로 음주와 강간의 상관관계를 들여다보자. 여성의 음주와 강간의 상관관계만을 말하는 게 아니다. **모든** 음주와 강간의 상관관계다. 연구 결과에 따르면, 강간은 여성 피해자가 술에 취했을 때보다 남성 가해자가 술에 취했을 때 더 많이 일어났다. 그러니 음주와 강간의 상관관계를 경고하고 싶으면, (어차피 강간범 대다수는 남성이니) 일단 남성들에게 술에 취한 상태에서는 상대방이 '노'라고 말했을 때 적절히 대응할 능력이 손상될 수 있으니 조심하라고 경고해야 한다. (이 경고의 효과는 여성과 남성 모두가 '노'의 부재가 아닌 적극적 동의의 확인이 필요하다고 배운다면 훨씬 더 강력해진다.) 이런 얘기를 다른 데서 들어 본 적이 있던가? 음주와 강간의 상관관계를 이야기하면서 남성의 음주를 문제 삼지 않는 것은 강간이 일어나기 쉬운 환경을 만든 피해자 비난하기와 다르지 않다.

남성의 음주 문제를 쉬쉬하는 것은 당연히 '사내애들은 다 그렇지' 문화의 산물이다. 이 문화는 내가 당한 폭력에도 큰 몫을 했다. 그날 파티는 남학생 운동부가 열었는데, 코치들이 직접 술을 마련해 주었다.

이런 문화야말로 아는 사람이 저지르는 강간이 시작되는 지점이며 페미니스트들이 수십 년 동안 무너뜨리려고 노력해 온 대상이다. 이게 문제다. 남성에게 책임을 묻는 것은 결코 단기간에 완수할 수 없다. 그러는 동안 여성들은 계속 위험에 노출된다.

따라서 우리는 페미니즘이 가부장제를 깨부숴서 여성을 향한 비난하기, 수치심 주기, 겁주기가 멈출 때까지 마냥 손 놓고 기다릴 수 없다. 그럼 뭘 해야 할까?

현실을 직시하면 어떨까? 여성들에게 강간의 위험을 솔직히 이야기하는 동시에, 술과 성적 모험에 대해 무조건 '금욕'하라는 경고보다 더 정교하게 쾌락을 긍정하는 메시지를 주자. 물론 성폭력을 예방하려면 술을 마시기보다 안 마시는 편이 더 안전하고, 처음 보는 사람보다 믿을 수 있는 지인들과 함께 있는 편이 더 안전할 것이다. 그런데 잠깐, 지금 우리는 순결과 강간이라는 성립될 수 없는 엉터리 이분법을 다시 세우고 있다. 때로 '위험한' 행동이 육체적으로나 사회적으로 흥미진진한 일일 수 있다. 다들 한 번쯤은, 폭행당할지 모른다는 막연한 위험보다 당장 눈앞에 있는 쾌락을 선택할 것이다. 그러지 못할 이유가 어디 있겠나? 게다가 사회가 금지하며 경고하는 것일수록 일종의 반항심에서 하고 싶은 마음이 더욱 커지기 마련이다.

우리 문화가 강간 예방에 관해 여성에게 이런 메시지를 준다면 어떨까?

1. 뭘 입든, 누구와 춤추든, 얼마나 술을 마시든, 어느 길로 다니든, 얼마나 많은 사람과 섹스하든, 강간은 당신의 잘못이 될 수 없다. 그 어떤 이유로도 강간은 당신의 잘못이 되지 않는다. 강간은 당신의 잘못이 아니다.

2. 안타깝게도, 우리는 여전히 여성들이 (불공평하게) 강간 위험에 노출되는 문화에 살고 있다. 강간 위험을 걱정하는 것이 당신의 책임이 되어서는 안 되지만, 위험을 낮추기 위해 당신이 할 수 있는 일이 몇 가지 있다. 가장 안전한 방법은 술을 마시지 않는 것, 잘 모르고 믿을 수 없는 사람과 단둘이 있지 않는 것이다.

3. 술을 마시기로 했으면 적당히 마시거나, 당신을 돌봐 줄 믿음직한 친구와 함께하는 것이 안전하다. (그냥 아는 사람은 안 된다. 강간 피해자의 80퍼센트 정도는 평소 가해자와 알고 지냈다.)

4. 잘 모르는 사람과 하룻밤 섹스를 할 때도 비슷한 조치를 취하라. 누구와 어디로 가는지 친구에게 말해 두고, 본능적으로 불길한 느낌이 든다면 조심하라. 은밀한 행위에 들어가기 전에 상대가 당신이 정해 놓은 선을 충분히 존중하도록 해야 한다.

5. 술에 꽤 취하거나, 친구가 기대한 만큼 믿음직하지 않거나, 예상치 못한 쪽으로 상황이 흘러갈 경우를 대비해 성적 강요와 폭력에 맞서 자신을 지킬 방법을 배워 두라.

그렇다. 자기방어를 하라. 피해자를 비난하거나 여성에게 책임을 지우려는 것이 아니다. 현실을 생각하자는 것이다. 강간범에게 책임을 물을 수 있을 때까지 얼마나 걸릴지 모른다는 점을 항상 기억하자. 게다가 큰일이 났을 때 뭘 해야 하는지 아는 편이 낫지 않을까?

나는 과거의 내가 그랬다면 참 좋았을 거라 생각한다. 과거의 나는 그 남자를 밀쳐 내려고 하지도 않았다. 지금은 술에 취하고도 쉽게 그런 행동을 할 수 있고, 상대가 나보다 커도 문제없다. 사실 그 남자는 나보다 크지도 않았다. 하지만 그때 나는 스스로 보호하기 위해 몸으로 뭔가를 할 수 있다는 생각을 아예 못 했다. 왜? 술에 취해서가 아니었다. 살면서 아무도 내게 나 스스로 날 지킬 수 있다고 말해 주지 않았기 때문이다. (오히려 정반대의 메시지만 수없이 들었다.)

여성들이 자기 몸을 이용해 스스로를 지킬 수 있다는 건 정말 사실이다. 호신용 스프레이도 호루라기도 필요 없다. 운동하지 않거나 '과체중'이거나 몸에 문제가 있는 여성도 할 수 있다. 아주 잠깐이라도 좋으니 여자아이들에게 자기 몸을 무서워할 필요가 없다는 것과 스스로 지킬 수 있게 몸 쓰는 법을 가르친다면, 지금 우리가 하는 걱정은 크게 줄어들 것이다. 강간의 위험을 낮추는 가장 현실적인 방법은, 강간범이 함부로 덤볐다가 다칠까 봐 걱정하는 문화를 모든 여성이 함께 만드는 것이다.

이 방법이 언제나 100퍼센트 유효할까? 아니다. 다시 말하지만, 인생은 위험으로 가득하다. 그럼에도 인생의 복잡함을 외면하지 않은 이런 메시지가 여성들에게 진정한 선택권을 줄 것이다. 스스로 보호할 수 있도록 정보와 도구를 주는 것 그리고 스스로 결정할 수 있도록 믿어 주는 것은, 무지함 속에서 두려움에 떠는 것보다 훨씬 낫다. 원하면 밖에 나가 조금 미친 짓도 할 수 있는 세상, 내키는 대로 춤추고 마시고 유혹하고 놀수 있는 세상, 여성의 쾌락이 진정으로 존중받는 그런 세상에서라면 모든 여성이 맞서 싸울 기회가 있을 것이다. 나는 그런 세상에 살고 있다. 함께하겠는가?

미디어의 중요성

2장　행위로서 섹스 모델을 향하여
4장　여성의 가치
9장　허용된 '비동의' 판타지: 우리가 서브미시브 여성을
　　　두려워하는 이유(그리고 그래서는 안 되는 이유)

성적 치유

15장　발칙한 제안
20장　싸워서라도 지킬 만큼 소중한 섹스
26장　진짜 성교육

1장 공격적 페미니즘: 강간 문화를 지탱하는 보수적 젠더 규범에 맞서는 페미니스트

1. Stephanie Coontz, "The Heterosexual Revolution", *New York Times*, 5 July, 2005.

2. 같은 글.

3. ProtectMarriage.com, www.protectmarriage.com.

4. "Schlafly Cranks Up Agitation at Bates", *Sun-Journal*, 29 March, 2007.

5. United States House of Representatives Committee on Government Reform—Minority Staff Special Investigations Division, "The Content of Federally Funded Abstinence-Only Education Programs", prepared for Rep. Henry A. Waxman, 2004.

6. Generations of Light, "Purity Ball Pledge", www.generationsoflight.com/html/ThePledge/html.

7. Gigi Stone, "Teen Girls 'Date' Dad, Pledge Purity", ABCNews.com, 12 March, 2007, http://abcnews.go.com.

8. *The Bible*, King James version, Genesis, chapters 1~3.

9. 같은 책.

10. Rachel P. Maines, *The Technology of Orgasm: "Hysteria", the Vibrator, and Women's Sexual Satisfaction*, Baltimore: JHU Press, 1999.

11. B. R. Huelsman, "An Anthropological View of Clitoral and Other Female Genital Mutilations" in T. P. Lowry and T. S. Lowry(eds.), *The Clitoris*, St. Louis, MO: Warren H. Green, 1976, pp. 111~161.

12. *Griswold v. Connecticut*.

13. Dorothy Roberts, *Killing the Black Body*, New York: Random House, 1997.

14. *Roe v. Wade*.

15. 일단 태아에게 인간과 동등한 권리가 있다고 해도, 생존을 위해 타인의 신체를 이용할 권리는 인간에게 허락되지 않은 특권이다. 어떤 이도 타인의 생명을 위해 자기 신체와 장기를 희생할 법적 의무를 지지 않는다. 부모에게 자녀를 위해 신장이나 혈액을 기증하라고 강요하거나, 선한 사마리아인처럼

타인을 위해 건강이나 목숨을 내놓으라고 요구하지 않듯이 말이다. 아버지에게 열 달 가까이 자녀를 자기 몸에 붙이고 다니고, 장기를 내주고, 신체적 손상을 감수하고, 일을 그만두고, 수술을 받아야 한다고 법적으로 강요할 수 없다. 어린 (또는 다른) 자녀가 아버지의 신체를 이용할 '권리'를 가졌다는 것은 설득력이 떨어진다. 그런데도 임신중지 반대론자들은 이런 주장을 펼친다. 단, 아버지가 아닌 어머니의 신체를 놓고.

16. Rape, Abuse & Incest National Network.

17. 같은 기관.

18. Human Rights Watch, "No Escape: Male Rape in U.S. Prisons", 2001.

19. Rape, Abuse & Incest National Network.

20. Ruth Mazo Karras, *Common Women: Prostitution and Sexuality in Medieval England*, Oxford: Oxford University Press, 1996.

21. Bureau of Justice Statistics, "Violent Crime Trends by Gender of Victim".

22. Diane Craven, Ph D, "Sex Differences in Violent Victimization, 1994", Bureau of Justice Statistics.

23. Laura Kipnis, *The Female Thing*, New York: Random House, 2006.

2장 행위로서 섹스 모델을 향하여

1. 이 말은 환경을 비롯해 여러 문제로 비판받던 채굴산업계에서 처음 쓰기 시작했다.

2. 동의와 '능동적 참여'를 연결해 설득력 있는 주장을 펼치는 사람으로는 어맨다 마콧Amanda Marcotte이 있다. 2005년에 글쓴이와 마콧이 초창기 페미니즘 블로그 중 하나인 '알라스! 어 블로그'에 이 주제를 꽤 상세하게 다룬 글을 올렸다. 특히 마콧은 저서 『바깥은 정글A Jungle Out There』과 블로그 사이트 '판다곤Pandagon'에서 운영하는 개인 블로그를 비롯한 여러 페미니즘 블로그에 올린 글에서 기존 생각을 더 확장해 섹스의 '정복 모델conquest model'을 주장했다. 이 모델은 이 책을 편집한 제시카 발렌티가 만든 블로그 '페미니스팅'에서 처음 논의되었는데, 이 글이 제시하는 접근과 비슷하면서도 약간 다르다. 마콧의 주장은 이 글에 담긴 시각과 밀접하지만 확연히 다른 방향으로 전개된다.

3. Shakesville, http://shakespearessister.blogspot.com.

4. 우유-젖소 비유가 익숙하기는 해도 상품 모델을 정확히 설명하지는

못한다. 어떻게 보면 상품 모델은 페미니즘이 거둔 의미 있는 성과라고 할 수 있다. 유럽 문명사에서 얼마 전까지만 해도 결혼은 재산 거래의 일종이었다. 즉 여성은 아버지와 남편이 주고받는 재산이었다. 그러나 오늘날 미국 사회에서는 아무리 퇴행적인 진영이라도 표면상으로는 여성이 재산이 아니라 재산(섹스)을 소유한 주체라고 말한다. 다만 여성이 이 재산을 가장 효율적으로 사용하는 방법은 가부장이 지시하지만 말이다.

5. 울트라틴초이스UltraTeenChoice.org의 홍보 문구다. 또 다른 단체인 웨이트WAIT는 여성이 느끼는 다섯 가지 욕구 중 하나로 '재정적 지원'을 명시한다. "The Content of Federally Funded Abstinence-Only Education Programs", United States House of Representatives Committee on Government Reform, Minority Staff Special Investigations Division, December 2004("Waxman Report"). p. 17 and n. 79. 신붓값 관습을 여전히 옹호하는 곳도 있는데, 신붓값이 신부가 "신랑에게 귀중한 것을 내주고 신랑도 신부에게 귀중한 것을 줄 뜻이 있음"을 말해 준다는 것이다. Waxman Report, p. 17 and n. 82.

6. Dahleen Glanton, "At Purity Dances, Virgin Belles Ring for Abstinence", *Chicago Tribune*, 2 December, 2007.

7. Jay Parsons, "Sex Lady's Lesson: Save Yourself", *Denton Record-Chronicle*, 30 March, 2007.

8. www.siecus.org/policy/egregrious_uses.pdf.

9. 사실 '난봉꾼libertines'은 그다지 부정적 의미가 담긴 말이 아니다. 이 말을 여기에 쓴다는 것은 동부 런던에서 결성되었다가 아쉽게 해체한 (그러나 다시 결합한) 펑크록 밴드 '리버틴즈'에게 실례다. 차라리 '구멍에 환장한 광부'처럼, 유치찬란하고 여성 혐오적이며 어떤 식으로도 지지받을 수 없이 착취적인 표현이 더 잘 들어맞을 것이다.

10. Neil Strauss, *The Game: Penetrating the Secret Society of Pickup Artists*, New York: HarperCollins, 2005 논의 전반을 참고.

11. Rye Lee, "How Can I Release Her Inner Whore", Pick-up-artist-forum.com, 8 November, 2007, 5:08 AM, www.pick-up-artist-forum.com/how-can-i-releaseher-inner-whore-vt10548.html.

12. 상품 모델을 논의하다 보면, 마르크스 관점에 따라 섹스를 노동으로 분석할 여지가 있다는 것이 자명하다. 그런 논의는 생산적이고 흥미롭지만, 이 글의 주제와 글쓴이의 전문 분야에서 벗어난다.

13. GravesRR7, "Fundamental Problem With Being a PUA", Pick-up-artist-

forum.com, 17 November, 2007, 12:56 AM, www.pick-up-artist-forum.com/
fundamental-problem-with-being-a-pua-vt11181.html.

14. 앞의 게시물에 달린 Starbuck의 댓글, 17 November, 2007, 3:32 PM.

15. 이지스의 댓글, 24 June, 2005, 12:08 PM.

16. 어맨다 마콧이 『바깥은 정글』에서 쓴 표현이다. 이 글의 출처인
'페미니스팅' 토론 게시물에서 마콧이 "섹스 자판기"라고 한 것을 더
발전시켰다.

17. 이 논의는 무의식적으로 법의 발전사를 압축해 놓은 듯하다.
도금시대Gilded Age와 대공황 전 시대의 법은 비용과 위험을 외주화해
노동자와 소비자에게 전가하는 데 거리낌이 없었다.

3장 '예스'와 '노'를 넘어: 성적 과정으로서 동의

1. The Antioch College Sexual Offense Prevention Policy, www.antioch-
college.edu/Campus/sopp/index.html.

2. Becca Brewer, "Yes! No! Maybe! Chart!", 17 March, 2007,
www.beccabrewer.com/blog/?cat=12.

3. Mistress Matisse, "The A Word", *The Stranger*, 13~19 October, 2005.

4. Meghan Daum, "Who Killed Antioch? Womyn", *Los Angeles Times*, 30 June,
2007.

5장 뚱뚱한 여자를 어떻게 따먹느냐고?

1. National Eating Disorder Information Centre, www.nedic.ca/knowthefacts/
statistics.shtml.

2. J. Wardle and others, "Evidence for a Strong Genetic Influence on
Childhood Adiposity Despite the Force of the Obesogenic Environment",
American Journal of Clinical Nutrition, 87, 2008, pp. 398~404.

8장 강간반대운동가가 페미니스트 섹스 토이숍에 보내는 연애편지

1. INCITE! Women of Color Against Violence, "The Revolution Will Not Be
Funded: Beyond the Non-profit Industrial Complex", conference, spring 2004.

2. Dossie Easton and Catherine A. Liszt, *The Ethical Slut*, San Francisco:
Greenery Press, 1997.

10장 공간을 침범하는 여성

1. Council on Foreign Relations, "'Schmidt Report': Investigation into FBI Allegations of Detainee Abuse at Guantónamo Bay, Cuba Detention Facility", CFR.org, 9 June, 2005, www.cfr.org/publication/9804/schmidt_report.html.

2. 다음 책은 지금껏 내가 읽은 포로 수기 중 가장 상세한 이야기를 담고 있다. Andy Worthington, *The Guantónamo Files: The Stories of 759 Detainees in America's Illegal Prison*, London: Pluto Press, 2007.

3. Chris Mackey and Greg Miller, *The Interrogators: Task Force 500 and America's Secret War Against Al Qaeda*, New York: Little, Brown and Company, 2004.

4. Moazzam Begg, *Enemy Combatant: My Imprisonment at Guantónamo, Bagram, and Kandahar*, New York: The New Press, 2006.

5. Mackey and Miller, *The Interrogators*, p. 377.

6. 같은 책, pp. 481~482.

7. 같은 책, p. 42.

8. 1991년 테일후크Tailhook 스캔들처럼 세간의 이목을 끈 사건이 벌어진 뒤로 지난 15년간 미군과 의회는 군 내 성적 괴롭힘 사건에 관해 여러 차례 조사에 착수했다. 공군은 이 문제와 관련된 인터넷 사이트, 단행본, 간행물, 문건 목록을 홈페이지www.au.af.mil/au/aul/bibs/sex/haras.htm에 공개했다.

9. Kayla Williams and Michael E. Staub, *Love My Rifle More than You: Young and Female in the U.S. Army*, New York: W.W. Norton, 2005, p. 247.

10. 같은 책, p. 248.

11. 일명 타구바Taguba 보고서에 따르면, 제205군사정보여단 소속 상등병 루시아나 스펜서Luciana Spencer가 아부그라이브 교도소에 근무할 때 포로에게 나체로 다른 재소자들 앞을 걸어가도록 강요했다. www.washingtonpost.com/wp-srv/world/iraq/abughraib/timeline.html 참고.

12. Worthington, *The Guantónamo Files*, p. 205.

13. 같은 책, p. 248.

14. Kristine A. Huskey, "The Sex Interrogators at Guantónamo" in Tara McKelvey(eds.), *One of the Guys: Women as Aggressors and Torturers*, Berkeley, CA: Seal Press, 2007, p. 176.

15. Tony Lagouranis and Allen Mikaelian, *Fear Up Harsh: An Army Interrrogator's Dark Journey Through Iraq*, New York: New American Library, 2007, p. 17.

16. Riva Khoshaba, "Women in the Interrogation Room", *One of the Guys*, pp. 179~187. 미군이 "고도로 공격적인 심문 기술"을 이용한 심문 세 건과 관련해 FBI 대테러국 부국장보 T. J. 해링턴T. J. Harrington이 육군성 소장 도널드 J. 라이더Donald J. Ryder에게 보낸 편지도 참고. Jameel Jaffer and Amrit Singh, *Administration of Torture*, New York: Columbia University Press, 2007, A-127.

17. Elizabeth Hillman, "Guarding Women: Abu Ghraib and Military Sexual Culture", *One of the Guys*, p. 113.

18. 같은 책.

11장 성적 자율성만으로 부족할 때: 미국 이민 여성에 대한 성폭력

1. Julie Watson, "More Women are Risking Rape, Death on Illegal Journey to US", *Boston Globe*, 28 April, 2006, http://boston.com/news/world.

2. www.chicagotribune.com.

3. Keith Walker, "Activists to cross U.S. – Mexican borders", InsideNOVA.com, 16 April, 2008, www.insidenova.com/isn/news.

4. John Pomfret, "Fence Meets Wall of Skepticism", *Washington Post*, 10 October, 2006, www.washingtonpost.com/wp-dyn.

5. National Asian Pacific American Women's Forum, "Human Trafficking and Asian Pacific Islander Women", February 2008.

6. Rebecca Clarren, "Paradise Lost", *Ms.*, spring 2006, www.msmagazine.com/spring2006/paradise_full.asp.

7. 이런 학대에 관해서는 Elena Gutierrez, *Fertile Matters*, Austin: University of Texas Press, 2008을 참고.

8. Liezl Tomas-Rebugio, National Asian Pacific American Women's Forum interview, 21 May, 2008.

9. La Chola, http://brownfemipower.com.

10. The Unapologetic Mexican, www.theunapologeticmexican.org.

12장 대중매체의 재판: 흑인 여성의 음란성과 동의의 문제

1. 이 노래를 계기로 스펠먼킬리지Spelman College 여학생들을 중심으로 넬리의 음악을 비롯해 성차별적이고 여성 혐오적인 힙합을 거부하는 움직임이 일어났다. 학생들은 성차별과 여성 혐오와 힙합 문화를 이대로 두면 안

된다고 목소리를 냈다. www.cnn.com/2005/SHOWBIZ/Music/03/03/hip.hop/index.html 참고.

2. "Six Months for Girl Who Cried Rape", *Daily Mail*, 13 November, 2006, www.dailymail.co.uk/news/article-416170/Six-months-girl-cried-rape.html.

3. Don Lajole, "'She-was-asking-for-it' Rape Mentality Persists: Study", *Windsor Star*, 14 May, 2008, www.canada.com/windsorstar.

4. C. W. Nevius, "Duke's Image Takes a Hit", *San Francisco Chronicle*, 28 March, 2006, www.sfgate.com.

5. Greg Garber, "Turbulent Times for Duke and Durham", http://sports.espn.go.com/ncaa/columns/story?id=2392159.

6. Stuart Taylor and K. C. Johnson, *Until Proven Innocent: Political Correctness and the Shameful Injustices of the Duke Lacrosse Rape Case*, New York: Thomas Dunne, 2007; Don Yaeger and Mike Pressler, *It's Not About the Truth: The Untold Story of the Duke Lacrosse Case and the Lives It Shattered*, New York: Threshold Editions, 2007.

13장 새 옷을 입은 오래된 적: 데이트 강간은 어떻게 회색 강간이 되었으며 왜 문제인가

1. 이 글에서 여성을 피해자로 남성을 가해자로 놓고 얘기한다고 해서, 늘 여성만 강간당하고 남성만 강간을 저지른다고 주장할 생각은 전혀 없다. 자명하게 사실이 아니기 때문이다. 다만 여기서 말하는 피해자 비난하기와 섹슈얼리티를 둘러싼 문화적 메시지는 성차별적이며 구체적으로 여성을 겨냥하고 있다.

2. 이 사례들은 산타모니카 - UCLA 강간치료센터 홈페이지911rape.org의 '피해자 이야기' 게시판에 올라온 글들을 인용했다. 그러나 무작위 표본에서 인용했다고 해도 될 만큼 아주 전형적이다.

14장 스킨십 되찾기: 강간 문화, 명시적으로 구술된 동의, 신체 주권

1. 여기서 나는 목적격 대명사 '히어hir'와 이에 호응하는 주격 대명사 '제이ze'를 쓴다. 이 성 중립적 대명사들은 개인의 성별을 확정하지 않는다.

2. 젠더 강요는 특정 성으로 나뉘는 사회적 범주와 행동 규범을 강요하는 체제를 말한다. 자신이 속한 범주에 갇혀 제약을 받고 싶지 않은 사람들(예컨대 남성적인 여성과 여성적인 남성)과 제3, 제4의 젠더 범주를 만들고 싶은 사람들(예컨대 젠더퀴어)과 기존 범주에 동등하게 속하고 싶은

사람들(성전환자)과 연대하려고 이 단어를 선택했다. 비슷한 말로 '젠더 이분법'도 쓰이지만, 양성에 속하지 않는 제3의 운동을 소외시키는 경우가 허다하다.

3. 강간이 언제나 상대를 해칠 의도로 벌어지진 않는다 해도 '사고'일 수는 없다. 가해자가 자기 행동을 강간 또는 일방적이거나 가해 행위로 자각하지 못했을 수 있으나, 피해자의 감정과 신체 주권을 배려했다면 그가 원하는 행동만 하며 주의했을 것이다. 강간은 피해자에게 미친 영향에 따라 성립하는 것이지 당시 가해자의 심리 상태에 따라 달라지지 않는다. 다만 가해자의 심리 상태는 강간 중단 방법을 분석하는 데 의미가 있다.

4. 다시 말해, 트랜스젠더가 아닌 사람을 가리킨다. 이런 사람은 자신이 선택한 성sex과 젠더 때문에 논란이 일어나지 않는다.

16장 건강한 섹슈얼리티와 관계 맺기: 남자아이가 배워야 할 (또는 배우지 말아야 할) 섹슈얼리티, 섹스를 긍정하는 강간 예방 패러다임이 유익한 이유

1. P. R. Sanday, "The Socio-cultural Context of Rape: A Crosscultural Study", *Journal of Social Issues*, 37, 1981, pp. 5~27.

2. M. S. Kimmel, *The Gendered Society*, New York: Oxford University Press, 2000.

3. D. Lisak and P. M. Miller, "Repeat Rape and Multiple Offending among Undetected Rapists", *Violence and Victims*, 17, 2002, pp. 73~84.

4. 더 많은 자료는 www.advocatesforyouth.org/real.htm 참고.

5. 더 많은 자료는 www.mathematica-mpr.com/publications/PDFs/impact 참고.

6. Advocates For Youth, "Adolescent Sexual Health in Europe and the U.S. —Why the Difference?" 2nd ed., Washington, D.C.: Advocates For Youth, 2001. 더 많은 자료는 www.advocatesforyouth.org/publications/factsheet/fsest.pdf 참고.

7. International Planned Parenthood Federation, "IPPF Framework for Comprehensive Sexuality Education", London: IPPF, 2006.

8. 더 많은 자료는 www.healthunit.org/carekids/default.htm 참고.

9. 더 많은 자료는 www.vsdvalliance.org/secPublications/Moving%20 Upstream%204-1.pdf 참고.

10. 더 많은 자료는 www.vtnetwork.org/newsletter/2004-04/joyfullarticle.html 참고.

21장 여성 혐오 죽이기: 사랑, 폭력, 생존 전략에 관한 사적인 이야기

1. 유색인종 여성, 특히 저소득층 유색인종 여성은 강간과 성폭행을 당할 확률이 백인 여성보다 훨씬 높은 것으로 나타난다. 법무부에 따르면, 아메리칸 인디언과 알래스카 원주민 여성은 강간이나 성폭력을 당할 위험이 미국인 평균보다 2.5배나 높았다. 전미흑인여성건강프로젝트National black Women's Health Project에 따르면, 흑인 여성은 약 40퍼센트가 18세 이전에 강압적인 성적 접촉을 경험한다. 미국 법무부 사법제도실이 2000년에 펴낸 보고서「친밀한 관계에서 발생하는 폭력의 규모, 성격, 결과: 전국 폭력 피해 여성 조사 결과Extent, Nature, and Consequences of Intimate Partner Violence: Findings from the National Violence Against Women Survey」를 보면, 연인에게 당한 강간의 신고율은 라틴계 여성이 백인 여성보다 2.2퍼센트 높다.

22장 임신이 위법이라면 오직 위법자만이 임신부가 되리라

1. Join Together, "Physicians, Scientiests to Media: Stop Using the Term 'Crack Baby'", 27 February, 2004, www.jointogether.org/news.

2. "Horrid history", *The Economist*, 22 May, 2008, www.economist.com/books/displaystory.cfm?story_id=11402576.

3. "The Issue that Inflamed India", *Time*, 4 April, 1977, www.time.com/time/magazine/article/0,9171,947859,00.html.

4. Eric Eckholm, "In Turnabout, Infant Death Climbs in South", *New York Times*, 22 April, 2007 참고.

25장 순결한 강간: 순결 미신이 어떻게 강간 문화를 강화하는가

1. 2007년 여아 성애화에 관해 APA 내 전담 팀이 발표한 보고서. APA는 성애화가 "성적 매력이나 행동으로만 개인의 가치가 매겨지고 다른 특성은 배제당할 때, 개인이 (좁게 정의한) 신체적 매력을 섹시함과 동일시하는 기준에 따라 평가받을 때, 개인이 성적 대상화될 때, 즉 개인이 독립적으로 행동하고 결정할 수 있는 주체가 아니라 타인에게 성적으로 이용당하는 대상이 될 때, 부적절한 섹슈얼리티가 개인에게 부여될 때" 일어난다고 정의한다.

2. Generations of Light, "Purity Ball Pledge".

찾아보기

ㄱ

- 강간('동의' '근친 성폭력' 항목 참고)

  게이와 레즈비언 258~264

  과체중 여성 83~94

  교육적 접근 35~37,

  133~143, 171, 239~243

  군대 제도 155~168, 10장 주
  8번

  사회적 구성물(공포 문화)
  31~34

  성교육 35~37, 353~357

  성노동자 352~353, 327~329

  신체 주권 203~211, 294~295

  위험 요소 360~366

  유색인종 여성 96~98,
  180~192, 21장 주 1번

  자기방어 전략 280~290

  잡년/상품 모델 39~47,
  173~175, 180~192

  처녀성 상실 332~335

  친가족 운동(진영) 25~29, 34

- 강간 문화

  명시적 구술 동의 205~210

  성적 순결 342~348

  섹스를 부정/긍정하는 문화
  133~143, 228~244, 280~290

  우파 진영 21~29, 35~37

  유사강간 경험 245~257

  포식자-먹잇감 사고방식
  265~279

- 강간반대운동

  상담 133~143

  성교육 35~37, 353~356

  성적 고정관념 27~29, 35

  자기방어 전략 280~290

- (강간) 옹호 논리 47~49

- 강요('상품으로서 섹스 모델' '동의' 항목
  참고) 35~36, 52~53

- 검열 110~112

- 게이와 레즈비언('동성애' 항목 참고)
  258~264

- 결혼 생활에서 수행하는 역할
  21~25

- 고문('BDSM' 항목 참고) 144~154

- 공격적 섹슈얼리티 27~29,
  265~279

- 과잉 성애화 95~113, 345~347

- 과정 지향적 처녀 330~341

- 과체중 여성 83~94

- 괴롭힘

  게이와 레즈비언 258~264

  군 심문 전략 155~168

  성적 고정관념 265~279

  우유-젖소 비유 2장 주 4번

  유색인종 여성 189~190

- 국제결혼중개규제법
  175~177

- 군대 제도 155~168

- 권한 강화 67~82, 147, 315~329

- 근친 성폭력 114~132

금욕주의적 계획(금욕 중심 성교육)
('성교육' 항목 참고) 24~25,
41~43, 239~240, 342~348,
350

ㄴ

• 남성 섹슈얼리티 27~29,
228~244, 270~271
• 남성 특권('상품으로서 섹스
모델' '포식자-먹잇감 사고방식' 항목
참고) 34, 43~44
• 내면화된 여성 혐오 276

ㄷ

• 대상화 67~82
• 대중매체 보도 98~102, 180~192
• 데이트 강간 30, 193~202
• 동성애
상품으로서 섹스 모델 47~49
성적 고정관념 27~29
성폭행 258~264
젠더 모호성 14장 주 1번
흑인 여성 100~101, 109
LGBT 운동 106~107,
258~264
• 동의
군 심문 전략 155~168
명시적 구술 동의 203~211
사전 동의 55~66
서브미시브 섹스 144~154
성교육 349~357
성적 고정관념 27~29
섹스를 부정/긍정하는 문화
133~143, 228~244, 280~290

유색인종 여성('행위로서 섹스
모델' 항목 참고) 180~192
적극적 동의 29~30,
353~356, 363
첫 경험 212~227
행위로서 섹스 모델 50~53
회색 강간 184, 193~202
• 듀크대 강간 사건 130, 185~192

ㄹ

• 라이엇 걸 117~119
• 라틴계 여성들 169~179,
291~305

ㅁ

• 명시적 구술 동의 203~211
• 무기가 된 섹슈얼리티(섹슈얼리티를
무기로) 169~179
• 미국 정부 (이민) 정책 172~178
• 밀입국 브로커 170~172

ㅂ

• 법 제도 180~192, 251~254,
306~314, 343~344
• 보수적 가치 강간 문화 방조
21~29, 35~37
잡년/상품 모델 39~47,
173~175, 180~192
젠더 평등 342~348
처녀/창녀를 둘러싼 오해
268~271, 342~348
포식자-먹잇감 사고방식
265~279
• 보호 훈련 280~290

- 부부강간 21~24
- 불법 약물 사용 306~314
- 비동의('BDSM' '동의' 항목 참고)
  144~154

ㅅ
- 사전 동의 55~66
- 사춘기 남자아이(남자 청소년)
  228~244
- 사파이어 유형 102
- 상대의 생각을 넘겨짚은 스킨십
  203~211
- 상품으로서 섹스 모델
  성노동자 315~329
  우유-젖소 비유 41, 2장 주
  4번
  우파 단체 41~43
  유색인종 여성 180~192
  이민 여성 173~178
  착한 남자 모델 44~47,
  272~274
  한계 47~53
- 서브미시브 섹스 144~154
- 성 건강 증진('성교육' 항목 참고)
  239~243
- 성 고정관념
  강간반대운동 27~30, 35~37
  남성 265~279
  젊은 여자들 342~348
  포식자-먹잇감 사고방식
  265~279
  흑인 여성 95~113
- 성교육 35~37, 133~143,
  239~243, 353~356

- 성노동자 315~329
- 성병 295~296, 291~305, 299,
  323~324
- 성욕(성적 욕망) 216~227
- 성적 순결 342~348
- 성적 치유
  교육적 접근 133~143
  근친 성폭력 114~132
- 성적 포식자('유사강간 경험' '포식자-
  먹잇감 사고방식' 항목 참고)
  265~279
- 성폭행('동의' '근친 성폭력' 항목 참고)
  (강간) 옹호 논리 47~49
  게이와 레즈비언 258~264
  과체중 여성 83~94
  교육적 접근 35~37,
  133~143, 171, 239~243
  군대 155~168
  대중매체 보도 180~192
  사회적 구성물(공포 문화)
  31~34
  성교육 35~37, 353~356
  신체 주권 203~211, 294~295
  위험 요소 360~366
  유사강간 경험 245~257
  유색인종 여성 96~98,
  180~192, 21장 주 1번
  이민 여성 169~179
  자기방어 전략 280~290
  잡년/상품 모델 39~47,
  173~175, 180~192
  처녀성 상실 331~335
  친가족 운동(진영) 25~29, 34

　　　회색 강간 184, 193~202

- 섹스를 부정/긍정하는 문화
　　　133~143, 228~244, 280~290
- 섹스 토이 134~136, 140~143
- 소아성애 345
- 수동적 섹슈얼리티 27~29
- 수치심('섹스를 부정/긍정하는 문화' 항목
　　　참고) 193~202, 245~257,
　　　258~264, 322~328
- 순결 무도회 24~25, 41~42,
　　　345~347
- 순결 미신 342~348
- 스킨십 203~211
- 신체 주권 27~29, 203~211,
　　　294~295, 306~314
- 쓰레기/착한 남자 이분법
　　　271~278

ㅇ
- 아부그라이브 스캔들 155~168
- 아시아 · 태평양 여성 174~178
- 안티오크칼리지 성적 행동 규범
　　　56~60
- 에로틱한 이미지 139
- 여군 155~168
- 여성 레슬러 68~71
- 여성 섹슈얼리티 27~29
- 여성 섹슈얼리티를 둘러싼
　　　미신('흑인 여성' 항목 참고) 27~28
- 여성 신체 자율성('신체 주권' 항목
　　　참고) 21~25, 35~37,
　　　342~348
- 여성폭력방지법 176
- 여성 혐오 75~79, 183~192,

　　　291~305, 339
- 오르가슴 351~352, 356~357
- 요부(이세벨) 캐릭터 96~99, 102
- 우생학 311
- 우유-젖소 비유 41, 2장 주 4번
- 우파 진영
　　　강간 문화 방조 21~29,
　　　35~37
　　　잡년/상품 모델 39~47,
　　　173~175, 180~192
　　　젠더 평등 342~348
　　　처녀/창녀에 대한 오해
　　　268~271, 342~348
　　　포식자-먹잇감 사고방식
　　　265~279
- 유모 캐릭터 96~99
- 유부녀법 22~23
- 유사강간 경험 245~257
- 유색인종
　　　과잉 성애화 95~113
　　　대중매체 보도 180~192
　　　성폭행 292~295, 21장 주 1번
　　　여성 혐오 291~305
　　　이민 여성 173~178
　　　자아상 90
　　　재생산 자유 306~314
- 음악 산업 101
- 음주 362~363
- 음핵 351
- 의제강간('강간' 항목 참고) 267
- 이민 여성 169~179
- 인신매매 173~174
- 인신매매피해자보호법 176

- 인종 문제
    대중매체 보도 98~102
    이민 여성 173~174
    흑인 여성 섹슈얼리티
    95~113, 180~192
- 일방적 성차별 266장
- 임신
    성교육('신체 주권' 항목 참고)
    349~357
    약물 사용 306~314
    여성 신체 자율성 25~26
    이민 여성 169~179
- 임신중지 28, 174~175, 306~314
- 임팩트(호신술 훈련법) 284

ㅈ

- 자아상 81, 83~94, 221~225
- 자위 336, 350~353
- 잡년/상품 모델 39~47,
    173~175, 180~192
- 잡지 118
- 재생산 자유 36, 174~175,
    306~314
- 재소자/감옥/교도소 31, 33,
    155~168
- 적극적 동의 29~30, 353~356,
    363
- 젠더 평등
    교육적 접근 35~37
    군 심문 전략 155~168
    젠더 모호성 14장 주 1번
    여성 혐오 291~305
    우파 진영 21~29, 35~37
    이민 여성 169~179

- 종교적 우파
    강간 문화 방조 21~29,
    35~37
    잡년/상품 모델 39~47
    처녀/창녀에 대한 오해
    342~348
    포식자-먹잇감 사고방식
    274~275
- 지배('BDSM' 항목 참고) 57~58,
    140, 144~154
- 집단 학살 312

ㅊ

- 착취 문제 67~82
- 착한 남자 모델 44~47, 272~274
- 착한 남자 271, 278
- 창녀('흑인 여성' '포식자-먹잇감
    사고방식' '처녀성' 항목 참고)
    성노동자 315~329
    음악 산업 101
- 처녀성
    과정 지향적 처녀 330~341
    순결 미신 342~348
    우파 진영 21~30
    잡년/상품 모델 39~47
    처녀/창녀에 대한 오해
    268~271, 342~348
- 처녀성 상실 330~341
- 첫 경험 212~227
- 친가족 운동(진영) 25~29, 34

ㅋ

- 코요테 170~172
- (언어적 개념으로서) 퀴어 107~112

ㅌ

- 태아의 권리 307~310, 1장 주 15번
- 트렌스젠더 265~279
- 특이 성향('BDSM' 항목 참고) 140, 144~154

ㅍ

- 판타지 섹스 144~154
- 판타지 질문 61
- 퍼블릭 우먼 32
- 페미니스트 포르노 139, 146
- 페티시즘('BDSM' 항목 참고) 147, 149
- 평등권 문제 22~25
- 포르노(그래피) 139, 146, 149, 152~153, 274~275, 343~347
- 포식자-먹잇감 사고방식('유사강간 경험' 항목 참고) 265~279
- 폭력 예방('성교육' 항목 참고) 350~352
- 프로레슬링 68~71
- 피임
  성교육 349~357
  여성의 신체 자율성 26
  재생산 자유 306~314
- 피해(피해율) 31~34

ㅎ

- 행위로서 섹스 모델 50~53
- 혐오 범죄 258~264
- 형사사법제도 180~192, 251~253, 306~314,

327~328, 343~344
- 회색 강간 184, 193~202
- 흑인 여성 95~113, 180~192
- 힙합 음악 75~78, 101~102

B

- BDSM 57~58, 140, 144~154

L

- LGBT 운동 36~37, 106~107
- LGBTIQQA 258~264

감사의 말

이 프로젝트를 굳건하게 믿어 준 실프레스출판사의 크리스타 라이언스와 브룩 워너, 에이전트 트레이시 브라운에게 감사하다. 때로는 비판적으로, 때로는 편견 없이 글을 검토하고 재클린에게 진짜 원하는 것을 쓰라고 충고해 준 《우먼e뉴스》의 리타 헨리-젠슨에게도 감사하다. 글이 실리든 실리지 않았든 이 책을 위해 글을 써 준 여러 활동가에게 무한한 고마움을 전한다. 그들의 재능과 열정을 보면서 변화를 향한 희망을 키울 수 있었다. 온라인 페미니즘 커뮤니티에 참여하는 모든 이에게도 감사하다. 그들 덕에 이 책에 실린 논의를 발전시킬 수 있었다. 특히 초고를 보고 의견을 준 테컨지, 실비아, 수디, 파이어플라이를 비롯해 많은 사람들에게 감사하다.

변함없이 우정을 나눠 주고 편집자가 되기 위해 고민할 때 아낌없이 조언해 준 리사 저비스와 KL 페레이라에게 감사하다. '새로운언어를위한센터' 측에도 감사하다. 생산적이고 힘이 되어 주는 이 센터는 작가라면 누구나 꿈꾸는 곳이었다. 집 청소를 아예 포기하고 살던 날 참고 견뎌 준 키스 맥너마라에게도 감사하다. 그리고 로이 매켄지에게 감사하다. 그 사람이 없어도 이 일을 할 수는 있었겠지만, 매일 고맙게 생각한다. _재클린

사랑과 응원을 보내 준 가족, 특히 정말 놀라운 동생 바네사에게 고맙다. 또 앤드루 골리스에게도 깊은 감사를 표한다. 힘든 순간에 그가 보여 준 인내심과 사랑이 이 모든 변화를 만들었다. _제시가

토니 아마토Toni Amato는 교육자, 편집자, 글쓰기 코치로 15년 넘게 일하고 있다. 『젠더퀴어GenderQueer』『음식과 적Food ad Other Enemies』『이상한 천사Strange Angels』 등 여러 선집에 글을 실었다. 보스턴과 뉴욕에서 주로 활동하며 템플대, 고더드대, 브랜다이스대에서 강의했다. 2000년에 LEF 펠로십을 받았고 2001년에는 다이애나코제닉 펠로십을 받아 '보스턴작가의방'에서 집필 작업을 했다. 풀뿌리 LGBT 문인 집단 라이트히어라이트나우Write Here Write Now의 창립자이자 대표이며 출판사 사이드쇼프레스Side Show Press의 편집장이다.

한느 블랭크Hanne Blank는 『처녀: 손상되지 않은 존재의 역사』를 비롯해 여러 책을 발표한 작가다. 볼티모어 시골길 옆 170년 된 방앗간을 개조한 작은 집에 살고 있다.

레이철 크레이머 버셀Rachel Kramer Bussel (www.rachelkramerbussel.com)은 작가, 편집자, 블로거, 문학 행사 기획자다. 『더티 걸: 여성을 위한 에로티카Dirty Girls: Erotica for Women』『글래머 걸Glamour Girls』『훔쳐보기Caught Looking』『그를 맛보기Tasting Him』『그녀를 맛보기Tasting Her』『베스트 섹스 라이팅Best Sex Writing』(2008, 2009) 등 선집을 많이 엮어 발표했다. 《버스트BUST》《코스모폴리탄》《프레시 얀Fresh Yarn》《힙Heeb》《주시Jewcy》《미디어비스트로Mediabistro》《뉴스데이Newsday》《플레이걸Playgirl》《샌프란시스코 크로니클》《타임 아웃 뉴욕Time Out New York》《징크Zink》에 기고했으며 『싱글녀의 국정 연설Single State of the Union』『욕망: 여성, 원하는 것에 관해 쓰다Desire: Women Write About Wanting』『섹스에

관해 당신이 아는 모든 것이 틀렸다*Everything You Know About Sex Is Wrong*』『베스트 아메리칸 에로티카*Best American Erotica*』(2004, 2006) 등 100권이 넘는 선집에 글을 실었다. 〈마사 스튜어트 쇼*The Martha Stewart Show*〉〈버먼 앤드 버먼*Berman and Berman*〉, NY1 채널에 출연했으며 에로티카 문학 행사 '인더플레시*In the Flesh*'를 매달 진행하고 있다. 블로그http://lustylady.blogspot.com ; http://cupcakestakethecake.blogspot.com.도 운영한다.

마거릿 조 Margaret Cho는 현재 가장 왕성히 활동하며 비평가들에게 호평받는 코미디언이다. 샌프란시스코에서 나고 자랐으며 열여섯 살 때 스탠드업 코미디로 데뷔해 시트콤 〈올 아메리칸 걸*All American Girl*〉에 주연으로 출연했다. 그러나 인종 묘사를 둘러싼 논란과 과도한 다이어트 요구로 방송사와 마찰을 빚었고, 결국 이 프로그램은 첫 시즌을 끝으로 종영했다. 조는 이 경험을 녹여 낸 오프브로드웨이 쇼 〈난 내가 원하는 나야*I'm The One That I Want*〉로 무대에 올랐다. 다섯 번째 순회공연을 마친 뒤《뉴욕 타임스》로부터 "사람 잡게 웃긴다"는 극찬을 받았으며, 그래미상 후보에 올랐고, 전미여성기구NOW · 성소수자부모모임PFLAG · 미국시민자유연합ACLU이 주는 상을 받았다. 홈페이지www.MargaretCho.com에서 더 많은 정보를 확인할 수 있다.

헤더 코리나 Heather Corinna는 시애틀에서 활동하는 섹슈얼리티 · 여성 권리 운동가, 교육자, 선동가다. 1998년에 청소년 성교육 정보 센터 스칼렛틴닷컴*Scarleteen.com*을 만들어 대표로 있으며 청소년과 여성의 섹슈얼리티에 관해 활발하게 발언하는 평론가이자 전문가다. 페미니스트여성건강센터*Feminist Women's Health Center*에서 피임과 임신중지 문제에 관한 조언도 제공한다. 『아쿠아 에로티카*Aqua Erotica*』『부끄러움 없는: 여성의 내밀한 에로티카*Shameless: Women's Intimate Erotica*』음식의 모험 *The Adventures of Food*』『에로틱한 여성 대백과*The Mammoth Book of Erotic Women*』등 단행본과 《피아이에프*PIF*》《비서러*Viscera*》《이슈*Issues*》《온 아우어 백스*On Our Backs*》《맥시*Maxi*》 등 여러 잡지에 작품이 실렸다. 『파탄성 출혈: 여성들이 인생 4분의1을 바치지만 아무도 말해 주지 않는 것에 관한 글*Breakthrough Bleeding: Essays on the Thing Women Spend a Quarter of Their Time Doing, but No One's Supposed to Talk About*』에도 글이 실렸다. 청소년을 위해 『섹스: 고등학생부터 대학생까지 반드시 알아야 할 진보적인 성 지침서*S.E.X.: The All-You-Need-to-Know Progressive Sexuality Guide to Get You Through High School and College*』(2007)를 썼다. 꿈을 자주 꾸지만 쉽게 잠들지 못한다.

질 필리포빅 Jill Filipovic은 뉴욕에 사는 변호사이자 작가다. '페미니스트http://feministe.us'의 수석 편집자이며 '얼터넷www.alternet.org'에서는 재생산 정의와 젠더 문제를 담당하는 편집자다. 《허핑턴 포스트Huffington Post》와 《미즈》에 글을 연재하고 있다. 뉴욕대에서 학사, 법학 박사 학위를 받았다.

스테이시 메이 파울즈 Stacey May Fowles는 《키스 머신Kiss Machine》 《걸리스틱Girlistic》《압생트 문예평론Absinthe Literary Review》《하이브Hive》 《서브터레인sub-TERRAIN》 등 온·오프라인 잡지에 많은 글을 발표한 작가다. 토론토예술위원회, 온타리오, 캐나다예술위원회 등에서 창작 지원금을 받았다. 토론토작은출판사책잔치TSPBF, 레이디페스티벌Ladyfest, 워드온더스트리트Word on the Street 행사에 참여했으며 《티오케이TOK》 제3호, 『권태 퇴치사Boredom Fighters』 등 많은 간행물에 글을 실었다. 논픽션 작품은 『아무도 통과하지 못한다: 젠더 규칙과 순응에 대한 거부Nobody Passes: Rejecting the Rules of Gender and Conformity』『1인칭 퀴어First Person Queer』 등 여러 단행본에 실렸다. 현재 '경험 있는' 10대 소녀들을 위한 온·오프라인 페미니즘 잡지 《셰임리스Shameless》 발행인으로 활동하며 글을 쓰고 있다. 《셰임리스》는 F워드 블로그 어워즈에서 캐나다 최고의 페미니즘 블로그로 뽑혔다. 첫 소설 『안녕Be Good』이 2007년 11월에, 일러스트레이터 멀리나 주버Marlena Zuber와 작업한 그래픽 노블 『싸움의 공포Fear of Fighting』가 2008년 가을에 출간되었다.

재클린 프리드먼 Jaclyn Friedman은 유대인 퀴어 작가, 강연자, 활동가다. 새로운언어를위한센터CNW의 프로그램 기획자로서 해마다 저자 강연, 글쓰기 수업, 자유 발언, 정치 토론회, 음악회, 독서 모임, 특별 행사 등 50가지가 넘는 행사를 기획한다. CNW 산하단체인 여성행동미디어WAM!를 공동 창립하고 공동대표로 있다. 《비치Bitch》《얼터넷》《우먼e뉴스Women's eNews》《시인과 작가Poets&Writers》 등 여러 매체에 글을 발표했으며 다양한 체형의 단원들이 참여하는 무용 공연 〈빅무브스Big Moves〉도 하고 있다. 에머슨칼리지에서 문예 창작으로 예술실기 석사 학위를 받았다.

코코 푸스코 CoCo Fusco는 분야를 넘나드는 예술가이자 작가로 뉴욕에 살고 있으며 1988년부터 세계 곳곳을 다니며 강연, 전시, 전시 기획 등을 한다. 컬럼비아대 부교수다. 『영어는 여기서 통하지 않는다: 아메리카의 문화적 융합에 관한 기록English Is Broken Here: Notes on Cultural Fusion in the Americas』 『우리 것이 아닌 몸The Bodies That Were Not Ours: And Other Writings』을 썼고, 『코르푸스

델렉티: 아메리카의 행위예술_Corpus Delecti: Performance Art of the Americas_』『피상적인: 아메리카 자아의 시각 바꾸기_Only Skin Deep: Changing Visions of the American Self_』(브라이언 월리스_Brian Wallis_ 공동 편집)를 편집했다. 2008년에는 군 심문에 관한 작품으로 휘트니비엔날레의 초청을 받았다.

케이트 하딩_Kate Harding_은 2007년부터 블로그 '맵시 있는 문장_Shapely Prose_' (www.kateharding.net)을 만들어 운영하고 있다. 이 블로그는 체중 차별 반대를 주제로 한 블로그 가운데 가장 유명한 것으로 자리매김했다. 2009년에는 동료 블로거 메리앤 커비_Marianne Kirby_와 신체 이미지를 주제로 한 책 『뚱뚱한 세상에서 얻은 교훈: 다이어트와 작별하고 내 몸과 화해하기_Lessons from the Fat-o-sphere: Quit Dieting and Declare a Truce with Your Body_』를 발표했다. 글은 '맵시 있는 문장'뿐만 아니라 해리엇 브라운_Harriet Brown_이 엮은 『피드 미!_Feed Me!_』와 수상 경력에 빛나는 페미니즘 블로그 '셰이크스빌'에서도 볼 수 있다. 시카고에 살고 있다.

자베이샤 N. 해리스_Javacia N. Harris_는 앨라배마주 버밍햄에서 나고 자랐지만 캘리포니아 이스트베이에서 오래 살았다. 그래서 야자수를 좋아하는 한편 달콤한 냉홍차를 즐겨 마시고, 남부와 서부 방언을 동시에 쓸 줄 안다. 기자이자 성실한 에세이 작가 겸 블로거로 활동하며 루이빌, 시애틀, 버클리를 포함해 미국 도시 곳곳의 뉴스와 오락용 매체에 기고했다. 그러나 캘리포니아대 버클리캠퍼스에서 언론학 석사를 따는 데 든 학비는 아직까지 다 갚지 못했다. 캔디 콘, 컵 케이크, 스프링 공책을 좋아한다. 혼자 춤추기를 좋아하고, 하느님과 남편과 페이스북 없이는 못 산다. 멋진 이력을 쓰고 싶었지만 그렇게 읽히지 않는다면, http://javaciaharris.blogspot.com을 방문해 더 자세히 알아보기를.

아나스타샤 히긴보텀_Anastasia Higginbotham_은 예술가이자 엄마이며 부업으로 호신술을 가르친다. 연설문을 쓰고 시민 단체 행사를 기획해 돈을 번다. 브루클린에서 파트너, 아들과 살고 있다.

틸로마 자야싱헤_Tiloma Jayasinghe_는 법학 박사이며 에드먼드 드 로스차일드_Baron Edmond de Rothschild_ 재단이 수여한 펠로십을 받아 전미임산부권리옹호단체_NAPW_에서 상근 변호사 연구원으로 일한다. 특별 연구원으로서 재생산 권리와의 전쟁과 마약과의 전쟁이 교차하는 지점에서 법률 전문성, 교육, 조직 관리 역량을 발휘하는 데 집중하고 있다. 노련한

소송 전문 변호사로서 파산과 구조 조정 소송, 인신보호영장 청구에
대한 항소, 여성폭력방지법VAWAV에 기초한 자기구제 신청과 배우자
학대 피해자 입국 금지 면제 청원 등을 다양하게 경험했다. 메이어Mayer,
브라운Brown, 로Rowe, 모Maw 등 국제 법률회사에서 주니어 변호사로
일했으며 아시아여성대학Asian University for Women의 구상과 설립을 지원하는
무료 프로젝트를 주도했다. 아이티 여성에 대한 모든 차별, 불평등, 폭력을
근절하기 위해 세워진 여성지원단체 드와팜Dwa Fanm에서 자원 활동 변호사로
일하기도 했다.

리사 저비스 Lisa Jervis는 미디어가 잠식한 세상에 대항하는 페미니즘
평론을 담은 전미 비영리 계간지 《비치: 대중문화에 대한 페미니스트의
응답Bitch: Feminist Response to Pop Culture》의 창간 멤버이자 편집자다. 미디어훈련·
지원기관인 위민인미디어앤드뉴스Women in Media & News의 창립도 함께했다.
《미즈》《샌프란시스코 크로니클》《어트니 리더Utne Reader》《마더존스Mother Jones》
《위민스 리뷰 오브 북스Women's Review of Books》《버스트》《휴스Hues》《살롱Salon》
《걸프렌즈Girlfriends》《펑크 플래닛Punk Planet》『신체 범법자Body Outlaws』《립:
주지된 반란LiP: Informed Revolt》『새로운 여성 질서를 위한 버스트 가이드The
BUST Guide to the New Girl Order』 등에 글을 실었다. 『젊은 아내들의 이야기: 사랑과
동반자 관계로 떠나는 새로운 모험Young Wives' Tales: New Adventures in Love and Partnership』
『비치페스트: 비치의 문화 비평 10년BITCHfest: Ten Years of Cultural Criticism from the
Pages of Bitch Magazine』을 공동 편집하기도 하다. 요리책 『쉽고 건강하게 로컬
푸드를 먹기 위한 매뉴얼페스토Manualfesto for Easy, Healthy, Local Eating』를 펴냈고,
젠더 본질주의의 지적 유산과 그것이 현대 페미니즘에 끼친 영향을 다룬
책도 작업하고 있다. 페미니즘, 미디어 비평, 독립 언론에 관해 다방면에서
목소리를 내고 있다.

카라 쿨위키 Cara Kulwicki는 프리랜서 작가이자 페미니즘 블로거다.
《커버처 The Curvature》(http://thecurvature.com)의 창립자이자 수석 편집자이며
'페미니스트http://feministe.us'의 기고가다. 글을 쓰지 않을 때는 (천착하는 주제인)
로체스터, 시러큐스 지역의 가족계획연맹 지부에서 파트타임으로 일한다.
웨스턴시드니대에서 영어·문헌·창작을 전공해 학사 학위를 받았다.

수전 로페즈 Susan Lopez는 15년 동안 세계 39개 도시를 돌아다니며
스트리퍼로 일했다. 출장 중에는 현지 홍등가를 찾아 성노동자들과
대화를 나누려고 한다. 캘리포니아대 버클리캠퍼스에서 평화·갈등학을

전공하고 런던정경대에서 사회정책·개발학 석사 학위를 받았다. 데지레연합Desiree Alliance의 공동 창립자이자 부대표이고, 라스베이거스에 있는 신시티대안전문가협회Sin City Alternative Professionals' Association의 창립자이자 대표다.

토머스 매콜리 밀러 Thomas MacAulay Millar는 뉴욕에 사는 소송 전문 변호사의 필명이다. '페미니스팅닷컴'을 비롯한 온라인 커뮤니티에서 오랫동안 왕성히 활동하고 있다. 현실에서는 누군가의 배우자·부모·유권자·스코틀랜드계 미국인이지만, 모든 면에서 이 순서를 따르지는 않는다.

삼히타 무코파디아이 Samhita Mukhopadhyay는 샌프란시스코에서 3년째 글을 쓰고 행사를 기획하며 조금 별나게 살고 있다. 권리를 빼앗긴 집단의 권리를 보호하는 풀뿌리 비영리단체 미디어정의센터Center for Media Justice에서 훈련과 기술 책임자로 일한다. 3년 동안 '페미니스팅닷컴'에 글을 썼으며 《더네이션The Nation》《디아메리칸 프로스펙트The American Prospect》 《와이어탭WireTap》《컬러라인즈ColorLines》《비치》 등에도 기고했다. 뉴욕주립대 올버니캠퍼스에서 여성학과 사회학을 전공했고, 샌프란시스코주립대에서 여성학 석사 학위를 받았다.

마리코 패션 Mariko Passion은 행위예술가, 활동가, 교육자, 창녀인 혁명가다. 비트에 맞춰 자기 경험과 현실을 노래하고 읊으며 다큐멘터리를 제작하고 편집한다. 미국 안팎에서 성노동자의 권리를 둘러싼 문제를 가르친다. 시각예술가로서도 왕성히 활동하고 있다. 최근에는 샌프란시스코에서 아시아계 성노동자들이 개최한 획기적인 쇼 〈우리, 아시아 성노동자들We, Asian Sex Workers〉에 참여했다. 미국 안팎에서 열리는 콘퍼런스에 패널로 참석하고, 《스프레드$pread》《샌프란시스코 이그재미너San Francisco Examiner》에 기고했으며, 라디오방송국 KPFA·셰이크라디오Shake Radio·라디오수지1Radio Suzy 1과 인터뷰했다. 여러 사람들과 워크숍, 강연, 공연을 기획하기도 한다. 로스앤젤레스에서 가명으로 성노동을 하며 성노동봉사프로젝트 로스앤젤레스SWOP-LA를 운영하고 있다.

미리엄 조일라 페레스 Miriam Zoila Pérez는 작가이자 블로거이며 재생산건강을 위한 전미라틴여성협회NLIRH의 주요 조력자다. 스워스모어칼리지를 졸업했고, 2년 동안 온·오프라인에서 재생산 정의를 위한 운동에 참여했다.

자연주의 출산 도우미 둘러doula로 훈련받았고, 개인 블로그를 운영하며 '래디컬둘러닷컴Radicaldoula.com'을 만들기도 했다. '페미니스팅닷컴'을 비롯해 《비치》《더네이션》《RH 리얼리티 체크RH Reality Check》《캠퍼스 프로그레스CampusProgress》 등 많은 매체에 글을 실었다. 라틴계 퀴어 여성이며 워싱턴 D.C.에 산다.

브래드 페리|Brad Perry는 제임스매디슨대 성폭력예방센터에서 몇 년간 일하다 2000년부터 버지니아 성폭력가정폭력대책연합Virginia Sexual and Domestic Violence Action Alliance에서 일하고 있다. 성폭력 예방 책임자로서 버지니아주 곳곳에서 실시되는 성폭력 예방 프로그램을 지원한다. 2004년부터 질병통제예방센터Centers for Disease Control 산하 폭력예방 부서와 협력해 국가의 강간 예방 및 교육 보조 체제를 개선하는 데 기여하고 있다. 뉴스레터 《무빙 업스트림Moving Upstream》을 편집하고 《예방 연구자The Prevention Researcher》 『여성에 대한 폭력Violence Against Women』《XY온라인XYonline》 등에 글을 실었다. 틈이 나면 인디 록 밴드의 드러머로 순회 공연을 하고, 아름다운 버지니아주 샬러츠빌에서 친구들과 시간을 보낸다.

라토야 피터슨Latoya Peterson은 힙합 페미니스트이자 인종과 대중문화의 교차 지점에 대해 이야기하는 블로그 '레이셜리셔스Racialicious'의 편집자다.

레아 락슈미 피엡즈나 사마라시나Leah Lakshmi Piepzna-Samarasinha는 퀴어 펨이자 스리랑카 출신 작가이며 스포큰워드spoken-word 예술가, 예술 교육자, 문화 노동자다. 『동의된 집단 학살Consensual Genocide』을 썼고, 와우시어터WOW Theatre · 스워스모어칼리지 · 오벌린칼리지 · 세라로런스칼리지 · 바13Bar 13 · 젠더크래시Gendercrash · 더로프트the Loft · 레이더리딩시리즈RADAR Reading Series · 버디스인배드타임스시어터Buddies in Bad Times Theatre 등 여러 곳에서 공연했다. 젊은 페미니스트, 유색인종 퀴어, 생존자 문제 등을 주제로 한 그녀의 글은 『고향: 인종, 장소, 시간을 가로지는 여성들의 여행Homelands: Women's Journeys Across Race, Place, and Time』『새로운 물결은 필요하지 않다We Don't Need Another Wave』 『비치페스트』『이것을 식민화하라!』『거친 말로: 포르노를 쓰는 펨With a Rough Tongue: Femmes Write Porn』『그물망 없이Without a Net』『위험한 가족Dangerous Families』 『뻔뻔한 펨Brazen Femme』『여성을 위한 세계 정복 지침서A Girl's Guide to Taking Over the World』 등 여러 책에 실렸다. 유색인종 퀴어와 트랜스젠더 행위예술가들이 모이는 연례 카바레 '칠리와 망고Mangos With Chili'의 공동 창립자이자 공동

예술 감독이다. 토론토에서 유일하게 아시아·태평양 청소년들에게 글쓰기와 진보적 역사를 가르치는 아시아예술자유학교Asian Arts Freedom School의 공동 창립자로서 7년 동안 퀴어, 트랜스젠더, 양성애자 청소년들에게 글쓰기를 가르치고 있다. 2015년에 펴낸 두 번째 책『더러운 강Dirty River』에는 1990년대 말 펑크, 퀴어, 유색인종 생존자로서 겪은 일을 담았다. 첫 단독 공연인 〈성인 여성 쇼Grown Woman Show〉를 무대에 올리는 한편 비영리단체 활동가 커뮤니티에서 발생하는 파트너 학대 문제를 다룬 잡지《혁명은 집에서부터The Revolution Starts at Home》작업을 마무리하고 있다. 틈틈이 밀스칼리지에서 예술 실기 석사 과정을 밟고, 홈페이지www.brownstargirl.com도 운영한다.

리 제이콥스 리그스 Lee Jacobs Riggs는 시카고에 살며 섹스에 관해 많이 이야기한다. 성폭력과 감옥산업복합체와 시카고의 겨울이 없는 세상을 꿈꾼다.

선드라Saundra는 아프리카계 미국인 성노동자로 열아홉 살 때 누드모델로 성인 연예계에 들어섰고, 관광업에 종사하면서 여행 동행 서비스를 알게 됐다. 여러 언어를 구사하는 선드라는 뛰어난 기억력과 눈썰미, 다정하고 모험을 즐기는 성격 덕에 동행 서비스 분야에서 성공할 수 있었다.

줄리아 세라노 Julia Serano는 캘리포니아주 오클랜드에 사는 작가, 스포큰워드 예술가, 트랜스젠더 활동가, 생물학자다.『대신 벌 받는 여성: 성차별과 여성다움 희생양 삼기에 관한 트랜스젠더 여성의 글Whipping Girl: A Transsexual Woman on Sexism and the Scapegoating of Femininity』을 발표했다. 이 책에서 그녀는 여성 혐오가 여성다움을 둘러싼 통념을 만들고 트랜스젠더 여성을 둘러싼 근거 없는 믿음과 오해를 만든다고 주장한다. 이 밖에 여러 선집(『비치페스트: 비치의 문화 비평 10년』『말의 전사들: 여성 스포큰워드 운동을 이끄는 30인 Word Warriors: 30 Leaders in the Women's Spoken Word Movement』등)과 페미니즘, 대중문화, 문예 관련지(《비치》《아웃Out》《클래머Clamor》《키친 싱크Kitchen Sink》《메이크/시프트make/shift》《아더other》《립》《트랜스젠더 태피스트리Transgender Tapestry》등)에 글을 실었다. 이 글들은 미국 전역에서 대학의 젠더학 강의 자료로 쓰이고 있다. 작업물에 관해 더 자세한 정보는 www.juliaserano.com에서 확인할 수 있다.

킴벌리 스프링어 Kimberly Springer는 아프리카계 미국인 페미니스트다. 중고 거래 사이트를 통해 만난 사람들과 하룻밤 섹스를 하는 데 동의했다. 미디어, 문화, 사회운동에 나타나는 인종, 젠더, 섹슈얼리티에 관해 글을 쓰고 가르친다. 현재 흑인 여성의 섹슈얼리티와 검열을 분석하는 프로젝트를 진행하고 있다. 이 밖에 오프라 윈프리를 주제로 한 선집을 앤절라 코튼Angela Cotten 박사와 편집하고 있으며, 노먼 리어Norman Lear가 사회적 책임을 의식하고 제작한 TV 프로그램들의 역사를 짚는 책도 집필 중이다. 인종과 섹슈얼리티에 관한 칼럼은 온라인 저널 《정치적인 것의 성 감별Sexing the Political》에 실려 있다. 《팝매터스PopMatters》《샤이니 샤이니: 여성을 위한 가젯 가이드Shiny Shiny: A Girl's Guide to Gadgets》에 기술을 주제로 기고하기도 했으나 요즘은 가젯 뉴스를 거의 쓰지 않는다. 여성학 박사로서 킹스칼리지런던에서 미국학을 가르치고 있다.

헤이즐 / 시더 트루스트 Hazel/Cedar Troost는 시카고에 사는 트랜스젠더이자 다자연애주의자로서 명시적으로 구술된 동의를 옹호하며 트랜스여성 혐오를 끝내는 데 전념하고 있다. 미네소타대 트랜스젠더위원회에 몸담았으며, 2007년 트윈시티 트랜스 행진을 공동 기획했다. 티복스 웹사이트T-Vox.org에 있는 시스젠더 특혜 점검 리스트의 원저자이기도 하다. 가장 좋아하는 일은 정원 가꾸기다.

크리스티나 메츨리 친춘 Cristina Meztli Tzintzun은 텍사스주 오스틴에 산다. 라틴계 이민 노동자들을 위한 인종적·경제적 정의를 실현하기 위해 노력하는 단체 노동자보호프로젝트PDL에서 일하고 있다. 『이것을 식민화하라!』『지금 여성들의 움직임: 제3의 페미니즘 물결 대백과The Women's Movement Today: An Encyclopedia of Third Wave Feminism』 등에 글을 실었다. 일하지 않을 때는 읽고 쓰고 달리고 자전거를 탄다.

제시카 발렌티 Jessica Valenti는 '페미니스팅닷컴'의 설립자다. 『전면적 페미니즘: 젊은 여성을 위한 페미니즘 지침서Full Frontal Feminism: A Young Woman's Guide to Why Feminism Matters』와 『섹시한 남자와 헤픈 여자: 모든 여성이 알아야 할 이중 잣대 49He's a Stud, She's a Slut ... and 49 Other Double Standards Every Woman Should Know』를 썼고, 《더네이션》《미즈》《가디언Guardian》(영국)《비치》《살롱》 등에 기고했다. 2007년, 재생산 권리 증진에 앞장선 공로를 인정받아 초이스 USA 제너레이션 상을 받았다. 《엘르》가 선정한 지식인으로 이름을 올리기도 했다. 현재 (만난 순서대로) 고양이, 남자 친구, 강아지와 퀸스에 살고 있다.

예스 민즈 예스

강간 없는 세상
여성의 성 권력 찾기

1판 1쇄 인쇄 2020년 7월 17일
1판 1쇄 발행 2020년 7월 27일

엮은이 재클린 프리드먼·제시카 발렌티
옮긴이 송예슬
펴낸이 김영곤
펴낸곳 아르테

아르테클래식본부 본부장 장미희
TF팀 팀장 김유진
책임편집 최윤지 **교정** 김정민 **디자인** 진다솜
영업본부 이사 안형태 **본부장** 한충희 **영업** 김한성 이광호
해외기획 박성아 장수연 이윤경
제작 이영민 권경민

출판등록 2000년 5월 6일 제406-2003-061호
주소 (10881) 경기도 파주시 회동길 201 (문발동)
대표전화 031-955-2100 **팩스** 031-955-2151 **이메일** book21@book21.co.kr

ISBN 978-89-509-8910-1 03300

아르테는 (주)북이십일의 문학·교양 브랜드입니다.

(주)북이십일 경계를 허무는 콘텐츠 리더

페이스북 facebook.com/21arte   네이버포스트 post.naver.com/staubin
인스타그램 instagram.com/21_art   홈페이지 arte.book21.com